風流天子と「君主独裁制」

——北宋徽宗朝政治史の研究

藤本　猛　著

プリミエ・コレクションの創刊に際して

「プリミエ」とは、初演を意味するフランス語の「première」から転じた「初演する、主演する」を意味する英語です。本コレクションのタイトルには、初々しい若い知性のデビュー作という意味がこめられています。

いわゆる大学院重点化によって博士学位取得者を増強する計画が始まってから十数年になります。学界、産業界、政界、官界さらには国際機関等に博士学位取得者が歓迎される時代がやがて到来するという当初の見通しは、国内外の諸状況もあって未だ実現せず、そのため、長期の研鑽を積みながら厳しい日々を送っている若手研究者も少なくありません。

しかしながら、多くの優秀な人材を学界に迎えたことで学術研究は新しい活況を呈し、領域によっては、既存の研究には見られなかった溌剌とした視点や方法が、若い人々によってもたらされています。そうした優れた業績を広く公開することは、学界のみならず、歴史の転換点にある21世紀の社会全体にとっても、未来を拓く大きな資産になることは間違いありません。

このたび、京都大学では、常にフロンティアに挑戦することで我が国の教育・研究において誉れある幾多の成果をもたらしてきた百有余年の歴史の上に、若手研究者の優れた業績を世に出すための支援制度を設けることに致しました。本コレクションの各巻は、いずれもこの制度のもとに刊行されるモノグラフです。ここでデビューした研究者は、我が国のみならず、国際的な学界において、将来につながる学術研究のリーダーとして活躍が期待される人たちです。関係者、読者の方々共々、このコレクションが健やかに成長していくことを見守っていきたいと祈念します。

第25代　京都大学総長　松本　紘

目次

序章

はじめに

二〇一二年正月、東京上野公園の東京国立博物館・平成館の前には、連日入場を待つ人々が詰めかけ、さらにその先の館内でも、ある一つの絵画を見るため、最大四、五時間もの長蛇の列が出現していた。その絵画とは「清明上河図」、非常に精緻な風景画で中国美術史上屈指の「神品」ともいわれるものである。中国でも滅多に展示されることのないこの一級文物は、日中国交正常化四十周年記念に開催された特別展「北京故宮博物院200選」の最大の出し物として、史上初めて中国国外で展示されたのだった。この絵画が描き出すのは、約九百年前の中国・北宋の首都・開封の汴河両岸における清明節の繁華な様子だとされ、まさに当時の都市の繁栄を描写したものだが、そのとき皇帝の位にあったのが徽宗(一〇八二~一一三五、在位一一〇〇~二五)であった。

徽宗は北宋の第八代皇帝で、名は趙佶。文化財の保護・育成につとめる一方、自らも詩書画を能くし、画は呉元瑜に学んで精緻な写生的花鳥画に非凡な才能を発揮し、書は痩金体と呼ばれる独特の書風を創出して書道史に名を残すほどだった。さらに音楽にも造詣が深いという多才な文人皇帝は、宣和時代といわれる文化的繁栄時代を現出させた「風流天子」であった。

この文化面での非常に高い評価に対して、彼の人物像はすこぶる評判が悪い。遊び人の浪費癖、国家の政治は一部の者らに任せきり、あげくに北宋王朝を滅亡に導いた亡国の皇帝だとされる。代わりに政治を任された蔡京らは私腹を肥やす悪大臣ばかりで、定見もなく好き勝手をして人民から搾取を繰り返す、そんな時代と捉えられてきた。事実彼の治世は北方の女真族・金王朝による侵攻によって終わりを告げ、徽宗は一たび敵前逃亡をしたあと、息子の欽宗とともに北に拉致され、寒風吹きすさぶ地に抑留されてそのまま世を去るという悲惨な末路を辿った。さらに好漢豪傑が活躍する『水滸伝』がこの時代を舞台とすると、虚構の世界の中で完全なる無能者・遊び人像を演じさせられ、その人物像が後世に多大な影響を与えてきたのである(1)。

しかしこのような徽宗像は、あくまでも後世から遡って、やがてくる滅亡という結果責任を前倒ししたものので、一義的に政治的無関心・無責任・無能者だったと決めつけるのは、いささかステレオタイプな解釈であろう。そのような解釈の由ってきたるところは、当時の一次・二次史料の欠如が大きく(2)、残された筆記史料などは南宋以降の士大夫による歴史観、すなわち北宋亡国の原因はひとえに徽宗・蔡京らにあるという偏見・バイアスに満ちたものが多いことにある。

歴史上の人物の評価は、正しくその歴史の文脈においてなされるべきである。徽宗という人物の政治的姿勢について理解するためには、彼が受け継いだ北宋帝国の政治状況がどうであったのか、彼が継承した皇帝という地位は当時いかなるものであり、実際に彼はどのように行動したのかを見てゆかねばならない。本当に当時の皇帝は政治のすべてを他人に委ね、安逸に暮らすことができる立場にあったのであろうか。これらを客観的に見直すことがいま求められている。

近年徽宗朝について、これまでの通念を見直し、ありのままの姿で捉え直そうとする気運が高まり、日本では前述した「清明上河図」とも絡んで複数の論文集が出され、(3) アメリカでもパトリシア・イーブリー氏を中心に徽宗時代に関する論集が出されている。(4) いずれも徽宗時代を正面から捉え、政治・文化・経済・軍事等諸方面からアプローチしたものである。本書もこれらの驥尾に付すかたちで、北宋末徽宗朝の政治状況について考察を行い、ひいては宋代政治史の枠組みの中で、徽宗皇帝がどのように位置づけられるかについて再検討を行おうというものである。

まず本章においては、彼が生きた時代の政治体制について確認しておく。北宋時代は政治的には「君主独裁制」の時代だとされ、君主の地位が前代よりも向上、安定した時代だと言われている。この「君主独裁制」という考え方が、宋代政治史研究の中でどのように示されてきたかをまず確認し、その中にどのような問題があるのか、どのように徽宗朝にアプローチすべきかについて考えていきたい。

第一節　宋代の「君主独裁制」論(5)

宋代「君主独裁制」という概念は、いわゆる「唐宋変革論」の中からもたらされた考えであった。「唐宋変革論」とは、それを「近世」と見るか「中世」と見るかで違いはあれど、唐と宋の間に大きな時代の画期を見出すもので、今やほどんどの中国史研究者に共通して認識されている。政治・経済・社会・文化上の大きな変化を指す「唐宋変革論」をはじめて指摘したのは、内藤湖南氏であった。はやく大正三年（一九一四）の『支那論』において宋以降を近世と規定し、その政治上の特徴として「君主独裁制」の成立が論じられている。[6] すなわち皇帝と貴族階級が政治を共有していた唐代から、天子一人が権力の根本を有する宋代への変化を説いたのである。

この貴族政治は唐末より五代までの過渡期に廃頽して、これに代れるものが君主独裁政治である。貴族廃頽の結果、君主の位置と人民とが近接し来りて、高い官職につくのにも家柄としての特権がなくなり、全く天子の権力によりて任命せらるゝ事となつた。この制度は宋以後漸次発達して、明清時代は独裁政治の完全なる形式をつくること〻なり、国家に於ける凡ての権力の根本は天子一人これを有して、他の如何なる大官も全権を有する事なく、君主は決して如何なる官吏にも其職務の全権を委任せず、従て官吏は其職務について完全なる責任を負ふ事なくして、君主一人がこれを負担する事となつた。[7]

貴族政治が行われた唐代に対し、皇帝一人が抜きんでて権力を一身に握り、臣僚を分割統治するようになったとするのである。

この内藤説を継承し、さらに発展させたのが宮崎市定氏で、[8]

我々が考えている中国近世の君主独裁とは、君主が最後の決裁を下す政治様式を言うのであって、凡ての政務は官僚が案を練りに練り、次に大臣がこれに審査に審査を重ね、最後に天子の許に持ち込んで裁可を請うのである。だから天子が自ら積極的に発議することはむしろ稀である。[9]

といい、この「君主独裁」の特徴を政治システムに帰着させている。すなわち官僚士大夫には権力を分散させ、それぞれで討議を重ねた議案が、最終的に皇帝によって裁可されるという国家体制を「君主独裁」と呼んでいる。言い換えれば「君主独裁制」の本質を組織体・機構に求め、かつ皇帝個人の資質を問題とはしていないのである。

この意味で竺沙雅章氏が、宋の太祖と太宗の二代で宰執以下の権力分割、軍事力分割がなされ、その時点で皇帝による独裁体制が確立したとするのも、「君主独裁制」が政治構造に帰着するという宮崎説を継承していると言うことができる(10)。

ところでここで注意を要するのは「独裁」という語である。現在我々がイメージするところの「独裁」と、「君主独裁制」でいうところのそれとは違いがあることをまずは認識しておかねばならない。試みに現在の「独裁」イメージにつき、最も一般的な国語辞典だと思われる『広辞苑』第六版により確認しておくと、「独断で物事を決めること。また、特定の個人・団体・階級が全権力を掌握して支配すること。」とある。とかく我々は「独裁」という言葉を聞けば、権力者が強圧的に政治を運営している状態を思い浮かべやすい。

ところが先に見たように中国近世の「君主独裁制」は、最終決裁者が君主のみだとする一方で、すべての政務は官僚が案を練りに練ったものであり、「天子が自ら積極的に発議することはむしろ稀である」という。これは君主が恣意的に権力を行使していくというイメージとはかけ離れたものであろう。

現代政治学では、「独裁」は「近代国家において戦争や内乱などの非常事態、社会の混乱期に登場する政治形態であり、憲法・法律に基づいた選挙や委任によって特定の人物に国政の操作権を付与すること」と定義づけされており(11)、あくまでも大衆の参加を前提とする近代国家体制の中の一形態で、「君主制」による「独裁制」という概念は存在しえない。世襲や軍事力に基づいて少数の人間が国政を操作するものは政治学では「専制」と呼ばれ、特に君主の権力が何にも制限されない政体を「絶対君主制（専制君主制）」という。よって前近代中国の政体も政治学的には「絶対君主制（専制君主制）」と呼ばれるものである。

では東洋史における「君主独裁制」は、現代政治学でいうところの「絶対君主制（専制君主制）」と同じと考えてよいのであろうか。中嶋敏氏はその論著において宋代を「専制体制」と表現しながら、書中の表題には「中国君主独裁制の確立」を掲げており、[12]両者を特に区別せずに使用しているようである。しかし「君主独裁制」提唱者の一人宮崎市定氏は「独裁」と「専制」を明白に区別している。

古代の専制君主、たとえば秦の始皇帝などは、自己の意志を主としてその実現方法を大臣に問い、大臣の提議が気に入ればこれを実行させる。もちろん自己の意志を直ちに大臣、側近に伝えて実施させることも可能である。[13]

というのがそれで、より明確には、

始皇帝は偉大なる専制君主であった。私がこれを独裁と呼ばないのは、宋代以後の独裁君主制と区別するためである。私の考えによれば宋代以後は制度として、法的な独裁君主が出現した。もちろん開国の君主はその個人の才能によって、個性のある独裁を発揮したのであるが、そのやり方がそのまま制度となって子孫の代に踏襲された。この場合、独裁君主は制度上、最後的な決裁を与えるだけの機関になっており、凡ての政策は夫々の下部機関によって膳立てされ、最後に宰相がこれを審査する。若し天子として二つ以上の決裁の方法があると宰相が考えれば、その案を併記して原案を作成し、君主に最終的な裁断を求めるのである。然るに古代、及び中世にあってはまだそのような政治様式が制度として成立していない。君主は個人の力量によって専制を行うが、その死と共に全く新しい局面を生み出す。後嗣が暗弱なれば大臣がそれを助けるが、それは人的な信頼を頼みとするだけである[14]という。端的に言えば個人的な「専制」に対し、制度的な「独裁」が想定されている。そして古代・中世における「専制君主」が自己の意志に基づいて政策を実施していったのに対して、近世の「独裁君主」は「天子が自ら積極的に発議することはむしろ稀」であったとし、まさしく君主の国家機関化にまで言及して、両者を全く別のものとしているのである。

これを受けつつ、別の言葉で表現するのが梅原郁氏である。

宋以後のそれ〔皇帝政治（引用者注）〕は、すべての行政が、皇帝ひとりの責任に帰するよう、機構的に作りあげられているところにその特色がある。皇帝は恣意的に政治をおこない権力がふるえるのではない。それゆえに「独裁君主制」といわずに「君主独裁制」の用語を使う[15]。

われわれは、宋以後のこうした支配形態を君主独裁制とも呼ぶ。それは独裁君主制とはまったく別物であり、国政のあらゆる決裁と責任が君主ひとりに集中するように組みたてられた制度を意味する[16]。

なるほど皇帝は、一般人民からくらべれば、巨大な特権を有し、ときに恣意的な振舞いをしないわけではない。しかし、皇帝がなんでも自分勝手に行動できることはほとんどないといってもよい[17]。

ここでは宮崎氏の言う「専制君主」を「独裁君主」と言い換え、これをシステムとしての「君主独裁制」と区別しているようである。

このように、宮崎氏によって確立された「君主独裁制」論は、実は個人としての君主が政治を主体的・能動的に総攬するのではなく、君主たる皇帝一人が受動的に最終決裁権を持つシステム・機構を意味したものだった。そして君主個人の主体性を基本的に否定するということは、個人の恣意の発露する要素が減少するということであり、結果的に政治体制は安定化する。これが簒奪という事態もあり得た前代の貴族政治との大きな違いといえるのだろう。言い換えれば「君主独裁制」とは、君主の地位が安定的にある機構そのものを指すのであり、人としての君主個人とは無関係のものであった。

宮崎市定氏が定義した「君主独裁制」は広く認められ、以降宋代政治史はこの「独裁制」を支えた諸制度や[18]、これを支え、実質的に政策を担当した士大夫という新興官僚層の実態を解明することに重点がおかれて進められてきた[19]。

しかしこのような「君主独裁制」論に基づく諸研究の問題点を指摘したのが寺地遵氏であった。氏は「君主独裁制」を含めた唐宋変革論があまりに意識されすぎたため、これまでの宋代史研究が唐と宋の類型比較に陥っていることを指摘した。そしてそこから脱して、当時の具体的な政治課題を把握した上で、時の政権がいかにこれに対処したかを解明する「政治過程論」の導入を提唱し、実践したのだった[20]。

その氏のあとを受けるように、やはり当時の政治状況における個別現象を解明し、そこから政策決定システム・官僚機構・政治文化・政治空間など諸要素との関連を分析すべきとしたのが平田茂樹氏である[21]。氏はこれまでなされてきた制度研究の成果を基礎としながら、制度の運用面、実態把握に注目し、それがいかに実際の政治面で機能したかを解明している。

寺地・平田両氏は、ともに宋代という時代の政治史を考えるためには、他の時代との比較類型ではなく、宋代そのものの具体的な政治現象を解明することで、「君主独裁制」論を批判的に継承発展させていこうとしたものだった。それは宋代政治史研究の新潮流を形成したが「君主独裁制」論の是非そのものには直接深く立ち入ってはいない観がある。

これに対し、より直接的に「君主独裁制」に対する疑義を呈したのは、王瑞来氏と冨田孔明氏の一連の議論であった[22]。

王氏は宋代の典型例として真宗朝を取り上げ、これをケーススタディとして論著にまとめている[23]。氏は士大夫政治の中において皇権は国家権力システムの一部にすぎないとして「君主独裁」を否定し、本質的に宋代は「宰輔専政」、すなわち宰相をはじめとする執政集団が中央政治運営において政策決定を行い、皇帝の名義で施行される体制だとする。政策決定のプロセスの中で、皇帝は決定的な役割を担っておらず、「皇帝は政治の舞台での主役ではなく、わき役となった。」「実際には、皇帝が朝廷の派閥とは結ばずに、軽率に宰相、ひいては執政大臣を罷免することはほとんどできない。そのため、皇帝は協力的な態度で「士大夫と天下を治」めねばならない。皇権は本格的に象徴化に向かい始めた。」と述べるのである[24]。

だが、先に見たように宮崎氏の言う「君主独裁制」においても、君主＝皇帝は政治を主導する存在ではなく、システムとして宰相ら官僚に政策立案を委ねてこれに決裁を与える存在としてしか規定していない。したがって「君主独裁制」の下における「士大夫政治」、あるいは「宰輔専政」とも表現されうる政治状況は存在可能であったし、次節で見るように王朝内において常に「皇権の象徴化」のみが進行するとは限らず、その意味で真宗朝を北宋朝の典型例とすることに賛成しかねるものがある。

これに対し冨田氏は、北宋中後期において二府（中書門下と枢密院）の統合化により、宋初の宰執分権策が放棄され、宰相権力の増加が見られることを指摘する。しかし同時に皇帝権力の増大を支持する意見も士大夫官僚に見られるとし、それら皇帝・宰執間のバランスを調整するものとして、士大夫輿論を代表する台諫・太学生の言論機能を重視した。

冨田氏の考えも当時の士大夫たちの言論を基に組み上げられており、あくまで政治的主体性を持つのは彼ら士大夫らであり、君主の権力行使は宰執の任免のみに限られる、とする士大夫の観念から逃れられていない。結果として皇帝権と宰相権の相対関係については、士大夫個人の立場によってどちらとも捉えられる、という結論に止まってしまっている。

第二節 「君主独裁制」下の「専制君主」神宗

では前節で見たような「君主独裁制」理論によって宋代史、ひいては近世史における諸現象を理解しつくすことができるだろうか。宮崎氏は基本的に君主が主体性をもたないがゆえに政治的に安定した「君主独裁制」が進展したとして、はるか後代の清・雍正帝までを視野に入れていたが、それまでの間、例えばすぐに想起されるであろう明の太祖洪武帝などの強烈な個性を持つ君主は如何にとらえることができるであろうか。彼が臣下の政策案をただ受け入れるだけの者でなかったことは明らかであろう。

これについて宮崎氏は注目すべき表現を行っている。明の太祖と永楽帝の政治は、「宋代の君主独裁制とは甚だ性質の異なるもので、むしろこれは古代的な専制政治の復活と言うべきであろう」といい[25]、このように天子が主導権を発揮して政治を動かすには、その天子が余程強靭な身体と精神を持っていなければ不可能である。明は永楽帝の後、弱体な天子が相次いだので、これまでのような専制政治は継続することができず、必然的に宋代的な君主独裁体制に移行して行くのであった[26]。

とする。ここからいえば、君主は最終的な政策決定権を握っているが、発議権は持っていない、あるいは持とうとしないのが「君主独裁制」であり、持つのが「専制君主制」ということになる。そして「専制君主制」は君主個人の体力・精神力が要求され、それが不足した場合は「君主独裁制」に移行することが可能だというのである。

では宮崎氏が言うように、これら時折現れる「専制君主」は単なる古代的君主像の先祖返りに過ぎず、制度としての「君主独裁制」にとっては単なる異分子、排除すべき対象として捨て去ってしまってよいのであろうか。宋代以降の「君主独裁制」の進展に、これら「専制君主」は何ら影響を及ぼさなかったのだろうか。「君主独裁制」の本質がいわゆるカリスマ的支配ではなく、制度に帰着するとしても、その制度はどこかの時点である人間が個人的な力量で作り上げたものである。歴代創業の君主と言われてきた人々や「専制君主」の多くはそのような個性の持ち主だったに違いない。

宮崎氏はこれら強烈な個性の持ち主、本来の「君主独裁制」とは相容れない君主を「専制君主」と呼び、その非永続性を指摘したが、洪武帝の行った中書省の廃止・六部の直轄という制度は受け継がれ、永楽帝の内閣制度も継承されている。となれば、両者の存在は「君主独裁制」の中に現れた古代的な専制君主ではなく、その政治手法は似ていても、あくまでも「君主独裁制」下において強烈な個性を発露させた君主とはいえまいか。そのような政治的主体性を発揮した君主の存在が、前代の制度を越えて新たな制度・先例を生み出し、次代に残す。それが制度の進展をもたらすと考えられる(27)。

「唐宋変革」という時代の画期に着目した説から出てきた「君主独裁制」の考えは、それを組織・制度の問題に帰着させすぎたがために、制度が出来上がった時点ですでに「君主独裁制」が完成したとして思考停止に陥り、それが変わらずに持続したものと見なし、その後の変化について深く注意を払ってこなかったのではないだろうか。時に出現する主体的な君主は、当然あるべき（と信じ込んでいる）「君主独裁制」にとって邪魔者でしかなく、これらは一過性の先祖返り、古代的な「専制君主」にすぎないとして排除し、無意識のうちに捨て去ってきてしまっていた。実際は彼らはあくまでも「君主独裁制」下において主体性を発揮した君主であり、彼らこそが制度に大きな変化をもたらすものであった。一度成った制度は基本的に変わらず継承され、それが正道なのだとしてしまう固定観念を捨て去り、特異な主体的君主がもたらした制度変化とその進展につき、これを肯定的にとらえ直していくことが求められる。

　特にこの問題を北宋という時代に引きつけて考えれば、五代の最後、後周の世宗の事業を受け継いだ宋の太祖が、禁軍を中心とした軍事力を背景に主体性を発揮し、これを基盤として宋朝が成立した[28]。しかしそれをいびつなかたちで継承し、かつ軍事的失敗によって軍事力を背景とした主体性の継承には成功しなかった太宗は、当面を「藩邸の旧僚」を使って乗り切りつつ、科挙制度を活性化させて士大夫官僚層を生みだし、これを基盤とした文治主義体制を構築した[29]。以後数代の北宋皇帝はこの太宗による支配体制を踏襲し、制度として継承していったのである。ここでは後周の世宗・北宋の太祖・太宗らは、手法は違えど自らの力量で政権を運営し、次につづく制度を残した「専制君主」であり、それを「君主独裁制」という制度として継承したのが、第三代真宗・第四代仁宗であった。これら継承者は同時代人の中では至高の存在でありながらも、拠って立つ制度の創始者たる太宗らの強烈な個性に束縛される。これが近年注目されてきた「祖宗の法」であろう[30]。我々はこの「祖宗の法」を北宋時代を通じて当然あるべき姿、継承されてしかるべきものと見過ぎてきた嫌いがある。

　しかし祖宗の個性を上回るほどの強烈な個性を時の君主が持ちえたとき、彼は政治的主体性を取り戻し、「専制君主」と呼ばれるほどのリーダーシップを発揮し、「祖宗の法」を越えて新たな体制を構築することが可能となるであろう。北宋においてそれは第六代皇帝・神宗であった。神宗朝についての研究は、熊本崇氏が政治事件・政治機構の解明を通じてアプローチしている[31]。精緻な史料分析によって具体的な事象から当時の政治システム・背景までを見通す氏の研究に導かれて、いま神宗朝の特徴を確認しておこう。

外藩から皇統に入るも、わずか四年で亡くなった父・英宗を嗣いだ神宗は、即位するや地方にいた王安石を登用し、五代以来の積弊の改革に乗り出した。いわゆる新法政策である。そこでは王安石は、それまでの「祖宗の法」における宰相像を逸脱し、官僚機構全体に存在する分割統治の非効率性を、中書門下に権限を集中することで克服し、強力に新法政策を遂行していった。

王安石と検正官のみが政務を一裔議し、他の大臣が坪外におかれる。

鴻京ら参知政事でさえ政治に干預できないほどに、安石と曽布ら特定少数に実権が集中する、これが熙寧の政治の実態である[32]。

王安石の退場後、神宗は王安石が作った宰相に権力が集中する仕組みを改変し、中書検正官による司農寺の結びつきを排除し、御史台による司農寺支配を形成することで、政権の監察と皇帝権の強化を行った。これにより、

北宋的君主独裁制の成立以後にはなかった、親政が開始された[33]。

まさしくここで神宗は主体的君主・能動的君主であり、それまでの「祖宗の法」に縛られない、強烈な個性を発揮した君主であった。

彼が「親政」後に主導したのが元豊の官制改革であった。[34] 当然その内容は、新たな「親政」体制に寄与するものであったはずで、近年の研究によればそれは官僚体系（職事官体系）における階層秩序の維持、宰執集団の分断化（三省制による権限分掌、分班奏事、相互牽制）をもたらし、相対的な君主権上昇を志向したものだった。

元豊官制改革以後は制度的にも明確に、大臣の権限を分割抑制しようとする姿勢が顕著であるほかに、彼の統治が皇帝自身の強力な指導のもとになされ、宰相以下の大臣は皇帝の意志の忠実な履行者にすぎなかったことになる。[35]

宰相以下はなべて為政者たる士大夫であるよりはまず、「所掌職事」の忠実な執行者たる官僚であるべしとする意志の、表れにほかなるまい。……宰相以下の「所掌職事」への拘束、いわば官僚化は君主権の安泰延いては、官僚集団からの超越さえも促進しうる如くである。

官吏を人格の如何を問わない「職事」の遂行者に限定する意志を、神宗において想定しうるのであれば職事官体系は、宋初以来の独裁権をさらに徹底する君主権再構成の試みであるとも、位置づけうる。[36]

以上が熊本氏の研究に拠って見た神宗の政治的態度である。

ここにおいて神宗は自ら「親政」を開始し、弊害を生んできたこれまでの制度に縛られず、それを超克しようと制度改革を行ったのであった。これはそれまでの「君主独裁制」における受動的君主像とは相容れない態度であったため、それがもたらしていた政治的安定性は激しく動揺した。神宗の生存中はその政治力によって「親政」体制は堅持されたが、その死後には宣仁太后の揺り戻しなどもあって、結果的には党争の発生という事態を招来したのだった。

言うなれば、神宗の出現によって宋代「君主独裁制」は新たな段階に入ったのだと筆者は考える。北宋末の新旧党争の底流には、太宗（あるいは仁宗・宣仁太后）以来の「君主独裁制」（士大夫の政治的主体性を認め、受動的態度をあるべき君主像とするもの）か、神宗後の新たな「君主独裁制」（君主の政治的主体性を認め、その「親政」を可能とするもの）か、その選択を巡る争いが存在していた。前者が「祖宗の法」と言い表せるのに対し、後者は「紹述」（神宗の新法政策を受け継ぐこと）という言葉で表現されうるものであろう。ただし党争の主役たる士大夫官僚らからしてみれば、後者は自らの為政者たる地位を抛擲せねばならないものであったため、新法党官僚とて唯々諾々とそれに従ったわけではなかろう。ここに北宋末党争の複雑さがあった。

ちょうどこの神宗朝の前後に、士大夫らの皇帝観・国家観にも変化が見られるとしたのが小林義廣氏である[37]。氏の考察によれば、仁宗朝の欧陽脩はあるべき国家像として、

それは、士人たちがそれぞれの「分」に応じた責務を充分に認識し、しかも上位に行けば行くほどその責務を強く求められる階梯的官僚体制の上に、至公＝倫理的君主を戴く、あるべき国家像である。君主は官僚の意見を通して臣民の動向を察知し、それに基づいて政策を決定せねばならぬから、この国家像は「皇帝機関説」とでも称すべき性格をもつ[38]。

との考えを持っており、これは当時、慶暦新政を領導した人物らに共通した思想だったという。これに対して次の世代の司馬光は、

彼の君主論あるいは国家論は、濮議の際に主張された、皇統と君主のすべてのものから超絶した、君主

の絶対性を説いていた。君主あるいは国家の絶対性を説く考え方は、一種の「国家主義」的国家観（あるいは「国家主義説」）といえるのではないだろうか[39]。

といい、両者にはあるべき国家観の違いが見られるとする。後者の思想は新法改革を主導する王安石らにも共通した、皇帝権の絶対性を前面に押し出そうとしたものであり、

慶暦以来の輿論重視の伝統を受け継ぎながらも、神宗以降に顕在化してくる皇帝権力絶対視への道も切り開いていたといえよう[40]。

つまり当時の官僚士大夫の国家観として、自分たちの輿論を第一のものとし、至公たる君主は当然それに賛意を与えるものだとする、君主の主体性を否定する考えから、逆に皇帝権を絶対視し、その主体性を認める考えへと変化したという。

氏はその思想の変化が、何によってもたらされたかについては具体的には言及されず、ただ「彼らが生き抜いた時代環境によって齎らされた結果であったと考えられる」という[41]。思うに、真宗・仁宗朝を通して、ともかくも官僚士大夫の「輿論」を中心とした「士大夫政治」が行われたのち、その諸矛盾が表面化してくると、現行の政治体制に対する限界性、特に政策決定における即時性の欠如が認識された結果ではあるまいか。

そのような時代の変化を踏まえて登場したのが神宗朝における変法・新法政治改革であり、まさしく宋代を考える上で最も大きな政治的変動である。これまで新法改革といえば、とかく王安石のみが注目を集めてきたが、熙寧年間において彼が主導した新法政策を、つづく元豊年間においても強力に推進し続けたのは神

宗自身であった。[42] いわば神宗こそが強烈な個性を持って北宋に現れた稀有なる主体的・能動的君主であり、「君主独裁制」に新段階をもたらした人物だと考えられる。その後継者らは、彼のもたらした制度を「紹述」するか、はたまたそれを否定して「祖宗の法」に戻るかの選択を迫られた。それは表面的には経済政策を中心とした新法・旧法をめぐる問題であるが、その底流には「君主独裁制」の根幹に関わる皇帝の政治的姿勢をめぐる争いがあった。[43]

だが神宗は元豊官制始動後、わずか三年ほどで崩御する。「親政」の要たる皇帝が不在となり、幼主・哲宗に代わって宣仁太后高氏が「祖宗の法」への回帰を目指すと、新法政策の否定とともに、「親政」体制の基盤でもある士大夫官僚集団への皇帝支配体制が改変させられていく。やはり熊本氏の論に依って述べれば、[44] 元豊官制とは三省制の導入によって、宰執がそれぞれの「職守」に拘束され、かつ首相たる左僕射兼門下侍郎でも中書省の進擬権（皇帝の聖旨を取る権利）には干与できず、結果として次相たる右僕射兼中書侍郎が実質的に首相よりも優位に立ち、巧妙に相互牽制を行わせ、その上に超越する皇帝の地位が安泰となるものであった。それが哲宗・元祐年間に三省共同進呈が導入されると、中書省が独擅していた進擬権が三省全体に開放され、首相が「職守」による拘束を免れて、三省すべてにわたって影響力を行使できるようになる。加えて当初から階層秩序によって、宰相は宰執集団から突出した実権を有するようになっており、一時は喪失した案件の専決・専達権が再び宰相の所有に帰すと、宰相（特に首相）の独走をも可能にするようになってしまう。もともと宰相権を抑制するための元豊官制が、逆に元祐の呂大防・元符の章惇らが長期に亘って独員宰相たり得る制度的基盤に改変されてしまったのである。

神宗が残した皇帝「親政」体制のための制度は、このように士大夫らによってなし崩し的に改変を加えられてしまった。次代の皇帝は神宗の遺産を直接受け継ぐことができず、もしそれを志向するのならば、自ら

「親政」体制を改めて構築する必要があった。そのためには、おそらくそれに消極的な士大夫官僚らを頤使する程の政治力が求められる。残念ながら神宗朝の次の哲宗朝では、ただでさえ元祐・紹聖の新旧党争の激化によって朝政がひどく動揺した上、先に見たように神宗による桎梏からのがれようと士大夫らが制度を改変した時期に当たっていた。最終的に二十五歳の若さで崩じた哲宗には、宰相らと互す程の政治的主体性を発揮し、「親政」体制を創出することは不可能であった。課題は次の徽宗朝に残されたのだった。

第三節　皇帝直筆の命令文書——御筆手詔の登場

北宋第八代の徽宗皇帝は神宗の第十一子であり、兄哲宗の後を思いがけず嗣いだ。そして父が始めた皇帝「親政」を可能とする新「君主独裁制」を「紹述」するか、受動的態度に徹して政治的安定性を求める「祖宗の法」に戻るか、どちらの道を行くかの選択を迫られたのであった。最終的に彼は父の「紹述」を選択したと考えられるが、その「親政」体制の徴表が「御筆手詔」と呼ばれる命令文書であり、これこそ神宗朝の内降手詔に端を発するものであった。

北宋前半、詔勅はすべからく中書門下を、元豊官制改革以降は中書・門下両省を経なければならなかったが、これは言うまでもなく唐代の文書制度を引き継いだものであった[45]。つまり朝廷の命令文書の作成は、士大夫の関与が前提となっており、その介在がないものは制勅として認められてこなかった。これはまさしく宋代の政治主体が官僚士大夫にあるということであり、「君主独裁制」のシステムと合致するものといえる。

これに対して御筆手詔（御筆）は、皇帝の真筆を建前とし、中書・門下を経ずに直接執行機関に下される文書である。北宋末の徽宗朝、専権宰相である蔡京が、これを掌握することにより、他者の妨げを排除して自らの意思を政策に反映させたものとして悪名高い命令文書の制度である。すなわち、

> 初め國朝の制、凡そ詔令は皆な中書門下議し、而る後に學士に命じて之を爲らしむ。熙寧の閒に至りて内降手詔有り、是れ中書門下の共議に由らず。蓋し大臣に陰かに中從り之を爲す者有り。議する者已に之を非とす。（蔡）京に至りて則ち又た御筆手詔を作る。京益ます政を專らにし、言者の己を議するを患い、故に御筆を作り密かに進擬し、徽宗の親書を丐《こ》うて以て降出するなり。御筆に違えば、則ち違制を以て之に坐し、以て封駁の制を壊す。事に巨細無く、皆な託して行う。上札に類せざる者有るに至るも、群下皆な敢えて言う莫し。
>
> 初國朝之制、凡詔令皆中書門下議、而後命學士為之。至熙寧閒有内降手詔、是不由中書門下共議。蓋大臣有陰從中而為之者。議者已非之矣。至京則又作御筆手詔焉。京益專政、患言者議己、故作御筆密進擬、而丐徽宗親書以降出也。違御筆、則以違制坐之、以壊封駁之制。事無巨細、皆託而行焉。至有不類上札者、而群下皆莫敢言。（王稱『東都事略』巻一〇一・蔡京伝）

というものである。

御筆手詔については徳永洋介氏に詳細な研究がある。[46] いま氏の論をまとめれば、御筆の淵源は神宗朝の内降手詔にあり、皇帝の特旨によって法規を制定・変更するための一命令形式であった。このような内降政治の構図は真宗朝末の劉太后期から確認されるが、一部の寵臣への賜与など、君主の個人的な命令のみならず、公的な政策に関する内降は神宗朝から見られるもので、御筆手詔はその後身であるとされた。

神宗朝・熙寧年間（一〇六八―七七）における内降は、臣僚が提出した文書に内批を加えたもので、承受し

た機関が中書・枢密院に覆奏した上で正式な聖旨となる。これは基本的に各機関からの上奏を出発点とするところから、皇帝の政治的主体性は発揮しにくいであろう。ただしその内容に関しては、現実的には覆奏された時点で中書・枢密院が異を唱えるのは難しかった。

これが王安石以後の神宗「親政」期に入ると、覆奏の原則は維持しつつも、特定分野に関わるものについてはそれを省略してもよいこととなり、三省・枢密院の関与はますます狭められていったとする。つまり、神宗朝とひとことで言っても、王安石時代と神宗「親政」期では状況が違っていた。前者において内降の法的権威は徐々に強まっていったが、神宗の強力な支持を後ろ盾として新法政治を推進した王安石でさえ、後には中書に検正官を置き、政策の原案を彼らだけで相談して勅裁を得る仕組みに変更した(47)。それは禁中から下される皇帝の独断を、いつでも執政の思惑通りにできるという保証がなかったためだという。よって神宗が「親政」を開始すると、内降に対する制約がなくなり、諮問を経ずに天子の名で強権が発動されるようになる。相対的に大臣の地位も脆弱となり、どの官僚も内降の帰趨から目を離せなくなった。

徽宗朝の御筆もこれと同様の構図であり、内降の中でも格別重要な案件について御親筆の名目を与え、さらに違制律を適用することによって法的効力を付与したのが崇寧・大観年間（一一〇二―一一一〇）の御筆であった。その後、地方における御筆の奉行率が低いことから厳罰化が進み、政和三年（一一一三）からは違御筆法によって大不恭を以て論ずることとなる。結果として法規としての妥当性を検討する暇もなく、即時執行することが義務づけられ、三省・枢密院の審議機能が麻痺したのだった。

また神宗朝には禁中に置かれた尚書内省が、宮中の事務、文書の整理、詔書の発給に欠かせぬ御宝の保管などをこなしており、その構成員たる内夫人は、天子の文書行政を手伝ううち勢い批答を書き込むことから、その作成にも手を染めていった。そのため宦官が皇帝の裁断に容喙する機会は相当に制約されていた。

徽宗朝の違御筆法が設定されるころ、宦官が台頭したが、結局は政和三年に六司を設けるなど、機構改革を果たした尚書内省の女官が文書作成に大きな役割を果たした。したがって御筆制度の展開は尚書内省の拡充と軌を一にしており、三省・枢密院の機能を代替したものである。御筆政治における意思決定の在り方は、無軌道な専制政治とは本来無縁であった。

以上が徳永氏の論点をまとめたものである。宋代の制度史上、非常に精緻な研究であり、筆者も基本的にこの観点を支持したい。あとはこの議論を「君主独裁制」という宋代政治史の流れから如何にとらえるべきかを検討することが求められる。

まず確認しておくべきことは、御筆制度が専権宰相・蔡京の創出にかかるものではないということである。基本的に御筆が内降に端を発したものである以上、君主の側から登場した制度であり、一宰相が自らの意思を通すために創ったものではないのである。実際、御筆が初めて下されたとされる崇寧四年（一一〇五）よりも前、崇寧元年（一一〇二）の講議司設置時などにもすでに「手詔」はしばしば下されており、[48]翌年には臣僚が上奏して、有司が「制書・手詔・告詞」を受けたときにどう対応すべきかその方法を示している。[49]ここからはすでに「手詔」の行下が半ば常態化しつつあったことを窺わせる。

徳永氏は最初の御筆が「悪名の高い党錮の緩和を命じた詔勅で、」「御筆というと、とかく蔡京の高圧的な言論統制を連想しがちだが、」「むしろ政府部内に彼の反対派が皆無となった段階で初めて使われた点は注意を要する」という。[50]つまり蔡京にとってはすでに体制が安定化した時期に登場したのが御筆であって、その支配を強化するものというよりは、逆に体制のためになされてきたパージを緩和するものであった。決して蔡京の体制維持に積極的な作用をもたらすものではなかったのである。

では蔡京は御筆とどんな関係を持っていたのか。これを考える上でさらに注目すべき発言を徳永氏はしている。

まして曽布から奪権を果たした彼（蔡京）に内降政治の危険性に対する計算がなかったとは考え難い。御筆手詔の登場は、天子の直筆ということで、大臣の画策に対する疑念を打ち消すだけではなく、内降と関わりの深い内夫人さえ介在せず、皇帝の意向を確実に掌握しようとする狙いも含んでいたことはいうまでもない。(51)

これらの記述からは、むしろ蔡京は内降に皇帝宸筆の要素を入れることにより、尚書内省の夫人らの介入を防ぎ、これを何とか自らが制御しよう腐心した姿勢が窺える。

これに関連して崇寧元年（一一〇二）五月、蔡京が翰林学士承旨から尚書右丞となってすぐ、

夏五月、詔すらく「應《あら》ゆる受傳せらるる内降特旨、竝びに三省の契勘を許し、若し祖宗の格法に戻《もと》ること有れば、明らかに具奏するを可し、更に施行せず」と。

夏五月、詔「應被受傳内降特旨、竝許三省契勘、若有戻祖宗格法、可明具奏、更不施行」。（『續宋編年資治通鑑』巻十五・崇寧元年）

とあり、内降手詔を受け取った機関に、その内容を実行する前に三省に伺いを立てさせることを厳密化させている。すでに建中靖国元年（一一〇一）の時点で「比日内降寖《ようや》く多し」という状況になっていたが、これに制限をかける狙いがあったと思われる。(52) 実質的に蔡京政権が開始された時点でこの詔が出された意味は大きい。

やがて御筆の行下は常態化していき、同時代人の認識としても「惟だ王言の大なるもの、手詔及び御筆に

如くは莫し」として最も権威ある王言として手詔・御筆が挙げられるようになる。[53]

以上のことをふまえれば、むしろ御筆は、神宗の「親政」体制を受けたかたちで、必然的に出現してきたものと思われる。逆に蔡京は、皇帝から出される御筆が自らの思惑と乖離していかぬよう、うまく制御していかざるを得なくなったのではなかろうか。

先に述べたような、君主の政治的主体性を基本的に認めない「君主独裁制」下においては、結局朝廷の命令文書は、宰執を中心とした政権が下すものであった。しかし内降に端を発する御筆手詔という制度は、君主の側から発信する命令文書制度であり、君主が政治的主体性を発揮するための重要な一手段であった。これが南宋に至って正式な命令文書と認識されるようになることから、御筆手詔は、神宗以降の新たな宋代「君主独裁制」における徴表として捉えることができるだろう。

寺地遵氏は南宋寧宗朝の韓侂冑政権を考察された際にも、その専権体制成立の時期について、

韓侂冑は紹熙五年秋・冬、己の危機を御筆・御批・内批―皇帝の官僚機構を超越した意思表示方式の頻《ママ》発によって切抜けている。とすれば御筆・内批の発令を侂冑が恣に行えるようになったのは何時か、統治過程において主権者皇帝に代っての意思表示が自在に行えるようになったのは何時か。それはとりも直さず、pseudo-emperor の誕生である。[54]

と述べる。pseudo-emperor すなわち疑似皇帝、仮皇帝とも表現される南宋の専権宰相を中心とした政治過程を理解するためにも、この北宋後半からの御筆の存在を無視するわけにはいかないのである。

おわりに

徽宗は以上述べてきたような政治的文脈の中に存在していた。すなわち北宋前期の「祖宗の法」的「君主独裁制」を排して、父・神宗による「君主独裁制」の「紹述」を国是とし、主体性をもつ君主が自身の意見を発露する手段として「御筆」「手詔」を手にしている状態にあったのである。

その神宗による「内降手詔」は当初頻繁に出されたわけではなく、いまだイレギュラーなもの、制度外のものとして認識されていた。それがやがて正式な王言として認知され、南宋時代には広範に使用されるようになるのだが、徽宗朝はその途上にあって「内降手詔」に一定の箍がはめられ、定型化・定式化していく時期にあったと考えられる。このときにあって皇帝徽宗と宰相蔡京との間には、経済・社会政策として新法を推進する点では協力関係にありながらも、新たな「君主独裁制」をめぐる問題では相克する関係にあった。

これまで徽宗朝に関しては、王安石の新法政策を継承した時代として、特定の政策内容だけが取り上げられ研究されてきた。(55) 近年ようやく当時の政治状況を正面から捉える専論が登場し、(56) 概説書においても、従来のようにこの時期を北宋滅亡に直結させて否定的にのみ捉えるのではなく、そのような時代像に見直しの余地があることを述べるようになってきた。(57)

本書もこれまで徽宗朝に関して持たれていた先入観・偏見を取り払い、彼が置かれた政治的背景を踏まえた上で、その政治姿勢を辿ったものである。「風流天子」と呼ばれた彼は、いかなる「君主独裁制」を展開していたのであろうか。それは北宋滅亡という事態を経て、つづく南宋にどのように継承されたのか、あるいはされなかったのか。かかる問題意識のもとで、考察を進めていきたい。

まず第一章から第三章では徽宗即位直後から中期にかけての政治状況につき、徽宗と権臣宰相蔡京に関わる政治事件を取り上げ、その背景について考察する。つづく第四章・第五章では、徽宗朝中後期に設置された非常に特徴的な官署に着目し、これまで余り注意を払われてこなかったその制度についてこれを整理し、それが持つ政治的意義について考察する。第六章はより広範な観点から、北宋から南宋にかけて継続された謁見制度についてその沿革を整理し、途中の変化が何に起因するものか、当時の皇帝権力のあり方に注目すべきことを指摘する。第七章は附篇として南宋の第二代孝宗朝を取り上げ、この時期に受け継がれていた御筆を利用して、皇帝がいかに政治的主体となっていたかに注目し、考察する。

注

（1）宮崎市定『水滸伝―虚構のなかの史実―』（『宮崎市定全集』十二「水滸伝」第Ⅱ部、岩波書店、一九九二年。初出は一九七二年）。

（2）北宋時代について詳細に記した李燾の『続資治通鑑長編』は、神宗と哲宗のかなりの部分と、徽宗・欽宗朝全部が欠落している。いずれも北宋後半の党争激しい時期であり、後世意図的に失われた可能性も否定できない。

（3）『アジア遊学』六四「徽宗とその時代」（勉誠出版、二〇〇四年）、伊原弘編『「清明上河図」と徽宗の時代―そして輝きの残照』（勉誠出版、二〇一一年）。

（4）Patricia Buckley Ebrey and Maggie Bickford (eds.) *Emperor Huizong and Late Northern Song China: The Politics of Culture and the Culture of Politics*, Harvard University Asia Center, 2006.

（5）ここではあくまで筆者が関心を抱く「君主独裁制」にまつわる問題に引きつけた研究整理を行う。より広く宋代政治史研究の現状を知るには、平田茂樹「宋代政治構造研究序説」（『宋代政治構造研究』汲古書院、二〇一二年。初出は二〇〇六年）、宮崎聖明「宋代官僚制度研究の現状と課題」（『宋代官僚制度の研究』北海道大学出版会、二〇一〇年）が詳細であり、こちらを参照されたい。

（6）内藤湖南「支那論」『内藤湖南全集』第五巻、筑摩書房、一九七二年。初出は一九一四年。
「概括的唐宋時代観」『内藤湖南全集』第八巻、筑摩書房、一九六九年。初出は一九二二年。

「支那近世史」『内藤湖南全集』第一〇巻、筑摩書房、一九六九年。初出は一九四七年。

（7）前注「概括的唐宋時代観」一一一頁。

（8）宮崎市定『東洋的近世』（『宮崎市定全集』第二巻、岩波書店、一九九二年。初出は一九五〇年）。
『中国史』（『宮崎市定全集』第一巻、岩波書店、一九九三年。初出は一九七八年）。

（9）前注『中国史』三六二頁。

（10）竺沙雅章『独裁君主の登場 宋の太祖と太宗』清水新書、清水書院、一九八四年。

（11）猪口孝・大澤真幸・岡沢憲芙・山本吉宣・スティーブン R.リード編『政治学事典』（縮刷版）弘文堂、二〇〇四年。正版は二〇〇〇年。

（12）周藤吉之・中嶋敏『五代と宋の興亡』講談社学術文庫、二〇〇四年。初出は『中国の歴史』五「五代・宋」として一九七四年。

（13）前掲注（8）宮崎『中国史』三六二頁。

（14）前掲注（8）宮崎『中国史』一一七～一一八頁。

（15）松丸道雄ほか編『世界歴史大系 中国史3 ―五代～元―』（山川出版社、一九九七年）二五六頁、注（3）。

（16）前注書一〇二頁。

（17）前注同頁。

（18）代表的な論著のみをあげれば、
佐伯富『中国史研究』第一、東洋史研究会、一九六九年。
荒木敏一『宋代科挙制度研究』東洋史研究会、一九六九年。
梅原郁『宋代官僚制度研究』東洋史研究会、一九八五年。

(19) 青山定雄『唐宋時代の交通と地誌地図の研究』吉川弘文館、一九六三年。
愛宕元『唐代地域社会史研究』同朋舎出版、一九九七年。

近藤一成「宋代士大夫政治の特色」『岩波講座世界歴史9 中華の分裂と再生』岩波書店、一九九九年。
(20) 寺地遵「宋代政治史研究方法試論―治乱興亡史克服のために」(『宋元時代の基本問題』汲古書院、一九九六年)。
(21) 平田茂樹『宋代政治構造研究』(前掲注(6))。
『南宋初期政治史研究』渓水社、一九八八年。
(22) 王瑞来「論宋代相権」『歴史研究』一九八五年第二期。
「論宋代皇権」『歴史研究』一九八九年第一期。

「皇帝権力に関する再論―あわせて冨田孔明氏の反論に答える」『東洋文化研究』一、一九九九年。

「皇帝権力に関する再論(その二)―思想史の視点からの展開」『東洋文化研究』三、二〇〇一年。

「中国における皇帝権力の実態再考―北宋の徽宗朝政治を中心に」(講演録)『学習院史学』四五、二〇〇七年。

冨田孔明「宋代の皇権と相権の関係に関する考察―王瑞来「論宋代相権」への批判をもとに」『竜谷史壇』九九・一〇〇、一九九二年。

「宋代史における君主独裁制説に対する再検討」『小田義久博士還暦記念東洋史論集』龍谷大学東洋史学研究会、一九九五年。

「宋代史における君主独裁制説に對する再検討(続)―張邦煒氏の論を参考にして」『東洋史苑』四八・四九、一九九七年。

「北宋士大夫の皇帝・宰執論」『東洋文化研究』四、二〇〇二年。
(23) 王瑞来『宋代の皇帝権力と士大夫政治』汲古書院、二〇〇一年。
この書に対する書評は、寺地遵氏(『広島東洋史学報』六、二〇〇一年)と平田茂樹氏(『史学雑誌』一一一―六、二〇〇三年)によってなされている。
(24) 前掲注(23)王書七～十五頁。

（25）前掲注（8）宮崎『中国史』三六二頁。
（26）前掲注（8）宮崎『中国史』三六二〜三六三頁。
（27）ヴェーバーのいう支配の類型に当てはめていえば、安定的に「専制的支配」がなされつつも、時折「カリスマ的支配」がなされ、その結果、「専制的支配」における君主への権力集中はより強化されていく、ということになろうか。一時的かつ個人的社会関係であるカリスマ的支配は、支配が日常化・永続化する中で、伝統化または合法化してゆき、血統に基づく「世襲カリスマ」等に転化することもあるという。
（28）寺地遵「五代北宋政治史概説」『中国へのアプローチ―その歴史的展開』勁草書房、一九八三年。
（29）見城光威「宋太宗政権考（上）唐宋変革期政治史研究の一つの試み」『東北大学文学研究科研究年報』五五、二〇〇五年。
「宋太宗政権考（中）唐宋変革期政治史研究の一つの試み」『東北大学文学研究科研究年報』五六、二〇〇六年。
（30）鄧小南『祖宗之法：北宋前期政治述略』生活・読書・新知三聯書店、二〇〇六年。
（31）熊本崇「倉法考―その施行の意義と変遷」『集刊東洋学』三八、一九七七年。
「北宋神宗期の国家財政と市易法―熙寧八・九年を中心に」『文化』四五―三・四、一九八二年。

「王安石の市易法と商人」『文化』四六―三・四、一九八三年。

「熙寧年間の察訪使―王安石新法の推進者たち」『集刊東洋学』五八、一九八七年。

「中書検正官―王安石政権のにないてたち」『東洋史研究』四七―一、一九八八年。

「元豊の御史―宋神宗親政考」『集刊東洋学』六三、一九九〇年。

「慶暦から熙寧へ―諫官欧陽修をめぐって」『東北大学東洋史論集』七、一九九八年。

「宋神宗官制改革試論―その職事官をめぐって」『東北大学東洋史論集』一〇、二〇〇五年。

「宋執政攷―元豊以前と以後」『東北大学東洋史論集』一一、二〇〇七年。

「宋神宗立太子前後―哲宗定策問題序説」『集刊東洋学』一〇七、二〇一二年。
（32）前掲注（31）熊本「中書検正官」七八頁。
（33）前掲注（31）熊本「中書検正官」七八頁。

（34）宮崎聖明「元豊官制改革の施行過程について」（『宋代官僚制度の研究』（前掲注（6））。初出は二〇〇四年）参照。
（35）前掲注（31）熊本「元豊の御史」五六頁。
（36）前掲注（31）熊本「宋神宗官制改革試論」一七八、一八四頁。
（37）小林義廣『欧陽脩―その生涯と宗族』創文社、二〇〇〇年。
（38）前注書一四五頁。
（39）前注同書二一五頁。
（40）前注同書二一七頁。
（41）前注同書三九六頁。
（42）これまで新法改革は王安石を中心としたものと考えられてきたが、その真の推進者としての神宗に注目すべきだと主張するのは、葉坦『大変法―宋神宗与十一世紀的改革運動』（生活・読書・新知三聯書店、一九九六年）。
（43）平田茂樹氏は両党の争いの一面には、それぞれの象徴的存在である神宗・宣仁太后に対する評価をめぐる争いがあったことを指摘する（「『哲宗実録』編纂始末考」『宋代の規範と習俗』汲古書院、一九九五年）。
（44）熊本崇「宋元祐三省攷―「調停」と聚議をめぐって」『東北大学東洋史論集』九、二〇〇三年。「宋元祐の吏額房―三省制の一検討」『東洋史研究』六九―一、二〇一〇年。
（45）中村裕一『唐代制勅研究』汲古書院、一九九一年。『唐代官文書研究』中文出版社、一九九一年。『唐代公文書研究』汲古書院、一九九六年。『隋唐王言の研究』汲古書院、二〇〇三年。
（46）徳永洋介「宋代の御筆手詔」『東洋史研究』五七―三、一九九八年。
（47）前掲注（31）熊本「中書検正官」参照。
（48）『宋会要輯稿』職官五―一二・崇寧元年七月二十八日条。詔「昨降置講議司手詔内事件、許令中外臣庶具所見利害聞奏。」

（49）『宋会要輯稿』職官二八―一五・崇寧二年二月二十九日条。
臣僚言「乞詔有司、毎遇有制書・手詔・告詞、竝同賞功罰罪事跡、錄付准［進］奏院。本院以印本送太學
幷諸州軍、委博士・教授掲示諸生。」從之。
（50）前掲注（46）徳永論文一〇頁。
（51）注論文二二頁。
（52）『宋史』巻三四五・任伯雨伝
又言「比日内降寖多、或恐矯傳制命。漢之鴻都賣爵、唐之墨敕斜封、此近監也。」
（53）『宋会要輯稿』職官二―一六・政和七年七月九日条。
起居郎李彌大奏「伏見左右置史、實記言動。今起居注所載既有式例外、又有遇事竝書。竊原立式之文蓋欲
備記言動、宣明德意、付之祕書省、事體非輕。惟王言之大、莫如手詔及御筆。自來承受官司因循次［沿］襲、
竝不關報、致前後更不該載、竊慮未盡修注之意。欲乞今後官司承御筆等竝行關報、逐日修入。」從之。
（54）寺地遵「韓侂冑専権の成立」『史学研究』二四七、二〇〇五年、三四頁。
（55）例えば次のようなものがある。
周藤吉之「北宋における方田均税法の施行過程―特に王安石・蔡京の新法としての」『中国土地制度研究』

東京大学出版会、一九五四年。

草野祐子「北宋末の市舶制度―宰相・蔡京をめぐって」『史艸』二、一九六二年。

中嶋敏「北宋徽宗朝の大銭について」『東洋史学論集―宋代史研究とその周辺』汲古書院、一九八八年。初
出は一九六一年。

「蔡京の当十銭と蘇州銭法の獄」同書、初出は一九七五年。

「北宋徽宗朝の夾錫銭について」同書、初出は一九七五年。

近藤一成「蔡京の科挙・学校政策」『宋代中国科挙社会の研究』汲古書院、二〇〇九年。初出は一九九四年。
（56）林大介「蔡京とその政治集団―宋代の皇帝・宰相関係理解のための一考察―」『史朋』三五、二〇〇三年。
久保田和男「北宋徽宗時代と首都開封」『宋代開封の研究』汲古書院、二〇〇七年。初出は二〇〇五年。

羅家祥『朋党之争与北宋政治』華中師範大学出版社、二〇〇二年、第五～七章。

張邦煒『宋代婚姻家族史論』人民出版社、二〇〇三年。
『宋代政治文化史論』人民出版社、二〇〇五年。

(57) 小島毅『中国の歴史』第七巻「中国思想と宗教の奔流―宋朝」講談社、二〇〇五年。

第一章　崇寧五年正月の政変

——蔡京の第一次当国と対遼交渉

はじめに

北宋徽宗が即位して七年目の崇寧五年（一一〇六）正月戊戌（五日）の夕刻、彗星が開封西方の空に出現した。長さが七十二万里にも渡る巨大彗星は、[1]二十八宿の奎から婁、胃、昴、畢と位置を変え、姿を消したのは戊午（二十五日）であった。[2]

天に彗星があったこの約二十日間に、地上の宋朝廷では一大政変が起きていた。皇帝が元夕に楼に御さず、乙巳の日（十二日）には正殿を避け、常膳を減らし、中外の臣僚に朝廷の闕失を直言させる詔を出した。[3]そしてその夜半、にわかに宦官を遣わして朝堂に建てられていた元祐党籍碑を打ち倒させるに至り、事態は緊迫さを増した。周知の通り元祐党籍碑は、元祐旧法党に連なる者の公職追放を宣言したもので、[4]当時の専権宰相である蔡京の政策を象徴していたものである。それが夜中の内に破壊され、かえって自由な直言を求める詔が出されたのだから、これはそれまであった実質的な言論統制を解除し、四年弱つづいていた蔡京の政策をひっくり返す意味合いが込められていたと言って良い。当の蔡京は、明くる朝出仕してはじめてこの異変に気付いたのである。彼にとってはまさに青天の霹靂であり、「石は毀すべきも、名は滅ぶべからず」と恨み言を言うのが精一杯であった。(5) すでに大勢は決しており、さすがの蔡京も手出しができなかったのである。

このとき党籍碑破壊を徽宗に勧めたとされる劉逵は、もともと蔡京に付いて昇進し、その与党と見なされてきた人物だったが、この頃から俄に反蔡京に転身したらしく、政変前日の甲辰の日（十一日）、執政である中書侍郎に昇進している。政変前日の執政就任といい、夜半の党籍碑破壊といい、いずれも宰相蔡京の関知し得ぬうちに事が運ばれたことが窺え、まさにクーデタといってもよい政変であった。蔡京が正式に宰相を罷免されるのは翌月のことであるが、実質的にはこの日、彼の第一次当国期が終了したと言ってよいだろう。(6)

それでは一体この政変はどのような文脈によって引き起こされたものであろうか。これまでこの政変は、徽宗が彗星出現という天変に怯え、感情にまかせて一時蔡京を罷免したもの、とのみ捉えられてきた。(7) しかし今そのような個人の心理的要因だけでなく、この政変に至った政治的脈絡を尋ねてみると、当時現実的な外交政策をめぐる徽宗と蔡京の対立があったことが判明する。

これまでの通念では、徽宗には政治的な能力も関心も無く、ひたすら芸術を追いかけて浪費を続けるのみで、肝心な政策面においては全く蔡京に依存し、時折ある天変に怯えたときにしばらく失脚させるだけ、やがてすぐにまた蔡京に政治を委ねるのみ、という風に捉えられてきた。この通念からすると、政策上における両者の対立など存在しえないということになる。

しかしいまそのような通念から離れて、史料に即してこの崇寧五年の政変について考察してみると、もちろん徽宗の心理的要素が皆無であったとまでは言えないが、かといって何の政治的背景も無い政変であったと考えるのは不十分であり、その客観的な要因にも注意を払うべきだと考えられる。

本章は崇寧五年の政変へと至る政治的背景を明らかにしようとするものである。そのためにまず徽宗即位の直後から蔡京体制成立の前後に至る状況を第一節で確認しておく。この時期におけるキーパーソンである向太后と徽宗の政治的姿勢も、従来言われてきた通説とは違ったものであり、これがのちの蔡京体制の性格にも大きな影響を与えたものと考えられる。その上で第二節において崇寧年間の宋・遼交渉について可能な限りの史料を提示し、これまで看過されてきた徽宗・蔡京の政治的対立を浮かび上がらせることとしたい。

第一節　徽宗朝初年の政局

一、向太后と蔡京 ―― 元符三年

元符三年（一一〇〇）正月、新年の朝賀も受けられずに病床にあった哲宗は、十日になってようやく宰執の見舞いを受けたが、そのわずか二日後、福寧殿にて崩御した。(8)これを受けて次の皇帝を誰にすべきか、神宗皇后の向太后と宰相章惇の間に意見対立が起こったが、結局は太后の推す端王が選ばれ、徽宗皇帝となった。このときその即位に反対した章惇はのちに失脚することになる。

こうして始まった徽宗朝であるが、すでに成人していたにもかかわらず、徽宗が望んだということで、向太后の垂簾聴政が行われた。そして二月には新法党政権の下で冷遇されていた韓忠彦が中央に戻されて門下

侍郎となり、次いで四月に宰相となると、朝野はこれを「小元祐」と讃えたとされる。[9]

通説ではこの垂簾聴政の期間、向太后の希望により新・旧両法の中道路線を進むこととなり、紹聖の新法急進派はことごとく失脚し、旧法党の韓忠彦を表に立てつつ、実質的には新法穏健派の曽布が政治を執った、といわれてきた。[10]後者の韓忠彦・曽布の力関係についてはその通りだと思われるが、前者の向太后の政治姿勢について、彼女が非常に控えめで権力志向はなく、温和な中道路線主義者だったという見方は、首肯しかねるところがある。

たしかに韓忠彦の起用は向太后の意向によるものと思われるが、[11]曽布についても同様であったかは疑問がある。そもそも曽布は章惇の失脚後に宰相となったが、それは定策の功によるものと言われ、[12]むしろ当初彼は徽宗によって信任されていたと思われる。これはあとで述べるように、徽宗こそが中道路線を当初志向しており、それを実現するために新法穏健派の曽布に期待したものと考えられるからである。これに対して向太后がどのような立場に立っていたか。これを窺わせるのが、おなじ新法党であっても曽布と終始対立した蔡京の動向である。紹聖・元符年間に蔡京とともに新法急進派であった章惇・蔡卞が次々と失脚していくなか、蔡京一人が一番長く中央に留まりえており、その背景に向太后の存在が窺われる。それが典型的に示されたのが元符三年三月の出来事である。

『長編紀事本末』の記事に拠ると、翰林学士承旨・兼修国史であった蔡京を中央から外に出そうとした曽布は韓忠彦と示し合わせ、北方戦線の一角たる河東路の重鎮、太原府の長官が欠員となったことを利用し、これに蔡京を当てることで実質的に左遷することとした。曽布・韓忠彦らは徽宗の面前において一芝居を打ち、適任者は蔡京しかいないということで、その知太原府就任が決定されたのだった。[13]ところがその十数日後、是の日、曾布再び對するに、上諭以えらく「皇太后 蔡京は當に出だすべからずと疑い、且らく留めて修史せしめんと欲す。恐るらくは陸佃等修史を以て宰を得れば、用うべからず」と。
是日、曾布再對、上諭以「皇太后疑蔡京不當出、欲且留修史。恐陸佃等以修史得宰、不可用。」(『長編紀事本末』巻一二〇「逐惇卞党人」元符三年四月戊戌条)

と、一旦決定した人事が覆えされて蔡京を開封に留まらせることになったのである。曽布は慌てて蔡京・蔡卞兄弟の姦悪を力説し、留むべからざることを説いたが、徽宗は、太后の意向はあくまで史書編纂作業の継続にあるとしてこれを退け、蔡京は元任の翰林学士承旨に戻り、結局外任に出ることはなかった。[14]

この出来事は当時の政治状況を象徴する出来事であり、宰執らが皇帝の面前において議決した政策が太后によって覆されたのである。ここから当時の最高意志決定権が皇帝にではなく、太后の側にあったことが窺える。つまり元祐党人の復帰や、紹聖党人の追放とは別の次元で、向太后が強く蔡京を庇護していたことは明らかである。

そもそもすでに成人していた徽宗が即位したにもかかわらず、太后が垂簾聴政を施いたこと自体、もっと注意を払うべきことであろう。徽宗にとっては、宰相の反対を退けてまで自分を即位させてくれた太后は大きな後ろ盾であり、それに対する謝意も込めての共同統治という側面もあったであろうが、哲宗朝初年に強力な聴政を行った宣仁太后の姿勢を間近にみてきた向太后自身が、同様の政治体制を指向した面も実はあるのではないか。

ともあれ、結果的にその聴政が半年余りという短期間であったことから、どちらかといえば政治的介入が控えめだったと思われがちな向太后については、そのような通説における人物像を再考する必要があるだろう。実際には上記のように隠然たる権力を握っており、皇帝をもしのぐ影響力を持っていたのである。[15] 范純礼は曽布に対し、「撤簾後に（徽宗による）方針変更があるだろう」との予測を口にしているが、[16] これは当時の官界の雰囲気をよく伝えたものである。

同年七月、太后の垂簾聴政はやめられたが、[17] 以降も太后と蔡京の密接な関係性を窺わせる史料は存在する。

今、（向）宗良等内外に交通せる迹状甚だ明らかにして、蔡京交結の迹は天下の共に知る所なり。京 向綍の墓誌を作りて曰く「吾平生 士大夫と游び、承旨蔡公の如く我と厚き者無し」と。京 従官爲りて外戚と相い厚きこと、碑刻に書して、以て自から矜夸す、此くの如きの類、止だ一事のみならず。又た京は弟卞と久しく朝廷に在り、悪を同じうして相い濟く。卞は則ち出だされ、京は則ち牢として抜くべからず、自ら謂えらく執政以て決取すべしと。人皆な京は慈雲寺に因りて裴彦臣交結の助を得たりと謂う。外議訩訩、衆《み》な知る所なり。

今宗良等内外交通迹狀甚明、蔡京交結之迹天下之所共知也。京作向綍墓誌曰「吾平生與士大夫游、無如承旨蔡公與我厚者。」京爲從官而與外戚相厚、書於碑刻、以自矜夸、如此之類、非止一事而已。又京與弟卞久在朝廷、同惡相濟。卞則出矣、京則牢不可拔、自謂執政可以決取。人皆謂京因慈雲寺、得裴彦臣交結之助、外議訩訩、衆所知也。（『国朝諸臣奏議』巻三五・陳瓘「上徽宗論蔡京交結外戚」）

これは硬骨の言官として知られる陳瓘の上奏文だが、蔡京は太后の兄弟である向宗良・宗回らと結託し、結果外戚向氏の政治的影響力を増大させ、自らの立場を有利にしている、と厳しく指弾する。また「慈雲寺」という寺院に関連して裴彦臣なる人物とも結託しているという。

この裴彦臣とは何者であろうか。同時期に出された豊稷の上奏には臣竊かに観るに古より母后臨朝して、社稷を危うくし、天下を亂すこと、載せて史册に在り、考して知るべし。手書して政を還すこと、未だ聖母の如き有らず、退抑謙遜の盛徳は、萬世の法と爲すべし。諫官陳瓘、何に従りて尙お政事に與るを知るや。臣嘗て具奏すらく、宮省親近の臣にあらざれば、卽ち外戚の招權せる者妄りに外臣に傳えん、と。今外は則ち唯だ向宗回・宗良勢を藉りて妄作し、人を欺惑するを聞くのみにして、內は則ち唯だ張琳・裴彥臣等凶諂焰熾にして、翰林學士承旨蔡京その間に交通するを聞くのみ。宮禁預政の言、中外喧傳し、人誰か知らざらん。諫官陳瓘哀憤に勝えず、獨り先に抗章し、二聖の心を開寤せんことを冀う。臣愚欲し乞うらくは外家を戒飭し、琳等を竄逐し、京を外に黜けられんことを。

臣竊觀自古母后臨朝、危社稷、亂天下、載在史册、可考而知。手書還政、未有如聖母、退抑謙遜之盛德、可爲萬世法。諫官陳瓘、何從而知尙與政事。臣嘗具奏、非宮省親近之臣、卽外戚招權者、妄傳於外臣。今外則唯聞向宗回・宗良藉勢妄作、欺惑於人、內則唯聞張琳・裴彥臣等凶諂焰熾、翰林學士承旨蔡京交通其閒。宮禁預政之言、中外喧傳、人誰不知。諫官陳瓘不勝哀憤、獨先抗章、冀開寤二聖之心。臣愚欲乞戒飭外家、竄逐琳等、黜京於外。（『国朝諸臣奏議』巻三五・豊稷「上欽聖皇后乞戒飭外家」）

と指摘し、陳瓘が向太后の政務関与を指摘したのは、ただ宦官や外戚の者らの妄言に踊らされただけで、本当に悪いのはその宦官・外戚らだ、として彼を弁護している。その宦官こそが張琳・裴彥臣らであり、外戚が向宗回・向宗良、そしてそれらの間に交通していたのが蔡京であった[18]。

それではこれらの関係はいつから形成されたものであろうか。先ほども述べたように蔡京と宦官・裴彥臣との結びつきは、かつての「慈雲寺」の件をきっかけに交結していたと言われていた。慈雲寺とは陳瓘の別は処を定めず、造営は進捗しなかったという。[19] しかし『宋史』范正平伝には、扱うかについて、戸部・御史台の中には、裴彦臣を支持する者があって決せず、結果、寺の用地造らせたもので、裴彦臣はそれを取り仕切っていた。だがその土地取得の問題から訴えがあり、これをどうの上奏によれば、紹聖の初め、皇太后がおそらく夫の神宗であろう「愛主」を追善するために私財を投じて

紹聖中、（范正平）開封尉と爲り、向氏の其の墳に慈雲寺を造らんとすること有り。戸部尚書蔡京 向氏の后戚たるを以て、自結せんと規（窺）欲し、奏して四鄰の田廬を拓かんとす。民に訴うる者有り、正平按視して以爲らく、拓く所は皆な民業なれば、奪うべからずと。民又た鼓を撾ちて上訴し、京は罰金二十斤に坐し、是を用て恨みを正平に蓄う。

紹聖中、爲開封尉、有向氏於其墳造慈雲寺。戸部尚書蔡京以向氏后戚、規欲自結、奏拓四鄰田廬。民有訴者、正平按視、以爲所拓皆民業、不可奪。民又撾鼓上訴、京坐罰金二十斤、用是蓄恨正平。（『宋史』巻三一四・范純仁伝・附正平伝）

とあり、実際には向氏の墳墓の傍に建てられた寺院であった。このようにある一族の墳墓に付随して造られた寺院は、その一族の祖先の追薦や墳墓の清掃を担って「墳寺」と呼ばれたが、[20] この慈雲寺は向氏の墳寺であったのだろう。また、

中官裴彦臣 慈雲院を建て、戸部尚書蔡京深く之と結び、彊いて人の居室を毀つ。朝に訴えられ、御史に詔して劾治せしむ。安民言えらく「事に情重くして法輕き者有り、中官豪横し、侍從官と相い交結し、同に欺罔を爲す、此の姦狀、恐るらくは法の能く盡くす所に非ず。願わくば重く降責を爲し、以て百官

を粛《いまし》めん」と。獄具し、（章）惇これを主するに甚だ力むれば、止に罰金するのみ。

中官裴彦臣建慈雲院、戸部尚書蔡京深結之、彊毀人居室。訴於朝、詔御史劾治。安民言「事有情重而法輕者、中官豪横、與侍從官相交結、同爲欺罔、此之姦狀、恐非法之所能盡。願重爲降責、以粛百官。」獄具、惇主之甚力、止罰金。（『宋史』巻三四六・常安民伝）

とも書かれていて、やはりここでも宦官裴彦臣が関与していることが確認できる。向太后と向宗良・宗回らの父である向経は、開封府開封県豊塙村の祖塋に葬られており、(21)おそらく裴彦臣は太后の意向を受けて墳寺創建を取り仕切り、当時戸部尚書であった蔡京がそれに協力して、民居を強制撤去し、広大な土地を確保しようとした。しかし住民の訴えと開封県尉であった范正平の告発により御史台での審問が開かれ、当時監察御史であった常安民はこれを厳罰に処そうとしたが、彼と遺恨のある宰相章惇が罰銅で決着させた。以上が慈雲寺事件の顛末であろう。結局のところ慈雲寺がどのような規模で完成したか、史料からは窺えないが、ここで蔡京は裴彦臣、ひいては向氏一族に大きな貸しができていたわけである。

裴彦臣はかつて元祐年間、蔡確が処分された際、宣仁太后の意向を受けてその護送を命じられている。(22)その後は徽宗の「随龍の臣」であったというから、(23)詳しくは分からないが宣仁太后・向太后・徽宗それぞれに仕えたものであろう。

その裴彦臣と共に名が挙がっていた張琳は、元豊末年に活動が確認される宦官であり、(24)神宗崩御後に磨勘を減年されているから、(25)神宗に仕えていたことは間違いなかろう。のち元符三年正月、徽宗即位の日に供承翊衛内臣の一人として名が見えており、やはり彼も徽宗随龍の内臣となっていたようである。(26)

以上のように蔡京は外戚の向氏一族、随龍の宦官を通じて向太后と強固なつながりをすでに紹聖年間から形成してきており、それを背景として元符三年前半、中央政界に留まることができていた。章惇・蔡卞ら新法急進派が次々と弾劾されていく一方で、徽宗が「蔡京と蔡卞は同じからず」（『長編紀事本末』巻一二〇「逐惇卞党人」元符三年五月甲午条）とまで述べ、あくまでも蔡京を庇っていたことは、ひとえに向太后の威光がなせるものだった。それは先の陳瓘らの指摘にもあるように、七月に太后の垂簾聴政が終わって以後も基本的に継続していたのである。

この間に蔡京が取った政治的行動としては、八月庚子の景霊西宮の建設進言などがあるが[27]、より注目されるのは秘書少監の鄧洵武を国史院編修官に推薦し、実行されたことである[28]。つまりは兼修国史である自らのスタッフに加えたということであり、後から見るとこれが大きな布石となっていた。というのも翌・建中靖国元年（一一〇一）十一月、失脚していた蔡京が復帰する呼び水となった「愛莫助之図」を徽宗に提出した者こそ鄧洵武であったからである[29]。この鄧洵武人事に関してもやはり給事中が封駁を行ったが、中書舎人に書読行下させることで強引に実行に移されていた。皇太后の後押しであることは言うまでもない。

九月には「甲子、詔修哲宗実録」、「丁丑、詔修神宗正史」（『宋史』巻十九・徽宗本紀）と立て続けに史書編纂の詔が出されている。周知のとおり神宗朝についての史書編纂は、以後南宋に入っても作り直されるなど、時の政権の意向に大きく左右されており、それ自体が大きな政治問題であった[30]。すでに『神宗実録』が蔡卞の手によって書き換えられていたこのとき[31]、蔡京が編修官となれば、その新録をつかっての『神宗正史』が作成されることは自明である。太后はそれを容認していたことになり、やはりこれも今まで理解されてきた太后像とは違う面を窺わせる。陳瓘は蔡京が史書編纂に携わること自体を批判しているが、『王安石日録』の利用に反対しつづけていた彼にすれば当然のことであった[32]。また同時に彼は、史局に正官がおらず兼任官ばかりであり、そのために蔡京が史局を擅にしていることをも非難している[33]。ここからは当時の蔡京が実録編纂所を拠点にして、自己の与党を形成していったことが知られる。

その陳瓘は、蔡京と外戚向氏を非難するとともに、そもそも太后自身が未だに国事に関与していることを厳しく批判したことで、ひどく太后の怒りを買い、左遷される。近地の郡守（知州・軍）で済まそうとする執政らに対し、徽宗はより下級の監当官への降格を指示しており[34]、その背景に太后の怒りのすさまじさが窺われる。一部の史料には、太后の怒りを解くために、蔡京を宰執とすべきだという徽宗近習さえいたという[35]。

（蔡）京　偃然として在職し、朝廷に其の姦を識るもの無しと謂い、日夜内侍・戚里と交納して以て大用を覬う。中外　陛下の京を留めるを容忍するを見て、咸な謂えらく果して京を大用するの意有りと[36]。

京偃然在職、謂朝廷無識其姦、日夜交納内侍・戚里、以覬大用。中外見陛下容忍留京、咸謂果有大用京之意。（『長編紀事本末』巻一二〇「逐惇卞党人」元符三年九月庚辰条）

当否はともかく、蔡京が禁中の勢力と結び、やがて大用される気配があるという噂は確かにあった。

ところがここから事態は急展開を迎える。陳瓘の貶謫を知った言官らが、次々とその擁護の上奏を行った。先に挙げた豊稷や陳師錫もそうであるし、なかでも翰林学士の曽肇の上奏は、特に向太后に向かってなされたものであり、その赦しを乞うたものであった[37]。これらの後押しの結果、陳瓘は知無為軍への左遷で済まされている[38]。そればかりか、徽宗は突然、蔡京と外戚・宦官との結託を非難し、これにより蔡京は翰林学士承旨から端明殿学士をもって知永興軍に任命される。国防の重要地点である陝西の長官に任命することで、実質的な左遷とする手法は、かつて太原府を口実として韓忠彦・曽布が目論んだやり方と同じであった[39]。

この急激な情勢の変化は、これまで蔡京を強力にバックアップしてきた向太后の政治的影響力が薄れたからに違いない。いったい向太后に何が起こったのであろうか。
その原因としては次の二点が考えられる。まずは健康上の問題である。彼女が崩御するのは翌・建中靖国元年正月であり、元符三年十月はそのわずか三ヶ月前に当たっている。陳瓘の一件における興奮状態は老体に少なからぬ負担をかけたであろうことは想像に難くない。
もう一つは先に見たように、陳瓘・豊稷ら言路官が蔡京と太后のつながりを攻撃した奏上文を見てみれば、七月に垂簾聴政をやめて政権を徽宗に返上したとしておきながら、依然として政策に介入する太后の姿が窺える。おそらく太后は表面上はともかく、実際には蔡京や向氏一族、宦官を利用して権力を握り続けていたのである。言路官らはそれを直接批難することが憚られるため、蔡京を表に立てて攻撃したのであり、真の攻撃対象は太后その人であった。だからこそ太后は激怒し、陳瓘を遠ざけさせたのである。しかしその後も陳瓘を擁護する意見が相次いだことにより太后の権威も傷つき、結果としてその影響力は低下したものと思われる。のちになされた陳次升の太后への上奏「上欽聖皇后乞不以陳瓘之言為念」に見える慰めの言葉は、それを的確に感じ取った上でなされたものであろう。[40]
以上のように元符三年は、皇太后の垂簾聴政支持派と皇帝親政支持派との間で政治の主導権をめぐって対立が起きていた時期であった。その中で蔡京は宦官・外戚を通じて皇太后側に与し、徽宗に近い韓忠彦・曽布と暗闘が繰り広げられていた。これまで向太后の垂簾聴政は、当初から韓忠彦・曽布を宰相に任じて新法・旧法の中道政治が行われていたかのように言われてきたが、実はそうではなく、それが証拠に韓忠彦はともかく、曽布の宰相就任は太后の還政以後、徽宗親政期のことであった。これまでの先行研究が勘違いしつづけてきたのは、この時期に関して残された史料が少なかったことと、『長編紀事本末』に残された『長編』の記述の多くが、曽布その人が残した記録（『曽公遺録』）に基づいており、その結果恰も韓忠彦・曽布の起用がはじめから企図されていたかのように読めてしまっていたからであろう。

失脚直前の蔡京が最後に翰林学士承旨として行った仕事は、新たな宰相人事の草詔であった。そのとき韓忠彦の左僕射就任の麻詞を受け取った蔡京は、徽宗に専任一相か分命両相かを尋ね、一相のみであると聞くと、学士院から出て「子宣（曽布の字）は宰相ならず」と言った。ここから窺える蔡京の安堵感は、この時期の政局がどちらに転ぶかの瀬戸際にあったことを示している。しかしそれはぬか喜びに終わる。徽宗はひそかに曽肇を呼び寄せ、兄・曽布を右僕射に任命する制を書かせたのであった(41)。徽宗の真意は韓忠彦・曽布体制にあった。このとき本心を伝えずに蔡京を利用した徽宗は、鋭く政治的な行動をとったものと言える。

二、徽宗の親政と曽布の失敗 —— 建中靖国元年

前節で見たように元符三年（一一〇〇）十月の蔡京左遷が象徴するのは、向太后の影響力が後退し、徽宗の親政が開始されるという政治体制の変化であった。そのはじまりに当たって注目すべき詔が出されている。そこには、

朕爲政取人に於いて、彼時此時の間無し。可否を斟酌し、擧措損益は、唯だ時の宜しきのみ。忠邪を旌別し、用舍進退は、唯だ義の在る所のみ。政事をして其の當を失わしめず、人材各おの其の所を得しむれば、則ち能事畢る。偏無く黨無く、正直是れ與せよ、體常用中、祗んで大卞に率《したが》い、以て天下と休息し、以て朕が繼志述事の美を成すこと、また䞇《よ》からざらんや。

朕於爲政取人、無彼時此時之閒。斟酌可否、擧措損益、唯時之宜。旌別忠邪、用舍進退、唯義所在。

使政事不失其當、人材各得其所、則能事畢矣。無偏無黨、正直是與、體常用中、祇率大卞、以與天下休息、以成朕繼志述事之美、不亦韙歟。（『宋大詔令集』巻一九五「誡諭中外詔」（元符三年十月己未））

と言う。のち言官らがしきりに「皇極」の語を使用するのは、この詔の要の部分が『尚書』洪範の「無偏無黨」にあることを踏まえてのものであるに違いない。内容的に見ればまさしくこれが元祐・紹聖の旧法党・新法党を偏り無く用いることを言ったもので、穏健的な中道路線の表明である。徽宗が改めて示した施政方針であり、向太后時代との訣別宣言とも言える。

つづけて出されたのが、翌年を「建中靖国」と改元する詔である[42]。これもやはり中道路線を確立させて国を靖んじようとの宣言であることは言うまでもない。

この一連の流れからは、中道路線を指向したのが徽宗本人であり、それは向太后時代ののちであったことが判明する。繰り返しになるが、通説は覆されるべきであろう。

そんな徽宗が宰相に選んだのが曽布であった。自ら曽肇を召し出して宰相に任ずる詔を書かせたことはすでに述べた通りである。宰相としてはその上に左僕射の韓忠彦がいるのだが、彼は中央復帰当初に四事を上奏して以来、旧法党人の復権に尽力したことは認められるが、その他の政治的活動は影が薄いといわざるを得ない。そもそも先に述べたように、徽宗の本心としては外戚である韓忠彦の宰執任命を嫌っており、その意味でも政治的影響力を発揮することは難しかった。結果、元符三年から翌・建中靖国元年にかけては、実質的に曽布が政治を主導していた。

しかしその体制はわずか一年ほどで崩壊し、そのあとに蔡京の第一次当国が始まる。本節ではその崩壊過程を詳しく見てみることにしよう。

曽布体制崩壊の一因は、その前半期において、徽宗の中道路線を推進しうる人物として曽布以外に李清臣が浮上し、両者が言官を巻き込んで激しい政争を繰り広げたことにあった。清臣は元豊年間に尚書右丞となり、元祐年間には失脚するが、紹聖年間に元祐の政策を厳しく批判し、紹述を導いた人物で、典型的な新法党人だと言える。(43)しかし章惇が文彦博・呂公著らを嶺表に竄せんとしたときにはこれに反対しており、その意味では穏健派であった。元符三年には知真定府として地方にあったが、同年四月甲辰に礼部尚書から門下侍郎に遷っており、「上の親擢」といわれていた。(44)その意味で曽布と同じタイプであり、だからこそ曽布にとって強力な政敵であった。

まず台諫の陳祐は李清臣に与し、しきりに曽布の弾劾を行った。(45)この当時、言官たる台諫らの活動は、韓忠彦の提言によって再び活発化しており、一定の政治的影響力を持つようになっていた。それは前節における陳瓘らの活動に見えるとおりである。しかし依然として彼らの人事権は宰相に握られたままであり、その活動も一定の制限を受けていた。(46)曽布はこれを最大限に利用し、自らを弾劾した言官らをすぐさま左遷していく。陳祐は六月甲辰に右司諫から通判滁州に出され、豊稷は曽布の右丞就任に反対すると工部尚書に昇進させられ、代わりに自らの門人である王覿を御史中丞とした。(47)その王覿も新元号「建中靖国」への違和感を表明したり、神宗の法を墨守する必要のないことを上言すると、「当国者」によって中丞をやめさせられている。(48)またのちには趙挺之を御史中丞とし、元祐党人の排斥に力を注がせたという。(49)一見活発に見える言路官の活動も、陳瓘ら一部の硬骨を除いて、結局は宰相らの「走狗」となることが多かった。

さらに彼は諫議大夫の位を餌に右司諫の江公望を抱き込み、李清臣を攻撃させようとした。このときは公望がこれに乗らなかったため失敗したが、結局彭汝霖が応じて李清臣を攻撃し、諫議大夫となっている。(50)その行動に対し、陳次升は台諫人事における宰執の関与をやめさせるよう求めている。(51)

結局両者の対立は、どれだけ自陣営に台諫を引き込み、政敵を攻撃させるか、という中傷合戦となっていた。その意味では台諫人事権を握る宰相曽布が圧倒的に有利であり、焦った李清臣陣営は建中靖国元年（一一〇一）正月甲戌に向太后が崩じ、宰相である曽布が山陵使となって開封を留守にしたことを好機とし、曽布の追い落としを狙って上表を繰り返した。しかし次期宰相として李清臣を推すことが露骨すぎたため、逆に徽宗の反感を招くことになる。[52]

十月、徽宗が曽布に詔対（詔をもって「対」＝謁見すること。「召対」）すべき者を推薦するように命じたとき、曽布が自らの門人である劉燾・王防・周燾・白時中の四人を聞奏した。これに対し李清臣は密啓して反対し、四人を「四察八偵」だと非難したのだが、これが徽宗の癇に障り、「清臣の所為は婦人女子の事」という発言を招くに至った。そして李清臣の劄子を見た徽宗は、それを差し戻すとき、通常なら上級宦官たる御薬院奉御にもたせてしかるべきものを、一老卒に持って行かせたという。[53]帝寵を失った李清臣の完全なる敗北であった。

このように同じ穏健派新法党人の政敵として現れた李清臣との争いでは、清臣の自滅にも近い形での失脚によって曽布に軍配が上がった。しかしその中でいかに言官を自己の勢力で固め、政敵の攻撃を可能とするかに焦点が集まり、それが露骨になされたことは、勝利者たる曽布にとっても悪影響を与えざるを得なかった。

というのもこの状況に嫌気がさしたためか、徽宗の政治的姿勢が変化したのである。当初は中道路線をとりつつ、「継志述事之美」として紹述を目指す穏健派を支持していた徽宗であったが、次第に過激な新法路線、すなわち元祐党人の追い落としを含めた紹聖的な徹底した新法路線を指向するようになったのである。

かつて元祐・紹聖という旧・新両法党の過激派を登用しないことを曽布が言えば、これを嘉納して「卿の議論は平允たり」と言っていた徽宗が、[54]陳瓘の失脚時には「元祐の小人」を悉く追放すべきだとまで言う。曽布はあわてて即位当初の詔を持ち出して、緩やかに統治をしていくべきだと反論するが、これに対し徽宗は「卿は何を畏れておるのか。元祐人に順うことが多い」と逆に曽布を詰問する。布は「臣は陛下仁厚の徳を体し、何事もつねに度を過ごさぬようつとめ、従容として節を守り中正たらんと欲するのみです」と答えていた。最終的に徽宗は笑いながら「朕がそう思うのではなく、人がそう言っているから尋ねたのみだ」と取り繕ったため、このやりとりは終わったが、[55]すでにこのとき徽宗が心変わりし、曽布に対して不満を持っていたことは明らかである。

この機を狙って登場するのが、「愛莫助之図」である。鄧洵武が提出したこの図は、当時の官界における人物を新法紹述が可能かそうでないかの二つに区切ったもので、ごく少数の「可能」の欄に蔡京の名を付箋で隠すという演出がなされていた。これを見た徽宗は蔡京の再登用を決意したという。[56]しかしこれはきっかけに過ぎない。すでに曽布の政策に飽き足らなく思っていた徽宗が、より徹底した新法の紹述を志向していたことが背景にあり、その機を鄧洵武が逃さなかったということである。曽誕が上奏して章惇や蔡京・蔡卞ら紹聖人の復権を願ったのも、この雰囲気を感じ取って出されたものであろう。ただこれは韓忠彦を激怒させ、曽誕は除名されて湖南に送られた。[57]韓忠彦は一貫して元祐党人の復権、ならびに紹聖党人の追放に活躍している。

この結果、十二月戊戌、蔡京は提挙洞霄宮から龍図閣直学士・知定州に復帰し、翌崇寧元年（一一〇二）二月辛丑に端明殿学士・知大名府、次いで三月甲戌には翰林学士承旨・兼修国史となり、失脚前のポストに返り咲いた。[58]そして四月乙未に入対してほどなく、[59]五月から元祐人の排斥、追奪が開始される。[60]すでに亡くなって久しい司馬光・呂公著らをも含めた大々的な元祐党排斥は、まさに直前における徽宗の意に沿うものであった。この中で蔡京は尚書右丞に進み、同月には韓忠彦が、閏六月に曽布が相次いで罷免されている。実質的な蔡京の第一次当国開始であった。

以上、曽布体制が瓦解していく状況を詳しく見てきた。結局のところ曽布が徽宗の心を新法穏健路線につなぎとめておけなかったことに最大の原因があった。そして言官を利用した政敵・李清臣との中傷合戦を繰り広げたことが、徽宗の支持を失う要因になったものと思われる。

これまで韓忠彦・曽布の浮沈は、彼らを支持した穏健派の向太后と、急進派の徽宗の政治姿勢の違いに起因すると単純視されてきた。しかし前節でも見たように、向太后は曽布を宰相に任じておらず、その人事が実現したのは徽宗親政期に入ってからであった。同じく穏健派の李清臣を親擢するなど、当初の徽宗が穏健派であったことは間違いない。徽宗が李清臣を起用した意図は、同じ穏健派として曽布と協力させようとしたところにあったか、はたまた両者を競わせた上で自らがイニシアチブを執ろうとしたものか判然とはしない。当初李清臣が前代以来久々に活動をはじめた言路官を利用して、露骨に曽布を中傷したのに対し、一貫して曽布を支持していた徽宗も、次いで曽布が同じく中傷合戦を繰り広げたことに失望し、その結果、曽布に見切りをつけ、急進派の蔡京を選び直すこととなった。建中靖国元年とは、政治の主導権が穏健派から急進派にかわるターニングポイントの年であった。

三、蔡京の第一次当国 ―― 崇寧年間

蔡京は崇寧元年（一一〇二）七月に尚書右僕射兼中書侍郎に進んで唯一の宰相となった。ここから崇寧五年正月までの三年半足らずの間、蔡京の「第一次当国」期として専権体制が存続した。その背後に「紹述」

に大きく舵を切った徽宗の支持があったことはいうまでもなく、まずは反新法の元祐党人（あるいは反紹聖派）の追放を推し進めていく。元符末に上書を行った人物をリストアップした「編類元符章疏」を作成、翌二年九月には「元祐姦党碑」を、さらにこれを拡大した「元祐党籍碑」を崇寧三年（一一〇四）六月に作成し、徽宗の親筆を乞うて全国各地に建て、リスト中の人物とその親族を罷免あるいは差遣を授けない処分を下した。そこには章惇・曽布も含まれるなど、最終的には自分に敵対する者をこの碑文に含めることで、蔡京は自らの体制を批判する人々を政治的に圧殺することに成功した。一種の言論統制であった。

一方政策的には尚書省に講議司を設置し[61]、ここを中心として蔡京が新法関係の諸政策を実施していく。言うまでも無くこれは神宗朝に王安石が設置した制置三司条例司に倣ったもので、既存の政務機関とは別に有能な一部の官僚を集めて、各種目的のために政策を立案させ、提挙として蔡京がこれを取りまとめた。これにより主要な新法政策が蔡京の下で確実に実施されたが、その大きなものとしては学校三舎の制度、当十銭・夾錫銭の発行、漏沢園・居養院の設置などが挙げられる。それら各種政策の多くはすでに各先行研究が述べるところであるため、今はそれぞれの中身を詳しく見ることはせず、主に政局の経過に注目していきたい。

さてこの蔡京当国といえば、忘れてならないのは御筆手詔（御筆）である。すでに序章において述べたように、蔡京当国は皇帝の直筆たる御筆の制度を創出し、これを掌握することにより、他者の妨げを排除して自らの意思を政策に反映させたという。これが蔡京時代に対する従来の認識であった。そしてその御筆が初めて出されたとされているのが崇寧四年（一一〇五）七月のことであり[62]、つまりこの蔡京第一次当国末期に当たっている。その内容は、蔡京体制発足時から言論統制の手段として使われてきた元祐党人・元符上書人の党錮をやわらげるものであった。

しかし蔡京の当国開始以前から「手詔」と称する禁中直下の命令が出ていたことは指摘したとおりであ

り、蔡京の創作とはいえない。これを側面から証明するものとして、崇寧四年時の蔡京当国について確認しておこう。

すでに第一次当国が始まって三年が経ち、体制は安定期を迎えていた。崇寧四年末における蔡京体制の宰執構成メンバーを見てみると、復権の第一の功労者である鄧洵武をはじめとして趙挺之・呉居厚・張康国らであった。そのほとんどが蔡京党であったなか、唯一趙挺之のみが蔡京と対立していた。彼は建中靖国元年（一一〇一）正月に御史中丞となり、当時の宰相曽布と結んで元祐の旧臣追い落としに力を尽くしたことはすでに述べたが、これで分かるようにもと曽布体制の担い手の一人であった。崇寧元年、蔡京の尚書左丞就任と同時に尚書右丞となり(63)、崇寧四年三月に蔡京の強い勧めによって右僕射に進んだという(64)。ここだけを見れば、かつての曽布与党であった趙挺之を蔡京が抱き込み、趙挺之も蔡京党となったように思われる。しかし別の史料では趙挺之の右僕射昇進は、門下侍郎のとき徽宗に上言して、蔡京の姦悪を痛烈に批判したことからなされたものとの史料もあり(65)、宰相が蔡京一人の状況が長くつづいていることを危惧した徽宗による親擢というのが真相ではなかろうか。しかし他の執政がみな蔡京与党である状況では抗し得ず、自ら位を去ることをたびたび求め、結局わずか三ヶ月で位を辞してしまう。

このようにして唯一の異分子であった趙挺之が去った後、崇寧五年の政変直前の宰執集団は、再び唯一の宰相となった尚書左僕射兼門下侍郎の蔡京のほか、中書侍郎の呉居厚、知枢密院事の張康国、同知枢密院事の劉逵、尚書左丞の何執中、尚書右丞の鄧洵武といずれも蔡京の与党であり、宰相が人事権を握る台諫はもとより、政府内は蔡京が完全に掌握している状況であった。そのような情勢下にあって、蔡京がわざわざ御筆を必要としたであろうか。

いま蔡京の第一次当国に絡む点でいえば、御筆は宰相・執政を経ずに実行機関に行下され得るものであり、最終的には宰執らにとって決して有利となる手法ではない。まして常に自分が御筆作成を管掌できるわけではなく、すでに神宗朝から尚書内省も整備されつつあったのであれば、いずれ自らの統制を離れるかもしれない危険性を認識しつつ、御筆を登場させる謂われはないであろう。

ではこの時期に最初の御筆手詔が出されたことはどう考えるべきか。蔡京が御筆の持つ威力を身を以て知るのは翌年の失脚にあると考えられるから、ここでは単に、かつて徽宗の御筆によって作成された元祐党籍碑に対し、その党錮緩和を命じる詔もやはり御筆によってなされたもの、すなわち「天子の有り難い御心」を強調するための措置であったのではなかろうか。これが各分野の命令文書に援用されるようになるには、いま少し時間が必要であったと思われる。

少なくともこの第一次当国期において、蔡京が御筆の創出に積極的に関与した可能性は低く、それは何よりも御筆が登場してからわずか半年余りで政変が起こり、蔡京が失脚した事実が証明しているであろう。

四、政変後の趙挺之・劉逵体制——崇寧五年

そして崇寧五年正月に政変が発生し、蔡京の第一次当国は終了するのだが、この前後の政治状況はどうであったろうか。

彗星の出現から元祐党籍碑破壊（乙巳、十二日）に至る経緯は「はじめに」で見た通りであるが、その後矢継ぎ早に蔡京の政策を見直す作業が進められた。丁未（十四日）に大赦があって、紹述政策の継続が宣言された一方、同日には崇寧二年三月以降の元祐党籍に関係する指揮二十二項が罷められ[66]、庚戌（十七日）には党籍から叙復する人物のリストアップが終了し[67]、癸丑（二十日）に中央の省や部がもっていた党籍碑の元本

の版木や名簿を廃棄するよう詔が出ている。[68] 丁巳（二十四日）には書画学・算学など各種学校の制度が廃止され、翌月にかけて茶塩課法や当十銭などの政策が見直されていった。[69]

ここで注目したいのは、かかる諸政策のうち丁未（十四日）の党籍関係指揮の廃止も、己未（二十六日）の未だ検挙されていない叙復すべき者の救済も、[70] どちらも中書省が願い出た結果、詔が出されていることである。つまりこれら一連の反蔡京政策は、中書省を中心に実行されたことが窺える。いまなお蔡京与党によって執政集団がほとんど占められていたが、蔡京自身、尚書左僕射兼門下侍郎として門下省と尚書省を兼領するのみで、中書省には口出しができなかったように、その一党には誰も中書省に関わる者がいなかった。四年末に中書侍郎であった呉居厚も、劉逵の昇進と同日に中書侍郎から門下侍郎に昇進され、やはり中書省に口出しの出来ない状態となっていた。詳細な理由は不明ながらも、いつの間にか反蔡京に転身していた劉逵が中書侍郎となって領していた中書省だけが、反蔡京色となり得たのである。そして翌二月丙子、蔡京の宰相罷免と同日に唯一の宰相として迎えられた趙挺之が就任したのも、やはり尚書右僕射兼中書侍郎であった。[71]

このように、政変後の反蔡京政策を実施していったのは、趙挺之・劉逵ら中書省を中心とした一握りの勢力であり、そのほかの門下省・枢密院はいずれも蔡京党が多数を占めているという状況であった。従来の先行研究では蔡京失脚のみを特筆大書し、その後は反蔡京政策が強力に推し進められたかのように記すが、実際にはそこまでのイニシアチブを趙挺之・劉逵らが執れたとは思えない。結局はクーデタによって生まれた反動体制であり、中書省のみに立脚した基盤の弱いもので、わずか一年あまりで崩壊するのも当然であった。

ではなぜこのような危ういクーデタが成功したのか。それはひとえに徽宗の支持があったために他ならない。党籍碑が倒される前日に劉逵が中書侍郎に昇進するなど、執政人事を扱えるのはこのとき蔡京を除いては皇帝徽宗しか考えられない。しかもその後趙挺之を呼び戻して尚書右僕射兼中書侍郎に迎えたのは、他ならぬ宦官が運ぶ御筆手詔をもってなされたのだった。[72] この政変の真の発案者は徽宗であり、いわば上からのクーデタであったと思われる。

では徽宗がこの崇寧五年の政変を起こした政治的要因は何であろうか。直接の契機は正月すぐに出現した彗星であった。そのため「星変に動揺する徽宗」が、個人的なその性格から政変を起こしたものとされてきた。[73] しかしより現実的な政治状況として、実はこのとき徽宗と蔡京の間には大きな意見の食い違いが発生していた。それは宋朝にとって常に最重要課題の一つであった隣国遼との外交方針を巡る対立だった。この状況につき以下節を改めて検討してみたい。

第二節　崇寧四・五年における対契丹政策の展開

一、徽宗朝以前の西北政策

まずは徽宗即位のとき、宋がいかなる外交状況にあったかを理解するため、北宋前半からの経緯を概観しておく。

真宗朝の澶淵の盟締結以来、その体制を基本的に堅持してきた宋・遼関係であるが、[74] 西夏という第三勢力の出現により、その動向を巡ってしばしば外交問題を発生させてきた。

神宗朝になると対外強攻策をとり、西方では西夏と、南方ではヴェトナム李朝と交戦するに至った。[75] それまで西北方面における宋の基本戦略は、西夏領となった涼州・霊州の南に位置する河湟地方のチベット系西羌青唐族と結んで西夏に対抗し、西域諸国との東西交易も彼らを通じて行う、というものだった[76]。しかし青唐の初代唃厮囉の没後、後継をめぐって分裂した青唐に対し、宋は協調路線をやめて直接支配に乗り出し、王韶が青唐族の有力者を帰順させたことを機に青唐の東部を制圧、熙河路を設置した[77]。その後青唐の王となった董氈は、宋の西北経営に対抗して逆に西夏と結び、その将・鬼章に連年宋領への侵攻を繰り返させたが、結局は宋に入貢するようになった[78]。

また西夏に対しては、元豊四年（一〇八一）西夏国内で起きた内紛に乗じて戦端が開かれ、李憲を司令官とする五路征討軍が西夏に侵入し、結果的には宋側の敗北となったが、その過程において蘭州のほか、定西城・塞門寨など多くの城塞を奪取した。翌年、宋が建設した永楽城をめぐって再び西夏とのあいだに戦火を交えたが、またしても宋の敗北に終わった。結局のところ、この神宗朝の対外積極策は相次ぐ敗戦のまま神宗崩御を迎えることとなったが、重鎮蘭州を獲得して熙河蘭会路の成立を見るなど、領土拡大という成果がもたらされた。

元祐・旧法党時代になると外交方針は百八十度転換され、結局は元豊末までに獲得した陝西北部の土地をすべて西夏に返還し、前線を縮小するという消極策、いわゆる「棄地論」がとられた。これが新法政策をすべて否定するという国内政治の状況を反映したものであることは言うまでもない。しかしこの「棄地論」も旧法党内部の意見対立により動揺し、西夏国内においても恵宗（嵬名秉常）の死去と幼帝乾順（崇宗）の即位、その母梁氏と外戚による国政運営などで混乱しており、両国間の画界交渉はなかなか進展しなかった。元祐二年（一〇八七）からは西夏による連年の侵攻が相次ぎ、宋がこれを防戦する時期が数年間続いた[79]。

一方で青唐では董氈の死後、養子の阿里骨が嗣位し、再び親夏抗宋政策に転換した。元祐二年、彼は西夏と歩調を合わせ、南から熙河路を攻めたが、宋の反撃にあい、鬼章が捕らえられた。阿里骨はその釈放を求め、結局宋に入貢することとなった。

元祐八年（一〇九三）宣仁高太后が亡くなり、再び新法党政権となった紹聖・元符の哲宗親政期には、西夏に対して再び積極策に転じ、両国の画界交渉は遂に決裂した。紹聖三年（一〇九六）西夏の大規模な鄜延路侵攻を防いだ宋軍は、その翌年から西夏領への侵攻を開始し、平夏城・霊平寨などを設置した。また元符元年（一〇九八）には大挙して平夏城に攻め寄せた西夏軍を相手に完勝し、宋軍の優勢を決定づけていた（『長編』巻五〇三・元符元年十月己卯条）。

青唐では阿里骨の死後、瞎征が後を嗣いだが、もはや青唐族すべてをまとめるような求心力は無かった。青唐の族人が宋に内降したことを機に、章惇は王贍・王厚（王韶の子）に命じて青唐城・邈川などを陥落させ、青唐国は滅亡した。宋は青唐城・邈川をそれぞれ鄯州・湟州と改名し、直接支配に臨んだが、西羌人の抵抗は激しく、その統治は困難を極めた。

このように徽宗即位直前における西北方面の戦況は、統治に苦しみつつも青唐を直接占領下に置き、宋側が西夏を圧迫するという状態であった。元符二年には西夏から依頼を受けた遼が使者を宋に派遣して両国の仲介に乗り出した[80]。その結果西夏の崇宗は初めて宋に誓表を奉り、両国関係はひとまず安定していた[81]。

二、蔡京当国初期における対西夏・遼戦略

元符三年（一一〇〇）に徽宗が即位し、向太后の垂簾聴政を経て、徽宗親政初期の穏健派体制となると、宰相となった韓忠彦・曽布は前代の積極政策を見直した。特に実効支配が困難になっていた鄯州・湟州の旧

青唐領の直接統治を断念し、降伏していた王族の隴拶に趙懐徳と姓名を賜って、知湟州に任じ、間接統治に切り替えようとした（『宋史』巻十九・徽宗本紀・建中靖国元年三月丁丑）。

そこに崇寧元年（一一〇二）五月、蔡京が尚書左丞、次いで尚書右僕射兼中書侍郎として中央に復権すると、まず韓・曽の湟州放棄策を批判して両者を処罰する一方、[82]自らのスタッフ（講議司検討官）であった陶節夫を陝西転運副使とし、石堡等の奪還を狙って来攻した西夏軍を退けさせている。[83]ここに西北政策は、蔡京の手によって三たび積極策に転換された。

翌年には王厚を洮西沿辺安撫司公事、童貫をその監軍として熙河路に派遣し、旧青唐領の再制圧作戦を展開させ、同年六月に湟州を回復した。[84]三年、誘いに応じた西夏の仁多保忠に内紛を起こさせて西夏を牽制し、その隙に王厚・童貫は軍を進め、四月のうちに鄯州・廓州など旧青唐領全域を再制圧したのだった。[85]

この宋による青唐制圧戦にどの程度蔡京が関わっていたかといえば、

崇寧三年、蔡京政を秉り、熙河の王厚をして夏國の卓羅右廂監軍仁多保忠を招かしむ。厚云わく「保忠は歸する意有ると雖も、下に附く者無し」と。章數しば上るも聽かれず。京愈いよ厚を責むること急、乃ち弟を遣わして保忠の許に詣らしむ。還るに夏の邏者の獲る所と爲り、遂に保忠を追いて牙帳に赴かしむ。厚以えらく保忠縦《たと》い殺す所と爲らずとも、亦た復た軍政を領する能わず、これを得せしむるも、一匹夫なるのみ、何ぞ事に益あらんや、と。京怒り、必ず金帛をして之を招致せしむ。

崇寧三年、蔡京秉政、使熙河王厚招夏國卓羅右廂監軍仁多保忠。厚云「保忠雖有歸意、而下無附者。」章數上、不聽。京愈責厚急、乃遣弟詣保忠許、還爲夏之邏者所獲、遂追保忠赴牙帳。厚以保忠縦不爲所殺、亦不能復領軍政、使得之、一匹夫耳、何益於事。京怒、必令金帛招致之。（『宋史』巻四八六・夏

国伝下）

と、現地の王厚が無益だと主張する仁多保忠の誘降をあくまでも進めさせるなど、積極的に関与している姿勢が見て取れる。

これら宋による青唐再制圧を前にして、西夏は一面では遼に救援を求めつつ、[86]一面では自ら大挙して涇原路を攻撃し、平夏城を囲んだ。[87]そしてそのまま鎮戎軍・渭州にまで攻め込んだが、結局宋の優勢は覆らず、数万口を略奪して去った。その際、

既にして又渭州の蕃落兵士翟勝を遣わし、檄を持ち鎮戎軍の城下に抵らしめ、自ら稱すらく「蔡京・蔡卞の弄權を詰め斥《いまし》けん」と。故に京・卞の必ずや擧兵して之を討たんと欲するは、實に此の檄に因るなり。四年、林攄の遼に使いして夏國の罪を陳ぶるも亦た此を擧げて詞と爲す。

既而又遣渭州蕃落兵士翟勝、持檄抵鎮戎軍城下、自稱「詰斥蔡京・蔡卞弄權。」故京・卞必欲擧兵討之、實因此檄也。四年、林攄使遼陳夏國之罪、亦擧此爲詞。（『編年備要』巻二七・崇寧三年九月条）

西夏の檄が蔡京・蔡卞の弄権を責めるものであったことは、当時の宋側の攻勢が両人の主導によるものだと西夏側も認識していたことを示している。[88]

このように崇寧年間における宋の大攻勢は、青唐領の完全制圧とともに西夏に圧迫を加えるなど、おおむね成功といえるものであった。蔡京個人としても鄯・廓州収復によって守司空となり嘉国公に封じられている。[89]したがってこの時点において蔡京の政策・戦略は成功しており、それは徽宗の期待にも沿うものだったといえる。

だが崇寧四年（一一〇五）に入ると主に以下の二つの問題が浮上する。一つ目は人事に関するものであり、新附地を加えた熙河蘭湟路を誰に任せるかということで、[90]

童貫を以て熙河等路經略安撫制置使と爲す。是より先、蔡京 童貫を以て帥と爲さんと請い、蔡卞 之を沮止するも、京密かに請うこと已まず、内批もて貫を熙河帥兼節制秦鳳に除す。京又た元豊の李憲の例を検し、樞密と同に呈す、卞 上前において色を作して曰く「内臣の帥と爲るは、盛世の事にあらず。貫 臣の此の言を聞けば、必ず喜ばざらん。然れども朝廷の事體は惜しむべし。」上曰く「貫の秦鳳を罷むべし。」卞曰く「此くの若くんば甚だ善し。」卞退り、京 執政呉居厚・張康國・鄧洵武と之に群噪す。卞乃ち去らんことを求め、命じて知河南府たらしむ。未だ幾くならずして、貫を熙河蘭湟・秦鳳路の帥に除す。

以童貫爲熙河等路經略安撫制置使。先是、蔡京請以童貫爲帥、蔡卞沮止之、京密請不已、内批除貫熙河帥兼節制秦鳳。京又検元豊李憲例、與樞密同呈、卞於上前作色曰「内臣爲帥、非盛世事。貫聞臣此言、必不喜。然朝廷事體可惜。」上曰「可罷貫秦鳳。」卞曰「若此甚善。」卞退、京與執政呉居厚・張康國・鄧洵武群噪之。卞乃求去、命知河南府。未幾、除貫熙河蘭湟秦鳳路帥。（『編年備要』巻二七・崇寧四年春正月条）

蔡京は童貫の名を挙げたが、蔡卞はこれに強硬に反対した。結局は童貫が熙河蘭湟・秦鳳路経略安撫制置使となって西北方面の広域軍事権を握ることとなり、蔡卞は知河南府に左遷されることとなった。[91] ここまで協力して積極的に西北運営を推進してきた蔡京・蔡卞兄弟の意見が分かれ、以後中央にあっては蔡京一人の方針が行われることとなった。

（陶）節夫、延安に在りて日久しく、蔡京・張康國中より之を助く、故に唯だ京の意にのみ是れ徇う。

節夫在延安日久、蔡京・張康國從中助之、故唯京意是徇。（『宋史』巻三四八・陶節夫伝）

前線の将・陶節夫に対する統制は、蔡京一人が執っていたことが分かる。

もう一つはより切実な問題であり、それは遼がこの宋・西夏関係の調停に本格的に乗り出してきたことであった。[92]この事態に如何に対処するか、その方針の違いが蔡京と徽宗とのあいだに大きな溝を作ることになったと思われる。項を改めて確認しよう。

三、崇寧四年の宋遼交渉

崇寧四年すなわち遼の乾統五年（一一〇五）正月、前年六月につづき西夏の救援要請を受けた天祚帝は、[93]枢密直学士高端礼らを宋に派遣した。[94]この使節が雄州の国境に到着したのが閏二月で、

雄州の「北朝 泛使を遣わし夏國の事を來議せしむるに、已に界上に至れり」と奏するを以て、諸路の兵を進め夏人を討伐するを止む。

以雄州奏「北朝遣泛使来議夏國事、已至界上。」止諸路進兵討伐夏人。（『十朝綱要』巻十六・崇寧四年閏二月癸酉条）

と宋側は一時西夏との戦闘停止を命じている。四月に開封に到着した使者は蕭良であった。[95]

夏四月、遼使來たりて夏國の彊の事を言う。時に西邊繹騒、遼人其の簽書樞密院蕭良を遣わし來たりて

泛使と爲し、言わしむ、「朝廷兵を出して夏國を侵す。今大遼帝妹を以て夏國主に嫁せば、請うらくは侵す所の地を還されんことを」と。

夏四月、遼使來言夏國疆事。時西邊繹騷、遼人遣其簽書樞密院蕭良來爲泛使、言「朝廷出兵侵夏國。今大遼以帝妹嫁夏國主、請還所侵地。」（『編年備要』巻二七・崇寧四年四月条）

遼側の言い分としては、「帝妹」が西夏に降嫁しており、宋が獲得した土地を西夏に返還するように求めている。この年閏二月には、西夏の念願であった遼からの公主降嫁が実現していた。[96]戦闘を一時停止していた宋に対し、三月には溪賒羅撤を中心とする青唐の残党が西夏と結んで西寧州（もとの青唐城、鄯州）を攻撃し、宣威城で迎え撃った知州の高永年が配下の羌族の叛乱もあって捕殺されている。[97]高永年は王厚とともに青唐制圧戦の将であり、その損失は宋にとって大きな痛手であった。[98]これを受けてか同月、宋は鄜延路方面で西夏領への侵攻を再開し、銀州を獲得して城塞を築いている。[99]また河東・陝西の諸路に招納司を設置し、さらなる西夏陣営の切り崩しを狙っていた。[100]

このような情勢の中、遼からの使者に対する宋の返答が五月に出された。宰相蔡京は遼の国書が「悖慢」であるとし、甚だ峻烈な文言で答書を自ら草した。そこでは西夏が先に「造廷請命」つまり宋朝廷に朝覲して冊封を受け入れることを条件とし、それが実現してからはじめて土地返還を議論する、すなわち土地を返還をするかどうかも明言しないものであった。[101]これを見た徽宗は、

上曰く「夷狄は與に較するに足らず、當に務めて含容し、繼好息兵し、生靈を以て念と爲すべし。聞けば新戎主は多く不道を行い、國人これを怨み、洪基〔道宗〕に如かず。若し其の意に答えざれば、恐るらくは遣使すること未だ已まざらん。今築く所の蕭關・銀州は、即ち是れ已に削地の罪を正せば、國書

においてこれを明言すべし。北虜は夏人におけるや唇歯相い依れば、亦た己の爲に謀り、特だに西夏の爲の故のみにはあらざるなり」と。

上曰「夷狄不足與較、當務含容、繼好息兵、以生靈爲念。聞新戎主多行不道、國人怨之、不如洪基。若不答其意、恐遣使未已。今所築蕭關・銀州、即是已正削北【地】之罪、可於國書明言之。北虜于夏人唇齒相依、亦爲己謀、非特爲西夏故也。」（『宋会要』蕃夷二―三〇・崇寧四年五月十一日条）

と言う。遼の要求をある程度飲まねば何度でも使者が来るであろうから、概ねその要求は飲むこととする。ただ蕭関・銀州の地は、宋がここを奪って城塞を築くことで、西夏の罪を正したことになるのだから譲れない。このことだけは明記してもよく、あとは譲歩するよう指示している。また「造廷」という文言は、入朝するということをはっきりと示しすぎるため、西夏の立場を慮り、単に戸口を敲く、訪問するという曖昧な表現の「扣関」に書き換えることとした(102)。

この返書をもたらすため、同月中に龍図閣直学士林攄を遼国回謝使に、客省使高俅を副使に任じ、遼に派遣することとなった(103)。ところがここで蔡京が動きを見せる。

時に蔡京 邊釁を啓かんと欲し、密かに攄を喩して北虜の怒りを激せしむ。

時蔡京欲啓邊釁、密喩攄令激北虜之怒。（『十朝綱要』巻十六・崇寧四年五月壬子条）

すなわち林攄に対し、遼との戦端を開くため、わざと遼帝の怒りを買うように命じたというのである。たしかにこのとき北宋は青唐を制圧し、幼帝を擁する西夏に対して軍事的成功をおさめていたが、遼の国力は西夏とは比べられるものではなく、宋という国家の対外基本方針、「澶淵体制」そのものに変更をもたらしかねない大問題である。このとき蔡京がいかなる情報に基づき、どのような思惑でいたのかを示す史料は見当たらない。このように為政者が対外強硬策に出るときには、しばしば国内の事情が関係するものだが、このときは強いて強硬策に出ねばならない事情が国内にあったとは、現存する史料には見られない。ただ蔡京が徽宗の宥和策の指示に反し、かなり強気な姿勢をもって遼との交渉に当たっていたことは確かであった。

この指令を受けた林攄は遼に入ってからも強硬な態度を通した。

（林攄）入境せば卽ち氣を盛んにして往き、虜主に見えるに及びては、跪きて國書を上り、仰首して曰く「夏人數しば邊に寇せば、朝廷師を興して罪を問う。北朝屢しば講和の使を遣わすを以ての故に含容に務む。今年を踰えて誓表を進めず、使を遣わして天寧節を賀さず、又虎徑嶺・馬練川の兩堡を築き、侵寇すること已まず。北朝若し窮詰せざれば、恐るらくは和を勸むるの意を踐む所以に非ざるなり」と。虜主不意に出で、爲に愕眙すること之を久しくす。

入境卽盛氣而往、及見虜主、跪上國書、仰首曰「夏人數寇邊、朝廷興師問罪。以北朝屢遣講和之使、故務含容。今踰年不進誓表、不遣使賀天寧節、又築虎徑嶺・馬練川兩堡、侵寇不已。北朝若不窮詰、恐非所以踐勸和之意也。」虜主出不意、爲愕眙久之。（『編年備要』巻二七・崇寧四年五月条）

天祚帝の面前で、宋に入貢せず侵入を繰り返す西夏の非をならし、まずもって遼が西夏に態度を改めさせるべきだ、と言い放った。また侵地を西夏に返却せよと言うのであれば、かつて遼が西夏から奪った唐隆鎮も返還すべきであろう、と挑戦的な言葉を発している。[104] さらに一説には、逆に西夏侵攻のために兵力を貸すように要請したという。[105] 完全に遼を侮蔑した行動であった。

これを聞いて天祚帝らが激怒するのは当然のことであった。林攄が客館に泊まっていた三日間、その飲食を絶たせて苦しめたという。[106]天祚帝はあくまで林攄を殺さんとしたが、「在廷は兆釁を恐れ、皆泣きて諫止」した、とまで言われる。[107]幾分かの誇張ないしは訛伝があることを差し引いても、林攄はややもすれば自らの身の危険もかえりみず蔡京の指令を果たしたのであり、これによって宋遼交渉はにわかに緊迫の度合いを高めることになる。[108]

六月、西夏は遼に使節を派遣し、謝辞を述べているが、これは宋使が遼に派遣されたことから、遼の仲介がうまくいったと思ったためであろう。[109]しかし上記の通り交渉は不首尾に終わっており、のち十二月再び西夏は使者を遼に遣わし、休戦の斡旋を請願している。[110]

八月、林攄の態度に辟易した遼は彼の帰国を待つことなく、[111]再び使者を宋に派遣した。蕭良らが宋で聞いてきた話、国書の内容と比べて、林攄の態度がかけ離れていたために、宋の本心がどちらにあるのかを計りかね、再度の確認をしたものだろう。この報に接した宋は、別に礼部侍郎劉正夫を北朝国信使とした。[112]劉正夫は[113]十二月に遼に到着した。

是に至り、禮部侍郎劉正夫を遣わして、酬對は敏博、北人と議すること皆な約の如し。

至是、遣禮部侍郎劉正夫、酬對敏博、與北人議皆如約。（『編年備要』巻二七・崇寧四年八月条）

この「約」とは五月の時点で蕭良らに約したこと、すなわち西夏の「扣関」を条件に土地返還に応ずる、という文言に基づいたものだったと思われる。これにつき徽宗が「これを嘉し、遂に大用の意有り」というのは、自らの意志が正確に伝わったことに対する安堵感を示している。[114]

つまり、林攄は徽宗が約した「最終的に西夏と和してもよい」という方針を遼廷で説明せず、蔡京の指令を守ってわざとその怒りを買う行為に出たのであり、それを知ってあわてて派遣された劉正夫は、あくまでも徽宗の約を守ることを遼に伝えたのである。この両者の言動の違いは、使者派遣の主体が違っていることを示している。すなわち林攄・蔡京の強硬論と劉正夫・徽宗の宥和論の違いが表面化したものと思われる。

もともと徽宗の宥和論に基づいて外交方針が決定され、それが国書にも反映されていたにもかかわらず、蔡京が個人的に林攄を動かして遼との緊張状態に持ち込もうとしたことは、たとえ宰相とはいえスタンドプレーに過ぎ、それが発覚した以上、徽宗が蔡京に国政を委ねることに不安を感じたのも無理はあるまい。そこに発生したのが、翌年正月の彗星騒動である。徽宗がこれを奇貨として蔡京排斥に動くことは自然な流れであったろう。また強硬派の蔡京を外交から外しておかねば、次に遼側がどういう手段に出るかわからないし、ひいては宋遼関係に深刻な事態をもたらしかねないという危機感が徽宗にあったことは間違いなかろう。崇寧五年における事態の推移を、項を改めて検討する。

四、崇寧五年の宋遼再交渉

年が明けて宋の崇寧五年、遼の乾統六年（一一〇六）、遼は改めて使者を派遣するが、やはりかなり本腰を入れたものであった。それは使者の肩書きにも表されている。前年に来た使者は簽書枢密院事と枢密直学士であったが、今回派遣されたのは、知北院枢密使事蕭得里底と知南院枢密使事牛温舒で、ともに宰相職であった。[115] 遼がこのたびの使節にかける意気込みが見て取れる。副使の牛温舒は哲宗の賀登宝位副使として宋に来たこともあり、[116] その目的はあくまでも前年の和約を確認し、宋に西夏との和議を結ばせ、土地を返還させることであった。[117]

一方宋の側では、遼使の派遣が決まってから数日後、「はじめに」で見たように政変が発生し、実質的に蔡京が政治的主導権を失っていた。二月に蔡京は宰相を辞めさせられ、趙挺之が宰相に復活した。これは外交担当者の交替を意味していた。

三月、開封に到着した遼の蕭得里底・牛温舒らの態度には、彼らからすれば一貫しない宋の方針に対するいらだち、不信が見て取れる。

遼國の泛使 同平章事蕭保先・牛溫舒入見し起居し畢るも退かず、面奏せる公事有りと言えば、詔して上殿せしむ。保先等言えらく「北朝の遣來せるは、西人の土地を還されんことを要めるなり」と。上諭して以えらく「先朝 畫せる疆は、更に復た議せず。崇寧以來侵す所の土地は、西人の款塞せるを俟ち、當に歸還せしむべし」と。二人恐惕し、以て措辭すること無くして退く。

遼國泛使同平章事蕭保先・牛溫舒、入見起居畢不退、言有面奏公事、詔令上殿。保先等言「北朝遣來、要還西人土地。」上諭以「先朝畫疆、更不復議。崇寧以來所侵土地、俟西人款塞、當令歸還。」二人恐惕、無以措辭而退。（『十朝綱要』巻十六・崇寧五年三月戊申条）

彼らは朝見の儀式後もとどまり、徽宗に直接面奏することを要求し、西夏への土地返還を求めた。徽宗はこれに対して「先朝」つまり哲宗末期、元符二年の領土画定については再度議論するつもりはなくこれを尊重し、西夏が「款塞」して通好してくれれば、近年得た地は返還する、との方針を改めて明示した。「款塞」は「塞門を叩く」の意であり、前年の国書返答に示された条件である「扣関」と言い回しが完全に一致している。徽宗は一貫して宥和策を示したのだった。

徽宗が直接、譲歩の意思を遼使に表明したあとでも、遼使の宋に対する不信感はぬぐいがたかったようで、宋既に許し、得里底書を受くるの日、乃ち曰く「始めて命を奉じ要約を取りて歸るに、書辭を見ずして、豈に敢えて徒らに還らんや」と。遂に宋主と對し函を發きて讀む。既に還りて、朝議是と爲す。

宋既許、得里底受書之日、乃曰「始奉命取要約歸、不見書辭、豈敢徒還。」遂對宋主發函而讀。既還、朝議爲是。（『遼史』巻一〇〇・蕭得里底伝）

国書を受け取る日、わざわざ徽宗に謁見を求め、その眼前で国書の箱を開き、その内容を確認するという、礼儀的におよそありえない行動にまで出ている。他にも徽宗も出席する宴の席において、座興のために来ていた俳優が「土少なければ和する能わず」と言ったとき、牛温舒はやおら立ち上がって「臣は天子の威命を奉じて来たりて和さんとす。もし従われずんば則ち巻土収去せん」と言い、遼による武力介入の可能性をも匂わせており(118)、このたびの遼使はかなり強硬な姿勢で交渉に臨んでいたことが窺える。当然の如くこの使節派遣と同時に遼は軍を国境付近に動かし、隠然たる示威行動を取っていた(119)。

先にも述べたように、哲宗朝以前にも宋と西夏の間を取り持つために幾度か遼から使者が派遣されてきたが、その本音としては、

是より先、遼使蕭昭彦接伴の劉逵に謂いて曰く「北朝の汎使を遣わすは、只だ西人の煎迫せるが為、住《や》むを得ざるなり。若し南朝相い順うを肯んずれば、甚だ善し」と。

先是、遼使蕭昭彦謂接伴劉逵曰「北朝遣汎使、只爲西人煎迫、住不得。若南朝肯相順、甚善。」（『長編』巻五〇五・元符二年正月条）

というように形式的なものであった。それに比べると今回の遼使に見られる態度は、かなり高圧的なものだ

といえる。新たな姻戚関係の形成があって遼と西夏の間に紐帯が強まったというだけではなく、東アジアの大国として遼自身の面子の問題ともなっており、前年における林攄の態度こそがかかる事態を誘引したことは疑うべくもない。

そして遼使がことさらに徽宗本人の言葉を求めているのも、前年の林攄に見られるような使節と皇帝との意見の食い違いを防いだものであることは言うまでもない。さらに徽宗の宥和策を直接聞いて、遼使が非常に驚き退いたり、国書の内容を徽宗の面前で確認したということからは、その宥和策に書き換えられたはずの前年の国書も、強硬派によって蔡京の激烈な言葉に戻されていた可能性すら窺わせる。

このように事態を確認してくれれば、皇帝徽宗と宰相蔡京との間の意思疎通に大きな問題があったことが強く疑われるのである。

そしてこのときに至っても蔡京与党である執政の張康国・呉居厚・何執中・鄧洵武らは、すわ遼と戦端を開くべし、と騒いでいた[120]。蔡京失脚後も強硬派が執政のほとんどを占めていたのである。その中で一人気を吐き、徽宗の宥和策を支持したのが、政変で新たに唯一の宰相に迎えられた趙挺之であった。

趙挺之獨り曰く「吾觀るに虜の辭は甚だ遜り《へりくだ》、且つ二相臣を遣わして使と爲すは、乃ち中國を尊ぶ所以なり。況んや求むる所は但だ元符講和已後侵せし所の西界の地を云うのみ」と。

趙挺之獨曰「吾觀虜辭甚遜、且遣二相臣爲使、乃所以尊中國。況所求但云元符講和已後所侵西界地。」（『編年備要』巻二七・崇寧五年三月条）

と述べており、これは崇寧以来の獲得地は放棄しても良いから、ただ元符二年の領土画定は譲れないという徽宗の意思に沿う発言である。この発言こそ、徽宗が蔡京を捨て、趙挺之を選んだ最大の理由であったのではないか。徽宗の「先帝已画封疆、今不復議。」という姿勢は崇寧四年から一貫してぶれていない。むしろ蔡京の個人的な突出によって外交交渉に混乱を招き、遼の態度硬化を招いたといえ、それが徽宗が蔡京に抱いた不満・不信の原因であった。この外交上の行き違いを修復するためにとった措置が崇寧五年の政変であり、趙挺之の宰相復帰であった。趙挺之の態度は徽宗にとって満足するものであったろう。

このときの趙挺之が当時の宰執内において孤軍奮闘していたことは次の史料からも分かる。

(蔡)京 相を免ぜられ、(趙)挺之復た右僕射と爲る。始め京 崇寧初に在り、首ず邊事を興し、兵を用うること連年にして、一日として息まず。徽宗臨朝し、輔臣に諭して曰く「朝廷 夷狄と隙を生ずるべからず。釁端一たび開けば、兵は連なり禍は結び、生民の肝腦の塗地するは、豈に人君愛民の意ならんや」と。挺之退きて同列に語りて曰く「主上の志は民を愛しみ兵を息むに在り、吾輩義として當に將順すべし」と。時に執政皆な京の黨、但だ唯だ笑うのみ。

京免相、挺之復爲右僕射。始京在崇寧初、首興邊事、用兵連年、不息一日。徽宗臨朝、諭輔臣曰「朝廷不可與夷狄生隙。釁端一開、兵連禍結、生民肝腦塗地、豈人君愛民之意哉。」挺之退語同列曰「主上志在愛民息兵、吾輩義當將順。」時執政皆京黨、但唯笑而已。（『東都事略』巻一〇二・趙挺之伝）

徽宗の宥和策に同調する趙挺之に対し、蔡京与党が向ける視線の冷たさは想像に余りある。また旧青唐領の湟州・鄯州の扱いについても、趙挺之と張康国では鋭く意見が対立していた。[121]

おそらくはその趙挺之の主導により、銀州・威徳軍を廃して銀川城・石堡寨に格下げするなど、[122]和議に向けた条件の整備が進められている。その一方、前線では経略安撫使童貫が劉法に西夏領を攻めさせており、これは和議に反対する意を示したものであろう。[123]このようにこのときの宋の内部では、主和勢力と強硬勢力との間でせめぎ合いが存在していた。

七月、西夏からの使者が訪れ、奉表謝罪してきた。これによって宋の面目は保たれ、和議の条件が満たされたのである。(124)このとき西夏の表文は極めて恭順なものであった。それに対し、

答詔に略曰く「先朝畫する所の疆を除き、崇寧新取の地を捐つ」と。時に知樞密院張康國奏すらく「詔の內、『北朝遣使して和解せしむ』の語を帶びるは爲し難し」と。上曰く「北朝 夏國に於いて此を以て恩と爲す、若し言い及ばざれば、卽ち中國を疑いて信ぜざらん」と。趙挺之曰く「陛下の言、神人咸な悅ばん。『大いなるかな王言。』今眞に之を見たり」と。

答詔略曰「除先朝所畫之疆、捐崇寧新取之地。」時知樞密院張康國奏「詔內、難爲帶『北朝遣使和解』之語。」上曰「北朝於夏國、以此爲恩、若不言及、卽疑中國不信。」趙挺之曰「陛下之言、神人咸悅。『大哉王言』、今眞見之矣。」（『編年備要』巻二七・崇寧五年七月条）

宋の答詔としては以前の約どおり哲宗朝・元符二年の画定を基準とし、崇寧以来の新附地を返還するというものであったが、ここでもその文言に張康国が難色を示した。遼の介入があったことを明記すべきではないというのである。徽宗がこれに冷静に反駁してその必要性を主張し、趙挺之がそれに賛意を示すに至って明記することが決められた。張康国は強硬派として最後までこの講和に抵抗したのである。この和議成立に際し、徽宗の方針に賛意を示す独員宰相趙挺之の存在が、徽宗にとっていかに貴重で、その立場がいかに危ういものだったかが分かるというものである。

同月には件の西寧・湟・郭（廓）三州の城寨主簿を罷め、城堡返還の準備が進められているが、(125)実際の返還は、

乃ち夏國に詔し、其れ城堡は誓表至れば則ち之を賜う、と。夏人言う「故事、地界は先に定めて誓言に載す、之を守る所以なり」と。未だ肯えて誓表を進めず。

乃詔夏國、其城堡、誓表至則賜之。夏人言「故事地界先定、載於誓言、所以守之也。」未肯進誓表。（『編年備要』巻二七・崇寧五年七月条）

と、西夏からの誓表が着くのを待ってからということになった。[126]しかし西夏の使者は、これまで誓表には画定した地界が記されてきた故事を楯に誓表提出を拒んでおり、やはり火種は残ったままの、表面的な講和に過ぎなかった。

結局のところ、これ以降、誓表・誓詔の交換がなされたことは史料上確認できない。[127]ただ遼に対しては十月に劉正夫・曹穆を派遣し、西夏と講和したことを報告している。[128]前年と同じく劉正夫が派遣されたことは、前年林攄に代わって正しく朝廷の意思を伝えた人物であったことが大きいであろう。それだけでなく彼は政変後の中書侍郎劉逵と昵懇だった。[129]

このようにして遼から厳しい態度で臨まれたものの、崇寧五年正月の政変以降は一貫して宋側が宥和策を堅持し、緊迫した情勢を回避することが出来た。西夏は翌・大観元年（一一〇七）に初めて宋に入朝している。[130]このようなソフトランディングが可能であったのも、徽宗が一貫した宥和策を堅持したこと、いまだ主戦論を唱える蔡京一党が多数を占める政府首脳部のうち中書省に趙挺之・劉逵を配したこと、特に前者を唯一の宰相としたことが大きく与っていた。

したがって徽宗が政変にあたって趙挺之を選んだ真の理由もここに判明する。かつて崇寧四年四月に蔡京の草した苛烈な文言を徽宗が穏当な表現に改めさせたとき、趙挺之曰く「陛下の信《まこと》に所謂る『大を以て小に事えて、天を樂しみ天下を保んずる』者なり」と。

趙挺之曰「陛下信所謂『以大事小、樂天保天下』者也。」（『編年備要』巻二七・崇寧四年四月条）

と『孟子』梁恵王章句下を引用してこの方針に賛意を示したのが趙挺之であった。また挺之は当初から蔡京の西北戦略に反対の意を表しており、

趙挺之曰く「節夫の狠戾比するもの無し、專ら蔡京の用と爲る。若し節夫をして鄜延に在らしむれば、必ず百端を須《もち》いて沮抑し、西人の由って扣關請命すること無からん」と。

趙挺之曰「節夫狠戾無比、專爲蔡京用。若使節夫在鄜延、必須百端沮抑、西人無由扣關請命。」（『編年備要』巻二七・崇寧四年六月条）

と西夏との講和を前提として、その障害となる蔡京派の陶節夫を罷免するよう徽宗に勧めている。その外交方針は一貫して徽宗の方針と一致していた。

一方、政変に活躍し、その後趙挺之と協力関係を築く劉逵はといえば、かつて哲宗朝に遼使の接伴使となっており、その時遼使が「今回遼が使節を派遣したのは、西人（西夏）から迫られたためやむなくおこなったものであり、宋側がそれに従ってくれれば万事うまくいく」と述べたところ、

逵曰く「事但だ理に順い、情に順わず」と。是の日、輔臣逵の語録を進呈し、衆皆なこれを稱う。上（哲宗）曾布に何如と問う。布も亦た稱善す。

逵曰「事但順理、無順情。」是日、輔臣進呈逵語錄、衆皆稱之。上問曾布何如。布亦稱善。（『長編』巻五〇五・元符二年正月丙寅条）

とあり、物事を道理にしたがって処理し、情には流されないという彼の姿勢は、今回の緊張状況のなか、徽宗には心強く感じられたであろう。また、崇寧二年には呉拭とともに高麗にも使いしており、やはり外交に明るい人物でもあった。

このような二人が緊迫した対遼交渉を解決するため、徽宗によって選ばれた宰執であった。彼らは中書省を拠点として、残る蔡京一派の強硬派と対峙しつつ、徽宗の意思に沿った宥和策で対外政策の混乱をおさめていったのである。

おわりに

以上見てきたように、まず徽宗初年における蔡京の勢力は、すでに哲宗朝から形成していた向太后一族とのつながりをもとに、垂簾聴政を実施して隠然たる力を持っていた太后の力を背景として、曽布と次期宰相位をめぐって熾烈な権力闘争を演じていたのであった。向太后の政治的立場もこれまで言われてきたような中道路線ではなく、韓忠彦・曽布らを宰相として中道を志向したのは徽宗その人であった。

親政当初の徽宗は、韓・曽の他に李清臣を登用するなど、新法穏健派を支持していたことは間違いない。しかし建中靖国年間の曽布は徽宗の心をつなぎ止めておくことが出来ず、その心は次第に急進派に傾いていった。その結果蔡京は復活し、第一次当国を開始する。趙挺之を逐い出したあと、宰執集団は完全に蔡京派で固められており、彼がことさら御筆に頼らねばならないような状態にはなかったものと考えられる。

しかし崇寧五年正月に突然政変が発生し、蔡京の第一次当国は瓦解する。その仕掛け人は徽宗自身であり、この上からのクーデタの原因は、外交方針をめぐる両者の意見の食い違いから来たものだった。それも宋という国家の安全保障上最も重大な対遼政策に関わるものであり、その指針を巡っての対立が、崇寧五年政変の真の原因であった。そしてその処理のために迎えられたのが趙挺之であったのは、彼の意見が徽宗の意に適うものだったからであった。

後年の北宋滅亡に至る対遼政策、女真との海上盟約などが非常に関心を集めている反面、そこにつながるとも言える崇寧年間の西夏を挟んでの宋・遼交渉について、これまでは詳しく語られてこなかった。しかし結果的に大事には至らなかったものの、本章で見たように当時はかなりの緊迫状態が存したものと考えられる。そのような状態をもたらした蔡京の独断専行とも言える行動に徽宗が疑問を抱いたこと、これが蔡京の第一次当国期終了の本当の理由であった。

しかし対遼交渉が無事に妥結すると、その処理のために成立した趙挺之体制は継続することができずすぐに崩壊した。そしてわずか一年足らずで蔡京が復権し、第二次当国期が始まる。その開始直後に発生したのが「張懐素の獄」と呼ばれる疑獄事件であった。これら蔡京復活の過程、当国開始直後の事件にはいかなる背景があり、どのような影響があったのだろうか。章を改めて見てみよう。

注

（1）陸游『老学庵筆記』巻三
崇寧中、長星出、推步躔度長七十二萬里。

（2）楊仲良編『続資治通鑑長編紀事本末』（以下『長編紀事本末』と略称）巻一二四「追復元祐党人」崇寧五年正

月戊戌条

崇寧五年正月戊戌、是夕、彗星出西方、由奎貫胃・昴・畢、至戊午、沒。

（3）『長編紀事本末』巻一二四「追復元祐党人」・崇寧五年正月乙巳条

以星文變見、避正殿、損常膳。中外臣僚等竝許直言朝廷闕失。

（4）元祐旧法党人と元符末に上書して紹聖の新法党を誹った者をリストアップし、その子孫も含めて在京差遣から追放したもの。まず崇寧元年（一一〇二）に「元祐姦党碑」として開封太学の端礼門に建てられ、翌二年にはさらに人数を増やして全国に建てさせた。

（5）『皇朝編年綱目備要』（以下『編年備要』と略称）巻二七・崇寧五年正月条

乃詔中外直言闕政、夜半遣黃門至朝堂毀石刻。翌日、京見之、厲聲曰「石可毀、名不可滅。」

王瑞来氏は「中国における皇帝権力の実態再考―北宋の徽宗朝政治を中心に（講演録）」（『学習院史学』四五、二〇〇七年）の中で、「石可毀、名不可滅」の科白を徽宗のものとし、これを当該時期の皇帝権・宰相権の関係性を窺う一証左とされているが、この科白は蔡京の発したものである。

（6）蔡京は都合四度宰相となっており、それぞれの時期を第一次から第四次当国と称した久保田和男氏（「北宋徽宗時代と首都開封」『宋代開封の研究』汲古書院、二〇〇七年。初出は二〇〇五年）の呼称に従うこととする。第一次当国は崇寧元年（一一〇二）から五年（一一〇六）二月まで。

（7）たとえば次の史料など。

『長編紀事本末』巻一三二「蔡京事迹」・崇寧五年二月丙子条所引「挺之行状」

會彗見西方、其長數丈、竟天尾犯參之左足、上震恐責己、避殿撤膳、既深照京之姦罔、由是旬日之間、凡京之所爲者、一切罷之。

注意すべきはこの史料が、のちに蔡京の政敵となる趙挺之の行状だということである。

また久保田氏も、これらの史料に拠って「星変に動揺する徽宗」を強調されている。（前掲注（6）二七九～二八〇頁）

（8）李燾『続資治通鑑長編』（以降『長編』と略称）巻五二〇・元符三年正月丁丑条

三省・樞密院詣內東門問聖體、至申時、入對於福寧殿。上著帽、背坐御座、神色安愉。……是夕、三省・

樞密院倶宿禁中。

同書同巻・元符三年正月己卯条

上崩於福寧殿、壽二十有五。

(9)『宋史』巻三七八・胡交修伝

議徽宗配享功臣、交修奏「韓忠彦建中靖國初爲相、賢譽翕然、時號『小元祐』。」從之、人大允服。

(10)各種概説書でもおおむねこのような通説がとられている。宮崎市定『水滸伝—虚構のなかの史実』(『宮崎市定全集』十二「水滸伝」第Ⅱ部、岩波書店、一九九二年。初出は一九七二年)二五一～二五二頁など。

(11)『宋会要』職官一—三〇・崇寧二年七月二十日条では、のち親政期に入った徽宗は、かつて外戚である韓忠彦が執政・宰相に就任した時、「恭黙」して敢えて何も言わなかったが、本来あるべからざることで、以後先例としないよう詔を出している。

詔曰、朕觀前世外戚擅事、終至禍亂天下。唯我祖考、創業垂統、承平百有餘年、外戚之家未嘗與政、厥有典則、以貽子孫。卽政之初、以駙馬都尉韓嘉彦兄忠彦爲門下侍郎、繼除宰相。方朕恭默、弗敢有言。給事中劉拯抗疏論駮、亦不果聽，上違祖宗成憲、下襲前世禍亂之失。其自今勿以援忠彦例、以戚里宗屬爲三省執政官、世世守之、著爲甲令。

よって忠彦の起用は徽宗ではなく、太后の意向によるものだったと思われる。

(12)杜大珪『名臣碑伝琬琰集』下巻二〇「曾文粛公布伝(実録)」

徽宗卽位、召韓忠彦爲相、惇既逐、布以定策功拜右銀青光祿大夫・尙書右僕射。忠彦柔懦、天下事多決于布。

(13)『長編紀事本末』巻一二〇「逐惇卞党人」元符三年三月乙酉条

翰林學士承旨蔡京以端明殿學士兼龍圖閣學士・知太原府。郭知章先除河東帥、韓忠彦私與曾布謀、欲留知章、使京代之。黃履亦謂當然。於是同進呈「河東久闕帥、乞趣知章陛辭之任。」忠彦遂言「知章初任帥、豈可付以河東。河東須事體重、曾作帥知邊事者乃可往。」布曰「非不知此、但無人可差、故且以知章充選。」蔡卞曰「自來須用曾經河北作帥人。」布曰「舊例須用故相及前兩府、今近上從官如吳居厚・安惇、皆不曾作帥。蔣之奇新自邊上召還。」忠彦曰「如此、只有蔡京。」上曰「如何。」布曰「若令京去、須優與職名。」

章惇曰「承旨自當除端明殿。」布曰「兼兩學士不妨。」蔡卞曰「之奇曾經邊帥、莫亦可去。」許將曰「朝廷闕人、莫且教知章去。」上曰「且教去。」將又曰「且教知章去。」布曰「不知聖旨是且教知章去。是教京去。」上曰「蔡京。」布曰「如此、則批聖旨、蔡京除端明殿學士兼龍圖閣學士・知太原府。」遂定。蔡卞曰「兄不敢辭行、然論事累與時宰違戾、人但云爲宰相所逐。」上不答。

（14）『長編紀事本末』巻一二〇「逐惇卞党人」元符三年四月戊戌条

四月戊戌、端明殿學士兼龍圖閣學士・新知太原府蔡京依前翰林學士承旨。……（曾）布力陳京・卞懷姦害政、羽翼黨援、布滿中外、善類義不與之竝立。若京留、臣等必不可安位。此必有姦人造作語言、熒惑聖聽。上曰「無他、皇太后但且欲令了史事。以神宗史經元祐毀壞、今更難於易人爾。」布曰「臣等以陛下踐祚以來、政事號令以至擢人才、無非深合人望、故雖衰朽、亦欲自竭一二、裨補聖政。中外善人君子郁塞已久、自聞初政、人人欣慶鼓舞。若事變如此、善類皆解體矣、朝廷政事、亦無可言者。」

（15）五月には宦官の白諤が、すぐに還政するよう太后に上奏したところ、地方に編管になっている。『宋会要』職官六七―三〇・元符三年五月二十二日条

內侍高品白諤編管唐州、坐奏疏乞皇太后不候陞祔還政、仍以副本納樞密院。上諭輔臣以故事內侍不許言事、故有是責。

（16）『長編紀事本末』巻一三〇「久任曽布」元符三年六月辛亥条

范純禮亦爲布言「上有所涵蓄、恐撤簾後、必更有所爲。」

（17）『東都事略』巻一〇・徽宗本紀

七月丙寅朔、皇太后歸政。

（18）同内容の言葉が『宋史』巻三四六・陳師錫伝にも見えている。

（19）『国朝諸臣奏議』巻三五・陳瓘「上徽宗論向宗良兄弟交通賓客」貼黄

臣聞紹聖之初、裴彥臣管幹造慈雲寺、因婦人阿王赴戶部及御史臺理會地界。後來幷此一寺、屢曾遷徙、竟不成就。臣切恨此也。皇太后爲追薦愛主、所以施財造寺、此寺既不成就、而郝隨之徒、因緣恣横、敢慢東朝、外人皆有不平之心、所恨哲宗不知耳。當時戶部及御史臺官司、有以彥臣爲是者、有以彥臣爲非者。是非自有公議。以臣觀之、只因彥臣幹當不了、以致生事。

(20) 墳寺については竺沙雅章「宋代墳寺考」(『中国仏教社会史研究(増訂版)』朋友書店、二〇〇二年。初出は一九七九年)を参照。

(21) 沈括『長興集』巻二八「定国軍節度観察留後光禄大夫検校工部尚書使持節同州刺史兼御史大夫知青州兼管内堤堰橋道勧農使充京東東路安撫使兼本州兵馬都総管上柱国河間郡開国侯食邑一千一百戸食実封二百戸贈侍中向公墓誌銘」。

(22)『長編』四二七・元祐四年五月丁亥条

翌日、詔「入内内侍省差内臣一名、幷下吏部差三班使臣一名、同伴送蔡確至新州交割訖回。所有前件指揮、令沿路州軍差承務郎以上官伴送、更不施行。」遂差内東頭供奉官裴彥臣・三班奉職馬經。

(23)「随龍」とは即位前から皇帝に仕えてきた臣下を指し、徽宗の場合は彼が端王であったときから仕えてきた臣僚を意味する。その多くは皇帝の即位後、腹心として抜擢され、昇進する。裴彥臣はのちに陳次升の弾劾によって失脚したとき、随龍人としての恩例は適用しない、と特に言われていることから、その範疇に入っていたことが分かる。『宋会要』職官六七―三一・元符三年十月十六日条

内侍裴彥臣追五官勒停、送峽州羈管、令開封府差人押送、其前降依随龍人例指揮勿行。坐勾當御藥院闇守懃在御前進呈文字、而彥臣輒扣守懃之冠、高聲與語、靳侮不恭、侍御史陳次升彈奏、乞正典刑、故有是責。

(24)『長編』巻三五四・元豊八年四月乙酉条

知成都府呂大防奏「准内臣張琳公文、除十色緊絲來年織外、所有錦緊・絲鹿胎竝依今様織行。已將未上機物帛依様織造、合行審取聖旨。」詔竝權住織造。

(25)『長編』巻三六一・元豊八年十一月壬寅条

張士彦等五人、幷西頭供奉官張琳・石燾、高班韓邈・胡絢各與等第減年磨勘、奉旨依已得指揮。

(26)『長編』巻五二〇・元符三年正月庚寅条

詔随龍人昭宣使・遙郡刺史劉瑗特授宣政使・遙郡防禦使、應随龍内臣及長宿車子、登位日供承翊衞内臣四人張琳・張祐等各遷兩官、餘一官。

(27)『続宋編年資治通鑑』(以下、『宋編年通鑑』と略称)巻十四・元符三年八月条

蔡京請作景靈西宮、以奉神宗館御、而哲宗次之。

(28)『宋史』巻一九・徽宗本紀・元符三年八月
　庚子、作景靈西宮、奉安神宗神御、建哲宗神御殿於其西。

『宋編年通鑑』は、『四庫全書総目提要』には『続資治通鑑』の書名で採られているが、一般には『続宋編年資治通鑑』の名で知られているためこの名で呼称する。ちなみにこれは北宋の事跡を記した十八巻本であり、劉時挙撰で南宋期を記した同名の十五巻本(『四庫全書』にも採録されるもの。『続宋中興編年資治通鑑』とも称す)とは別の書。いま使用したのは『四庫全書存目叢書』史部第三冊、北京図書館蔵元建安陳氏余慶堂刻本の景印本である。杜沢遜『四庫存目標注』(上海古籍出版社、二〇〇七年)五〇五～五〇七頁参照。
(29)『長編紀事本末』巻一二〇「逐惇卞党人」元符三年八月乙未条
　祕書少監鄧洵武爲國史院編修官、從蔡京之薦也。給事中龔原・葉濤駁奏洵武不宜濫廁史筆、乃令中書舍人徐勣書讀行下。
(30)『長編紀事本末』巻一三〇「久任曽布」建中靖国元年十一月壬午条
　三省奏事訖、右僕射曾布獨留、進呈内降起居郎鄧洵武所進「愛莫助之圖」。
(31)平田茂樹「『哲宗実録』編纂始末考」(『宋代の規範と習俗』汲古書院、一九九五年)参照。
(32)『直斎書録解題』巻四「神宗実録朱墨本二百巻」「神宗実録攷異二百巻」、『郡斎読書志』巻六「神宗実録二百巻」参照。
(33)平田茂樹「『王安石日録』研究―『四明尊堯集』を手掛かりとして」『宋代政治構造研究』汲古書院、二〇一二年。初出は二〇〇二年。
(34)『国朝諸臣奏議』巻三五・陳瓘「上徽宗論哲宗實録不當止差蔡京兼修」(元符三年九月)
　今修哲宗實錄、獨用兼官而已、豈非以蔡京欲擅史局、而朝廷不欲重違其意乎。蔡京得兼局、而哲宗史事不得其官、輕一朝大典、違祖宗故事、皆爲一京、則是朝廷之所以厚京者過於哲宗矣。
(35)『長編紀事本末』巻一二九「陳瓘貶逐」元符三年九月庚辰条
　上批「陳瓘累言皇太后尚與國事、其言多虛誕不根。可送吏部與合入差遣。」三省請以瓘爲郡、上不可、乃添差監揚州糧料院。

『宋編年通鑑』巻十四・元符三年九月条

太后聞之怒、至哭泣不食、上再拜乞貶瓘、而怒猶未解。左右近習、或請擢蔡京執政、庶可解太后之怒、群臣皆莫敢言、乃以瓘添差監揚州糧料院。

(36) これは御史中丞豊稷・殿中侍御史陳師錫の上奏の一部。明・楊士奇等『歴代名臣奏議』巻一八〇「去邪」では殿中侍御史龔夬の発言とする。

(37)『東都事略』巻四八・曽致尭伝・附肇伝

陳瓘以言東朝與政被謫、肇卽上書以爲「瓘昨者所論、臣雖不知其詳、以詔旨觀之、瓘言雖狂、其意則忠。何則、瓘以疎遠小臣、妄意宮闈之事、披寫腹心、無所顧避、此臣所謂狂也。皇太后有援立明聖不世之大功、有前期歸政過人之盛德、萬一有纖毫可以指議、則於淸躬不爲無累。瓘以憂君之誠、陳預防之戒、欲以開悟聖心、保全盛美、忘身爲國、臣子所難、此臣所謂忠也。以臣愚計、皇帝以瓘所言爲狂而逐之、皇太后以天地之量察瓘之忠、特下手詔而留之、則兩誼倶得矣。」

(38)『長編紀事本末』巻一三一「蔡京事迹」・元符三年九月丁亥条

詔新添差監揚州糧料院陳瓘知無爲軍。

(39) 蔡京の知永興軍が中央から排斥する口実にすぎなかったことは、わずかひと月で知江寧府にかえられたことからもわかる(『長編紀事本末』巻一二〇、一三一)。

(40)『国朝諸臣奏議』巻三五・陳次升「上欽聖皇后乞不以陳瓘之言為念」(元符三年十月)

臣竊惟哲宗皇帝彌留之際、殿下奮獨斷之明、斥排異議、援立眞主、上當天心、下協人望、功施社稷、流於無窮。皇帝嗣服之初、殿下謙恭退託、聖功不居。皇帝勤請、繼之以泣、方同聽政、暫濟艱難、仍以祔廟爲期。及夫因山之葬、載臨寧神之禮未畢、又下手書、先復明辟。三尺之童、皆知參預國政非殿下所欲、誠出於不得已也。近者諫官陳瓘、風聞不審、猶以預政爲言、皇帝重行貶降、以明其妄。謫命方下、改守軍壘。中外相傳、聖恩深厚、臣下何以圖報。瓘之言雖甚不根、然臣採之輿論、竊謂皇帝躬行仁孝、晨省昏定之際、萬幾之務、慮或以聞。而殿下之意、豈欲參議哉。竊慮宮省執事之人、或但聞其語、而不知其詳。或欲張大其事、而不考其實。妄有傳播、蓋亦未可知也。而瓘之言、乃得於傳播之妄、烏足爲盛德之累哉。況殿下自同聽政之初、以至復辟之日、手書屢降、至誠勤懇、昭若日月、焉可誣也。伏望聖慈不以瓘之言爲念、而以來忠讜、安社稷爲心。雍容禁闥、粹養天和、是非不足以關其慮、萬務不使以累其中、日加撫育之恩、以享榮養之樂。不獨保聖壽於億萬斯年、而餘光流澤、亦足以爲族系之慶、豈不偉歟。

(41)『宋史』巻四七一・姦臣伝・曾布伝。

徽宗立、惇得罪罷、遣中使召蔡京鏁院、拜韓忠彦左僕射。京欲探徽宗意、徐請曰「麻詞未審合作專任一相、或作分命兩相之意。」徽宗曰「專任一相。」京出、宣言曰「子宣不復相矣。」已而復召曾肇草制、拜布右僕射、其制曰「東西分臺、左右建輔。」

この制は『曲阜集』巻三、『皇朝文鑑』巻三六の「除曽布銀青光禄大夫守尚書右僕射兼門下中書侍郎制」。

(42)『宋会要』礼五四―一一・元符三年十一月十三日条

詔曰「朕丕承祖宗、奉若天命、思建皇極、嘉靖庶邦。蓋嘗端好惡以示人、本中和以立政、日謹一日、期月於茲。稽曆數在躬之文、念『春秋』謹始之誼、肇新元統、國有常典。是遵踰歲之期、以易紀年之號。豈惟昭示朕志、永綏斯民、庶幾仰協靈心、導迎景福。宜自來年正月一日改爲建中靖國元年。」

(43)『宋史』巻三二八・李清臣伝。

(44)『長編紀事本末』巻一三〇「久任曽布」元符三年六月辛亥条

(龔夬)仍語(曾)布以勿與事、且曰「韓(忠彦)・李(清臣)皆上親擢、尚且退縮、何必爾。但戢斂、必無事。」

(45)『長編紀事本末』巻一三〇「久任曽布」建中靖国元年六月甲辰条。

右司諫陳祐通判滁州。祐累章劾右僕射曾布自山陵還、不乞出。……布之未還、祐已上兩章。及祔廟、又連上數章、皆留中、祐遂繳申三省。布乃具榜子、不復朝參、而祐有是命。

(46)台諫は北宋前半においては皇帝直属の機関であり、その任命は皇帝が掌握して宰執の推薦すら認められず、「天子の耳目」として時の政策を批判することができた。それが北宋後半期に入ると「執政の私人」と批判されるほど、宰執と結託する存在になってしまう。その背景に元祐後半期における台諫昇進ルートの固定化、宰相によるその人事権の掌握があるという。平田茂樹「宋代の言路」(『宋代政治構造研究』汲古書院、二〇一二年。初出は一九九二年)参照。

(47)『宋編年通鑑』巻一四・元符三年十月条

曾布之相也、御史中丞豊稷欲率臺屬論之、遂遷稷工部尚書、以王覿爲中丞。稷力丐補外、不允。

陳次升『讜論集』「奏弾曽布第四疏」

臣伏見、曾布自登揆路、首罷豊稷御史中丞、引用門人王觀爲代、遂致人言、有瀆天聽。

また王觀は御史中丞のまま史官を兼任しており、これを任伯雨に糾弾されている（『宋史』巻三四五・任伯雨伝）。史官がもと蔡京党の拠点であり、政治的に重要であったから、ここにくさびを打ち込む必要性を曽布が感じたのであろう。

（48）『宋史』巻三四四・王覿伝

遷御史中丞。改元詔下、覿言「『建中』之名、雖取皇極。然重襲前代紀號、非是、宜以德宗爲戒。」時任事者多乖異不同、覿言「堯・舜・禹相授一道、堯不去四凶而舜去之、堯不擧元凱而舜擧之、事未必盡同。文王作邑于豐而武王治鎬、文王關市不征、澤梁無禁、周公征而禁之、不害其爲善繼、善述。神宗作法于前、子孫當守于後。至於時異事殊、須損益者損益之、於理固未爲有失也。」當國者忿其言、遂改爲翰林學士。

（49）『宋編年通鑑』巻一五・建中靖国元年正月条

以趙挺之爲御史中丞。時曾布與挺之倶在太后陵下、布諭挺之建議紹述、以合上意。挺之自此擊元祐舊臣不遺餘力、而國論一變矣。

（50）『長編紀事本末』巻一三〇「久任曾布」建中靖国元年六月甲辰条

先是、曾布甚惡李清臣不附己、數使人諷公望「能一言清臣、卽以諫議大夫相處。」而公望所言乃如此。其後彭汝霖以論罷清臣、得諫議大夫云。

（51）『国朝諸臣奏議』巻五五・陳次升「上徽宗論除授台諫三省不得進擬」

臣竊以祖宗以來臺諫闕員、詔近臣薦二員、召對便殿、去取選任、一出上意、報政大臣不得干預。蓋臺諫官所以司察大臣過失、若出大臣、則朋附之人至、忠讜之路塞、明主雖欲明目達聰、虛心聽納、嘉謀嘉猷何緣而至哉。近者監察御史闕二員、命翰林學士・御史中丞共薦六人。今聞所召者一人而已、未審出於陛下之意耶。復出宰執之意耶。若出陛下之意則可、然未應祖宗故事。若出宰執進擬、則權歸大臣、朝廷闕失誰復擬議。此源既開、臣恐異日臺諫皆出大臣之門、而陛下孤立矣。書曰「惟辟作福、維辟作威。」傳曰「慶賞刑威曰君。」願陛下念茲、今後近臣奉詔薦擧臺諫官竝須引對、親閱人材、去取獨出聖斷、庶不廢祖宗故事、臺諫得人。

（52）『長編紀事本末』巻一三〇「久任曾布」建中靖国元年六月甲辰条

曾布察上甚悅、因及（陳）祐章、……上曰「語誠類咒詛。」……而右司諫江公望對、請祐責詞所謂「觀望推引」之語。上曰「欲逐曾布、引李淸臣爲相。」且曰「如此何可容。旦夕當逐之。」

（53）岳珂『愧郯録』巻五「副本緣起」
先是、曾布獨對、上諭布人物有可詔對者、但奏取來、便當批付閤門。布尋以劉燾・王防・周燾・白時中四人名聞、上悉批令對。四人者、皆布門下士。淸臣密啓上、謂燾・防等爲「四察八偵」。既而對衆顯白「四察八偵」不可爲言事官。上色變、衆莫曉其語。上以諭蔣之奇・章楶曰「淸臣蓋指王防・劉燾等也。」令諭布知、且曰「淸臣所爲、婦人女子之事。」……奏事畢、淸臣留身請去、遂出居僧舍。上以淸臣箚子付通進司、遣一老卒持送。故事、當遣御藥封還。

（54）『長編紀事本末』巻一二〇「久任曽布」建中靖国元年七月癸未条
三省奏事訖、曾布獨留、極陳「元祐・紹聖兩黨奸惡、皆不可令得志。使軾・轍・京・卞在朝、則更相報復、無有窮已、天下無安靜之理。兼人亦不知威福在人主、但宰相一易、則非其黨類、皆受禍矣。如此、豈朝廷之福。」上深嘉納、曰「卿自來議論平允。」

（55）『長編紀事本末』巻一三〇「久任曽布」建中靖国元年九月己未条
是日、布入對、留身面謝、慰勞加勤。且謂布曰「先朝法度、多未修擧。」又曰「元祐小人、不可不逐。」布對曰「陛下初下詔、以爲用人無彼時此時之異。若臣下便能將順奉行、則必不至今日如此分別。然偏見之人終不可率、當更緩治之。」上曰「卿何所畏。」且曰「卿多隨順元祐人。」布曰「臣非畏人者、處衆人洶洶中、獨賴眷屬、有以自立。偏見異論之人誠不少、彼不肯革面、固當去之。然上體陛下仁厚之德、每事不敢過當、故欲從容中節耳。若言臣隨順及畏元祐人、不知聖意謂爲如何。」上笑曰「豈有此。但人言如此、故及之。」

（56）『宋史』巻三二九・鄧綰伝・附洵武伝
時韓忠彥・曾布爲相、洵武因對言「陛下乃先帝子、今相忠彥乃琦之子。先帝行新法以利民、琦嘗論其非、今忠彥爲相、更先帝之法、是忠彥能繼父志、陛下爲不能也。必欲繼志述事、非用蔡京不可。」京出居外鎭、帝未有意復用也。洵武爲帝言「陛下方紹述先志、群臣無助者。」乃作「愛莫助之圖」以獻。其圖如『史記』年表、列旁行七重、別爲左右、左曰元豐、右曰元祐、自宰相・執政・侍從・臺諫・郎官・館閣・學校各爲一重。左序助紹述者、執政中唯溫益一人、餘不過三四、若趙挺之・范致虛・王能甫・錢遹之屬而已。右序舉朝輔相・公卿・百執事咸在、以百數。帝出示曾布、而揭去左方一姓名。布請之、帝曰「蔡京也。洵武謂非相此人不可、以與卿不同、故去之。」布曰「洵武既與臣所見異、臣安敢豫議。」明日、改付溫益、益欣然奉行、請籍異論者、於是決意相京。

(57)『長編紀事本末』巻一二〇「逐惇卞党人」建中靖国元年十二月辛卯条
已而丁憂人曾誕持長書抵布、竝奏疏一通。疏乃通封、所陳十事……韓忠彥見之、勃然怒誕之狂妄也。是日進呈、初議追官勒停、又議編管、而忠彥欲除名送湖南、上從之。

(58) 知大名府就任に関しては、曽布は劉奉世を推したが、韓忠彦が自らの与党とするために蔡京を推薦した結果だという(『長編紀事本末』巻一二〇「逐惇卞党人」崇寧元年二月辛丑条)。しかしこれは彼の政治的姿勢とは相容れず、その信憑性も含めて再検討の余地がある。

(59)『長編紀事本末』巻一三一「蔡京事迹」崇寧元年条
四月乙未、蔡京入對。

(60)『長編紀事本末』巻一二一「禁元祐党人」崇寧元年五月乙酉条。

(61)『長編紀事本末』巻一三二「講議司」崇寧元年七月甲午条。

(62)『編年備要』巻二七・崇寧四年七月条
行御筆手詔。(御筆手詔、放上書見羈管編管人還鄉。御筆手詔始此。)

(63)『宋宰輔編年録』巻十一・崇寧元年八月庚辰
許將門下侍郎、溫益中書侍郎、蔡京尙書左丞、趙挺之尙書右丞。

(64)『宋史』巻三五一・趙挺之伝
時蔡京獨相、帝謀置右輔、京力薦挺之、遂拜尙書右僕射。

(65)『編年備要』巻二七・崇寧四年三月条
以趙挺之爲右僕射。(時京爲相、懷姦植黨、託紹述爲名、紛更祖宗法度。人有獻言於上者、則指爲異端、必加竄斥。挺之爲門下侍郎、奏曰「今內外皆大臣黨、若有忠告於陛下者、乃指爲懷異議、沮法度。此大臣恐人議己之私、欲以杜天下之言爾。然則事有大者、孰敢啓口以獻人主。則上下之情隔矣。」……遂有是命。)

(66)『長編紀事本末』巻一二四「追復元祐党人」崇寧五年正月丁未条

大赦天下。應合敍用人、依該非次赦恩與敍。應見貶責命官、未量移者與量移。應官員犯徒罪以下、依條不以赦降去官願減者、許於刑部投狀、本部具元犯因依聞奏、未斷者、竝仰依令赦原減。詔「已降指揮除毀元祐黨石刻、及與係籍人敍復注擬差遣、深慮鄙賤愚人妄意臆度、窺伺間隙、馳騖抵巇、覬欲更張熙豐善政、苟害繼述、必寘典刑、宜諭遐邇、咸知朕意。」(『實錄』有。) 中書省勘會崇寧二年三月六日已後所降元祐黨籍指揮共二十二項、詔除衝罷外、其逐項指揮竝罷。

(67)『長編紀事本末』巻一二四「追復元祐党人」崇寧五年正月庚戌条

三省同奉聖旨、依下項收復。曾任宰臣執政官、劉摯、追復朝請大夫。梁燾、追復朝請大夫。李清臣、追復左中散大夫。……以上見在人竝在外任便居住、重者不得至四輔、輕者不得至畿縣。內身亡者、據今來追復官品合得遺表恩澤、三分減一零數比類施行。一名者不減。

(68)『長編紀事本末』巻一二四「追復元祐党人」崇寧五年正月癸丑条

詔「元祐係籍人等、石本已令除毀訖。所有省部元鏤印板竝頒降出外名籍册、竝令所在除毀、付刑部疾速施行。」

(69)『長編紀事本末』巻一三五「四学」・崇寧五年正月丁巳条

詔「書・畫・算・醫四學竝罷、更不修。蓋書・畫學於國子監擗截屋宇充、每學置博士一員、生員各以三十人爲額。」

その他各種政策については、『長編紀事本末』巻一三六「当十銭」、巻一三七「水磨茶」、同巻「解池塩」の各項目を参照。

(70)『長編紀事本末』巻一二四「追復元祐党人」崇寧五年正月己未条

中書省言「近降恩霈、除石刻責降人已別降指揮外、餘未經檢擧、敍復人數不少。」詔「落職及曾任京職事官、監察御史已上、開封推擧官及監司人、令刑部限半月類聚、一竝申尙書省取旨外、其未復官竝未復舊差遣人、竝令刑・吏部不候投狀、各限兩月。內贓罪及私罪情重人、與依條敍復。其公罪不以輕重私罪情輕人、竝復舊官、及與未責降已前本等差遣。如敍至兩官以上者、取旨。」

(71)『長編紀事本末』巻一三二「蔡京事迹」崇寧五年二月丙子条

趙挺之爲特進・尙書右僕射兼中書侍郎、蔡京爲司空・開府儀同三司・安遠軍節度使・中太一宮使、進封魏國公。

(72)『長編紀事本末』巻一三一「蔡京事迹」崇寧五年二月丙子条所引「趙挺之行状」明年春、（趙挺之）數乞歸青州私第。詔從之。既辦舟裝、將入辭矣、會彗見西方、其長數丈竟天、尾犯參之左足。上震恐責己、避殿撤膳。既深照京之奸罔、由是旬日之間、凡京之所爲者一切罷之、毀朝堂元祐黨籍碑・大晟府・明堂諸置局・議科擧・茶鹽錢鈔等法、詔禮部・戶部議改、遣中使賫御筆手詔賜公曰「可於某日來上。」

(73)前掲注（6）久保田論文では、天災を利用した張商英陣営の郭天信に対し、蔡京は一度はそれによって失脚しつつも、のちには時令論を持ち出して自らに有利に利用したという。

(74)近年これを澶淵システムあるいは澶淵体制と呼称する研究がある。杉山正明『中国の歴史』第八巻「疾駆する草原の征服者　遼西夏金元」（講談社、二〇〇五年）、古松崇志「契丹・宋間の澶淵体制における国境」（『史林』九〇―一、二〇〇七年）を参照。

(75)河原正博『漢民族華南発展史研究』（吉川弘文館、一九八四年）第二篇第三章「宋朝とベトナム李朝との関係」、黄純艷・王小寧「熙寧戦争与宋越関係」（『厦門大学学報（哲学社会科学版）』二〇〇六―六）。

(76)青唐族については、祝啓源『唃廝囉―宋代蔵族政権』（青海人民出版社、一九八八年）、劉建麗『宋代西北吐蕃研究』（甘粛文化出版社、一九九八年）を、宋代における西域との交易経営については、前田正名『河西の歴史地理学的研究』（吉川弘文館、一九六四年）参照。

(77)榎一雄「王韶の熙河路経略に就いて」（『榎一雄著作集』第七巻「中国史」、汲古書院、一九九四年。初出は一九四〇年）。

(78)中島敏「西羌族をめぐる宋夏の抗争」（『東洋史学論集―宋代史研究とその周辺』汲古書院、一九八八年。初出は一九三四年）、同氏「西夏における政局の推移と文化」（同書。初出は一九三六年）、鈴木隆一「青唐阿里骨政権の成立と契丹公主」（『史滴』四、一九八三年）参照。

(79)以上、宋初から元祐期における宋・西夏間の国境問題については、金成奎『宋代の西北問題と異民族政策』（汲古書院、二〇〇二年）、李華瑞『宋夏関係史』（河北人民出版社、一九九八年）参照。

(80)『宋会要』蕃夷二―二九・元符二年三月十二日条。この元符二年における遼宋交渉については、毛利英介「一

○九九年における宋夏元符和議と遼宋事前交渉―遼宋並存期における国際秩序の研究」(『東方学報』八二、二〇〇八年)が詳しく論じている。

(81)『宋大詔令集』巻二三三・四裔・「答夏国詔」元符二年十二月壬寅条。

(82)『宋史』巻十九・徽宗本紀・崇寧元年十二月癸丑条

論棄湟州罪、貶韓忠彦爲崇信軍節度副使、曾布爲賀州別駕、安燾爲寧國軍節度副使、范純禮分司南京。

(83)『宋史』巻三四八・陶節夫伝

崇寧初、爲講議司檢討官、進虞部員外郎、遷陝西轉運副使、徙知延安府。以招降羌有功、加集賢殿修撰。築石堡等四城。石堡以天澗爲隍、可趨者唯一路、夏人窖粟其閒、以千數。既爲宋有、其酋驚曰「漢家取我金窟堝。」亟發鐵騎來爭。節夫分部將士遮禦之、斬獲統軍以下數十百人。夏人度不可得、斂兵退。連擢顯謨閣待制・龍圖閣直學士。

同時に邢恕を鄜延経略安撫使、次いで涇原路に移し、西夏経略に当たらせたが、転運使李復にその計画の杜撰さを指弾されている。このとき徽宗もそれに同意したが、蔡京はあくまでも彼の起用を強行した。ここにも蔡京の積極性が見て取れる(『宋史』巻四七一・姦臣伝・邢恕伝)。

(84)『長編紀事本末』巻一三九「収復湟州」

崇寧二年正月丁未、東上閤門副使・新知嵐軍王厚權發遣河州、兼洮西沿邊安撫司公事。

二月戊寅、……詔「……今差知河州王厚專切招納、走馬承受童貫往來勾當、仰本路經略安撫・都總管司公共協力濟辦。」

(六月)辛未黎明、大軍入湟州、假(高)永年知州事、完其城而守之。攻凡三日、斬首八百六十四、生擒四十一人、臨陣降者一百八十三人。前後招納湟州境内漆令等族大首領潘羅溪兼錢七百五十人、管戸十萬。厚具捷書以聞。

(85)『長編紀事本末』巻一四〇「収復鄯廓州」

四月庚戌、王厚・童貫率大軍次湟州。……於是定議、分出三路、厚與貫率中軍、由綏遠關・渴驢嶺指宗哥城、都護高永年以前軍由勝鐸谷沿宗河之北、別將張誡同招納官王端以其所部由汪田・丁零宗谷沿宗河之南、期九日會於宗哥城下。

乙卯、王厚・童貫引大軍至鄯州、軍於城東五里。僞龜茲國公主・前封齊安郡夫人青宜結牟及其酋豪李河溫率回紇・於闐般次諸族大小首領開門出降、鄯州平。

辛酉、王厚入廓州、馳表稱賀、命厚別將陳迪守之。

（86）西夏は乾統二年（崇寧元年、一一〇三）からしきりに遼に公主の降嫁を願い、また李造福・田若水を派遣して救援を求めている。
『遼史』巻二七・天祚本紀
（乾統二年六月）丙午、夏國王李乾順復遣使請尙公主。……壬子、李乾順爲宋所攻、遣李造福・田若水求援。
（三年）六月辛酉、夏國王李乾順復遣使請尙公主。……（十月）庚申、夏國復遣使求援。
（四年六月）甲寅、夏國遣李造福・田若水求援。

（87）『宋史』巻十九・徽宗本紀・崇寧三年十月戊午条
夏人入涇原、圍平夏城、寇鎭戎軍。

（88）崇寧二年の湟州収復の恩賞として、「進蔡京官三等、蔡卞以下二等」（『宋史』巻十九・徽宗本紀・七月辛巳条）とするのも、今回の計画が両者を中心としたものであることを窺わせる。蔡卞は元符三年に失脚していたが、蔡京の第一次当国が始まると崇寧元年十月、知枢密院事に復活している。

（89）『宋史』巻十九・徽宗本紀・崇寧三年五月己卯条
以復鄯・廓、蔡京爲守司空、封嘉國公。

（90）熙河蘭会路は熙河蘭湟路と改名された。『宋史』巻二〇・徽宗本紀
（崇寧）四年春正月庚午朔、改熙河蘭會路爲熙河蘭湟路。

（91）旧青唐領制圧戦に際し、その将軍の人選について尋ねた徽宗に対し、蔡卞は王厚・高永年を挙げた（『宋史』巻四七二・姦臣伝・蔡卞伝）。一方で蔡京が勧める童貫が監軍となったのは、神宗朝の宦官李憲の故事に則ったものという（『宋史』巻四六八・宦者伝・童貫伝）。

（92）宋・遼互いの使節派遣の詳細については、聶崇岐「宋遼交聘考」（『宋史叢考』下冊、中華書局、一九八〇年。初出は一九四〇年）を参照。

（93）『遼史』巻二七・天祚本紀・乾統四年六月甲寅

　夏國遣李造福、田若水求援。

同書同巻・乾統五年正月乙亥

　夏國遣李造福等來求援、且乞伐宋。

(94)『遼史』巻二七・天祚本紀・乾統五年正月丁酉条

　遣樞密直學士高端禮等諷宋罷伐夏兵。

なお高端礼はかつて元祐七年（一〇九二）の賀正旦副使として宋に来たことがある（『長編』巻四六八・元祐六年十二月己卯条）。

(95)『宋史』巻二〇・徽宗本紀・崇寧四年四月辛未条

　遼遣蕭良來、爲夏人求還侵地及退兵。

ここには高端礼の名が見えていない。察するに彼らの肩書きは元符二年に宋に来た遼の使節と全く同じであり、そこから見て蕭良が正使、高端礼が副使であったろう。そのため『宋史』本紀には正使の名のみが記されたものと考えられる。

(96)『遼史』巻二七・天祚本紀・乾統五年三月壬申条

　以族女南仙封成安公主、下嫁夏國王李乾順。

ただこれは閏二月の誤りだという。韓蔭晟編『党項与西夏資料匯編』（寧夏人民出版社、二〇〇〇年）中巻第六冊、五七八八頁参照。

(97)『宋編年通鑑』巻二五・崇寧四年三月条

　西羌溪賒羅撤居臨哥城、夏國入寇、迫宣威城下寨、隴右都護高永年・劉仲武發兵禦之。仲武大敗、永年帳兵皆所招蕃部熟戸、執永年以叛、爲溪羅巴所殺。乘勝犯熙河城、楊惟忠募敢死士接戰、殺其酋而還。

(98)徽宗は高永年の死に激怒し、関係する劉仲武ら十八人を親書（おそらく御筆手詔）によって処罰しようとしたが、派遣した侯蒙の諫言により思いとどまった。『宋史』巻三五一・侯蒙伝

　西將高永年死于羌、帝怒、親書五路將帥劉仲武等十八人姓名、敕蒙往秦州逮治。……蒙奏言「漢武帝殺王恢、不如秦繆公赦孟明。子玉縊而晉侯喜、孔明亡而蜀國輕。今羌殺吾一都護、而使十八將繇之而死、是自艾其支體也。欲身不病、得乎。」帝悟、釋不問。

(99)『宋史』巻二〇・徽宗本紀・崇寧四年三月戊午条、『長編紀事本末』巻一四〇「収復銀州」。ちなみに南宋初期の名将韓世忠はこの銀州戦に一兵卒として参加し活躍している。『宋史』巻三六四・韓世忠伝

崇寧四年、西夏騒動、郡調兵捍禦、世忠在遣中。至銀州、夏人嬰城自固、世忠斬關殺敵將、擲首陣外、諸軍乘之、夏人大敗。

(100)『十朝綱要』巻十六・崇寧四年条

閏二月己巳朔、置河東・陝西諸路招納司。

(101)『編年備要』巻二七・崇寧四年四月条

蔡京謂遼書悖慢、京草答書言峻甚。

『十朝綱要』巻十六・崇寧四年五月丁未条。

輔臣進呈答大遼國書、蔡京草答詞、欲使夏人造廷請命、乃議削地、待之如初。

(102)『十朝綱要』巻十六・崇寧四年五月丁未条

上諭、今築蕭關・銀州、卽是已正削地之罪。又令改「造廷」作「扣關」字、使者乃受書。

(103)『十朝綱要』巻十六・崇寧四年五月壬子条

命龍圖閣直學士林攄爲遼國回謝使、客省使高俅副之。

ただ『遼史』巻二七・天祚本紀・乾統五年五月壬子条には、

宋遣曾孝廣・王戩報聘。

とあり、使者が違っている。曽孝広は『宋会要』職官六八―一一・崇寧四年十一月十二日条に

天章閣待制曾孝廣降一官、落職、與小郡知州。以充泛使北朝國信使、申奏語錄隱漏、及與三節人従衩衣相見接坐等罪故也。

と言われ、国信使となっていたことは間違いないが、詳細は不明である。

(104)『東都事略』巻一〇二・林攄伝

及辭、遼主欲爲夏人求復進築城砦、攄曰「北朝往日夏人不庭、亦嘗取唐隆鎮、今還之乎。」敵不勝其忿。

(105)『文献通考』巻三四六・四裔考・契丹下

崇寧中、朝廷討西夏、夏人求救於遼。遼遣使來、蔡京爲相、踰度所以來之意、議先遣使往乞師、以塞其請。延禧得乞師之書、怒曰「我本遣人往南朝和解、今番來借兵、用相玩爾。」

(106)『宋史』巻三五一・林攄伝

攄答語復不巽、遼人大怒、空客館水漿、絕煙火、至舍外積潦亦汚以矢溲、使饑渴無所得。如是三日、乃遣還。

(107) 蔡絛『鉄囲山叢談』巻三

及我使至彼、則亦有閤門吏來、但說儀而已、不必習而見。攄時奉使至北、而北主已驕縱、則必欲令我亦習其儀也、攄不從。因力强、不可。於是大怒、絕不與飲食。我雖汲、亦爲北以不潔汚其井。一旦、又出兵刃擁攄出、從者泣、攄亦不爲動。旣出郞郊野、乃視攄以虎圈、命觀虎而已、且謂「何如。」攄瞋目視之、曰「此特吾南朝之狗爾。何足畏人。」北素諱狗呼、聞之氣沮。攄竟不屈還。

このように使者が相手国の意に屈せず、自らの態度を固守したことを時には誇張することで、帰国後称賛されるということはよくあったが、この場合、国益を損ないかねない状況を出来しており、単なる誇張とはいえないであろう。

また洪皓『松漠記聞』には、

初、大觀中、本朝遣林攄使遼、遼人命習儀、攄悪其屑屑、以蕃狗詆伴使。天祚曰「大宋兄弟之邦、臣吾臣也。今辱吾左右、與辱我同。」欲致之死、在廷恐兆釁、皆泣諫止、杖半百而釋之。

とある（「大観年間」は崇寧四年の誤りであろう）。林攄が遼で一悶着を起こしたという記憶が多くの人々の中にあった傍証となる。ただし林攄が罰杖を受けたということは事実とは思えない。

(108) 同年七月、開封の東西南北に四輔を設置した。『宋史』巻二〇・徽宗本紀・崇寧四年七月辛丑条

置四輔郡、以潁昌府爲南輔、襄邑縣爲東輔、鄭州爲西輔、澶州爲北輔。

これも遼との緊張状態の高まりに対応した首都防衛策であり、史書が非難するように単なるポスト増設のためだけではないだろう（『長編紀事本末』巻一二八「四輔」参照）。

(109)『遼史』巻二七・天祚本紀・乾統五年六月甲戌条

夏國遣使來謝、及貢方物。

（110）『遼史』巻二七・天祚本紀・乾統五年十二月己巳条
夏國復遣李造福・田若水求援。
趙彦衛『雲麓漫抄』巻四は、
宣政間、林攄奉使契丹、國中新爲碧室、云如中國之明堂、伴使擧令曰「白玉石、天子坐碧室。」林對曰「口耳王、聖人坐明堂。」伴使云「奉使不識字、只有口耳壬、却無口耳王。」林詞屈罵之、幾辱命。彼之大臣云「所争非國事、豈可以細故成隙。」遂備牋奏上、朝廷一時爲之降黜。
と言う。

（111）林攄は崇寧四年十一月に帰還すると、隣国を怒らせ事を生じさせたとして非難の声があがる中、礼部尚書とされたが、遼からその失礼さを非難されたため、知潁州に貶されたという。
『宋史』巻三五一・林攄伝
歸復命、議者以爲怒隣生事、猶除禮部尙書。旣而遼人以失禮言、出知潁州。

（112）『宋会要』職官五一―八・崇寧四年八月二十八日条
承議郎・尙書禮部侍郎劉正夫假資政殿學士・太中大夫、爲遼國國信使。以林攄未畢使事、虜繼遣使至、故再遣。

『十朝綱要』巻十六・崇寧四年八月、『宋史』巻二〇・徽宗本紀・八月壬辰条。

（113）『遼史』巻二七・天祚本紀・乾統五年十二月癸酉条には「宋遣林洙來議與夏約和。」とある。韓蔭晟はこれを林攄の誤りだとしているが、時間的に考えて不自然である。崇寧四年に宋に来た遼使の蕭良・高端礼らは、正月丁酉（二八日）に任命され、四月辛未（四日）に開封に到着しており、その行程に三箇月余りかかっている。したがって十二月癸酉（十日）に遼に到着する宋使は、八月壬辰（二八日）に任命された劉正夫だと考えられる。『遼史』は人物を取り違えた上、名も間違えたものだろう。

（114）『編年備要』巻二七・崇寧四年秋八月条
上嘉之、遂有大用之意。

（115）『遼史』巻二七・天祚本紀・乾統六年正月辛丑条
遣知北院樞密使事蕭得里底・知南院樞密使事牛溫舒使宋、諷歸所侵夏地。

(116)『長編』巻三六一・元豊八年十一月己酉条
遼國賀登寶位使・琳雅・崇議軍節度使耶律白、副使・朝議大夫・守崇祿少卿・充史館修撰牛溫舒以下見於紫宸殿、次見太皇太后於崇政殿。

(117)国境の雄州で遼使を出迎えた楊応詢の伝に、
復遣其相臣蕭保先・牛溫舒來請、詔應詢逆于境。既至、帝遣問所以來、應詢對「願固守前議。」

とある（『宋史』巻三五〇）。ただ蕭得里底の漢名は蕭奉先で、蕭保先はその弟とされており（傅楽煥「遼史複文挙例」『遼史叢考』中華書局、一九八四年、二九五頁）、史料に錯綜があるものと思われる。

(118)『遼史』巻八六・牛溫舒伝
（乾統）五年、夏爲宋所攻、來請和解。溫舒與蕭得里底使宋。方大燕、優人爲道士裝、索土泥藥爐。優曰「土少不能和。」溫舒遽起、以手藉土懷之。宋主問其故、溫舒對曰「臣奉天子威命來和、若不從、則當卷土收去。」宋人大驚、遂許夏和。

(119)『編年備要』巻二七・崇寧五年三月
遼使來。契丹復遣泛使同平章事蕭保先・牛溫舒來爲夏人請地。時邊報稱北虜點集甚急、泛使至館、人情洶洶。

(120)『宋史』巻三五三・張近伝
遼使爲夏人請命、而宿兵以臨我。
宋側は管師仁を派遣し、辺備に当たらせている（『宋史』巻三五一・管師仁伝）。
『編年備要』巻二七・崇寧五年三月
時邊報稱北虜點集甚急、泛使至館、人情洶洶。張康國・吳居厚・何執中・鄧洵武皆謂勢須與北虜交戰。

(121)『宋史』巻一九〇・兵志・郷兵・河東陝西弓箭手・崇寧五年三月条
趙挺之言「湟・鄯之復、歲費朝廷供億一千五百餘萬。……若以昔輸於三國者百分之一入於縣官、即湟州資費有餘矣。」帝深然之。翌日、知樞密院張康國入見、力言不可使新民出租、恐致擾動衆情。……」挺之奏「……」帝曰「……」……故深以挺之所奏爲然。

(122)『長編紀事本末』巻一四〇「収復銀州」・崇寧五年四月丙寅条

改銀州爲銀州城、威徳軍爲石堡寨。

(123)『十朝綱要』巻十六・崇寧五年五月条

是月、熙河蘭湟路等路経略安撫使童貫遣都総管劉法、率兵入夏國界、破席(虎)紅河・大鐵泉兩堡。及攻馬練川城、破之。

(124)『十朝綱要』巻十六・崇寧五年七月条

是月、西人始遣使赴闕、上表謝罪、辭極恭順。

(125)『十朝綱要』巻十六・崇寧五年七月丙辰条

罷新邊西寧・湟・鄯三州諸城寨主簿。

(126)当時の和議成立には、誓詔と誓表の相互交換が必要であった。宋と西夏・ヴェトナム間では、先に後者が誓表を出し、後に宋が誓詔を出す原則があった。前掲注(79)金成奎書一七頁参照。

(127)のちに西夏は宋が領地返還を履行していないことを遼に訴えており、実際の返還はなされなかった可能性が高い。『遼史』巻二七・天祚本紀・乾統九年(大観三年、一一〇九年)三月戊午条

夏國以宋不歸地、遣使來告。

(128)『遼史』巻二七・天祚本紀・乾統六年十月乙亥条

宋與夏通好、遣劉正符・曹穆來告。

ここには「劉正符」とあるが、劉正夫の誤りだろう。

(129)『宋史』巻三五一・劉正夫伝に、

京罷、正夫又與鄭居中陰援京。京憾劉逵次骨、而逵善正夫、京雖頼其助、亦悪之。

とある。

(130)『宋史』巻四八六・夏国伝下

大觀元年、始遣人修貢。

第二章　妖人・張懐素の獄

はじめに

北宋末、崇寧五年（一一〇六）は激動の年であった。正月に出現した彗星を契機として、それまで都合五年間にわたって専権を振るっていた蔡京が失脚し、蔡京の第一次当国期が突然終結したのだった。この背景には、前年から続いて交渉中であった遼（契丹）との外交方針をめぐる徽宗と蔡京の対立があったことを前章で述べた。

その結果、対遼宥和策をとる尚書右僕射・趙挺之と中書侍郎・劉逵による体制が発足したが、蔡京一党を執政などに多く残しており、その基盤は非常に脆弱なものであった。体制にとって唯一にして最大の政治目的は、こじれた遼との関係改善であったが、同年七月にその目途がつくと、彼らに対する徽宗の信任は次第に薄れていった。

また、当初は全面的に見直された蔡京の諸政策についても、大銭発行に関する経済政策は、行使範囲を限定したものの全廃されず、[1] 学校政策は特殊学校（書画学・医学など）こそ廃されたものの、天下三舎法は堅持された。[2] 象徴的な元祐党籍碑の破壊にしても、政変のわずか二日後には詔を出し、

已に降せし指揮、元祐姦黨石刻を毀ち、及び係籍人に敍復を與え、差遣に注擬するを除き、深く慮るは、鄙淺の愚人の妄意臆度して間隙を窺伺し、馳騖抵巇して更張を覬欲するを。熙・豊の善政、苟くも繼述を害せば、必ず典刑に寘《お》かん。宜しく邇遐に喩《さと》して、咸な朕が意を知るべし。

已降指揮、除毀元祐姦黨石刻、及與係籍人敍復、注擬差遣、深慮鄙淺愚人、忘意臆度、窺伺間隙、馳騖抵巇、覬欲更張。熙・豊善政、苟害繼述、必寘典刑。宜喩邇遐、咸知朕意。（『長編紀事本末』巻一二四「追復元祐党人」崇寧五年正月丁未条）

「鄙淺の愚人」が新法を中心とする神宗の「善政」を変革させようと蠢動することに釘を刺しており、決して元祐党禁の全面解除ということではなかった。

そもそも蔡京一党が執政にそのまま残され、彼らに大きな影響力を持つ蔡京が都・開封に残り続けた状態では、抜本的な変革は難しかったといえる。徹底した人事の刷新を行わなかったことからも、政変における徽宗は、外交問題のみを見据えており、蔡京の内政政策を否定することまでは視野に入っていなかったのではなかろうか。

さらに劉逵は、

（趙）挺之は多智、而して（劉）逵甚だ事を専らにして、或いは上に出でざれば、挺之 後患有るを慮り、毎に陰かに其の端を啓き、而して逵をして終に之を行わしむ。逵は取りて以て功と爲さんと欲し、亦た

挺之の計を悟らず、故に直前して避けず。上稍や其の擅事を覺え、星既に沒せば、上意稍く怠り、亦た更張の暴《にわ》かなるを悔ゆるも外に未だ知る者有らず。

挺之多智、而逵甚專事、或不出於上、挺之慮有後患、毎陰啓其端、而使逵終行之。逵欲取以爲功、亦不悟挺之之計、故直前不避。上稍覺其擅事、星既沒、上意稍怠、亦悔更張之暴、外未有知者。(『編年備要』巻二七・崇寧五年十二月条)

時に徽宗の意思に違うことを強引に主張し、一方趙挺之はそれに巻き込まれるのをおそれて劉逵一人に責任を押しつける、という有り様で、次第に徽宗の心は両者から離れていった。そんななか蔡京の一党である鄭居中は、姻戚である鄭貴妃を通じて徽宗の意図を読み取り、劉正夫と示し合わせて蔡京復権を画策、同時に御史の余深・石公弼が劉逵を攻撃して失脚させた(3)。

結果、大観元年(一一〇七)正月に蔡京が首相に復帰し、第二次当国が開始された(4)。趙挺之・劉逵の体制は、外交問題の解決だけでその使命を終えたのだった。

こうして始まった蔡京の第二次当国が本格的に始動しようとしたその矢先の五月、ひとつの謀反事件が発覚する。主謀者の名から「張懐素の獄」と呼ばれるこの獄は、連坐する者が多く、しかもそこには王安石に関連する人々や、元宰相・現役執政といった中央政府の高官達が含まれ、蔡京自身も無関係とはいえないものだった。史書にそれほど特筆大書されているわけでもないのだが、船出して間もない蔡京当国にとってかなり大きな動揺を与えたと考えられ、以降の政策運営に与えた影響も少なくなかった。本章では史料が少なく全貌がつかみにくいこの獄について検討し、これが発足後間もない蔡京の第二次当国にどのような影響を与えたのかを見ていきたい。

第一節　獄の概要

まずは史料に即してこの獄の全体像についてその概要を確認しておく。『宋史』徽宗本紀の大観元年（一一〇七）五月己丑の条には、

朝散郎吳儲・承議郎吳侔妖人張懷素と謀反するに坐し、誅に伏す。呂惠卿を貶して祁州團練副使と爲す。

朝散郎吳儲・承議郎吳侔坐與妖人張懷素謀反、伏誅。貶呂惠卿爲祁州團練副使。（『宋史』巻二〇・徽宗本紀・大観元年五月己丑条）

との記事が唐突に出現し、これが当時の政界においてどのような位置づけにあるのかは全く示されていない。しかしこの吳儲・吳侔は、実は神宗朝の宰相吳充の孫という名門出身であり、互いに従兄弟の関係にある二人だった。[5] さらに吳侔の母は王安石の娘で、彼は王安石の外孫にあたる人物であった。他ならぬ王安石自身の詩に、外孫である吳侔に贈ったと思われるものが残されており、この事件の顛末もその詩に付けられた注に記されている。[6]

國史を按ずるに、舒州の人張懷素、本と百姓、自ら落魄野人と稱し、幻術を以て公卿の間に遊ぶ。元祐六年に於いて朝散郎吳儲に說きて云う「公の福は姚興の似《ごと》し、關中一國の主と爲るべし。[7]」儲云う「儲の福弱し、豈に能く姚興に及ばん。」懷素云う「但だ志を有すと說《い》い、福とは說わず。」紹聖四年、懷素

京に入り、又た儲と約を結び、儲以て侔に語る。崇寧四年、事敗れて獄成り[8]、懐素・呉儲・呉侔・邵稾は竝びに陵遲處斬、楊公輔・魏當・郭秉德は竝びに特に死に處せらる。呉儲（の父）安持は貸命して眞決を免じ、出身以來の文字を追毀し、除名勒停、潭州に送りて編管せしむ。呉侔の母王氏は王安石の女に係れば、特に遠竄を免じ、太平州に送りて羈管せしむ。侔の弟僎、道州に羈管せしむ。公の此の詩は蓋し侔の爲の作なり。呂惠卿の子淵、曾て妖言を聞き以て告げざるに坐し、削籍して沙門島に竄す。惠卿は散官もて宣州に安置せしむ。蔡卞は降職し、外祠を奉ぜしむ。鄧洵武は呉侔の兄を妻とすれば、出だして知隨州たらしむ。安惇は散官を追貶す。

按國史、舒州人張懷素、本百姓、自稱落魄野人、以幻術遊公卿閒。於元祐六年說朝散郎呉儲云「公福似姚興、可爲關中一國主。」儲云「儲福弱、豈能及姚興。」懷素云「但說有志、不說福。」紹聖四年、懷素入京、又與儲結約、儲以語侔。崇寧四年、事敗獄成、懷素・呉儲・呉侔・邵稾竝陵遲處斬、楊公輔・魏當・郭秉德竝特處死。呉儲［父？］安持貸命免眞決、追毀出身以來文字、除名勒停、送潭州編管。呉侔母王氏係王安石女、特免遠竄、送太平州羈管。侔弟僎、道州羈管。公此詩蓋爲侔作也。呂惠卿子淵坐曾聞妖言不以告、削籍竄沙門島。惠卿散官安置宣州。蔡卞降職、奉外祠。鄧洵武妻呉侔之兄、出知隨州。安惇追貶散官。（『王荊公詩』巻四三・律詩「贈外孫」李壁註）

一読してまず感じられるのは、その処罰の内容がかなり重いことである。死罪になったものが七人もいるほか、宰執経験者なども多数処罰され、しかもその中には蔡京の弟・蔡卞も含まれている。特に死罪は死罪でも、罪人の四肢を断ち、喉を抉るという「惨酷の刑」凌遲処斬が実施されていることに驚く[9]。

名目としては事が謀反事件であるからこのような重罪に処せられるのも当然なのかもしれないが、しかし謀反というには詳細が不明であるし、主犯者たちがそれほどの影響力を有していたようには見えない。むしろ良家の子息と破戒僧もどきが、ただの世迷い言を口にしていただけのようにしか感じられない。それがどうしてかくも厳しい結末となったのであろうか。また引用につづくこの史料の結び文句は「豈に懐素の獄、濫無き能わざらんや（豈懐素之獄、不能無濫耶）」となっており、[10]誰かが何かを企んでこの「濫獄」を起こしたかのように言っている。

そこで以下、事件の発覚から時間を遡り、他の史料から得られる獄の関係者についての情報を整理してみよう。

第二節　主謀者・張懐素

まず事件の主謀者で教唆犯とされる張懐素についてであるが、王明清の『揮麈録』には次のような記事がある。

張懐素、本と舒州の僧なり。元豊末、畿邑の陳留に客たり、常に花を插して頭に滿たし、縣中に佯狂し、自ら戴花和尚と稱す。人の休咎を言いて頗る驗あり、群小之に從うこと市の如し。知縣事畢仲游 其の衆を惑わすを怒り、禽えて廷下に至らしめ、其の度牒を索むるに、江南李氏の給する所なり。仲游問わず、之を抹し、杖一百に從い斷治して還俗せしめ、遞いに逐いて出境せしむ。是より髮を長くし、衣冠に從いて遊び、落托野人と號す。初め風水を占うを以て生と爲し、又た淫巧の術を以て士大夫の門に走り、因りて遂に猖獗す。既に敗れ、眞州城の西儀眞観にて捕獲せられ、室中に美婦人十餘有り。獄中に蹤跡の本末を供出す。時に仲游死して已に久し、詔して特に太中大夫を贈り、其の二孫に官す。史册は載せず、畢氏の干照焉に存す。

張懷素、本舒州僧也。元豐末、客畿邑之陳留、常插花滿頭、佯狂縣中、自稱戴花和尙。言人休咎頗驗、群小從之如市。知縣事畢仲游怒其惑衆、禽至廷下、索其度牒、江南李氏所給也。仲游不問抹之、從杖一百斷治還俗、遞逐出境。自是長髮、從衣冠遊、號落托野人。初以占風水爲生、又以淫巧之術走士大夫門、因遂猖獗。旣敗、捕獲于眞州城西儀眞觀、室中有美婦人十餘。獄中供出蹤跡本末。時仲游死已久、詔特贈太中大夫、官其二孫。史册不載、畢氏干照存焉。（王明清『揮麈録』後録巻八）

どうやら口舌のたつ人物で、各地で詐欺行為を繰り返し、挙げ句は房中術を駆使して士人層にも食い込んでいたらしく、捕らえられたときの状態もそれに符合する。[11]

また各地の宗教者とも交流を持っていたようで、あるとき会稽天寧観の何道士を訪ねて意気投合したが、そのときは状貌怪異、談論をよくし、大字を書すのを好んだという。[12]

そんな彼と通交していた士大夫のなかでも、最も大物の部類に入るのが、呂恵卿と蔡卞であった。両者は言うまでもなく、いわゆる新法派の大物であり、ともに王安石と縁故の深い人物である。呂恵卿は張懐素が注を付けた般若心経に序文を記し、前漢・張良の故事になぞらえて張懐素を「黄石の師」とまで呼んだという。[13]また張懐素は、

懐素毎に吉甫に見ゆることを約せば、則ち香合或いは茗具の中に一圓藥を見、跳擲すること之久しく、卓上に旋轉し、漸く小人と成る。已にして地に跳躍し、鬖鬖として長大なること人と等し、之を覗れば

則ち懐素なり。相い與に笑語して去る、率ね以て常と爲す。

懐素毎約見吉甫、則於香合或茗具中見一圓藥、跳擲久之、旋轉於卓上、漸成小人。已而跳躍於地、駸駸長大與人等、視之則懐素也。相與笑語而去、率以爲常。(『梁溪漫志』巻一〇「范信中」)

呂恵卿に会う約束をすると、香料箱や茶道具から丸薬が現れ、しばらく飛び跳ねるのを繰り返すと、卓上で旋回をはじめ、しばらくすると小人になる。今度は地面で跳ねているうちにあっという間に常人の大きさとなり、よくよく見ればそれが張懐素であったという。

また蔡卞は知越州であった元祐年間から張懐素と親交があり、[14]「神通力を持っていて、禽獣すら呼び寄せられる」だとか、「孔子と話したり、漢の高祖と項羽の戦いを観戦したことがあって、何歳になるのかも分からないくらい長寿だ」と言い、「大士」と尊称して入れ込んでいたとされる。[15]にわかには信じられないエピソードが様々に語られるが、これらからは張懐素が仏教を皮切りに様々な宗教に携わり、風水術と奇術、房中術を駆使し、何よりも相手を取り込む弁舌によって、士大夫層をも含む人々を魅了していったことが窺える。

その一方で、

大觀中、妖人張懐素有り、左道を以て公卿の家に游ぶ。其の說に以謂えらく金陵に王氣有り、と。非常を謀らんと欲し、其の徒を分遣して士大夫の名望を負う者に游說せしむ。

大觀中、有妖人張懐素、以左道游公卿家。其說以謂金陵有王氣。欲謀非常、分遣其徒、游說士大夫之負名望者。(『揮麈録』後録巻八)

金陵に王気ありという説を唱え、「非常」をたくらんで、弟子を各地に派遣し、名望ある士大夫に対して遊説を行わせており、組織的な活動を行っていた。のちに彼は范寥という人物に告発され、件の獄へとつながるのであるが、ではその范寥という告発者は一体何者であろうか。節を改めて検討する。

第三節　告発人・范寥(16)

范寥は蜀の人。才をたのんで無頼をし、分与された家産もひと月で使い尽くす有様だった。のちろくに勉強せぬまま科挙に応じ、成都で次席合格を果たしたが、酒におぼれて人を殴り殺したため、「花但石」と姓名を変えて逃亡した。あるところで園丁となったが、壁に詩を賦し、才能がばれて主人に畏れられ、白金を与えられて逐われた。次いで進士と称して名士に気に入られ、その子の家庭教師となったが、また大酒をくらって子を殴り、追放された。

冠を着けず、粗野な服で某州の太守翟思に会い、書吏として雇ってもらおうとした。翟思は范寥が書く精妙な字を見て引き留め、たまたま見ていた翟思の子・翟汝文が尋常の人でないとにらみ，父にすすめてこれまでの来歴を尋ねさせた。すると「易と書を修めた」と答えたため試してみると、またたく間に解答して文理高妙だった。翟父子は大いに驚き、これを厚遇した。翟思が鎮江に戻ると、范寥は州学に残された。翟思は州の教授に銭百千をわたし、少しずつ范寥に与えるよう頼み、一日で全部使ってしまうので、一度に全部を渡してはならぬと釘を刺しておいた。しばらくして教授から手紙が届き、学内でそりが合わずに范寥は去り、その際に銭百千は本人に渡したことが記されていた。

のち翟思が鎮江で亡くなると、袖で顔を覆い大哭する者がやってきた。必ずや范寥ならんと翟汝文は思ったが、果たして范寥であった。労をねぎらい家に泊め、一夜明けると、遺体わきに列べてあった白金の器が一つ残らず無くなっており、范寥もまた行方が知れなかった。多くの者がいる中、彼の姿を見た者は誰もいなかったという。

次に范寥は広西に行って黄庭堅に会い、しばらく一緒にいた。庭堅が亡くなると、范寥は翟家から持ってきた器を売り払い、黄庭堅の葬儀を執り行った。

次いである高僧を尋ね、出家を望み、「恪能」の名を与えられたが、間もなく高僧は亡くなった。すると今度は茅山に行き、落托道人張懐素のもとに身を投じた。時に懐素は呉儲・呉侔と不軌をたくらんでおり、儲と侔は范寥を見て、密かに「これは怪しい者だ。どうして殺さないのか。」と懐素に詰め寄った。ある夜また謀議をしているとき、懐素は星象を見て「まだ駄目だ」と言った。范寥はこれを聞くと、翌日遁辞を構えて懐素のもとを脱し、都に上ろうとしたが旅費が無かった。そのとき湯東野は学生であり、范寥は彼に会いに行ったが不在で、代わりにその母が范寥に銭一万を与えた。それにより范寥は都に直行し、変を告発した。(『梁渓漫志』巻一〇「范信中」[17])

長文のため書き下しではなく、その梗概のみを記したが、以上が『梁渓漫志』に載る范寥の話である。これによれば彼も名門の生まれで、解試を軽々と突破できる才を持ちながら、性格的に無頼で、各地を流浪し、恩義を忘れぬかと思えば、不義理を重ねもする人生だったようである。

別の史料でみると、彼は成都華陽の范氏出身で、蜀公范鎮の族孫[18]、范百禄・范祖禹と同族であった。范鎮は、翰林学士まで上ったが、王安石に反対して致仕し、元祐中に蜀郡公に封ぜられた人物で、司馬光・蘇軾と非常に親交があったといわれる[19]。族孫の范寥が蘇軾の弟子であった黄庭堅のもとに赴いたのも、以前からの顔見知りであった可能性がある[20]。黄庭堅は、宜州編管のまま亡くなった崇寧四年（一一〇五）に『宜州乙西家乗』という日記を残している。これによると、范寥がそのもとを訪れたのは同年三月十五日で[21]、以降行動をともにしたという。黄庭堅はその半年後の九月三十日に亡くなった[22]。

范寥が黄庭堅の最期を看取り、その葬儀も行ったことに関しては、流謫の身で亡くなり、弔うものの無かった庭堅を手厚く送ったとして賞賛する説がある一方[23]、これと全く異なった説もある。

范寥信中有り、成都の人、蜀公の族孫。始名は祖石、詩を能くし、事を避けて川を出で、以て懐素に従う。懐素 寥をして廣に入らしめ、以て黄太史魯直を誂《いざな》う。時に魯直 宜州に危疑の中に在り、其の説を聞きて、亟ち耳を掩いて走る。已にして魯直死し、寥益ます困り、遂に闕に詣りて其の事を陳ぶ。朝廷大獄を興し、坐死する者十數人。

有范寥信中、成都人、蜀公之族孫。始名祖石、能詩避事出川、以從懷素。懷素令寥入廣、以誂黄太史魯直。時魯直在宜州危疑中、聞其説、亟掩耳而走。已而魯直死、寥益困、遂詣闕陳其事。朝廷興大獄、坐死者十數人。（『揮麈録』後録巻八）

すなわちもともと黄庭堅のもとを訪れたのも張懐素の指示によって一党への勧誘に来たのであって、相手の死により失敗し、困った揚げ句、逆に張懐素らに対する告発を行うに至ったとされている。

そもそも范寥は本当に黄庭堅の斂葬までを取り仕切ったのであろうか。執り行ったと記す最も早い史料は黄庭堅『宜州乙酉家乗』の序であるが、これを記したのは他でもない范寥自身であり、誰も世話する者がいなかった黄庭堅の亡骸を自分が弔ったのだ、と得々として書いている。しかし現存する『宜州乙酉家乗』という書物自体、黄庭堅の死後、何者かによって持ち去られたものが、たまたま南宋になってから范寥のもとに戻り、それを范寥自身が出版したものだという、いわくつきの書物であり、その来歴に不自然さが残る。結局彼が黄庭堅を葬ったというのは本人談でしかなく、その主張に全幅の信頼はおけない(24)。

『揮麈録』ははっきりと、張懐素に「范寥を湖広に遣わして、流罪になった人々に遊説させていたのだが、長い間戻らず、鎮江から開封に上ったと聞く。きっと良からぬ事を考えているに違いない。」と言わしめている。

　一日、懐素（劉）廷に語りて云う「吾嘗て范信中を遣わして往きて諸遷客に湖廣の閒に說かしむも、之を久しくして至らず、京口從り都に入ると聞く。豈に心を用いること善からざるに非ざらんや。子其れ京師に往きて之を偵探すべし」と。

　一日、懐素語廷云「吾嘗遣范信中、往說諸遷客于湖廣閒、久之不至、聞從京口入都矣。豈非用心不善乎。子其往京師、偵探之。」（『揮麈録』第三録巻三）

ここでは范寥は張懐素の弟子として、勧誘目的で湖広に流謫した士大夫のもとを訪れており、黄庭堅はその対象者の一人だったということになる。

これに対し『梁渓漫志』と同じく、黄庭堅訪問は張懐素入門以前だとする見方に立つ『京口耆旧伝』では、

　未だ幾ばくならずして庭堅卒し、親友皆已に散去して、獨り寥のみ在り。爲に棺斂を辦《つと》めて、仍お其の喪還を護り、費は皆な翟氏に出ず。其の用意の委折なること此くの如し。還りて和州に抵り、張懐素と知州吳儲及び弟侔に逆謀有るを知る。乃ち服を變え、左右を介して、僕隷爲らんことを求む。懐素問う

「頗る字を識るや否や」と。曰く「識らず」と。懐素書室に夜宿せしめ、寥入れば卽ちに偃臥し、未だ嘗て一も屬目せず。懐素滋ます之を試さんと欲し、因りて責むるに罪を以てし、狀を持ちて州に入らしむ。狀、實は寥を訴えし者なり。寥卽ち持ちて入り、謾として謂う所を省《み》ず、（懐）素大いに焉《これ》を喜ぶ。是れより凡そ儲・侔と密謀するに、書問は惟だ寥にのみ是れ任せ、寥既に盡く其の事を知る。卽ち佯狂して脱し去り、遂に變を告げんと欲するも、資無きに窘《くる》しみ、湯東野の好事を知り、往きて之に見え、具さに以て告げ、東野力を竭くして之を資く。

未幾、庭堅卒、親友皆已散去、獨寥在。爲辦棺歛、仍護其喪還、費皆出翟氏。其用意委折如此。還抵和州、知張懐素與知州吳儲及弟侔有逆謀。乃變服、介左右、求爲僕隷。懐素問「頗識字否。」曰「不識。」懐素俾夜宿書室、寥入卽偃臥、未嘗一屬目。懐素滋欲試之、因責以罪、俾持狀入州。狀實訴寥者。寥卽持入、謾不省所謂、素大喜焉。自是凡與儲・侔密謀、書問惟寥是任、寥既盡知其事。卽佯狂脱去、欲遂告變、窘於無資、知湯東野好事、往見之、具以告、東野竭力資之。（『京口耆旧伝』巻五「范寥」）

范寥は黄庭堅の葬送を終えてから和州に戻り、そこで張懐素と呉儲らの結託に気付き、その証左を確実に得るため、あえて僕隷となって一党に潜入し、さらにそこから脱出して告発を行ったとする。[25]

范寥が長く張懐素の弟子であったかどうかは、彼の行った告発の意味を考える上で大きな影響を与えてくる。長らく一味であって著名士大夫の勧誘に失敗し、張懐素の譴責を恐れた挙げ句の告発か、それとも正義感から潜入捜査のため、あえて門下に入り込み、証拠を携えての告発なのか。

ここで各説を唱える史料について、その信憑性を検討してみると、張懐素の一味として黄庭堅を訪ね、そこから告発を行ったという説を採るのは、『王荊公詩』李壁註と王明清の『揮麈録』である。李壁註は、南

宋の李壁が「国史」を引用したものだが、清の銭大昕は、

此れ洪邁等修する所の『四朝國史』なり。當に據りて以て宋史の闕を補うべし。

此洪邁等所修四朝國史也。當據以補宋史之闕。（銭大昕『十駕斎養新録』巻七「張懐素呉儲」）

と述べ、南宋孝宗朝に編纂された『四朝国史』の引用であるとし、信憑性は高いと判断している。[26]

もう一つの、概して范寥に厳しい視線を送る『揮麈録』は随筆筆記の類であり、多くは伝聞であって、当該の記事も舅から聞いた話であるという。しかし『揮麈録』自体の評価としては、

動もすれば數百千言、退いて之を質せば、一語の繆りも無し。

動數百千言、退而質之、無一語繆。（陸游『老学庵筆記』巻六）

と言われ、信頼性の高い記事が多い。

一方これらに対して、黄庭堅を葬ったあと張懐素らの陰謀を知り、その一党に潜入して告発に至ったとするのは、『梁渓漫志』と『京口耆旧伝』である。『梁渓漫志』も南宋に入っての筆記史料ではあるが、

惟うに其の持論は根柢を具有し、舊典遺文往往にして在り。

惟其持論具有根柢、舊典遺文往往而在。（『四庫全書総目提要』子部雑家類「梁渓漫志十巻」）

と言われ、巻頭には南宋・開禧二年（一二〇六）の国史実録院牒が付いており、高宗・孝宗・光宗三朝正史編纂の為に供されたという。『京口耆旧伝』にしても南宋時代、地方志（のちに嘉定『鎮江志』として結実）編纂のためにまとめられた京口地域の人物伝で、正史などの欠を補い、信憑性は高いものと判断される。[27]

したがって史料自体の信頼性の比較だけでは甲乙は付けがたい。だがそれらの史料の性格から、筆者はこの范寥の件に関して、早くから張懐素の弟子であったという『揮麈録』等の説に従いたい。というのはもう一つの説には、違和感が拭いがたいからである。「落魄不羈」で身を持ち崩し、情を忘れぬようなふりをしながら、翟氏において結局不義理を行った范寥の人物像からは、全くの無関係者からいきなり謀反事件の核となる張懐素と呉儲らの陰謀に気付き、これまたすぐにその懐に入り込むことに成功し、信頼され、その間ずっと正義心を忘れずに告発に至る姿は想像しにくい。むしろもとから張懐素の近くにいてその事実を知り、何らかのきっかけで裏切りを行ったと考える方が自然ではなかろうか。

それに『梁渓漫志』という筆記史料は、一巻をまるごと蘇軾の記事にあてるなど、かなり元祐党人寄りの記述が多く、特に蔡京父子にたいする貶斥に力が入れられている。また『京口耆旧伝』は鎮江で活躍した名士について、地元出身の劉宰が話を集めたものであって、伝記中、主人公を持ち上げる記述が端々に窺える。真相がどうであれ、この書では范寥はあくまでも張懐素を告発した功績者であって、彼がそこに荷担していたとは決して書かないであろう。

以上のことから范寥という人物は、王安石に反対した范鎮の族孫という名門の子弟だったが、無頼な性格によって各地を漂泊し、途中、翟汝文の知遇を得たがそこにも落ち着かず、いつしか張懐素の弟子となった。その指示を受けて、かつての知己である黄庭堅を含め、湖広の名士に対する勧誘を任されるようになっていた。ところがその失敗などのきっかけで、張懐素を裏切り、告発に至った。このような全体像がおぼろげに浮かんでくる。

第四節　開封での告発

范寥は和州で張懐素と呉儲らの結託に気付いたというが、張懐素は舒州の出身で、舒州は和州とともに淮南西路に属している。金陵での王気を唱えたり、范寥らを湖広に派遣したりと、どうやら彼は主に長江中下流域で活動をしていたと考えられる。よって紹聖四年に開封に入ったと記されるものの、それ以降開封で活動していたというわけではなさそうである。史料によっては、

崇寧中、京に到り、又た承議（郎）呉侔の處において、星變を妄言す。

崇寧中、到京、又於承議呉侔處、妄言星變。（『編年備要』巻二七・大観元年五月条）

とあり、呉侔邸に出入りしていたとあるが、あるいは呉儲や呉侔が任満後に開封で待闕している間、これを訪れるようになったのかもしれない。

さて范寥は前節で見たように、張懐素・呉儲らの陰謀を開封で告発することを思い立つ。ただ路銀が無かったため、おそらく知り合いであった丹陽の湯東野に一万銭を借り受けて開封に至った。これは京官最下級クラスの料銭（基本月俸）に相当し[28]、一介の州学生にはなかなかの額であった。

范寥が告発をしたとき、宰相であったのは司空・尚書左僕射蔡京と尚書右僕射趙挺之だったという[29]。両者がその地位にあったのは二度あり、一度目は崇寧四年（一一〇五）三月から同年六月までで蔡京の第一次当国期[30]、二度目は大観元年（一一〇七）正月から三月までで、第二次当国開始直後である[31]。告発はどちらのときになされたのか。『王荊公詩』李壁註では告発は崇寧四年とされているが、おそらくは二度目の大観元年

が正しいと思われる。その根拠としては、まず黄庭堅が崇寧四年九月末に亡くなっており、いずれの史料もそれ以降に范寥が開封に上ったとしているから、一度目の時期はありえまい。また、告発を受けて張懐素その人を逮捕したのは知江寧府の姚祐だったが[32]、彼が知府を務めたのは崇寧五年から大観元年にかけてであり[33]、告発を受けてすぐに逮捕できたとすれば、大観元年の告発というのが自然であろう[34]。

范寥の告発は、唐律でいう「十悪」の重大犯罪に含まれる謀反に関するものであった。しかも知州が関わってもいるため、州に訴えることは難しかったであろうが、それよりも上級の転運使あるいは提点刑獄に訴えることもできたはずである。しかし范寥は路銀を工面してまで都・開封に向かっている。となればおそらく登聞鼓を撃ったであろうことは想像に難くない。

或いは長吏及び轉運使・在京臣僚を論じ、幷びに機密の事を言えば、竝びに鼓司・登聞院に詣りて狀を進むるを許す。

或論長吏及轉運使・在京臣僚、幷言機密事、竝許詣鼓司・登聞院進狀。（『宋会要』刑法三―一一・咸平六年十一月十七日条）

というところの「機密の事」は、登聞鼓院・登聞検院に訴えることができた[35]。これらの制度は時代によって少し組織が変化するが、仁宗朝以降、機密のことは文書を登聞検院に投ずることになっていた[36]。

（登聞）検院を經る者は、圓實封もて、機密軍期の事・朝政の闕失利害、及び公私の利濟、幷びに軍國の重事を奏す。鼓院を經るが若き者は、疊角實封もて、陳乞・奏薦再任・已に指揮を得たる恩澤・過名を除落し、抑屈を論訴する事、本處の不公及び沈匿等の事、在京官員の不法等の事にす。兩院の狀封は皆な長さ八寸なり。

經檢院者、圓實封奏機密軍期事・朝政闕失利害、及公私利濟、幷軍國重事。若經鼓院者、疊角實封、陳乞・奏薦再任・已得指揮恩澤・除落過名・論訴抑屈事、本處不公及沈匿等事、在京官員不法等事。兩院狀封、皆長八寸。（趙升『朝野類要』巻四・文書「進狀」）

とあり、登聞検院を経て上奏される文書は、内容が重大事であるものばかりで、「圓實封」すなわち封筒の角を折り込んで騎縫印を捺し、密封した状態で奏上された。その長さは八寸だったという。通信司の取り次ぎを経て皇帝に上奏されたものは、そこで中身が確認され[37]、それぞれの担当部門に処理が指示されるのであろう。

范寥の告発状は、内容が謀反に関するものであり、宰執の議で検討するよう指示されたらしい。

時に蔡元長〔蔡京の字〕・趙正夫〔趙挺之の字〕當國、其の狀只だ右僕射と稱し、而して司空・左僕射に及ばず、蓋し范は本と併せて蔡を告さんと欲するなり。是の日、趙 相偶に謁告し、蔡は當筆し、案に據りて問いて曰く「何故に司空を忘れたるや」と。范 抗聲して對えて曰く「草茅の書生、朝廷の儀を識らず」と。蔡 目を怒らせ嬉笑して曰く「汝は朝廷の儀を識らず」と。即ちに吏に下して儲・侔等を捕らえしむ。

時蔡元長・趙正夫當國、其狀止稱右僕射、而不及司空・左僕射、蓋范本欲併告蔡也。是日、趙相偶謁告、蔡當筆、據案問曰「何故忘了司空耶。」范抗聲對曰「草茅書生、不識朝廷儀。」蔡怒目嬉笑曰「汝不識朝廷儀。」即下吏捕儲・侔等。（『梁溪漫志』巻一〇「范信中」）

ここで興味深いのは、范寥の告発状がそのまま下されてきており、そこにはわざと「右僕射」としか書いていなかったが、それは司空・左僕射蔡京をも告発しようとしたためであったという。このあたりの告発とその処理の仕方については、遺憾ながらはっきりと分からないが、あるいは誰に告発するかを宛名か何かで指定することができたのかもしれない。范寥としては趙挺之のみに告発することで、蔡京を失脚させることを目論んでいた。ところがこの日はたまたま趙挺之が休暇をとっており、蔡京が「當筆」であった(38)。そしてこの場面では、明らかに蔡京と范寥は同じ場で問答を交わしており、内容の吟味のため告発人を呼び出して詮議することも行われたらしい。あきらかに蔡京は、自らを陥れようとした范寥の細工に怒りを覚えており、直接尋問を行っている。

ではなぜ蔡京は、ここまで范寥に怒りを覚え、あやうくその告発の対象とならねばならなかったのだろうか。それは単に実弟である蔡卞が張懐素と懇意にしていたため、その連坐を被る可能性があったからだけではなかった。実は他ならぬ蔡京自身も、張懐素と深い付き合いをしていたとされていたからだった。のちに侍御史毛注は次のように言う。

張懐素は悪逆、地理を以て衆を惑わし、（蔡）京熟《よ》く之と遊従す。京の妻を地に葬り日を卜うこと、懐素 之を主る。嘗て同に淮左に遊び、題字して石に刻む。後 陰かに人をして追毀し、以て其の跡を掩わしむと雖も、而れども衆な共に知る所なり。

張懐素悪逆、以地理惑衆、京熟與之遊從。京妻葬地卜日、懷素主之。嘗同遊淮左、題字刻石。後雖陰令人追毀、以掩其跡、而衆所共知。（『長編紀事本末』巻一三一「蔡京事迹」大観三年十一月己巳条）

これは二年後に出された蔡京弾劾の上奏文の一部であるから、多く誣告の言葉が含まれていて全面的な信用は措けないが、当時このように考える人は多かったらしく、普段から張懐素と会っていたのは蔡卞ではなく、むしろ蔡京であるとするものもいた[39]。したがってもし張懐素謀反ということになれば、蔡京自身も処罰の対象となりかねなかった。事前の対処ができなかった蔡京は、どのようにしてこの危機を乗り越えたのだろうか。

第五節　獄のゆくえ

告発後、鞫獄（事件の取り調べ）を担当したのは、開封尹の林攄と御史中丞の余深、それに宦官一名であった。すなわち皇帝からの詔によって中央の高官が直接取り調べを行う特別法廷、「詔獄」の制勘院が開封府に設置されたのだった[40]。周知の通り、神宗朝以降は中央の権力者が台官らを手なずけ、「詔獄」の形式を利用して政敵を追い落とすことが多かったが[41]、今回は権力者である蔡京自身が追い落とされかねないかたちであった。

だがこの鞫獄担当の二人が蔡京と通じていた。林攄は第一章で述べたように、蔡京の意を受けて契丹との間に一悶着を起こした人物でまさに蔡京の与党[42]、余深はこれ以前の経歴に強く蔡京と結んでいた形跡はないが、むしろこの獄以降、蔡京の「死党」となっていく人物であった[43]。

張懐素の妖事覺られ、（林）攄 御史中丞余深及び内侍と雜治す、民士の交關せる書疏數百を得、攄は悉く焚蕩し、以て反側を安んぜんことを請う。衆な稱えて長者と爲すも、而れども（蔡）京 懷素と游ぶこと最も密、攄實に京の地を爲すなり。

張懷素妖事覺、攄與御史中丞余深及內侍雜治、得民士交關書疏數百、攄請悉焚蕩、以安反側。衆稱爲長者、而京與懷素游最密、攄實爲京地也。（『宋史』巻三五一・林攄伝）

彼らは張懐素のもとから士庶と遣り取りした手紙数百通を押収したが、すべて焼き捨てた。(44) 人々の中には多くの連坐者を出さないための処置と考え、彼らを「長者」と称えた者もいたが、実際は蔡京と張懐素との往復書簡を廃棄するための処置だったという。蔡京は鞫獄の担当に自分の息がかかった人物を配することに成功したようだった。

最終的にこの獄で処罰された人物は【表】の如くである。おそらく凌遅処斬と死罪に処せられた七人が主犯格だが、張懐素・呉儲・呉侔を除く四人の履歴はよく分からない。わずかに見える肩書きからは、京官や選人といった下級文官・士人であったことが窺え、張懐素の側近や弟子筋に当たる者たちであろうか。

つづく連坐者は多く呉儲・呉侔の姻戚であった。呉安詩は呉儲の父、王氏は呉侔の母で王安石の娘の蓬莱県君、(45) 呉僎は呉侔の弟、鄧洵武は妻が呉侔の姉、鄧洵仁はその兄、王能甫は呉安持の婿(46)であった。

その他の人物、安惇・王溈之・王資深・呉居厚・閻守懃は、それぞれの事跡は判明するものの、張懐素らとのつながりを示す史料は管見の限り見出せなかった。

この表からもわかるように、最終的な処罰者に蔡京は含まれることなく、獄が結審している。それどころか蔡京は、この獄を逆に政敵追い落としに利用していた形跡すらあった。それはもと新法派の大物で、先輩格でもあった呂恵卿をターゲットにしたものだった。

そもそも呂恵卿の子・呂淵は、第一節で見た『王荊公詩』李壁註では、かつて妖言を聞きながら告発しな

【張懐素の獄　処罰者一覧表】

処罰者	官職	罪名	出典
張懐素		凌遅処斬	王荊公詩43李壁註
呉儲	朝散郎、知和州	凌遅処斬	王荊公詩43李壁註 十朝綱要17
呉侔	承議郎、監潤州酒務	凌遅処斬	王荊公詩43李壁註 十朝綱要17
邵稟	山陰県尉	凌遅処斬／処死	王荊公詩43李壁註 十朝綱要17
楊公輔	将仕郎	死罪	王荊公詩43李壁註 十朝綱要17
魏当		死罪	王荊公詩43李壁註 摛文堂集7
郭秉徳		死罪	王荊公詩43李壁註
呉安詩		潭州編管	王荊公詩43李壁註
王氏（呉侔母）	蓬莱県君	太平州羈管	王荊公詩43李壁註
呉僎		某州羈管	王荊公詩43李壁註
呂淵	朝議大夫	特追毀出身以来文字、除名勒停、免真決、不刺面、配沙門島	『宋会要』職官68-14
呂恵卿	観文殿学士、右銀青光禄大夫、知杭州	責授祁州団練副使、宣州安置	『宋会要』職官68-14 『宋史』471
蔡卞	資政殿大学士、金紫光禄大夫、充醴泉観使、兼侍読	降充資政殿学士、提挙亳州太清宮	『宋会要』職官68-14
	知寿州	提挙亳州太清宮	『宋会要』職官68-16
鄧洵武	中書侍郎	知随州	王荊公詩43李壁註 『宋史』329
	知亳州	提挙亳州明道宮	『宋会要』職官68-16
安惇	既卒、贈特進	追貶散官	王荊公詩43李壁註
王溈之	降授承事郎	特追毀出身以来文字、除名勒停、免真決、不刺面、配朱崖軍	『宋会要』職官68-14
王能甫	枢密直学士、朝散大夫、提挙西京嵩山崇福宮	落職	『宋会要』職官68-14
	知陳州	提挙亳州明道宮	『宋会要』職官68-16
王資深	承議郎、顕謨閣待制、知密州	特責授衡州司馬、新州安置	『宋会要』職官68-14
閻守懃	延福宮使、唐州団練使、提挙西京嵩山崇福宮	責授団練副使、永州安置	『宋会要』職官68-14
呉居厚	知徐州	提挙南京鴻慶宮	『宋会要』職官68-16
鄧洵仁	知河中府	提挙杭州洞霄宮	『宋会要』職官68-16
王寀	知襄州	除名勒停、免編管、勒令侍養	『宋会要』職官68-35

かったことで処罰された、とあったが、より詳しく述べる史料によると、

> 大観元年、妖人張懐素の謀叛、蜀人范寥 闕に詣りて其の事を上り、詔有りて獄を置く。既に誅に伏し、乃ち其の昔經行する所の地を迹《たず》ね、以て賞し以て罰し、而して其の常に蘇州通判呂淵の家に寓《よ》るを得。寓る時能く其の術を以て自から晦《くら》まし、而して之を誰何するもの莫し。獨り兩浙運判胡公のみ其の事狀を察知し、將に取りて以て獄に付さんとす。既に覺れば、即ち他州に轉徙す。公命じて淵を劾し、素を捕獲せんとするも、邂逅に罪を得て去り、輒ち已む。

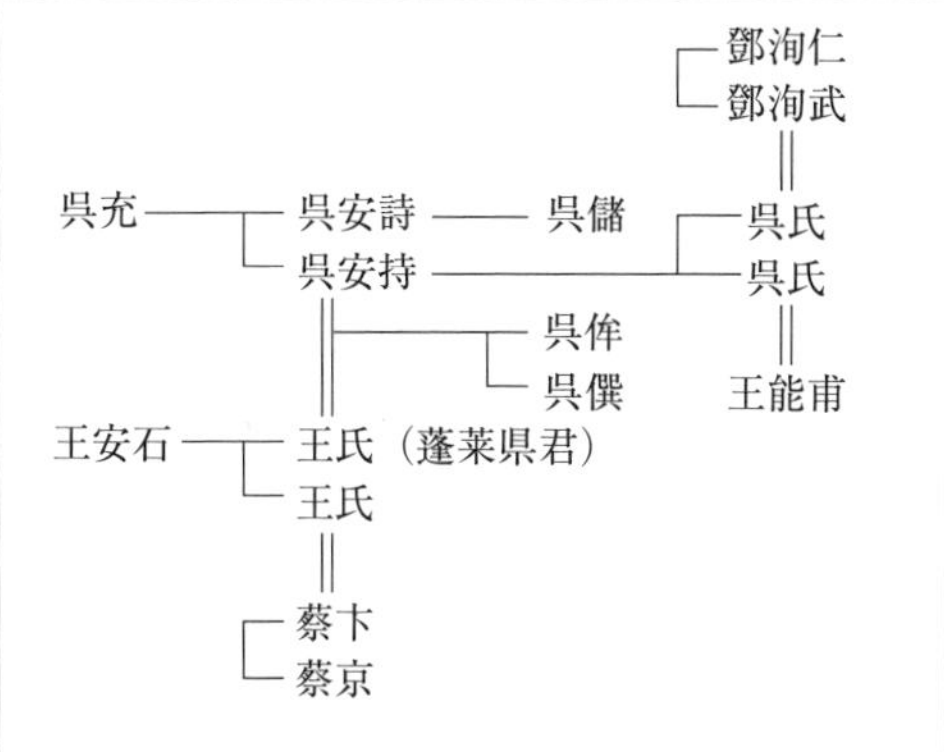

【呉氏関係図】

> 大観元年、妖人張懐素謀叛、蜀人范寥詣闕上其事、有詔置獄。既伏誅、乃迹其昔所經行之地、以賞以罰、而得其常寓蘇州通判呂淵家。寓時能以其術自晦、而莫之誰何。獨兩浙運判胡公察知其事狀、將取以付獄。既覺、即轉徙他州。公命劾淵、捕獲素、邂逅得罪去、輒已。（李之儀『姑渓居士集』巻一九「故朝請郎直秘閣淮南江浙荊湖制置発運副使贈徽猷閣待制胡公行状」（胡奕脩））

張懐素が誅されたのち、その足どりの追捜査の中で、懐素がかつて蘇州通判であった呂淵の家に泊まっていたことが発覚。当時懐素は妖術を隠していたため誰も怪しまなかったが、両浙転運判官の胡奕脩のみが気付いた。しかしすんでのところで逃げられたという。

これを糸口に蔡京は、呂淵に謀反の自白を迫った。

丁亥の歳、張懐素の事作り、蔡京 獄事に因りて恵卿の子に傅致せんと欲して、獄に下し、榜笞して數千下り、懐素と謀反すと招服せしめんと欲す。其の子卒に服さず、免るを得。

丁亥歳、張懐素事作、蔡京欲因獄事傅致恵卿之子、下獄、榜笞數千下、欲令招服與懐素謀反、其子卒不服、得免。(『長編紀事本末』巻一三〇「不用呂恵卿」・政和元年七月二十七日条所引・呂本中『雑説』)

主犯格に仕立て上げようと、鞭打ち数千の拷問を加えたという。重罪にしてより重い連坐を呂恵卿にまで及ぼそうと企んだのであろう。しかし呂淵は屈さず、呂恵卿は宣州安置の処分で済んでいる。

さらに鄧洵武の連坐も、実は蔡京が仕掛けたものだという史料が存在している。鄧洵武は第一章で見たように、建中靖国元年(一一〇一)「愛莫助之図」を徽宗に進呈し、蔡京の起用を決断させた人物で、以来一貫して蔡京に与してきた。にもかかわらず、

中大夫・中書侍郎鄧洵武罷め、本官を守りて知随州とす。宋喬年父子 洵武と議合わず、會たま妖人張懐素の獄興り、其の徒に洵武と聯姻せる者有るを以て、蔡京以て言と爲し、遂に罷免を貽る。

中大夫・中書侍郎鄧洵武罷、守本官知隨州。以宋喬年父子與洵武議不合、會妖人張懷素獄興、其徒有與洵武聯姻者、蔡京以爲言、遂貽罷免。(『宋会要』職官七八―三一・罷免上・大観元年四月条)

鄧洵武を連坐として罷免した真の理由は、宋喬年・宋昇父子と議が合わなかったからだという。この宋喬年・宋昇父子は蔡京家の姻戚であり、鄧洵武よりもこちらとの関係を優先したということだった。(47)

またこの獄での連坐者は以上に見えた有名人ばかりでは当然無かった。

王寀除名勒停し、編管を免じて、勒して侍養せしむ。初め寀知襄州に除せられ、奉じたる御筆に「王寀、張懐素の案の内に此の姓名有り、都下の宮觀を與えん」と。繼いで寀奏して以て自辯し、云わく「張懐素等の犯す所は兇逆、罪は誅夷に至る。臣張懐素と竝びに面を識らず、亦た親戚婚姻に係らず、曾て逐人を保任薦擧せず、亦た曾て書簡の往還に與らず」と。故に特に是の責有り。

王寀除名勒停、免編管、勒令侍養。初、寀除知襄州、奉御筆「王寀、張懷素案内有此姓名、與都下宮觀。」繼而寀奏以自辯云「張懷素等所犯兇逆、罪至誅夷。臣與張懷素竝不識面、亦不係親戚婚姻、不曾保任薦擧逐人、亦不曾與書簡往還。」故特有是責。（『宋会要』職官六八―三五・黜降官・政和五年八月十八日条）

史料によっては百人を越える者が規模での獄が発生していたといい[48]、その後も張懐素の残党を発見するよう各路の監司に命ずる御筆手詔が出されたり[49]、老若男女が集まって経を唱えることを禁じ、結果として州県が過剰な取り締まりを行うこともあった[50]。

張懐素誅せられ、朝廷其の黨に脱する者有るを疑い、江・淮の閒往往にして誣告を以て獄を興す。（沈）錫郡に至るや、告する者有り、之を按ずれば、則ち妄なり。具して朝に疏し、是れにより他郡に繫ぐ者皆釋かるるを得。

張懷素誅、朝廷疑其黨有脱者、江・淮閒往往以誣告興獄。錫至郡、有告者、按之、則妄也。具疏于朝、由是他郡繫者皆得釋。（『宋史』巻三五四・沈錫伝）

沈錫が知江寧府となったのは大観三年（一一〇九）のことで[51]、数年経ったのちでもこの獄に絡む誣告が行われていたことが窺われる。

一方、告発を行った范寥と、彼に路銀を提供した湯東野には報奨が与えられた。特に湯東野は、懐素誅に伏し、寥布衣より起ちて召對せられ、供備庫副使を授けられ、上に白す「臣 湯東野に非ずんば、以て陛下に見ゆること無し」と。上問う「東野は何人なりや」と。卽ち對う「鎭江府學の內舍生なり」と。且つ資送する所以の恩を具道す。宰執因りて言う「朝廷 學舍法を興して以て士を造るは、固より應に學校の士に忠義奮發して、作成に仰副する者有るべし」と。詔有りて遞馬に乘りて闕に赴かしむ。旣に對し、言上の心に契《あ》い、卽ちに忠義郎・衞尉寺主簿を授けられ、再た遷りて辟雍丞と爲る。

懐素伏誅、寥起布衣召對、授供備庫副使、白上「臣非湯東野、無以見陛下。」上問「東野何人。」卽對「鎭江府學內舍生。」且具道所以資送之恩。宰執因言「朝廷興學舍法以造士、固應學校之士有忠義奮發、仰副作成者。」有詔、乘遞馬赴闕。旣對、言契上心、卽授忠義郎・衞尉寺主簿、再遷爲辟雍丞。（『京口耆旧伝』巻五「湯東野」）

詔で呼び出され、遞馬に乗って開封宮闕に到り、徽宗に謁見してただちに忠義郎（宣義郎）・衛尉寺主簿に任ぜられた[52]。宣義郎は文階京官の最高位従八品である。これに対し范寥は、何故か供備庫副使・勾当在京延祥観という武階（従七品相当）と宮観差遣を与えられている。これについて、当初徽宗は進士第一人扱いで文階を授けようとしたが、蔡京が「彼 素より學校より文階を躐授せざれば、第すべからず」といってこれを抑えたとされる[53]。確かに当時蔡京は全国の学校制度を推進しており、やがては科挙を廃して学校による登用制度を考えていたときだから、学校を経ない進士及第を嫌ったということは納得できる。しかしより大きな理由が、自分を危機に追い込んだ范寥に対する意趣返しであることは言うまでも無い。また范寥が張懐素の元弟子であったならば、その罪を問わないだけでも褒美としては十分であり、あるいはそれを踏まえての武階授与であったかもしれない。

そんな范寥はのちに武官として福州鈐轄となり、「其の人縦横豪俠、蓋し蘇秦・東方朔・郭解の流と云う（其人縱橫豪俠、蓋蘇秦・東方朔・郭解之流云）」と言われたが[54]、

（范）寥毎に客に對して言えらく「其の變を告げたるは、實に魯直 之を縱臾す」と。魯直をして在らしむれば、奈何。

寥毎對客言「其告變、實魯直縱臾之。」使魯直在、奈何。（『揮麈録』後録巻八）

客に対して張懐素の獄で告発は黄庭堅に諭されたからだ、と言いふらしていた。その人となりが知れる話だが、これに対して王明清は、「黄庭堅が生きていれば何と言ったであろうか」と批判している。

このように范寥の告発は、当初の彼の思惑とは違い、蔡京を巻き込むことも出来ず、自らへの報奨も微々たるものに終わった。逆に蔡京はこの危機を逆手にとり、自らの権力を強固にするためにこの獄を利用したのだった。

おわりに

以上が残された史料によって判明する「張懐素の獄」の全容である。張懐素・呉儲らの具体的な「謀反」の行動は確認できず、告発人の范寥もその一味であったのなら、もとは何かを契機とした仲間割れによって、

一方が一方を誣告したものである可能性が高い。

それにしても驚かされるのは張懐素が築いた組織である。呉儲・呉侔・范寥ら名門士大夫家出身の者を手下とし、その彼らを使ってさらに各地の「遷客」（流謫人）を勧誘させていたのである。当時種々いたと思われる民間宗教者の中でも、彼が「大物」だったことを窺わせ、その触手は中央政界の呂恵卿や、この時期兄と反目して地方に飛ばされていた蔡卞にまで及んでいた。蔡京自身との接触の真偽を除けば、張懐素の組織は、元祐党人や新法反蔡京派といった現状不満分子を糾合しようとしていた可能性すら感じさせる。

ただ范寥の告発が単独犯なのか、誰かに使嗾されたものか、残念ながらはっきりとはしない。彼が蔡京を陥れようとしたということは、反蔡京派からの働きかけがあったとも考えられるが、他に傍証がない。そもそも張懐素の一党が反蔡京だったとしても、その蔡京とも接触していたのであれば、一概にそのように括るわけにもゆかず、なにしろ史料が少ない上に複雑に入り組んでいるため、様々な可能性がありうる。

少なくとも確実に言えることは、当初自分を狙って仕掛けられた詔獄を、いつの間にか自らに有利な方へ導き、政敵の追い落としに利用した蔡京の政治力が際立っていることである。特に謀反の罪とはいえ、誣告の可能性がある中、元宰相の一族でしかも王安石の外孫という名門の呉儲・呉侔が凌遅処斬という酷刑中の酷刑に処せられたことは、かなりの衝撃を当時の人々に与えただろうと思われる。

また張懐素の活動がほぼ江南に限定され、獄の連坐者の多くが江南地方の人々だったことも注目に値する[55]。というのは、この獄のわずか半年前から、同地域で蘇州銭法の獄が発生し、まだ決着をみていなかったからである。これについては中嶋敏氏の研究を参照していただきたいが[56]、蔡京のとっていた貨幣政策に絡んで、私鋳銭の製造・流通に関わったものを、やはり詔獄で裁いた事件であった。崇寧五年（一一〇六）十二月、知蘇州蹇序辰の落職から始まり、翌・大観元年（一一〇七）九月に結獄したが、その目的は銭法そのものというよりは、前年自分を追い落とした劉逵に対する蔡京の復讐であったと言われる。その劉逵と姻戚関係があり、これまた名門の子弟であった章綖らを主犯にしたてあげ、劉逵をそれに連坐させようとしたのである。(57) 結果、章綖は沙門島に流され、その兄弟ら十数人が処罰された。その過程では、やはり蔡京の一党であった開封尹李孝寿・監察御史張茂直らが、数百から千人にもいたる嫌疑者に対し、苛烈な拷問を加えたと言われる。

　このように江南地方には、崇寧五年から大観元年にかけてふたつの詔獄がたてつづけに発生し、いずれも当地に影響力をもつ名門士大夫の家が主犯とされ、中央の高官がこれに連坐するという共通点を持ったものだった。

　もちろんこの時期、科挙を突破して高官となる者の出身地の多くが、華北から長江中下流域に移っていることは先学の研究によって明らかになっており、朝廷内の争いにこの地域が巻き込まれるのも当然と考える向きもあろう。しかし今は、このふたつの詔獄が蔡京復権直後という同時期に、同地域を対象として発生し、特に彼の地に対して大きな影響をもたらしたことに注目したい。結果として江南地方の人々にとっては、これらは詔獄というかたちをとった、彼の地方に対する蔡京体制による威圧、締め付けのように感じられたと考えられる。

　やはり同じ大観元年の九月、

　上書観望せる者五百餘人、禁中にて悉く已に焚毀し、内二十人は情重し。今其の尤も甚だしき者 李景直・曾綖・黄宰・方軫四人の指斥切害なるを擇び、詔して景直は除名し編管新州、綖は前に依りて斷じ、軫・宰は他罪を以て鞫治して未だ竟《お》わらず。

上書觀望者五百餘人、禁中悉以焚毀、內二十人情重。今擇其尤甚者李景直・曾綖・黃宰・方軫四人指斥切害、詔景直除名編管新州、綖依前斷、軫・宰以他罪鞫治未竟。（『十朝綱要』巻一七・大観元年九月己亥条）

前年の蔡京失脚直後に詔に応じて上書し、蔡京の政策を批判した五百人余りの上奏文が焚毀され、特に情重き四人が処罰されている。これも蔡京復権にともなう言論統制、引き締め策の一つであった。

これらの影響はすでにみたように数年に及んでおり、その間人々は兢々とする有様だった。ここで江南の人々が蔡京のむき出しの権力を見せつけられ、恐怖を感じたことが、のちに花石綱による江南への収奪激化を招く素地になったとも考えられる。

また特に銭法の獄では、章綖の無罪を知った徽宗が沈畸を派遣し、その冤を雪ごうとしたのに対し、蔡京は人事権を使って沈畸を左遷し、改めて孫傑を派遣して思い通りに章綖を断罪している。これはそれまでの詔獄が、最終的な判決において皇帝の意向が決定的な役割を果たしており、哲宗が多くの元祐党人を寛刑で済ませたことと対照的である。(58)

第一章で述べたように、崇寧五年正月の政変では外交方針をめぐる徽宗と蔡京の意見の相違が背景にあったが、当時内政面においては両者の対立は大きくなく、徽宗は蔡京の新法政策を基本的に支持していたと考えられる。しかしこれらふたつの詔獄の処理において両者の意見の違いは決定的となり、しかも蔡京の指導力が徽宗を上回る場面が現れたことで、徽宗は次第に蔡京の影響力を排除する方向に向かうことになる。そうした政治面での対立の上に、さらに深く絡み合ってくるのが文化面における両者の姿勢の違いであった。徽宗の即位以来、新楽の制定や九鼎作製などの文化事業が進められてきたが、それらを包含する新たな儀礼書の作成が大観・政和年間に進められる。その根本的な考えの違いから両者の対立はより深まり、最終的に政和六年の封禅計画中止という事態に行き着くことになる。この過程について、章を改めて検討しよう。

注

（1）中嶋敏「北宋徽宗朝の大銭について」（『東洋史学論集―宋代史研究とその周辺』汲古書院、一九八八年。初出は一九七五年）。

（2）近藤一成「蔡京の科挙・学校政策」（『宋代中国科挙社会の研究』汲古書院、二〇〇九年。初出は一九九四年）。

（3）『編年備要』巻二七・崇寧五年十二月条

學士鄭居中往來貴妃父鄭紳家、多聞禁中事、故先知之、因乘閒言「今所建立、皆學校禮樂、以文致太平、居養・安濟等法、乃厚下俗裕民、何所逆天而致譴怒。挺之所更張不當」上大以爲然。居中退、語禮部侍郎劉正夫、未幾、正夫請對、如居中言、上遂外挺之與逵而復向京。時京雖罷相、退居賜第、然政令大綱、皆與聞之。於是御史余深・石公弼等劾奏「逵懷姦徇私、愚視一相、乘間抵巇、取崇寧以來良法美意而盡廢之。陛下息邪說以正人心、而逵取爲元祐學術者。陛下斥朋黨以示好惡、而逵進用黨人之子孫。陛下罪訕誣以尊宗廟、而逵上書邪等者。陛下勤繼述以紹先烈、而逵用更改熙・豐法令者。惟欲權出於己、引致朋邪、呼吸群小、如毛滂・翟汝文之徒、朝夕造請、豈容尙執政柄。」遂罷逵、自中書侍郎出知亳州。

（4）『長編紀事本末』巻一三一「蔡京事迹」大観元年正月甲午条

安遠軍節度使・司空・開府儀同三司・中太一宮使・魏國公蔡京爲尙書左僕射兼門下侍郎。

（5）『宋史』巻三二一・呉充伝

子安詩・安持。安詩在元祐時爲諫官、起居郎。安持爲都水使者、遷工部侍郎、終天章閣待制。安詩子儲・安持子侔、官皆員外郞、坐與妖人張懷素通謀、誅死。

（6）『王荊公詩』巻四三・律詩「贈外孫」李壁註

乃呉侔也。其父安持、充次子、荊公壻。侔得公此詩、何止不克負荷。後乃更坐悪逆誅、累及其親。

（7）「姚興」とは「關中一國主」とあることから、五胡十六国時代に関中を支配した後秦の第二代皇帝で、鳩摩羅什を保護した姚興のことだと思われる。

（8）この注では事件の発生を崇寧四年とし、先の『宋史』の記事にいう大観元年と齟齬を来しているが、後述するようにこれは大観元年が正しいと思われる。一一二～一一三頁参照。

（9）凌遅処斬については、海老名俊樹「宋代の凌遅処死について」（『宋代の社会と宗教』汲古書院、一九八五年）参照。

（10）『王荊公詩』巻四三・律詩「贈外孫」李壁註

然東野用是積累至從官、晩年嘗見臥牀有人頭無數、豈懐素之獄不能無濫耶。

（11）北宋末のこの頃から、民間に僧とも道ともつかない宗教者が様々に活躍していたことについては、松本浩一「宋代の雷法」（『宋代の道教と民間信仰』汲古書院、二〇〇六年。初出は一九七九年）参照。

（12）『老学庵筆記』巻三

會稽天寧観老何道士喜栽花釀酒以延客、居于観之東廊。一日、有道人狀貌甚偉、款門求見。善談論、喜作大字、何欣然接之、留數日乃去。未幾、有妖人張懷素號落托者謀亂、乃前日道人也。

（13）『宋史』巻三四八・洪彦昇伝

呂惠卿與張懷素厚善、序其所注般若心經云「我遇公爲黄石之師。」且張良師黄石之策、爲漢祖定天下、惠卿安得輒以爲比。

（14）『宋史』巻三四五・陳瓘伝

調湖州掌書記、簽書越州判官。守蔡卞察其賢、毎事加禮、而瓘測知其心術、常欲遠之、屢引疾求歸、章不得上。檄攝通判明州。卞素敬道人張懷素、謂非世間人、時且來越、卞留瓘小須之、瓘不肯止。

（15）『清波雜志』巻一一「張懐素」

蔡（元度）嘗語陳瑩中、懷素道術通神、雖蜚禽走獸能呼遣之。至言、孔子誅少正卯、彼嘗諫以爲太早。漢・楚成皐相持、彼屢登高觀戰。不知其幾歳、殆非世間人也。

『宋史』巻四七二・姦臣伝二・蔡卞伝

妖人張懷素敗、卞素與之游、謂其道術通神、嘗識孔子・漢高祖、至稱爲大士、坐降職。

(16) 張静「黄庭堅的臨終関懐者—范寥的伝奇人生」(『文史知識』二〇〇六—六)。描かれる范寥像は通説通りで、本稿でのべる人物像と違っている。

(17)『梁渓漫志』巻一〇「范信中」

范寥字信中、蜀人、其名字見『山谷集』。負才豪縱不羈、家始饒給、從其叔分財、一月輒盡之。落莫無聊賴、欲應科擧、人曰、若素不習此、奈何。范曰、我第往。卽以成都第二名薦送。益縱酒、毆殺人、因亡命、改姓名曰、花但石、蓋增損其姓字爲廋語。遂匿旁郡爲園丁、久之、技癢不能忍、書一詩於亭壁、主人見之愕然、曰、若非園丁也。贈以白金半笏遣去。乃往稱進士、謁一鉅公(忘其人)、鉅公與語、奇之、延致書室敎其子。范暮出、歸輒大醉、復毆其子。其家不得已、遣之。遂椎髻野服詣某州、持狀投太守翟公(思)、求爲書吏。翟公視其書絕精妙、卽留之。時公巽參政立屏後、翟公視事退、公巽前問曰、適道人何爲者。翟公告以故。公巽曰、某觀其眸子、非常人、宜詰之。乃問所從以來、范悉對以實。問習何經。曰、治易・書。翟公出五題試之、不移時而畢、文理高妙。翟公父子大驚、敬待之。已而歸南徐、寘之郡庠、以錢百千畀州教授、俾時賙其急闕、且囑之曰、無盡豫之、彼一日費之矣。頃之、翟公得教授者書云、自范之留、一學之士爲之不寧。已付百千與之去、不知所之矣。未幾、翟公捐館於南徐、忽有人以袖掩面大哭、排闥徑詣繐帷、閽者不能禁、翟之人皆驚。公巽默念此必范寥、哭而出、果寥也、相勞苦、留之宿。天明、則翟公几筵所陳白金器皿、蕩無孑遺、訪范亦不見。時靈幃婢僕・門內外人亦甚多、皆莫測其何以能攜去而人不之見也。遂徑往廣西見山谷、相從久之。山谷下世、范乃出所攜翟氏器皿盡貨之、爲山谷辦後事。已而往依一尊宿(忘其名)、師素知其人、問曰、汝來何爲。曰、欲出家耳。能斷功名之念乎。曰、能。能斷色慾之念乎。曰、能。如是問答十餘反、遂名之曰、恪能。居亡何、尊宿死。又往茅山、投落托道人、卽張懷素也。……時懷素方與吳儲・吳侔謀不軌、儲・侔見范愕然、私謂懷素曰、此怪人、胡不殺之。范已密知之矣。一夕、儲・侔又與懷素謀、懷素出觀星象曰、未可。范微聞之。明日乃告之曰、某有祕藏遁甲文字在金陵、此去無多地、願往取之。懷素許諾。范旣脫、欲詣闕、而無裹糧、湯侍郎(東野)時爲諸生、范走謁之、值湯不在。其母與之萬錢、范得錢、徑走京師上變。

(18)『朱子語類』巻一三〇・本朝四・自熙寧至靖康用人「范某」
　范某、蜀公族人、入宜州、見魯直。又見張懷素、甚愛之。
(19)『宋史』巻三三七・范鎮伝を参照。
(20)陳靖華「范信中其人」(『九江師専学報(哲学社会科学版)』二〇〇三—四)は、范寥が黄庭堅の妻の兄だとするが、信憑性は低い。
(21)黄庭堅『宜州乙酉家乗』(不分巻)
　(崇寧四年三月)十五日壬子、晴。成都范寥來相訪、好學之士也。
(22)黄罃『山谷年譜』巻三〇・崇寧四年
　九月三十日、先生卒。
(23)雍正『広西通志』巻八六
　其後山谷歿於宜、往護喪出嶺、士夫義之。(臨桂縣志)
(24)『全宋筆記』第二編第九冊『宜州家乗』点校説明(黄宝華整理)(大象出版社、二〇〇六年)を参照。
(25)周南『山房集』巻八「雑説」も同じく范寥潜入説をとる。
　范寥、蜀公之後也。初張懷素與吳儲・吳侔有異謀、寥知之、將告之、懼莫能得其情也、遂以僕役投募於懷素。懷素問寥識字乎、曰自小力農、不能識也。懷素固未之信、則命掌一書室、室中皆四方達官貴人書、盡堆積案几、封題固在、皆密爲識認、以測其移易取視。寥纔入、則困臥榻上、鼻息沸然。使人穴壁窺之、則固農夫也。
(26)四朝とは神宗・哲宗・徽宗・欽宗朝のこと。周藤吉之「宋朝国史の編纂と国史列伝」(『宋代史研究』東洋文庫、一九六九年)参照。ただその繫年にはやや違和感があることは後述する。ちなみに李壁は『長編』の作者・李燾の子。
(27)『四庫全書総目提要』史部伝記類「京口耆旧伝九巻」
　其書採京口名賢事迹、各爲之傳、始於宋初、迄於端平嘉熙閒。

　なお『提要』が佚名とした編者については、余嘉錫『四庫提要辨證』巻六・史部四を参照。
(28)正九品承事郎の料銭が十貫である。衣川強「宋代の俸給について—文臣官僚を中心として—」(『宋代官僚社

会史研究』汲古書院、二〇〇六年。初出は一九七〇年）参照。

(29)『梁渓漫志』巻一〇「范信中」

時蔡元長・趙正夫當國、其狀只稱右僕射、而不及司空・左僕射、蓋范本欲併告蔡也。

(30)『宋大詔令集』巻五八「趙挺之拜右相制（崇寧四年三月）」、『宋史』巻二一二・宰相表。

(31)『宋大詔令集』巻五八「蔡京司空左僕射兼門下侍郎制（大観元年正月）」、『宋史』巻二一二・宰相表。

(32)『宋史』巻三五四・姚祐伝

以親老請郡、授顯謨閣待制・知江寧府。時召捕張懷素、祐追獲之、復爲殿中監。

(33)『景定建康志』巻一三・建康表。

(34)ちなみに宋代の江寧府は現在の南京で、すなわち金陵。先に張懐素の予言で王気があるとした場所であった。

(35)石田肇「北宋の登聞鼓院と登聞検院」（『中嶋敏先生古稀記念論集』上、汲古書院、一九八〇年）。

(36)前掲注（35）石田論文三一〇頁。

(37)前掲注（35）石田論文三一四―三一七頁。

(38)「當筆」とは、『朱子語類』巻一二八・本朝・法制に、

如有除授、則宰執同共議定、當筆宰執判「過中」。

とあるように、宰執会議のときこれを代表して、人事であれば「過中」などと決定のサインを行う担当者であった。

(39)『梁渓漫志』巻一〇「范信中」

（張懷素）有妖術、呂吉甫・蔡元長皆與之往來。

(40)陳東『少陽集』巻二「辭誥命上欽宗皇帝書」（靖康元年四月十六日）

頃歳張懷素與吳儲等謀反、爲范寥所告、開封府制勘、懷素供備言京嘗有謀。是時開封府尹林攄・御史中丞余深實主其事、二人乃京死黨、力爲掩覆、凡文款及京者必令焚毀、京遂幸免。其後攄・深驟遷宰執、皆京報之也。

(41)梅原郁『宋代司法制度研究』（創文社、二〇〇六年）第一部第六章「中央政府の司法制度（2）御史台と司法問題」、平田茂樹「宋代の朋党と詔獄」（『宋代政治構造研究』汲古書院、二〇一二年。初出は一九九五年）

参照。

(42) 本書第一章六三～六六頁参照。

(43)『宋史』巻三五二・余深伝
累官御史中丞兼侍讀。治張懷素獄、事連蔡京、與開封尹林攄曲爲掩覆、獄辭有及京者、輒焚之。京遂力引深與攄、驟至執政。大觀二年、以吏部尙書拜尙書左丞。三年、轉中書侍郞。四年、轉門下侍郞。京既致仕、深不自安、累疏請罷、乃以資政殿學士知靑州。

(44) 林攄が開封尹となったのは大観元年（一一〇七）。（『摛文堂集』巻四「龍図閣直学士朝奉大夫林攄可開封尹制」）

(45)『冷斎夜話』巻四
舒王女、呉安持之妻蓬萊縣君、工詩多佳句。
「舒王」は王安石のこと。

(46)『長編紀事本末』巻一三〇「久任曽布」崇寧元年六月辛卯条
是日、布言、呉材緣引呂惠卿、蹇序辰等議論不能勝、王能甫乃呉安持婿。近臣以安持追削職名皆挾怨、故以此攻曾誠・王防、欲中傷臣耳。

(47) 本書第四章二三五～二三六頁参照。

(48) 曽敏行『独醒雜志』巻三
范信中名寥、爲士人、慷慨好俠。山谷寄校理范寥詩、有「黄犬蒼鷹伐狐兎」之句。舒州張懷素以幻術遊公卿閒、與朝士安詩之子姪侔・儲等結連。信中以其謀不靖也、入京告變。朝廷逮捕懷素等、窮竟其事。大觀元年獄成、坐累者逾百數、侔・儲皆處極刑、其父母亦皆貶竄。信中獲賞甚厚、累遷諸路戎鈐。

(49)『宋大詔令集』巻一七七「令諸路監司覚察張懷素餘賞（黨）御筆手詔」（欠巻。目次の標題のみ）

(50)『姑渓居士集』巻一九「故朝請郎直秘閣淮南江浙荊湖制置発運副使贈徽猷閣待制胡公行状」
朝廷以懷素事、初有旨、申男女結社念經不茹葷之禁、不覺察者增其罪名。州縣畏或累己、凡持數珠、偶同坐者、悉逮捕。呉越雅相習、至洶洶不相保。

(51) 景定『建康志』巻一三・建康表。

(52)「忠義郎」という寄禄官はなく、おそらく宣義郎の誤りだろうが、『梁渓漫志』は「宣徳郎、御史台主簿」に、『揮麈録』は「宣義郎、司農寺簿」としていて齟齬を来す。

(53)『京口耆旧伝』巻五「范寥」
既懐素伏誅、徽廟嘉其功、欲超進士第一人、授文階。蔡京以寥上變之日、適其在告、謂進不因己、曰「彼素不由學校躐授文階、不可第。」授供備庫副使。

状元扱いにされかけたが奸臣によって妨げられた、というのも主人公を持ち上げようとする記述の一環であろう。

(54)『梁渓漫志』巻一〇「范信中」
范但得供備庫副使・勾當在京延祥觀、後爲福州兵鈐。其人縱横豪俠、蓋蘇秦・東方朔・郭解之流云。

(55)「江南」という地域概念は時代により一定ではないが、ここではひとまず唐以降に認識されるようになった長江下流域、宋代における江南東路・両浙路と淮南東西路の南半あたりを指すものとしておきたい。

(56)中嶋敏「蔡京の当十銭と蘇州銭法の獄」(『東洋史学論集』汲古書院、一九八八年。初出は一九七五年)。

(57)このとき連坐人の一人に、あの翟汝文も含まれている。
『宋会要』職官六八―一三・崇寧五年十二月八日条
朝奉大夫・司勲郎中周彥質罷送吏部、王雲追奪逐次所推恩例、毛滂・翟汝文・元時敏竝送吏部與監當。皆以章綖盜鑄連坐也。

(58)前掲注(41)平田論文一六六〜一六七頁。

第三章　政和封禅計画の中止

はじめに

前章までは徽宗即位以来の政治状況を確認し、いくつかの政治事件の背景に、徽宗と蔡京による相克関係が存在していたことを述べてきた。本章では大観から政和年間（一一〇七〜一一一八）にかけての両者の関係について考察を行う。それは政和六年（一一一六）に周到に準備された封禅計画が、結局中止されるという事態に象徴されるものだった。

「封禅」は天下泰平を実現した皇帝にのみ許される国家最大の儀式の一つとされ、秦の始皇帝や前漢の武帝、後漢の光武帝、唐の高宗・則天武后・玄宗など著名な皇帝らが行ってきた。[1] 泰山など名山の山頂で盛り土をして天を祭る「封」と、山麓での地を祭る「禅」とから構成される封禅は、宋代においては第二代太宗が北漢平定後に計画したが火災などで中止され、[2] その後第三代真宗が大中祥符元年（一〇〇八）に実施したことは有名である。それはその四年前に契丹と澶淵の盟を結んだことで威信を失墜したと思い込まされた真宗が、権威を宣揚するために仕組んだ国家儀礼だとされ、天書の降臨とセットになったものだった。[3]そしてこれ以降封禅を行った皇帝はおらず、宋の真宗が中国史上、最後に封禅を行った皇帝だとされている。だが真宗から百年余り後の北宋末徽宗朝でも、封禅を行う計画が存在していた。もし実施されていればこちらが史上最後の封禅となったであろうその計画は、政和六年（一一一六）に突然中止された。

（政和）六年、知兗州宋康年、祕閣に下して祥符東封の典故を檢尋せしめ、臣に付して經畫せられんことを請う。時に蔡京當國し、將に封禪を講じ以て太平を文《かざ》らんとし、預め金繩・玉檢及び他物を具うること甚だ備わり、舟四千艘を造り、雨具も亦た千萬もて計うるも、迄《つい》に行うあたわず。

六年、知兗州宋康年請下祕閣檢尋祥符東封典故付臣經畫。時蔡京當國、將講封禪以文太平、預具金繩・玉檢及他物甚備、造舟四千艘、雨具亦千萬計、迄不能行。（『宋史』巻一〇四・礼志「封禅」）

この幻の封禅計画がなぜ実施されなかったのか、それを明確に述べる史料は存在しておらず、これまで主に思想史の方面からその理由が指摘されてきた。劉浦江氏は宋代における儒学の復興が背景にあり、当時の理学者らは王朝の正統性を、それまでの歴代王朝が採用してきた伝統的な五徳終始説ではなく、「道徳批判の新規則」に求めるようになり、これと同様に封禅を含めたその他の伝統的政治文化もその存在価値を喪失した、と指摘する。[4]

広く宋代一般を対象とした劉氏の論に対し、小島毅氏は徽宗朝に編纂された『政和五礼新儀』（以下『新儀』と略称）に見える特徴を分析し、「北宋末という時点を、天帝からの受命に重きを置く王権論理から、「天理」を秩序理念として根幹に据える政治思想へ移行する、中途のゆらぎの時期として捉える」[5]。すなわち徽宗朝はのちの朱子学的見地からは否定の対象とされるような「九鼎の鋳造や明堂の建立といった、いわば外面的な王者性の追求に労力を傾け」た時期ではあるが、[6]一方で真宗朝の天書・聖祖降臨・封禅などの行為を批判し、経書に基づく祭祀体系の確立に意を注いだ時代だとする。すなわち漢唐以来の儒教経学に基づく礼制から一歩脱し、次の朱子学的礼制に移行しつつある過渡期で、「時令思想」が求められた時期だという。

このような大きな思想傾向の変化が北宋中後期に存在し、そのため封禅という国家儀式も魅力を失い、実施されなくなったとするのが先行研究における解釈であった。筆者も基本的にはそれに賛成するものである。にもかかわらずこの論考をものするのはなぜかといえば、この政和六年に見られる封禅計画の中止が、なぜ周到な準備がされたのに中止となったのか、という疑問が残るからである。このとき用意された船のうち二千艘が、翌年別の政策に転用されており、実際に相当の準備がなされていたことがわかる。[7]思想上の変化が当時の人々に、意識的であれ無意識的であれ存在したならば、もっと早く、机上の計画段階で中止されたのではないか、と思うのである。のちに見るように、このとき民衆の請願が大々的に発生し、実施に必要な物資が雨具にいたるまで準備されていた。その数年にもわたる封禅の準備作業からは、当時本気で封禅を行おうとしていたことが窺える。ならば、その儀式の中止はかなり大きな政治的決断だったに違いなく、単に当時の思想の変化のみにその理由を求めるだけでは不十分で、当時の政治的要因をも勘案する必要があるだろう。

そこで本章では、この政和六年の封禅計画中止に至るまでの政治的背景を考察していきたい。この時代が思想史上の過渡期と認識されるのならば、その思想的ゆらぎという曖昧なものが、当時の実際の政治状況にあってはどのような形で現出したのかを見ていきたい。

第一節　大観・政和年間の封禅計画

まずはこの封禅計画がどのように成立し、その推進者が何者であったかについて見てみよう。この封禅を実施する前提として、数年前から当該地域の父老たちによる大規模な請願が行われていた。

政和三年、兗・鄆の耆壽・道釋等及び知開德府張爲等五十二人、表して東封を請うも、優詔して允さず。

政和三年、兗・鄆耆壽・道釋等及知開德府張爲等五十二人表請東封、優詔不允。（『宋史』巻一〇四・礼志「封禅」）

政和三年十一月十一日、河南府言えらく「節次に管內屬縣の命官・學生・道釋・耆老等の六十六狀を據けたるに、咸な言えらく『國家累聖相承け、功成り治定まれば、是れ宜しく封禪の儀を講修して、以て天地の貺に答え、符を奉じて事を行うこと、誠に稽《とど》むべからず』と。欲すらくは、闕に詣りて表を進めしめ、皇帝の中嶽に登封し、天地に告成せられんことを恭請せしめん」と。詔して十二月十八日に宣德門に詣りて拜表するを許す。二十四日、崇政殿に引見し、束帛・緡錢を賜うに差有り、請う所は允さず。時に本府少尹一員を以て請封せる人を部送して闕に至らしむに、凡そ四千六百餘人。是より他州の闕に詣りて請封せる人、皆な官を以て部送せしむ。

政和三年十一月十一日、河南府言「節次據管內屬縣命官・學生・道釋・耆老等六十六狀、咸言『國家累聖相承、功成治定、是宜講修封禪之儀、以答天地之貺、奉符行事、誠不可稽。』欲詣闕進表、恭請皇帝登封中嶽、告成天地。」詔許十二月十八日詣宣德門拜表。二十四日、於崇政殿引見、賜束帛・緡錢有差、所請不允。時本府以少尹一員部送請封人至闕、凡四千六百餘人。自是他州詣闕請封人、皆以官部送。
（『宋会要』礼二二―一九）

東嶽泰山のある兗州・鄆州はもとより、中嶽嵩山を擁する河南府においても封禅を望む人民が請願を行っており、詔で許可をもらった地方官府は、彼らを直接開封に赴かせた。朝廷は請願そのものは不許可とするものの、下賜品などを与えて帰している。一見すると朝廷は地方の父老たちの純粋な願いを嘉し、有り難い皇帝の思し召しで施しを授けただけと受け取れるが、そこに与ったのが四千六百人余りという大人数であり、地方官府が費用を出して送り届けたとあれば、それはかなり組織的な運動であった。

翌・政和四年（一一一四）正月、再び兗州の民が封禅を請願し、その中には至聖文宣王四十七代孫の孔若谷も含まれていた[8]。このときも翌月に上表・引見がなされ、下賜品を賜り、老人には官を授けた上で、その願いは不許可とされた。入れ替わるように二月には鄆州・濮州の民が同様の請願をし、三月に引見、銭帛を賜り、その人数はなんと八千六百人余りであった。その後も開徳府・興仁府・潁昌府・鄭州・広済軍などが続いている[9]。四月には河南府が再び中嶽での封禅を乞い、十月には三たび鄆・兗二州が、また遠く永興軍も請願を行っている[10]。まるで争うように次々と諸州府から封禅を請願する表が奉られるのであった。

このように政和三年から四年にかけて、封禅を請願する運動が大規模に発生しており、その数千人単位という人数から見ても、とても人民が自発的にこれを願ったとは思えない。当然ながらそこには地方官の使嗾があったものと考えられる。

襲慶守張漴、郡人をして闕に詣りて登封を請わしむ。東平守王靚諫めるに京東歳凶にして盗多く、當に封を請うべからざるを以てす。爲政者悦ばず、將に靚を罪せんとし、奕言えらく「靚は民を憂い君を愛す、當に奬激すべきところ、奈何ぞ用て罪と爲さんや」と。靚免るるを獲たり。

襲慶守張㵾使郡人詣闕請登封、東平守王靚諫以京東歳凶多盜、不當請封。爲政者不悅、將罪靚、奕言「靚憂民愛君、所當奬激、奈何用爲罪乎。」靚獲免。（『宋史』巻三五五・虞奕伝）

少し時期の違う史料であるが[11]、地方官が人民に封禅を請願させる様を窺うことができる。政和三～四年でも同様のことが起こっていたのではないかと思われる。

当時封禅を望んだとされるのは地方官に止まらない。秘書省の学士らもこれを請願していたというし[12]、華鎮には「乞東封劄子」という文章が[13]、傅察には「擬請東封表」という文章が残されている[14]。特に前者は「崇寧の初め」「茲に六年」とあることから、崇寧初年から六年を経て書かれたことが窺えるが、これは大観元年（一一〇七）にあたっている。とすれば、すでに大観年間から封禅を求める請願はなされ始めていたのであろう。

そのことは大観元年になされた方軫による蔡京弾劾の文章からも明らかである。方軫の父は蔡京と同郷で、さらに姻戚関係にあったため要路に進んだ。子の方軫も蔡京に用いられようとしたが、彼は敢然とこれを拒否し、代わりに蔡京の過ちを訴える上書を行った。これに対して大観元年九月十九日に劄子を上り、蔡京が弾劾文の内容について弁解をした[15]。その一条に、

又た宋喬年を以て京畿轉運使と爲し、密かに兗州父老を諷して闕下に詣らしめ、車駕の登封を請わしむ。意は東京留守と爲るに在り、是れ乘輿をして一動せしめ、投閒竊發し、群助を呼吸せんと欲す。知らざりき宗廟社稷の何ぞ依倚する所ならんか。

又以宋喬年爲京畿轉運使、密諷兗州父老詣闕下、請車駕登封、意在爲東京留守、是欲乘輿一動、投閒

竊發、呼吸群助。不知宗廟社稷何所依倚。（王明清『揮塵録』後録巻三）

とある。蔡京が封禅を企図したといい、その目的は、徽宗を行幸させて自ら東京留守になることで、そのために姻戚関係にある京畿転運使の宋喬年に兗州の父老を使って封禅を請わせたのだという。[16] これで明らかなように、すでに大観元年から封禅は計画され、それは蔡京の企図によるものであった。

大観元年とは、蔡京が第二次当国を開始した年で、蘇州銭法の獄や張懐素の獄などが発生し、蔡京による各種締め付け策が実行された世情不安な年にあたっている。[17] その結果徽宗と蔡京の間には不穏な雰囲気が漂っていたと思われるが、そのときに封禅が企図されたのは、傷ついた徽宗の心を慰撫しようと蔡京が狙ったからかもしれない。[18]

このように大観元年から蔡京が封禅を計画を推進していたというのであれば、同年に皇帝の印璽「八宝」が改めて製造され、翌年正月にそれを受ける儀式が行われたことも封禅と関連させて考えることが可能である。

皇帝の印璽は漢代以来伝統的に「六宝（璽）」であったが、[19] 宋代ではそれらが揃っていなかった。蔡絛の『国史後補』によると、元豊年間に詔して六宝を造ろうとし、材料の玉もあったが果たせず、大観初年に腕の良い技術者を得てようやく六宝を造ったという。また哲宗のときに発見された「伝国宝」も伝わっていたが、徽宗はこれを廃して使用せず、同じ「受命於天、既壽永昌」の印文を持つ「受命宝」を新たに造った。さらに「承天福、延萬億、永元極」の印文を持つ大きさ五寸の「鎮国宝」を造り、合わせて「八宝」として、大観二年（一一〇八）正月に大慶殿で八宝を受ける儀式を行った。そしてこのことを御製「八宝記」として記したのである。[20]

この八宝の何が封禅に関わるかと言えば、

尚書省言えらく「唐の八寶、鎭國は以て百王を承け、傳國寶は封禪を修し、神示を禮す。皇帝行寶は王公の疏に答う。皇帝之寶は勳賢を勞來す。皇帝信寶は、以て臣下を召す。天子行寶は、四裔の書に答う。天子之寶は、蠻貊を慰む。天子（之）信寶は、蕃國に書を發す。今御寶は禁中已に常用の寶有り、用いる所至って多ければ、改移すべからず。欲すらくは鎭國・受命寶は皆な寶として用いず、惟だ封禪のみ則ち之を用う。皇帝之寶、鄰國に答えるの書は則ち之を用う。皇帝行寶、御劄を降せば則ち之を用う。皇帝信寶、鄰國に書及び物を賜えば則ち之を用う。天子之寶、夷國に答えるの書は則ち之を用う。天子行寶、封册なれば則ち之を用う。天子信寶、大兵を擧げれば則ち之を用う。餘は常用の寶を用う」と。之に從う。

尚書省言「唐八寶、鎭國以承百王、傳國寶修封禪・禮神示。皇帝行寶、答王公疏。皇帝之寶、勞來勳賢。皇帝信寶、以召臣下。天子行寶、答四裔書。天子之寶、慰蠻貊。天子之信寶、發蕃國書。今御寶禁中已有常用之寶、所用至多、不可改移。欲鎭國・受命寶皆寶而不用、惟封禪則用之。皇帝之寶、答鄰國書則用之。皇帝行寶、降御劄則用之。皇帝信寶、賜鄰國書及物則用之。天子之寶、答夷國書則用之。天子行寶、封册則用之。天子信寶、擧大兵則用之。餘用常用之寶。」從之。（『紀事本末』巻一二八「八宝」大観元年十一月乙丑条）

このとき蔡京を頭とする尚書省は、八宝のうち鎮国宝・受命宝は封禅にのみ用いる、と殊更に述べており、これは来たるべき封禅に備えてのことだと考えることができる。

そもそも蔡京はこれら印璽と関係が深く、哲宗朝に「伝国宝」が出現した際、その考究を命ぜられたのが当時翰林学士承旨であった蔡京で、数ヶ月後に間違いなく秦代以来の伝国の玉璽である、との報告を行った。すなわち蔡京はこれら印璽に関する知識が豊富にあり、その用途を知悉していたと考えられる。

以上のことから大観の初め、蔡京はその第二次当国期のはじめから、様々な方面で封禅を計画し、準備工作を始めていたものと思われる。だがその後、彼が大観三年（一一〇九）に失脚したことでこの計画は頓挫した。それが政和二年（一一一二）に蔡京が太師となって開封に復帰すると、計画は再開され、翌年からの大規模な封禅請願運動になったのだろう。

しかし莫大な費用をかけたであろう請願運動にもかかわらず、封禅はなかなか実行されず、ついには政和六年（一一一六）に中止が決定される。その背景には大観年間以来の礼制をめぐる思想上の問題と、当時の政治状況が複雑に絡んでいた。節をかえ、まずは徽宗朝における礼制史を確認してみよう。

第二節　議礼局と礼制局

のちには道教、特に神霄派の影響に大きくかぶれる徽宗であるが、その在位期間の前半は、儒教による礼制の改革に熱心に取り組んだ。[21]その最初は崇寧二年（一一〇三）九月、講議司に手詔して歴代礼樂の沿革を講求させたことに始まる。翌三年（一一〇四）に講議司は廃止されたが、劉炳を大司楽として楽制の検討が続けられ、魏漢律の考えに基づいて大晟楽が崇寧四年（一一〇五）に完成した。[22]同年には王権を象徴する九鼎も完成して九成宮に奉安され、徽宗は大慶殿に御して賀を受け、大晟楽が演奏された。[23]

大晟楽という楽律、九鼎という祭器を包含する、徽宗朝の新たな礼制を体系的に作成するべく設置されたのが議礼局であった。大観元年（一一〇七）正月に詳議官二員・検討官五員が置かれ、冠婚葬祭の礼制が検討された。その総領官に選ばれたのは、鄭居中であった。

この議礼局で求められたのがどのような礼制であったのかは、翌年の徽宗御筆に見えている。

御筆に「議禮局の禮は、當に三代の意を追述し、今の宜しきに適わしむべし。『開元禮』は法と爲すに足らず。今親しく『冠禮沿革』十巻を制りて議禮局に付す、餘の五禮は、此に視《なら》いて編次せしめよ」とあり。

御筆「議禮局禮、當追述三代之意、適今之宜。『開元禮』不足爲法。今親制『冠禮沿革』十巻付議禮局、餘五禮、令視此編次。」（『紀事本末』巻一三三「議礼局」大観二年十一月癸亥条）

新たな礼制は上古三代を追述するもので、前代の唐礼には則らないものであった。そのように命じた上で、自ら『冠礼沿革』を編じたといい、徽宗は非常に積極的にこの新たな儀礼書の編纂にたずさわっていたことがわかる。その積極性は以後も見られ、大観四年（一一一〇）二月に議礼局が『大観礼書・吉礼』二三一巻等を奏上した際には、

大観四年二月初九日、奉じたる御筆に「上る所の禮書竝びに『祭服制度』を閲るに、頗る詳盡なるを見る。內の禘祫禮は昔より論ずる所一ならず、今編次し討論するは、尤も允當爲り。今來の指揮に依りて改正するを除くの外、餘は奏する所もて修定せよ」とあり。御筆にて改正せる七項。禮書巻第一……、禮書巻第二……、禮書巻第四……、禮書巻第五……、禮書巻第十一……。

大観四年二月初九日、奉御筆「閱所上禮書竝『祭服制度』、頗見詳盡、內禘祫禮自昔所論不一、今編次

討論、尤爲允當。除依今來指揮改正外、餘所奏修定。」御筆改正七項。禮書卷第一……、禮書卷第二……、禮書卷第四……、禮書卷第五……、禮書卷第十一……。（『紀事本末』巻一三三「議礼局」大観四年二月戊寅条・原注）

とあり、徽宗は御筆によっていちいち七項を改正している。
また賓礼・軍礼を編修している際、『周礼』と『開元礼』『開宝礼』とで齟齬を来すものや、前者にあって後者にない儀礼などをどう規定すべきかというとき、議礼局は徽宗にお伺いを立てている。

議禮局奏すらく「臣等見《げん》に編修せる賓・軍以下の四禮。……開元及び開寶の定禮に、竝びに上件の儀注無し。乞うらくは聖裁より斷ぜられ、本局に付して遵依編修せしめられよ」と。御筆すらく「……唐は此を知らずして嘉禮に移すは、先王制禮の意に非ず、『周禮』に依りて參詳去取し、軍禮を修立すべし。……自ずから當に時事を斟酌し、古意を考循し、以て禮制を立つべし」とあり。

議禮局奏「臣等見編修賓・軍以下四禮。……開元及開寶定禮、竝無上件儀注。乞斷自聖裁、付本局遵依編修。」御筆「……唐不知此而移於嘉禮、非先王制禮之意、可依『周禮』參詳去取、修立軍禮。……自當斟酌時事、考循古意、以立禮制。」（『紀事本末』巻一三三「議礼局」大観四年四月丁丑条）

徽宗は御筆を下して唐制を否定し、基本的に『周礼』に依った上で、当世の事情を勘案して定めるよう指示している。
その後も議礼局は、つねに徽宗の考えを確認しながら儀礼書の作成を進めており、(24)徽宗は積極的に意見を表明していた。

政和三年（一一一三）四月、儀礼書は完成し、『政和五礼新儀』と名付けられ、徽宗からは御製御書の「政和新修五礼序」を賜った。『新儀』を徽宗に上呈したのは当時知枢密院事となっていた鄭居中で、彼は初めからずっと『新儀』作成を提挙していた。(25) 一方蔡京は政治的に失脚していた時期もあり、『新儀』の編纂には携わっていなかった。それは蔡京の末子・蔡絛が、

時に鄭居中も亦た旨を被りて『五禮新儀』を修するも、既に通詳せず、又た乃ち儀なり、禮にあらざるなり、亦た終に行うあたわず。

時鄭居中亦被旨修『五禮新儀』、既不通詳、又乃儀也、非禮也、亦終不能行。（『紀事本末』巻一三四「礼制局」政和三年七月己亥条・原注）

と『新儀』編纂の事業を他人事として記し、かつ批判めいた言い方をしていることからも分かる。

このように大観から政和年間前半にかけて、一大事業として徽宗朝の新たな儀礼制度を作り上げたのは、鄭居中が主導する議礼局であり、それは徽宗の意向に沿ったものであった。

『新儀』に見える特色については小島氏の研究を参照されたいが、(26) そこからはこの徽宗朝における「時令思想」を具現化する様々な取り組みがなされたことが窺えるという。世界の中心たる王宮に、「時間的・空間的に宇宙を模した王権のシンボル」たる九鼎を設置し、明堂によって時間の秩序を正す。これら可視的・具象的な象徴を用い、外面的に威儀を現し秩序づけを行うのが時令思想における王者像であった。これこそが徽宗の目指した礼制で、時令思想具現化の装置が九鼎や明堂であり、それらを使った儀式の次第を定めたのが『新儀』であった。

そういう意味では徽宗の求める王者像に則った儀礼書『新儀』の作成に、徽宗本人が大きく関与したこと

は当然であり、その意を受けて作成を取り仕切ったのが鄭居中であった。必然的に両者の間には、この時令思想に関する共通認識が存在したであろうし、徽宗の信頼が大きく鄭居中に寄せられたことは想像に難くない。

繰り返すが、これに比べて蔡京はこの『新儀』の作成と議礼局にほとんど関与してこなかった。その代わり、議礼局のあとをうけて作られた礼制局には、蔡京の大きな関与が見てとれる。

礼制局は政和三年（一一一三）七月に「編類御筆所」に因んで置かれたという。(27) この「編類御筆所」が何かということについては次の史料が見られる。

宋興りてより、崇寧・大観は已に百六十年、而れども禮樂制度は多く闕き、漢・唐に及ばず。始め神廟に一代典禮の制有るも、就《な》らず。上自ら親政するに及び、慨然として述作し、故に以て魯公に屬す。崇寧中始めて講求するも未だ暇あらず、大観初め、陰かに爲に意有り、乃ち君臣慶會閣藏する所・一時朝廷被受せる所の御筆を將《もつ》て、悉く編類して以て書を成し、此に託して名と爲し、因りて門客の黃聲・表兄の徐若谷に命じて編類官と爲し、實は官に因りて筆箚を給わらんと欲し、密かに之を修講す。二人の者皆な未だ朝に官たらず、編類は乃ち家事、故に特だ之に命ずるのみ。聲と谷と博學謹畏、近時も亦た有ること罕なり。草具して未だ久しからざるに方《あ》たり、魯公罷め（大観三年六月四日、京相を罷む）、俄かに又た罷去し、遂に成らず。時に聲始めて登第す（黃聲、南劍州の人、大観三年賈安宅榜の第四甲及第なり）。政和元年、聲乃ち登聞鼓院を撾ち、密かに當時講議する所の文書を上る。上喜び、聲に命じて館に入れて正字と爲さしむ（政和二年九月十五日に正字と爲る）、而して魯公に益ます召意有り。二年、魯公闕に歸り（京二月一日に太師を受け、第に居らしめ、五月十三日に致仕を落とす）。既に相に復し、而して上禮文に更に留神し、且つ屢しば魯公を督す。魯公曰く『今一代の典章を爲るに、顧みて何の密、之有らん。通儒を擇び、明らかに以て之を付するに若かず』と。三年、乃ち詔を下して述作の旨を具え、編類御筆所に因りて以て禮制局を置く。始めて多く曉禮の士を聚めて其の中に與らしめ、方めて郊廟を講求會議せしむ。廟に三恪陪位の禮有り、而して本朝二王の後は三恪を闕きて備えず、因りて議禮の閒、才かに之に及ぶ、而れども譖者忽ち奇詆を出だし、魯公又た三恪に及ぶは、是れ反せんと欲したりと謂う。上偶たま之に動かされ、魯公狼狽して遽かに止む、因りて私かに嘆きて曰く「禮制其れ必ずや成らざらん」と。是の後曉禮の士或いは死に或いは去り、而して親戚賓客、時に多くこれに預かるも、徒らに時事に隨い旨を被りて討論するのみ。一代の典禮に及びては、蓋し及ぶ蔑《な》きなり。

宋興、崇寧・大觀、已百六十年矣、而禮樂制度多闕、不及漢・唐。始神廟有一代典禮之制、不就、及上自親政、慨然述作、故以屬魯公。崇寧中始講求未暇、大觀初、陰爲有意、乃將君臣慶會閣所藏・一時朝廷所被受御筆、悉編類以成書、託此爲名、因命門客黄聲・表兄徐若谷爲編類官、實欲因官給筆劄、密修講之。二人者皆未官於朝、編類乃家事、故特命之。聲與谷博學謹畏、近時亦罕有也。方草具未久、魯公罷（大觀三年六月四日、京罷相）、俄又罷去、遂不成。時聲始登第矣（黄聲、南劍州人、大觀三年賈安宅榜第四甲及第）。政和元年、聲乃撾登聞鼓院、密上當時所講議文書。上喜、命聲入館爲正字（政和二年九月十五日爲正字）、而魯公益有召意。二年、魯公歸闕（京二月一日受太師、令居第、五月十三日落致仕）。既復相、而上於禮文更留神、且屢督魯公。魯公曰『今爲一代典章、顧何密之有。不若擇通儒、明以付之。』三年、乃下詔具述作旨、因編類御筆所以置禮制局焉。始多聚曉禮之士與其中、方講求會議郊廟。廟有三恪陪位禮、而本朝二王後闕三恪不備、因議禮閒、才及之、而譖者忽出奇詆、謂魯公又及三恪、是欲反矣。上偶爲之動、魯公狼狽遽止、因私嘆曰「禮制其必不成。」是後曉禮之士或死或去、而親戚賓客、時多預焉、徒隨時事被旨討論而已。至於一代典禮、蓋蔑及也。(『紀事本末』巻一三四「礼制局」所引蔡條『史補』「礼制篇」)

少々引用が長くなったが、もとは大観年間に、御書閣である君臣慶会閣が蔵する御筆と朝廷が受けた御筆を、蔡京の門客である黄声と徐若谷が分類編纂したことがあり、[28]その組織がどうやら編類御筆所で、蔡京家の「家事」として行った事業であった。大観三年(一一〇九)に蔡京が失脚したためこれは完成しなかったが、その後登第した黄声が登聞鼓院に訴え、このような事業があることを徽宗に奏上した。政和二年(一一一二)に蔡京が復権すると、編類御筆所に因んで礼制局が置かれ、ここに礼に詳しい士を集め、天地・祖先の祭祀について考究させたという。

これが事実であれば、もとは蔡京家が私的に設置した編類御筆所を拡大し、公的機関化したのが礼制局ということになる。したがって編類御筆所が扱った御筆とは、ほぼ礼制に関わるものであったのだろう。また自らの私的機関から発展した礼制局に対して、蔡京の影響力が非常に大きかったことは想像に難くない。その成立の経緯からみても、礼制局と徽宗・鄭居中の主導した議礼局とは全く違う組織であった。

蔡京の立場からいえば、大観年間に礼制を考える編類御筆所を私的に設置したものの、結局徽宗は鄭居中主導の議礼局に儀礼書の作成を委ねてしまい、後に蔡京自身も都を去らねばならなくなったため、彼が礼制方面に影響力を行使することは出来なかった。それが政和二年になって都に戻り、翌年に『新儀』が完成して議礼局の活動目的が達せられると、首尾良くこれを廃し、[29]自らの影響下に礼制局を設置したということであろう。

その後礼制局はその名が示すとおり、『新儀』に基づく祭器製造を行いつつ、新たな儀礼の補遺などに従事し、政和年間後半の文化行政を担っていく。具体的には円壇・方壇の修築、玉輅の製造、太廟の祭器・鹵簿の次第の考究などである。(30)

このように整理してみると、政和三年に礼制局が始動したのと同時期に、前節で見たような大規模な封禅請願が始まっていることが分かる。そうなれば三年後の政和六年に調っていた封禅に必要な各種準備品は、この礼制局で製造されたものと考えてよいであろう。蔡京は礼制政策に及ぼせなかった影響力を挽回するため、礼制局を設置し、ここを拠点に一気に封禅実施を狙ったものと思われる。

以上のように、大観から政和前半における礼制関連政策の中心には議礼局があり、政和三年（一一一三）からはこれを礼制局が引き継いだ。それらの担い手は違っており、前者は徽宗と鄭居中、後者は蔡京であった。問題はその徽宗・鄭居中と蔡京の関係であり、ここに生じた不協和音が、のちの封禅中止の遠因になっていたと思われる。つづいて同時期における政治状況について見てみよう。

第三節　大観・政和年間の政治状況

蔡京は第二次当国期を開始した大観元年（一一〇七）に蘇州銭法の獄・張懐素の獄等を利用し、前年の失脚以後自分を批判した反対勢力に対する弾圧を強め、それは徽宗の制止をも振り切る形で展開した。(31)これにより蔡京と徽宗との関係にすきま風が生じていた。

そこから徽宗は『新儀』の制定に励精し、一方蔡京は封禅計画を進行させ、「八宝」を製作・上呈していたことは第一節で述べたとおりである。それだけではなく同月には甘露や仙鶴など様々な瑞祥が起ったことを表賀している。[32] 殊更に祥瑞を強調しているのも、封禅への下準備であろうか。

このように礼制方面で徽宗・蔡京がそれぞれの文化政策を進める中、徽宗は何とか蔡京を政治的に牽制しようと画策していた。それは蔡京派の切り崩しであり、まず注目したのが張康国であった。

張康国は早くその文才を徽宗に認められ、試験なしで中書舎人に任じられたほどの俊才で、その後長く蔡京の与党として活躍し、わずか三年で地方官から知枢密院事に昇った人物であった。[33] これを見込んだ徽宗が、

帝、（蔡）京の専愎を悪み、陰かに其の姦を沮ましめ、嘗て許すに相を以てす。

帝悪京専愎、陰令沮其姦、嘗許以相。（『宋史』巻三五一・張康国伝）

と、宰相の地位を約束して蔡京から離反させ、これを牽制させた。対して蔡京も御史中丞の呉執中にこれを攻撃させて対抗し、両者は対立した。そのさなかの大観三年（一一〇九）、張康国が退廷途中俄に苦しみ、そのまま突然死する事件が発生した。その毒殺を疑う者もいたというが、[34] 真相は闇の中である。徽宗・張康国と蔡京・呉執中の対立がかなり鋭いものだったことを窺わせる。

同年五月には、蔡京派の孟翊が文徳殿視朝のときに突然「卦象図」を上呈し、本朝の火徳が衰微しており、年号・官名などを改めるよう徽宗に直訴する事件が発生した。これにはちょうど時令思想に沿った儀礼の制定を目指していた徽宗が不快を示し、すぐさま孟翊は処罰され地方に編管となった。[35] 孟翊の行動に蔡京がどの程度関与したかは分からないが、[36] これは蔡京を攻撃する格好の材料となった。台諫はじめ多くの人々が激しく蔡京を非難し、[37] 特に太学生の陳朝老は、のちに人々が争って伝写したという激烈な蔡京弾劾文を奏上した。[38] これに耐えきれず六月蔡京は致仕させられ、その第二次当国期は終了した。

ここに徽宗が蔡京を抑えることに成功した如くであったが、後任の宰相には依然として蔡京派の何執中を

迎えねばならなかった。何執中はもと徽宗の藩邸の旧僚で、むしろはじめは蔡京の方から近づき、徽宗との間をつなぐ役目を期待された人物であった。[39] 彼はその後蔡京に付して出世し、

大観初め、中書・門下侍郎に進み、官を積みて金紫光祿大夫たり。一意に京に謹事し、三年、遂に代りて尙書左僕射と爲り、特進を加えらる。……執中 蔡京と竝んで相たり、凡そ營立するに皆な議に預かり、略ぼ建明する所無し。

大觀初、進中書・門下侍郎、積官金紫光祿大夫。一意謹事京、三年、遂代爲尙書左丞［尙書左僕射］、加特進。……執中與蔡京竝相、凡營立皆預議、略無所建明。（『宋史』巻三五一・何執中伝）

という風に専ら蔡京に従ってきて、その後任として首相となったのである。

また蔡京も致仕したとはいえ、開封にとどまりつづけた。

太師・中太一宮使・魏國公蔡京は守太師致仕とし、仍お『哲宗皇帝實錄』を編修するを提擧せしめ、楚國公に進封し、其の請俸竝びに雜給人従等は竝びに舊に依り、朔望に朝す。大朝會は宰臣の班に立つを許し、餘は故事に依る。又た詔すらく「蔡京合に得べき致仕の恩澤の外、長子の顯謨閣直學士・承議郎・提擧醴泉觀攸を樞密直學士に除し、次子の宣義郎翛を直祕閣に除し、餘は故事に依る」と。

太師・中太一宮使・魏國公蔡京守太師致仕、仍提擧編修『哲宗皇帝實錄』、進封楚國公、其請俸竝雜給人従等竝依舊、朝朔望。大朝會許立宰臣班、餘依故事。又詔「蔡京合得致仕恩澤外、長子顯謨閣直學士・承議郎・提擧醴泉觀攸除樞密直學士、次子宣義郎翛除直祕閣、餘依故事。」（『紀事本末』巻一三一「蔡京事迹」大観三年十一月己巳条）

とあって『哲宗実録』の編纂担当であったことを口実にして都に留まりえていた。これは元符三年（一一〇〇）における蔡京自身の状況と同じであった。(40) さらに息子らが恩沢を受けて出仕しており、蔡京の影響力は続いていた。

そこでその対抗馬として徽宗がまず登用しようとしたのが徐勣であった。彼はかつて何執中とともに藩邸の旧僚であった人物で、蔡京になびかず不遇をかこっていた。

初め、徐勣 執中と倶に諸王記室爲り。勣持正して尤も禮重せらる、然れども大用に至らず、且つ嘗て元祐黨籍に入れらる。是に至り、纔かに集賢殿修撰に復して、召對せられ、上勞問すること甚だ渥《あつ》く、曰わく「卿外に久しく、下民の疾苦、當に盡く之を言うべし」と。勣曰わく「事固より未だ勝げて言うに易からず、唯だ茶鹽の法を最も甚だしきと爲す」と。……上曰く「久しく卿に言有るを聞かず」と。復た勣を用いんと欲するも、勣留まるを願わず、顯謨閣學士を以て南京に留守たり。

初、徐勣與執中倶爲諸王記室。勣持正尤見禮重、然不至大用、且嘗入元祐黨籍。至是、纔復集賢殿修撰、召對、上勞問甚渥、曰「卿久於外、下民疾苦、當盡言之。」勣曰「事固未易勝言、唯茶鹽法爲最甚。」……上曰「久不聞卿有言。」欲復用勣、勣不願留、以顯謨閣學士留守南京。（『編年備要』巻二七・大観三年六月条）

結局は徐勣が断ったため強いて登用することはなかったが、かつて同僚だった何執中の対抗馬とするには格好の人物であった。徽宗は蔡京の致仕を機に何とかその影響力を殺ぎたいと考え、これを牽制できる人物を探していたのだと思われる

徐勣に断られたのち見出されたのが、張商英であった。張商英はもともと新法党人で、崇寧初年に尚書左

丞にまでなったが、蔡京と合わず地方に出され、元祐党籍にまで入れられていた人物だった。

張商英入對す。商英 杭州に知たり、闕を過りて入對す、上 向來黨籍の由を問う。對えて曰く「臣嘗て『嘉禾頌』を作るに、大臣此を以て相媒蘖す。若し陛下の本末を洞悉するにあらざれば、臣何に由りて黨籍を出でん」と。上因りて語るに蔡京の紀綱を亂せし事に及ぶ、……上又た曰く「近來の風俗甚だ美からず」と。商英曰く「此れ政に今日の大患なり」と。上曰く「已に三十餘輩を逐う」と。商英曰く「餘黨尙お多し」と。……是の日、商英初めて見え、聖躬微や興り、遂に商英を留めて中太一宮使と爲す。

張商英入對。商英知杭州、過闕入對、上問向來黨籍之由。對曰「臣嘗作『嘉禾頌』、大臣以此相媒蘖。若非陛下洞悉本末、臣何由出黨籍。」上因語及蔡京亂紀綱事、……上又曰「近來風俗甚不美。」商英曰「此政今日之大患也。」上曰「已逐三十餘輩矣。」商英曰「餘黨尙多。」……是日、商英初見、聖躬微興、遂留商英爲中太一宮使。（『編年備要』巻二七・大観四年二月条）

大観四年（一一一〇）二月、徽宗は張商英を引見し、その政治姿勢を確認した上で、どうにかして蔡京の影響力を排除する必要があると語っている。そのなかで「すでに三十数人を追放した」と徽宗は述べ、商英は「残党はまだ多い」と言っているから、両者の目的が蔡京勢力の駆逐にあったことは明らかである。そのために徽宗本人によって張商英は抜擢されたのである。

その張商英が正式に宰相に任じられる直前の大観四年四月、『哲宗実録』が完成すると、蔡京には開封にとどまる口実が無くなった。[41] それまで毛注・石公弼・何昌言などから弾劾されつづけていた蔡京は、[42] 五月とうとう都を去ることになる。徽宗は改めて詔を下した。

詔すらく「蔡京權重く位高し、人屢しば變を告ぐるに、全く引避せず、公議容さず。言章屢しば上れば、以て屈法し難し、特に太子少保を降授し、舊に依りて致仕せしめ、在外に任便居住せしむ」と。

詔「蔡京權重位高、人屢告變、全不引避、公議不容。言章屢上、難以屈法、特降授太子少保、依舊致仕、在外任便居住。」(『紀事本末』巻一三一「蔡京事迹」大観四年五月甲子条)

太師から太子少保に貶降された上で、開封から追放ということになった。その背景には三月から雨が降らなかったことと彗星の出現もあった。[43] 蔡京は銭塘（杭州）にまで引き下がり、末子・蔡絛がこれに同行した。[44] これにより蔡京の影響力は大きく減じたと思われる。

張商英は六月に右僕射となると、[45] 当十銭など蔡京の政策を次々と転換していった。[46] その背後に徽宗の信任があったことは言うまでも無い。また郭天信なる伎術官の存在があり、これが張商英と徽宗との間を取り持っていたともいわれる。[47]

だが年が明けた政和元年（一一一一）八月、張商英は突然罷免されることになる。[48] この張商英罷免の理由が何であったのか、あまりはっきりしない。最もよく言われるのは、倹約を強諫してくる張商英の態度に徽宗が辟易したからというものだ。[49] これは徽宗本人に政治能力が欠如していたという見方からくるものだが、張商英起用の経緯などから考えれば、そのようなことが真の理由であるとは考えにくい。むしろ張商英がなかなか自らの与党を形成できず、多方面から中傷攻撃をされて次第に徽宗の寵を失ってしまったことが本当のところであろう。

商英相となるに及び、平心に人を用いるを知らず、故に侍從・臺諫官争いて智を設け以て之を陥れる。會たま上眷も亦た衰え、言者 商英を逐わんと乞うこと愈いよ急、上に必ず主る所有ると意い、商英既に去りて、而して京復た來るを知らず。

及商英相、不知平心用人、故侍從・臺諫官爭設智以陷之。會上眷亦衰、言者乞逐商英愈急、意上必有所主、不知商英既去、而京復來矣。（『編年備要』巻二八・政和元年四月条）

然れども意は廣く才は疏《あら》し、凡そ當に爲すべき所は、先ず公坐において誦言し、故に便ならざる者預め計を爲すを得たり。

然意廣才疏、凡所當爲、先於公坐誦言、故不便者得預爲計。（『宋史』巻三五一・張商英伝）

張商英は禁中の宦官をも敵に回し、[50]鄭居中の党派である張克公・劉嗣明の攻撃を受け、[51]挙げ句に門下省の吏である張天忱の処罰に固執した結果、足をすくわれたのだった。[52]相次ぐ中傷により唯一の後ろ盾である徽宗の寵を失い失敗するのは、崇寧末の趙挺之・劉逵らと同様である。[53]結局は張商英の宰相としての資質不足が露呈した結果だと言えよう。

政和二年（一一一二）二月、蔡京が開封に呼び戻された。[54]五月には、

太師・楚國公致仕蔡京、致仕を落とし、三日に一たび都堂に至りて治事す。毎日朝參に赴き、退きて都堂に至り、中書省前廳直舍に聚議し、治事し畢れば、直ちに卽ち尙書令廳を以て治所と爲し、仍お敕劄に押す。

太師・楚國公致仕蔡京落致仕、三日一至都堂治事。每日赴朝參、退至都堂、聚議於中書省前廳直舍、治事畢、直卽以尙書令廳爲治所、仍押敕劄。（『紀事本末』巻一三一「蔡京事迹」政和二年五月己巳条）

とあるように現役に復帰し、三日ごとに都堂の「中書省前庁直舍」で宰執と聚議し、その後尚書令庁で勅劄

にサインを行ったという。太師をもって宰執の聚議に参加していることから、この時点で公相としての第三次当国期の開始とみる考えも存在する。[55] だが正式には同年九月に官制が改革され、宰相位たる左僕射が太宰、右僕射が少宰と改称されるとともに、太師・太傅・太保を三公として正式な宰相としたことで、ようやく蔡京の宰相位就任が制度的に保証された。[56] ただこのとき公相とはいっても、正規の宰相たる太宰兼門下侍郎・少宰兼中書侍郎との上下関係は曖昧なままである。そもそも彼が都に復帰してすぐの引見は、「特に元豊中文彦博の例に依」って行われていたから、[57] 蔡京の宰相位復帰も、やはり職権が曖昧であった元祐期における文彦博の平章軍国重事就任を意識しなかったわけがなく、優老の意が多分にあったかと思われる。実際には三日に一度都堂で宰執会議に参加するのみであり、どこまで実権を持ちえたかは疑問である。それでも一定の影響力を回復したのは確かだろう。

結局のところ徽宗は蔡京派を牽制し、一度は蔡京の追放というところまで実現させたが、代わりに迎えた張商英が失敗したことにより、蔡京派の巻き返しにあってしまった。

ただそれだけではなく、徽宗自身が蔡京に対して徹底的な追い落としを望んでいなかったこともある。蔡京が帰還した後には太清楼で宴を開いてもいた。おそらくそこには徽宗の身辺に侍る蔡京の息子・蔡攸の存在が大きかったであろう。[58] その影響もあって徽宗は蔡京自身に対するシンパシーを捨てきれず、自らの政治的主導権を認めるのであれば良し、というような考えを持っていたのではないだろうか。この時期は、徽宗と蔡京がお互いの有用性を認めつつ、どちらが政治的主体性を持つのか、その主導権争いが行われていた時期だった。

第四節　封禅をめぐる徽宗と蔡京の関係

前節でみたように政和初年にかけての政治情勢とは、大観初年における蔡京の政治的優位性を覆そうと、徽宗が宰相人事などの手段で蔡京を牽制していたものだった。同時にこの時期には、第二節で見たように体系的な儀礼制度の再編が行われており、それに徽宗が積極的に関与したため、責任者の鄭居中との間には大きな協調関係が生まれていた。その中で発生したのが、第一節で見た封禅請願運動であった。各地の民が政和三～四年（一一一三～一一一四）に断続的に数千人単位で都に押しかけ、報奨を得ていたのである。莫大な費用のかかる大規模な請願運動の背後には、蔡京とその意を受けた地方官らが存在していた。

ではここで問題となるのは、徽宗本人が封禅を望んでいたかどうかである。このときの徽宗の思想をもっともよく体現したものが、彼自身が推進した『新儀』であるが、小島氏の分析によると、そこには封禅に関する項は存在しないという(59)。氏の論に基づいて宋代における礼制についてまとめると次のようになる。

真宗朝以降、王朝の正統性を確認する儀式としては封禅ではなく、五徳終始説に依り王朝の徳にちなんだ星、王朝の守護神たる感生帝を祀る儀礼を重要視するようになっていった。すなわち王朝の祖の受命を重視して、その遺鉢を受け継ぐ形で王権の正統性を示そうという態度をとり、そのために太祖の受命を儀礼的に再現する感生帝祀が行われるようになった。

この感生帝理論はもともと鄭玄経学の中心的地位を占めたものであったが、唐の『開元礼』では祈穀祀に改められてしまい、代わって唐代において王権の正統性を保証する機能を受け持っていたのが、封禅であった。封禅によって唐代の皇帝は直接昊天上帝と接し、その霊力を受けて、王権の威信を更新する。祭祀を行う皇帝自身が、天からあらたに受命する仕組みであった。宋の真宗の封禅もこの延長上に存在していた。

しかし宋代仁宗朝以降は、真宗朝の天書・聖祖降臨・封禅などの行為は批判され、明堂祀の復活などを通して、経書に基づく祭祀体系の確立に意を注ぐようになった。そのような考え方こそが「時令思想」であり、これを体系的にまとめた儀礼書が『新儀』であった。したがってその基本的な考えは、漢・唐以来の讖緯的要素を極力排し、経書に基づく王権理論に基づくものであった。だが一方で同じく讖緯的要素の濃い五徳終始説に基づく感生帝理論は取り入れたままであり、これらの点がのちの朱子学的見地からは批判の対象となる。だが南宋の朱熹自身、五運説に完全には反対しておらず、他の理学者らも哲学思弁のレベルで五運説の合理性を賛同・理解していたというから、[60]北宋末のこの時期は、漢代以来の王権思想から、朱子学的な「天理」秩序による政治思想へと移るまさに過渡期であった。

こうしてみると第一節で見たような「八宝」に関する徽宗の行動も合点がいく。哲宗朝に発見され、わざわざ蔡京が古制を調べて秦の伝国宝だとしたものを、徽宗はその印文のみを採用し、宝そのものは斥けて用いなかった。そもそも王権の象徴、帝位のレガリアであった鼎の重要性が漢代に薄れ、それに取って代わったのが印璽であった。[61]徽宗はこれを経書に基づいて元に戻し、すでに九鼎を新たな王権の象徴として作製して、世界の中心たる王宮に安置しているのである。そんな彼からすれば、秦漢以来伝わる伝国宝であっても、もはや帝位の象徴とはなりえず、その価値は認められなかったのだろう。彼が目指すのは上古三代の礼制の復活であり、漢唐の礼制ではなかったからである。

このような思想的立場からすれば、封禅は徽宗の時令思想にとって相容れない儀式であった。そのことはすでに大観年間、翟汝文が学士らの封禅請願に反対したとき、汝文曰く「治道は清浄を貴ぶ。今三代の禮樂を上述するを啓さず、而して秦・漢の侈心を師とするは、願う所に非ざるなり」と。

汝文曰「治道貴清淨。今不啓上逑三代禮樂、而師秦・漢之侈心、非所願也。」（『宋史』巻三七二・翟汝文伝）

と言うとおりである。排除すべき緯書的制度であり、そのことは自ら率先して『新儀』に示したはずであった。それを知ってか知らずか、蔡京は封禅計画を強行しようとして、大規模な人数を繰り出して人民に何度も請願をさせた。これにより徽宗は幾度も人民を引見せねばならず、繰り返し封禅の請願を聞かされる状況となった。これほど多くの者が封禅を望んでいるのだと見せつけ、あるいはそれだけの動員力を持っていることを示すことは、蔡京の徽宗に対する一種の示威行為とも受け取れるものであった。封禅を望まぬ徽宗に封禅の実行を強いていたのだと解釈できる。これは徽宗にとってかなり不快な出来事だったに違いない。

だが蔡京にはそうまでしなければならない理由があった。末子・蔡絛の記述によれば、

政和初め、上始めて躬ら權綱を攬り、諸《これ》を大臣に付するを欲さず、因りて藝祖の故事を逑べ、馬に御して親ら大内諸司務を巡り、奉宸庫古龍涎司中に在り。(62)

政和初、上始躬攬權綱、不欲付諸大臣、因逑藝祖故事、御馬親巡大内諸司務、在奉宸庫古龍涎司中。（蔡絛『鉄囲山叢談』巻一）

奉宸庫なる者、祖宗の珍藏なり。政和四年、太上始めて自ら權綱を攬り、諸《これ》を臣下に付するを欲さず、因りて藝祖の故事を踵ぎ、内諸司を檢察す。

奉宸庫者、祖宗之珍藏也。政和四年、太上始自攬權綱、不欲付諸臣下、因踵藝祖故事、檢察內諸司。（蔡條『鉄囲山叢談』巻五）

政和三・四年に及び、上自ら權綱を攬るに由り、政は九重に歸し、而後皆な御筆を以て從事し、是に於いて宦者乃ち出で、復た自ら顧藉すること無く、祖宗垂裕の模盪じたり。

及政和三・四年、由上自攬權綱、政歸九重、而後皆以御筆從事、於是宦者乃出、無復自顧藉、祖宗垂裕之模盪矣。（蔡條『鉄囲山叢談』巻六）

政和三〜四年（一一一三〜一一一四）に徽宗が朝政の大権を自ら掌握し始めたという。史料に表層的に現れているのは禁中の巡察などの問題であるが、その書きぶりから、当時政治の主導権が徽宗個人に移りつつあったことを蔡條ひいては蔡京が感じていたことを窺わせる。

このころ統治体制にとって大きな出来事といえば、まず御筆施行の徹底化があげられる。

政和三年、詔すらく應ゆる承受せる御筆處分は、故無くして限に違うこと一時の者は、徒二年、一日ごとに一等を加え、三日なれば大不恭を以て論ず。

政和三年、詔應承受御筆處分、無故違限一時者、徒二年、一日加一等、三日以大不恭論。（『編年備要』巻二七・大観三年五月条・原注）

本書中で何度もいうように御筆は、三省を経ずに禁中から直下される命令文書で、宋代「君主独裁制」とは本来相容れない制度であった。すでに大観三年（一一〇九）御筆に違うことは十悪の一つである大不恭に比される重罪だとされていたが[63]、それでも異見がある者はまだ論奏することが許されていた。それがここに至って「一時」すなわち二時間執行が遅れただけで処罰されることになり、もはや内容を吟味する暇無く、盲目的に執行するしかなくなった。

この時期蔡京は太師の身分で三日に一度都堂で治事を行っていたというが、この御筆執行の新局面を前に、果たしてどれだけの実権をともなったものだろうか。門下・中書を兼領する太宰・少宰ですら統御しがたい御筆という命令文書を、下部組織も領さない身分で、しかも三日に一度の出仕で十分把握できただろうか。

またより重要だと思われるのは、禁中における尚書内省の組織整備であった。尚書内省は禁中の女官たちで形成された機関で、文書の整理から印璽の保管、御用品の出納管理など禁中の事務を掌った[64]。その筆頭が内夫人で、内降および御筆の代筆をこなすこともあった。その尚書内省が、

詔すらく尚書内省を六司に分かち、以て外省六曹上る所の事を掌らしむ。內宰・副宰・內史・治中等の官、及び都事以下の吏員を置く。

詔尚書內省分六司、以掌外省六曹所上之事。置內宰・副宰・內史・治中等官及都事以下吏員。（『宋史』巻二一・徽宗本紀・政和三年五月丁未条）

とあるように、尚書六部からの文書を分担して管掌することとなった。まさしく皇帝が執行機関たる尚書省との結びつきを強めたもので、宰相を介さない、皇帝による政治の主導権確保に寄与したものであろう。

さらにそれだけでなく、このころには鄭居中が完全に蔡京派から離反し、激しく蔡京と対立していた。鄭居中が蔡京から離れたのは、彼が徽宗の寵妃鄭氏の一族であったことに起因している[65]。もともとはその立場から禁中の情報を得て、それによってうまく立ち回っていたのだが、大観元年（一一〇七）鄭居中が同知枢密院事となる及び[66]、外戚が執政となることが問題視された。このとき、

（蔡）京再び政を得るは、兩人〔鄭居中・劉正夫〕の助け多きと爲す。居中厚く報を責めるに、京爲に樞密は本兵の地、三省と殊なり、親を用いるに嫌なしと言う。（黄）經臣方に持權し、力めて前說を抗《あ》げ、京の言效かず。居中己を援けざると疑い、始めて之を怨み、乃ち張康國と比して京を閒《へだ》つ。

京再得政、兩人之助爲多。居中厚責報、京爲言樞密本兵之地、與三省殊、無嫌於用親。經臣方持權、力抗前說、京言不效。居中疑不己援、始怨之、乃與張康國比而閒京。（『宋史』巻三五一・鄭居中伝）

自分を擁護しきれない蔡京を恨むようになり、張康国と組んで反蔡京に転じたという。またその遠因には、鄭居中の義父・王珪を蔡京が処罰したこともあったからだという。(67)

このようなことから大観年間に鄭居中は蔡京から離反した。あるとき双頭の亀が発見され、封禅の前提に必要なこともあり、これを祥瑞だと力説する蔡京に対し、そのようなわけがないと正面から反論を行ったのも鄭居中であった。(68)彼の党派である黄葆光も激しく蔡京を攻撃している。(69)

葆光善く事を論じ、會文切理、横議の移す所と爲らず、時に頗る推重せらる。本と鄭居中の門に出で、故に蔡京を極論して顧る所無し。

葆光善論事、會文切理、不爲横議所移、時頗推重。本出鄭居中門、故極論蔡京無所顧。（『宋史』巻三四八・黄葆光伝）

このように政和三・四年頃から、蔡京は公相となってはいたものの三日に一度の出仕で名誉職的な宰相に据え置かれ、対して徽宗は鄭居中ら反蔡京派を味方としながら、主体的に政治に取り組むようになっていた。それでも唯一正規の宰相であった太宰・何執中は蔡京の意を受ける人物であったため、蔡京の影響力はやや頽勢に入ってはいたものの、まだ徽宗らに抗することができていた。ところが政和五年（一一一五）、その要の何執中が高齢のため月六回しか出仕しなくなり、さらに翌六年に致仕することになると、(70)両者のバランスに変化が生じた。

執中輔政すること一紀、年益ます高し。五年、臥疾すること甚だし、寛告を賜う。他日造朝し、命じて六參の起居に赴き、退きて省事を治めるに止む。明年、乃ち太傅を以て第に就き、朔望に朝するを許し、儀物廩稍は、一切位に居りし時の如し。

執中輔政一紀、年益高。五年、臥疾甚、賜寛告。他日造朝、命止赴六參起居、退治省事。明年、乃以太傅就第、許朝朔望、儀物廩稍、一切如居位時。（『宋史』巻三五一・何執中伝）

何執中致仕のその年が、封禅計画の中止が最終的に決定された年であった。おそらくはその引退により、蔡京の影響力が一層低下し、そのタイミングでなされたものであろう。そしてその最終決断を徽宗に促したのは、劉正夫であった。

劉正夫も鄭居中と同じく、もとは蔡京派であったのが、崇寧四年（一一〇五）遼との交渉が蔡京・林攄によって混乱した翌年、徽宗に見込まれて遼への使者となり、見事その期待に応えて交渉妥結に導いた、徽宗の覚えめでたい人物であった。(71)その後蘇州銭法の獄の際には蔡京に疎まれて連座させられたが、徽宗がこれを軽微な貶降で済ませている。また蔡京によって成都に出されそうになったところを、これも直前で徽宗が留めて翰林学士に任じられている。結局は讒言により洛陽に出されてしまったが、劉正夫の官歴は、蔡京の攻撃を徽宗が防ぐことの繰り返しであった。(72)それだけを見ても彼がいかにして反蔡京となり、徽宗とのつながりが深いかが分かるというものである。そして彼もまた議礼局の『新儀』編纂事業に関与していた人物だった。[73]その後、劉正夫は大観三年（一一〇九）蔡京の致仕と入れ替わるように尚書右丞として執政となり、政和六年（一一一六）の時点では中書侍郎に進んでいた。そして封禅を中止するよう徽宗に進言するのである。

東封の儀物已に具わり、正夫 閒を請い、力めて不可を陳べ、帝皆な之が爲に止め、益ます其の（蔡）京と同じからざるを喜ぶ。

東封儀物已具、正夫請閒、力陳不可、帝皆爲之止、益喜其不與京同。（『宋史』巻三五一・劉正夫伝）

すでに封禅に使う儀式用具は揃っていたにもかかわらず、劉正夫の進言によって徽宗は中止を決したという。注目すべきは「劉正夫が蔡京と意見を異にすることを喜んだ」という部分である。やはり封禅計画の中止決定は、徽宗が反蔡京の立場から決断したことを意味していた。これは非常に大きな政治的決断であり、崇寧元年（一一〇二）以来断続的に続いてきた蔡京体制との訣別を告げたものだった。

何執中が致仕し、封禅の中止が決定された政和六年（一一一六）、蔡京は自ら致仕を乞う上表を奉っている。

御筆すらく「太師蔡京近く三たび上章して致仕を乞う。親劄の詔書もて、請う所を允さず、仍お來章を止め、兼ねて面諭すること再四、意確《かた》く未だ回《もど》らず。京 三公に位し、帝者の師爲り、然れども三省の機政、事に巨細無く、自ずから合に總治すべきの外、其の優逸の意に從うべし。自今特に三日に一たび造朝するを許し、仍お都堂に赴き、及び逐省に輪往して、三省の事を通治し、以て公相の任を正し、事畢れば從便に歸第せよ」とあり。

御筆「太師蔡京近三上章乞致仕、親劄詔書、不允所請、仍止來章、兼面諭再四、意確未回。京位三公、爲帝者師、然三省機政、事無巨細、自合總治外、可從其優逸之意。自今特許三日一造朝、仍赴都堂及輪往逐省、通治三省事、以正公相之任、事畢從便歸第。」（『紀事本末』巻一三一「蔡京事迹」政和六年四月庚寅条）

上表は三度奉られ、その都度慰留された。そして逆に「公相」の名に実を伴わせるとして「三省を通治」することがようやく認められた。[74] 依然三日ごとの出仕ではあるが、今度は都堂のみでなく、三省を経巡って職務をこなすこととなったという。制度的にはまさに三省に君臨する権限を与えられたことになった。ただこのような政治的背景をもとにすれば、公相たる蔡京の実際はどうであったのか。彼と徽宗の心境はいかなるものであっただろうか。自らの意向をはっきりと否定された蔡京は、意気消沈して引退を願ったのであろうか。それとも臍を曲げて、自分が不必要というならば辞めてやる、と居直って徽宗の本心を探ったのだろうか。いずれにせよ徽宗はそれを引き留め、中書・門下・尚書の三省すべてに関わって良いとする一方、無理をせぬ程度に政務をし、好きなように帰宅してよいという優詔を下したのだ。それは年老いた功労者に対する慰藉の気持ちを名誉職で表したものであろう。本当に政治の実権を蔡京に委ねる気持ちは無かったと思われる。[75]

それが証拠に徽宗はすぐさま、太宰・少宰として反蔡京の鄭居中と劉正夫を任じている。[76]

時に蔡京大いに工役を興し、民生を聊《たの》しまず、法度を變亂し、吏の師《なら》う所無し。鄭居中は則ち毎に帝の爲に言い、帝京の專らにするを惡み、乃ち居中を太宰に拜し、之を伺察せしむ。又た正夫の議論數しば京と異なるを以て、拜して少宰と爲す。居中は紀綱を存し、格令を守り、僥倖を抑え、淹滯を振い、士論翕然として治を望む。

時蔡京大興工役、民不聊生、變亂法度、吏無所師。鄭居中則毎爲帝言、帝惡京專、乃拜居中太宰、使伺察之。又以正夫議論數與京異、拜爲少宰。居中存紀綱、守格令、抑僥倖、振淹滞、士論翕然望治。（陳桱『通鑑続編』巻一二・政和六年六月条）

宰相に就いた鄭居中・劉正夫の二人に徽宗の信任があり、実権を握っていたことは言うまでも無い。そしてその両者はともにかつての議礼局に関わりのある人物で、封禅に対する考え方、ひいては徽宗が標榜する「時令思想」を十分に理解する者たちであった。

以上のように、大観以来の徽宗と蔡京のせめぎ合いにようやく決着がつき、様々な変化があったのが政和六年（一一一六）であった。その数年前から意識されてきた徽宗の「親政」は、ここにきて蔡京の影響力を排することに成功し、自ら政治を行う体制の構築を目指すことになる。その政治体制の変革を象徴するのが、封禅計画の中止であった。

おわりに

本章では徽宗朝で計画されていた封禅がなぜ中止されたのかにつき、先行研究で指摘されてきた思想上の変化を踏まえた上で、当時の政治状況に即して考察した。その結果、大観・政和年間には徽宗と蔡京による政治的主導権をめぐる争いが存在しており、これが目指すべき礼制に対する考え方の違いと絡み合い、最終的に行き着いたのが封禅計画の中止であったことが分かった。だがもともとなぜ封禅が計画され、それによって蔡京が何を目指していたのかは結局よく分からず、東京留守を狙ったという説もあまり説得力がないように思われる。封禅の目的は両者の対立構造の中で埋没してしまい、途中からは封禅の実施そのものが自己目的化していたかのような観があった。

小島毅氏は『新儀』が編纂された北宋末という時代の特質を確認したあと、徽宗という人物を、時令思想にもとづき、天帝を祭るための明堂を建立し、地の神の祭場方沢を改修し、天下の支配を象徴する九つの鼎を鋳造させ、宮廷音楽の制度・楽器を改めるなど、みずから時令思想の王者たるにふさわしくふるまおうという誠意と努力を尽くした人物だとしている。

そんな徽宗は政和六年（一一一六）の時点で三十五歳。すでに即位してから十七年の年月が経っており、それなりに政治経験を積んできていた。対して蔡京はすでに七十歳の老齢で、徽宗の目指す礼制とは相容れない印璽を重視し、封禅の実施を目指す。徽宗からしてみると、相変わらず漢唐以来の祥瑞や緯書的要素を重視する旧態依然とした思想の持ち主と映ったであろう。長い間、紹述政策を推進してきた功労者であり、尊敬すべき存在ではあるものの、もはやともに次代を語りうる人物ではないと痛感したに違いない。

政和の後半以降、徽宗は道教的要素も取り入れながら、さらに独自の皇帝像を目指すようになり、その権威を背景にして政治的に皇帝「親政」体制を目指していったと思われる。政和六年の封禅計画の中止は、徽宗が「君主独裁制」から脱し、その「親政」へと向かう転換点であった。

注

（1）溝口雄三・丸山松幸・池田知久編『中国思想文化事典』（東京大学出版会、二〇〇一年）「祭祀」、小島毅『東

アジアの儒教と礼』（山川出版社・世界史リブレット、二〇〇四年）、尾崎雄二郎・竺沙雅章・戸川芳郎編『中国文化史大事典』（大修館書店、二〇一三年）など参照。

（2）『宋史』巻一〇四・礼志「封禅」

太宗即位之八年、泰山父老千餘人詣闕、請東封。帝謙譲未遑、厚賜以遣之。明年、宰臣宋琪率文武官・僧道・耆壽三上表以請、乃詔以十一月二十一日有事于泰山、命翰林學士扈蒙等詳定儀注。既而乾元、文明二殿災、詔停封禪、而以是日有事于南郊。

（3）小島毅『中国思想と宗教の奔流（中国の歴史　宋朝）』（講談社、二〇〇五年）七六～八〇頁。

（4）劉浦江「「五徳終始」説之終結―兼論宋代以降伝統政治文化的嬗変」『中国社会科学』二〇〇六―二。日本語訳は小林隆道訳「「五徳終始」説の終結―兼ねて宋代以降における伝統的政治文化の変遷を論じる―」『「宋代中国」の相対化』汲古書院、二〇〇九年。

（5）小島毅「宋代の国家祭祀―『政和五礼新儀』の特徴」池田温編『中国礼法と日本律令制』東方書店、一九九二年、四八〇頁。

（6）前注論文四七〇頁。

（7）『編年備要』巻二八・政和七年七月条「置提挙御前人船所」

乃請作提擧淮浙人船所、命内侍鄧文誥領之。京以曩備東封船二千艘、及廣濟兵士四營、又增制作牽駕人、乞詔人船所比直達綱法、自後所用、即從御前降下、使許應奉如數貢入、餘皆不許妄進。

（8）『宋会要』礼二二―一九

（政和）四年正月十七日、兗州命官・學生・道釋・耆老及至聖文宣王四十七代孫孔若谷等詣闕進表、請皇帝行登封之禮。詔許二月七日拜表、八日引見、竝如河南府已得旨揮、賜［束］帛・緡錢各有差。内高年人成倩授承事郎、賜緋衣銀魚、張春授將仕郎、竝致仕。所請不允。

（9）『宋会要』礼二二―一九

二月六日、鄆・濮二州命官・學生・道釋・耆老等竝詣闕進表、請車駕登封泰山。三月四日引見、賜錢帛如兗州例、所請不允。二州合八千六百餘人。自是、開德・興仁・（穎）［潁］昌府・鄭州・廣濟軍等處、竝乞詣闕請封、止令遞表以聞、優詔不允。

（10）『宋会要』礼二二―一九
（政和四年）四月二十五日、河南府命官・學生・耆老・道釋等再詣闕拜表、請中封。二十六日引見、賜束帛・緡錢各有差、內高年人張成特授將仕郎致仕、詔不允。

（政和四年）十月二十六日、鄆・兗二州命官・學［生］・耆老・道釋等竝乞再詣闕恭請皇帝東封。

政和四年三月五日、永興軍言「本州學生鈕昌言等詣州陳請、欲具表詣闕請皇帝登封、親祠后土。」詔免赴闕、只令進表。

（11）襲慶府は政和八年（重和元年、一一一八）に兗州が昇格したもの。よってこの張湍の企みはそれ以降のこととなる。現在泰山の山麓にある岱廟に現存する廟内最大の石碑「宣和重修泰岳廟記」は、宣和六年（一一二四）に岱廟の修復が完成したことを記念して建てられたものだが、このとき書篆したのが張湍だった。よって彼の封禅請願はこの岱廟修復に絡んだものだろうが、なぜ政和年間に中止されて以降も修復が継続し、そのあとさらに封禅を願うこととなったのか、その政治的背景については後日改めて検討することとし、いまは管轄下の父老に請願させる地方官の姿を見るにとどめておく。

（12）『宋史』巻三七二・翟汝文伝
擢議禮局編修官、召對、徽宗嘉之、除祕書郎。三館士建議東封、汝文曰「治道貴清淨。今不啓上述三代禮樂、而師秦・漢之侈心、非所願也。」責監宿州稅。久之、召除著作郎、遷起居郎。

（13）華鎮『雲溪居士集』巻二六「乞東封劄子」
某輒有管見、上瀆鈞聽。某竊惟皇天上帝以盛德妙道、付畀聖君賢相、非徒以善一人之身、將託以成天下之民也。惟庶民不能以自治、故作之君以治之。惟一人不能以自爲、故作之相以輔之。受天錫之勇智、得斯民之先覺。君臣相遇、或以大功定宇內、或以至德善天下者、皆定職於天、底功於世。功成治定、禮當告成。故治世盛時、莫不登封泰山、登封泰山、所以告也。其君則皇［黃］帝・堯・舜・禹・湯・文・武、其相則風后・力牧・皐・夔・伊・周。海內之事、自李唐遭安史之變、成尾大之釁、陵遲頹靡二百有餘載、生靈塗炭、神祇厭亂。天乃篤生藝祖・太宗・眞宗三聖、相繼以神武平僭竊、以仁義寵生齒。付畀之功既成、海內之治既定、故眞宗皇帝櫛風沐雨、東幸岱宗、欽修大典、不敢怠忽、所以昭事上帝也。帝王之道、自成周失文武之緒、困强覇之說、澆漓失墜、千有餘載、人不見德、法度散亡。天乃篤生神考・哲宗曁今上皇帝、聰明睿智、繼繼承承。熙寧中、神考以神堯之道・文武之法、責成於先正文公。文公以孔孟之學・周召之業、革曠世之弊、相熙豐之政。大功未旣、橫議有作、紛更沮壞、天下切齒。紹聖修復、未及者多。崇寧之初、爰立賢輔、同心一德、協謀大政、經營講論、內外竝作、修綱修紀、小大不遺。六年于茲、功德明茂、人安物阜、時和歳豐、政擧刑消、禮制樂作、羌戎款附、人神綏和。珍符嘉瑞、近自圻輔、遠及邊陲、日月進獻者、無有虛歳。竊以爲聖人之能事旣備、帝王之功業著矣、講修東封、告成于天、宜在今日。伏惟鈞慈、特賜留神、申明朝廷、振擧大典、天下幸甚。

(14) 傅察『忠肅集』巻上「擬請東封表」
伏以承天之序、孰先報本之方、治世之隆、必擧升中之禮。蓋不特發祥隤祉、流福祚於亡窮、亦所以勒崇垂鴻、示休烈於不朽。皇皇哉、天下之壯觀、洋洋乎、帝者之上儀。遐觀古初、歷選后辟、固有無功而用事、未聞至治而遺章。粤我宋之龍興、憲先靈而遠駕。太宗順命以創制、尙挈三神之歡。眞皇修德以錫符、獨接千歳之統。重熙累洽、用迄於今。承明繼成、宜若有待。恭惟秉執聖德、處於法宮之中、圖任賢才、游於巖廊之上。崇寛大而長和睦、務敎化而省禁防。四鄙晏安、靡有兵革之事、萬民和樂、長無繇役之勞。修禮樂以文太平、廣學校以揚俊異。外致殊俗、內暢淳風、囹圄空虛、國無一人之獄、衣食滋植、家有九年之儲。澤浸昆蟲、恩及行葦。頌聲竝作、協氣橫流。三光全而寒暑平、上順泰階之政、五穀熟而草木茂、下均庶物之休。垂拱無爲、衆祥自致、精神所鄉、嘉貺薦臻。百川理而絡脈通、萬化成而瑞應著。素雉朱鳥之事、比盛周家、白麟赤鴈之歌、參華漢室。是以東土者老、魯國諸生、冀瞻穆穆之光、咸慶顒顒之望。況承天意以從事、固無進越之嫌、儻垂聖慮於勒成、允答神靈之眷。伏望皇帝陛下總集元命、順攷前規、採游童之歡謠、悉五縣之碩慮、鳴鸞按鐸、奏樂介丘、檢玉泥金、儲休岱嶽、追八九之遙迹、章祖宗之盛功、爲萬世無疆之休、寔千載一時之會。臣等不勝大願。

(15) 王明清『揮麈録』後録巻三
方通、興化人、與蔡元長鄉曲媚婭之舊、元長薦之以登要路。其子軫、宏放有文采、元長復欲用之。軫聞之、卽上書訟元長之過。旣達乙覽、元長取其疏自辯云「大觀元年九月十九日、敕中書省送到司空左僕射兼門下侍郎魏國公蔡京箚子。奏伏蒙宣示方軫章疏一項、論列……。」

(16) 宋喬年の娘は蔡京の長子・蔡攸の妻であった。(『宋史』巻三五六・宋喬年伝)

(17) 本書第二章参照。
(18) 方軫はこの封禅計画の目的を東京留守の就任にあったとするのであるが、その当否はどうであろうか。おそらくこのとき参考にされたと思われる真宗朝の封禅では、兵部侍郎で宰相経験者（咸平四～五年（一〇〇一～〇二））の向敏中が権東京留守となっていた（『宋会要』礼二二―一五・大中祥符元年九月三日条）。だが一方で当時現役の宰相であった王旦は、大礼使となって泰山まで随駕しており（『宋史』巻二八二・王旦伝）、大観元年に宰相であった蔡京は徽宗に随行するのが当然であったろう。したがって彼が東京留守への就任を狙って封禅計画を推進したというのは、方軫による誣告か、あるいは個人的な推測にすぎないであろう。よって今はすでに大観元年に封禅を計画していたことを指摘するのみにしておく。
(19) 片岡一忠『中国官印制度研究』東方書店、二〇〇八年参照。
(20) 『紀事本末』巻一二八「八宝」大観元年十一月丙辰条
　蔡絛『國史後補』云、國初創業艱難、諸寶多階石爲之。元豐詔依古作天子皇帝六璽、有玉而未成。大觀初、始得玉工之善者琢之、但疊篆而已、玉亦不大良。又元符初、得漢傳國璽、實秦璽、乃藍田玉、李斯之魚蟲篆也。其文曰「受命於天、既壽永昌」。然獨得璽而無檢、螭又不缺。疑其一角缺者、乃檢也。自有璽篆、考驗甚詳、傳於世、上獨取其文、而黜其璽不用、因自作受命寶、其方四寸有奇。時又得古小玉印、文曰「承天福、延萬億、永元極」者、上又以其文仿李斯魚蟲作寶、大將五寸、皆爲螭紐、其篆蓋魯公命季兄翛以意斆之。「受寶記」言「有以古篆進者」、謂是也。名爲鎭國・受命二寶、合先皇帝六璽、是爲八寶。乃於大觀二年元日受之、上自爲之記焉。
(21) 以下、徽宗朝の礼制に関しては、方誠峰「祥瑞与北宋徽宗朝的政治文化」（『中華文史論叢』二〇一一―四）などを参照。
(22) 村越貴代美『北宋末の詞と雅楽』（慶應義塾出版会、二〇〇四年）参照。
(23) 『紀事本末』巻一二八「九鼎」崇寧四年九月乙未条
　以九鼎成、御大慶殿受賀、始用新樂。
(24) 『紀事本末』巻一三三「議礼局」大観四年四月丙申条。
(25) 『紀事本末』巻一三三「議礼局」

(政和元年)三月癸亥朔、御製御書「政和新修五禮序」。議禮局請刻石於太常寺、從之。
(政和三年)四月庚戌、知樞密院事鄭居中等奏「恭惟陛下德備明聖、觀時會通、考古驗今、沿情稱事、斷自聖學、付之有司、因革綱要、既爲禮書、纖悉科條、又載『儀注』、勒成一代之典、跨有三王之隆。臣等備員參訂、徒更歲月、悉稟訓指、靡所建明。謹編成『政和五禮新儀』竝序例、總二百二十卷・『目錄』六卷、共二百二十六卷。辨疑正誤、推本六經、朝著官稱、一遵近制。上之御府、仰塵御覽。恭俟宸筆裁定。其當以治人神以辨上下、從事新書、其自今始。若夫蒐補遺逸、講明稀闊、告成功而示德意、臣等顧雖匪材、猶當將順聖誌而成之。」詔令頒降。

また『宋史』巻二〇四・芸文志「史類・儀注類」は、編者の筆頭を鄭居中とする。

政和五禮新儀二百四十卷。(鄭居中・白時中・慕容彥逢・强淵明等撰。)

(26) 前掲注(5)小島論文。

(27)『紀事本末』巻一三四「礼制局」政和三年七月己亥条

詔「……今無禮以齊之而刑施焉、朕甚閔之。可於編類御筆所置禮制局、討論古今沿革、具畫來上。朕將親覽、參酌其宜、蔽自朕志、斷之必行、革千古之陋、以成一代之典、庶幾先王、垂法後世。」

(28) 御書閣については、本書第四章第一節を参照。

(29) 実は現存する史書には、議礼局が廃されたのか、だとすればいつ閉鎖されたのか、あるいは礼制局に改組されたのか、明記するものが無い。『紀事本末』の議礼局に関する記事は政和三年七月が最後で、同月に発足したのが礼制局である。

(30)『紀事本末』巻一三四「礼制局」政和三年十月条、十一月乙巳条などを参照。

(31) 本書第二章参照。

(32)『編年通鑑』巻一五・大観二年正月条

蔡京表賀符瑞。京等奏甘露降侍郎廳、延福宮所奏竹生紫花黄蕊、祕閣槐枝連理。御筆曰「昨日仙鶴三萬餘隻盤旋雲霄之上。」京又奏有仙鶴數萬隻蔽空飛鳴。又奏建州竹生花、結成稻米、搬入城市、貨糶所收數十萬碩。又奏穰縣生瑞穀、安化縣生芝草、都計五萬本。汝州生碼瑙山子一百二十坐及諸州雙頭蓮連理木、甘露降、仙鶴集、雙爪雙頭、芍藥牡丹、凡五千三百種有奇。拜表稱賀。又言冀州黄河清、汝州牛生麒麟、六十二處降甘露、二十處木皆連理、二處祥雲見、三處見毫光祥煙。手詔云「金芝產於艮岳萬壽峰、宜改名壽岳。」蔡京導主上酷好祥瑞、而李𧋍以竹釘竪芝草於蟾蜍揹以獻、及至一夕而解、故釘猶存。梁子野進嘉禾、則以膠黏紙纏、皆不之罪。范齊詐稱牛生一物、今已被村民壞了。竊慮卽麒麟也。程祈言扶邦彥家收得異禽、恐鳳凰也。此等無根之語、不可勝數。天大雨雪、都城平地八尺、飛鳥盡死、九街水滑、人馬莫行。臘月之雷、京等指爲瑞雷、三月之雪、以爲瑞雪、拜表稱賀、作詩贊詠、災異不書。其視天變、曾不若童稚之可侮、盡本安石之言、謂天變不足畏。噫、自古物以罕見爲奇、豈有芝草五萬本而仙鶴數萬隻、竹生米數十萬石以爲祥瑞。此等誑誕之語、君臣同爲誣罔、豈不貽笑於後世哉。

(33)『宋史』巻三五一・張康国伝
（崇寧）二年、爲中書舍人。徽宗知其能詞章、不試而命。遷翰林學士。三年、進承旨、拜尙書左丞、而以其兄康伯代爲學士。尋知樞密院事。康國自外官爲郎、不三歲至此。……始因蔡京進、京定元祐黨籍、看詳講議司、編彙章牘、皆預密議、故汲汲引援之、帝亦器重焉。

(34)『宋史』巻三五一・張康国伝
京使御史中丞吳執中擊康國、康國先知之。旦奏事、留白帝曰「執中今日入對、必爲京論臣、臣願避位。」旣而執中對、果陳其事、帝叱去之。他日、康國因朝退、趨殿廬、暴得疾、仰天吐舌、舁至待漏院卒、或疑中毒云。年五十四。

(35)蔡絛『鉄囲山叢談』巻三
孟翊有古學而精於『易』。魯公重之、用爲學官。嘗爲公言「本朝火德、應中微、有再受命之象。宜更年號・官名、一變世事、以厭當之。不然、期將近、不可忽。」魯公聞而不樂、屢止俾勿狂。未幾、大觀三年夏五月、天子視朔於文德殿、百寮班欲退、翊於群班中出一軸、所畫卦象赤白、解釋如平時言、以笏張圖內、唐突以獻。上亦不樂、編管遠方、而翊死。

(36)前注の史料では、蔡京は孟翊の行動を制していたが、孟翊が一人で先走ったとし、この件に関して蔡京は無関係だとしている。しかしこれは蔡京の息子が書いたものであるから、父を擁護することもあり、全面的に信頼するわけにはいかない。

(37)『宋史』巻四七二・姦臣伝・蔡京伝

(38)（大觀）三年、臺諫交論其惡、遂致仕。猶提擧修哲宗實錄、改封楚國、朝朔望。
『紀事本末』巻一三一「蔡京事迹」大観三年六月辛巳条
太學生陳朝老上書曰「蔡京姦雄悍戾、詭詐不情、徒以高才大器自處、務以鎭壓天下、以爲自古人臣惟一切因循苟簡以爲治、無敢橫身爲國建議立制者、於是出而鋭意更張、以爲天下後世無以復加。陛下傾心俯納、所用之人惟京爲聽、所行之事惟京爲從、故蔡京得以恣其姦佞玩弄、無所畏忌、直欲敗壞而後已。」
『宋史』巻四七二・姦臣伝・蔡京伝
太學生陳朝老追疏京惡十四事、曰「瀆上帝、罔君父、結奥援、輕爵祿、廣費用、變法度、妄制作、喜導諛、箝臺諫、熾親黨、長奔競、崇釋老、窮土木、矜遠略。乞投畀遠方、以禦魑魅。」其書出、士人爭相傳寫、以爲實錄。
(39)『宋史』巻三四八・徐勣伝
勣與何執中偕事帝於王邸、蔡京以宮僚之舊、每曲意事二人、勣不少降節。
(40)本書第一章三七頁参照。
(41)『紀事本末』巻一三一「蔡京事迹」大観四年四月癸未条
蔡京上『哲宗實錄』。
(42)『紀事本末』巻一三一「蔡京事迹」大観三年十一月己巳条、『編年備要』巻二七・大観三年十月条。
(43)曽敏行『独醒雜志』巻二
大觀四年五月、彗星出於奎・婁之間、又自三月不雨至五月、上頗焦勞。
(44)蔡絛『鉄囲山叢談』巻三
大觀末、魯公責宮祠、歸浙右。吾侍公舟行、一日過新開湖、睹漁艇往還上下。
『鉄囲山叢談』巻六
江湖間小龍號靈異、見諸傳説甚究。……至大觀末、魯公責東南、舟行始抵汴口、而小龍又出迫魯公。然小龍所隷南北當江湖間、素不至二浙也。政和壬辰、魯公在錢塘、居鳳山之下私第、以正月七日小龍忽出佛堂中、於是家人大小咸歎異、亦疑必有故。明日而魯公召命至、復加六字王。
(45)『紀事本末』巻一三一「張商英事迹」大観四年六月乙亥条

通議大夫・守中書侍郎張商英爲通議大夫・尙書右僕射兼中書侍郎。

(46)『紀事本末』巻一三六「当十錢」大観四年七月己未条

張商英言「當十錢、自唐以來、爲害甚明、行之於今、尤見窒礙。蓋小平錢出門、有限有禁、故四方客旅・貨物交易、得錢者必入中來鹽鈔、收買官告・度牒、而餘錢又流布在街市小民間、故官私內外、交相利養。自當十錢行、一夫負八十千、小車載四百千。錢旣爲輕齎之物、則告牒難售、鹽鈔非操虛錢、布得實價則難行、重輕之勢然也。今欲權於內庫竝密院・諸司借支應干封樁金銀物帛竝鹽鐵等、下令以當十錢盜鑄僞濫害法、限年更不行用。今民間盡所有、於所在州軍送納、每十貫官支金銀物帛四貫文。擇其僞鑄者、送近便改鑄小平錢、存其如樣者、俟納錢足十貫、作三貫文、各撥還元借處。然後京城作舊錢禁施行、乃可議榷貨通商鈔法。」

(47)久保田和男『宋代開封の研究』(汲古書院、二〇〇七年)二八〇～二八一頁。

(48)『紀事本末』巻一三一「張商英事迹」政和元年八月丁巳条

詔張商英罷尙書右僕射、除觀文殿大學士・知河南府。

(49)『宋史』巻三五一・張商英伝

(張商英)勸徽宗節華侈、息土木、抑僥倖。帝頗嚴憚之、嘗葺升平樓、戒主者遇張丞相導騎至、必匿匠樓下、過則如初。

(50)『宋史』巻三五一・張商英伝

楊戩除節度使、商英曰「祖宗之法、內侍無至團練使。有勳勞當陟、則別立昭宣・宣政諸使以寵之、未聞建旄鉞也。」訖持不下、論者益稱之。

(51)『編年備要』巻二八・政和元年四月条

中丞張克公又言「商英嘗毀謗先烈、比中宮建立、陰懷異意。又引黨人陳瓘・龔夬・鄒浩之徒使上書。且以己意令其客唐庚諷臺諫擊善良。縱中書吏漏泄命令。納結近臣、務使更革、以鼓動天下。」凡數罪、而給事中蔡嶷亦助克公排之。

(52)『宋史』巻三五六・劉嗣明伝

張商英居相位、惡其不附己。時鄭居中雖以嫌去樞密、然陰殖黨與、窺伺益固。嗣明與之合、計傾商英。門下省吏張天忱貶秩，嗣明駮弗下，商英爭之。詔御史臺覈曲直，商英以是罷。
(53) 本書第二章参照。
(54) 『紀事本末』巻一三一「蔡京事迹」政和二年二月戊子条
詔「太子太師致仕蔡京兩居上宰、輔政八年、首建紹述、勤勞百爲、除秩居外、薦曆歳時。況元豐侍從被遇神宗者、今則無幾、而又累經恩霈、理宜優異。可特復蔡京太師、仍舊楚國公致仕、於在京賜第居住。」
(55) 前掲注（47）久保田書二七六、二八一～二八二頁。
(56) 『紀事本末』巻一二五「官制」政和二年九月癸未条
詔曰「……公・少若除三公、卽爲宰相、合不帶太宰・少宰・左輔・右弼之任。三少・特進以下、卽帶太宰等官稱治省事。三公新官、太師舊官太師、太傅舊官太傅、太保舊官太保。此古三公之官、爲宰相之任、今爲三師。古無三師之稱、合依三代爲三公、論道經邦、燮理陰陽。官不必備、惟其人爲眞相之任。……新官太宰舊官左僕射、新官少宰舊官右僕射。門下省新官、左輔舊官侍中、中書省新官、右弼舊官中書令。」
(57) 『紀事本末』巻一三一「蔡京事迹」政和二年三月乙亥条
詔「太師致仕蔡京到闕、令二十五日朝見引對、拜數特依元豐中文彥博例、仍擇日垂拱殿賜宴、許依舊服玉帶、佩金魚、賜對見例物、遇六參日趨赴起居、在大班退、親王後入。」
(58) 太清楼の宴と蔡攸の立場については本書第五章を参照。
(59) 前掲注（5）小島論文。
(60) 前掲注（4）劉論文（日本語版）一五一～一五三頁。
(61) 前掲注（5）小島論文四六八頁。
(62) この史料には次のような原注がある。
句似有脱誤。別本「親涎」作「龍涎」、亦未詳。
(63) 『編年備要』巻二七・大観三年五月条
制違御筆法。詔中外官司輒敢申明衝改御筆處分者、以大不恭論。
(64) 鄧小南「掩映之間―宋代尚書内省管窺」（『朗潤学史叢稿』中華書局、二〇一〇年）。
(65) 実際は同族ではなかったが、同姓ということで早くから従兄弟ということにしていたらしい。

『宋史』巻三五一・鄭居中伝
　初、居中自言爲貴妃從兄弟、妃從藩邸進、家世微、亦倚居中爲重、由是連進擢。
(66)『宋史』巻二一二・宰輔表・大観元年閏十月丙戌
　鄭居中自資政殿學士・太中大夫・中太乙宮使兼侍讀・實錄修撰、仍前官同知樞密院事。
(67)『宋史』巻三五一・鄭居中伝
　居中始仕、蔡京卽薦其有廊廟器。既不合、遂因蔡渭理其父確功狀、追治王珪。居中、珪壻也、故借是撼之、然卒不能害。
(68)『宋史』巻三五一・鄭居中伝
　都水使者趙霖得龜兩首於黃河、獻以爲瑞。京曰「此齊小白所謂『象罔』、見之而覇者也。」居中曰「首豈宜有二。人皆駭異、而京獨主之、殆不可測。」帝命棄龜金明池、謂「居中愛我」、遂申前命、進知院事。
(69)黄葆光はさらに礼制局の官員数が多すぎることを批判するが、その矛先も蔡京陣営に向けられていたのであろう。
『宋史』巻三四八・黄葆光伝
　自崇寧後、增朝士、兼局多、葆光以爲言。乃命蔡京財定、京陽請一切廢罷、以激怒士大夫。葆光言「如禮制局詳議官至七員、檢討官至十六員、製造局至三十餘員、豈不能省去一二、上副明天子之意。」時皆壯之。
(70)何執中は致仕の翌年、政和七年（一一一七）に七四歳で死去している（『宋史』巻三五一・何執中伝）。
(71)本書第一章参照。
(72)『宋史』巻三五一・劉正夫伝
　京憾劉逵次骨、而逵善正夫、京雖賴其助、亦惡之。因章綖鑄錢獄辭及正夫、時使遼還、京諷有司追逮之。帝知其情、第貶兩秩。京又出之成都、入辭、留爲翰林學士。京愈不能平、謀中以事。作春宴樂語、有「紫宸朝罷袞衣閑」之句、京黨張康國密白帝曰「袞衣豈可閑。」竟改龍圖閣直學士、知河南府。
(73)『紀事本末』巻一三三「議礼局」政和三年閏四月壬戌条
　詔「議禮局官曾經應奉修皇后受册儀註、竝預討論武選官制文字、及『五禮新儀』了當、中書侍郎劉正夫・尙書右丞薛昂竝轉正議大夫、禮部尙書强淵明等竝轉一官。」

(74)『紀事本末』巻一三二「蔡京事跡」政和六年五月甲午朔条
御筆「蔡京遇朔望許朝、三日一知印・當筆。不赴朝日、許府第書押。不押敕箚、不書鈔。」

(75)のちに蔡京は毎日朝参することを求めており、このときの状態(三日に一度の出仕)は、非常に不満の残るものだったことが窺える。
『紀事本末』巻一三二「蔡京事跡」政和六年八月庚辰条
太師蔡京奏「臣昨以年逮七十、加之疾病、乞解機務。蒙恩特許三日一朝。今臣疾病既已痊復、筋力尚可勉强。伏望許臣日奉朝請、其治事卽依已降指揮。」從之。

(76)『宋史』巻二一・徽宗本紀・政和六年五月庚子条
以鄭居中爲少保・太宰兼門下侍郎、劉正夫爲特進・少宰兼中書侍郎。

第四章　徽宗朝の殿中省

はじめに

かつて満州国時代にその国立博物館奉天分館として設立され、戦後の民国時代には故宮博物院、南京博物院と並び、「三大博物院」の一つであった現在の遼寧省博物館は、その歴史に違わず、一一万点を超える文物を収蔵する。特にラストエンペラー溥儀とともに北京から移った、旧奉天博物館に由来する唐宋元期の書画は豊富で、宋の徽宗・高宗・孝宗三代の真筆も収蔵されている(1)。その中には有名な痩金体で書かれた徽宗「楷書千字文」や高宗「書曹植洛神賦巻」などとともに、徽宗の宸筆とされる「蔡行勅」という文書が残されている。

「蔡行勅」は三五・五センチ×二一四・六センチの描金八宝箋本に力強い行書で書かれており、最初の一行を除き、本文は一行七字で揃えられ、最後の日付までで二一行、合計一二七字の文書である。

まずその全文を掲げる。

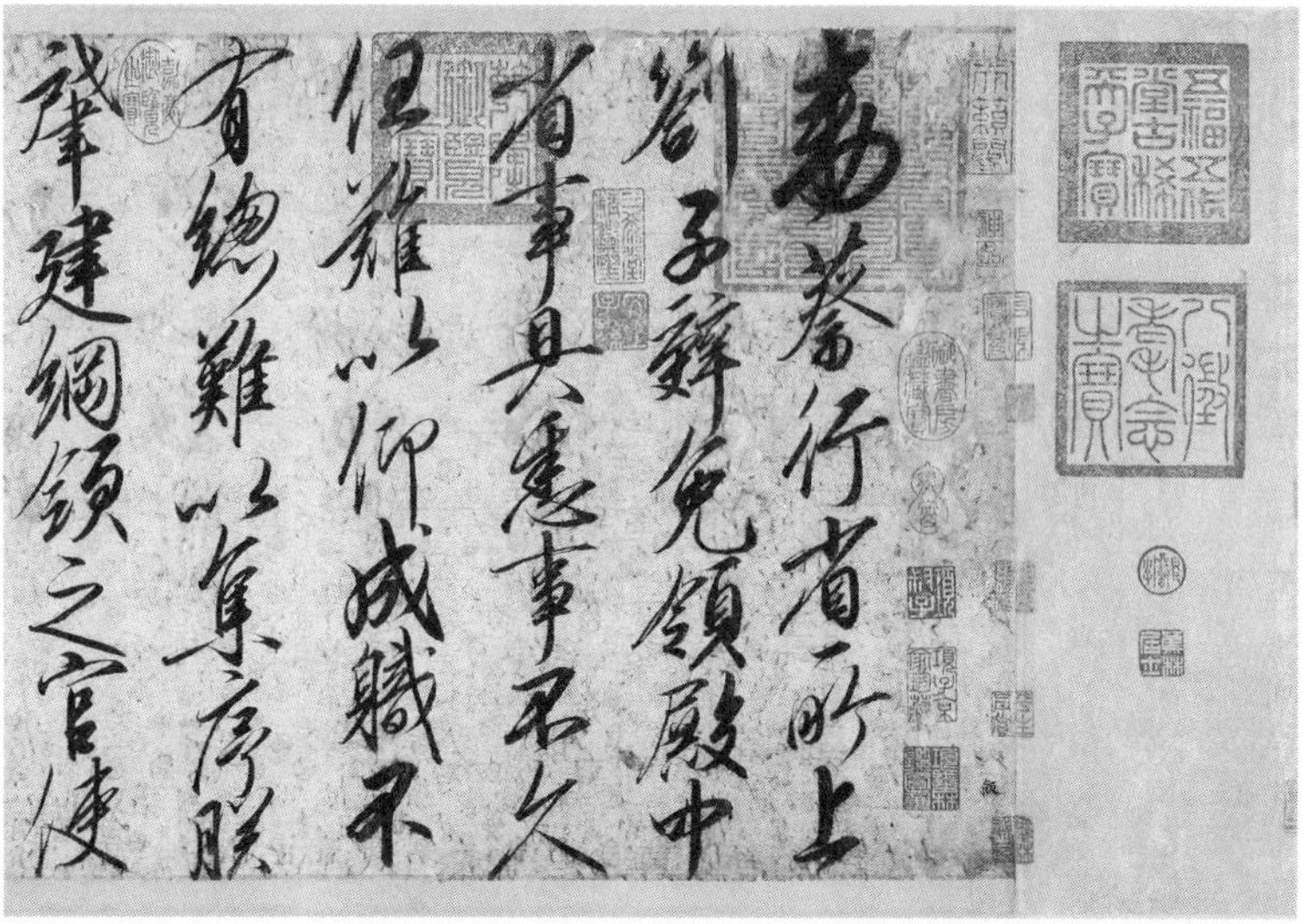

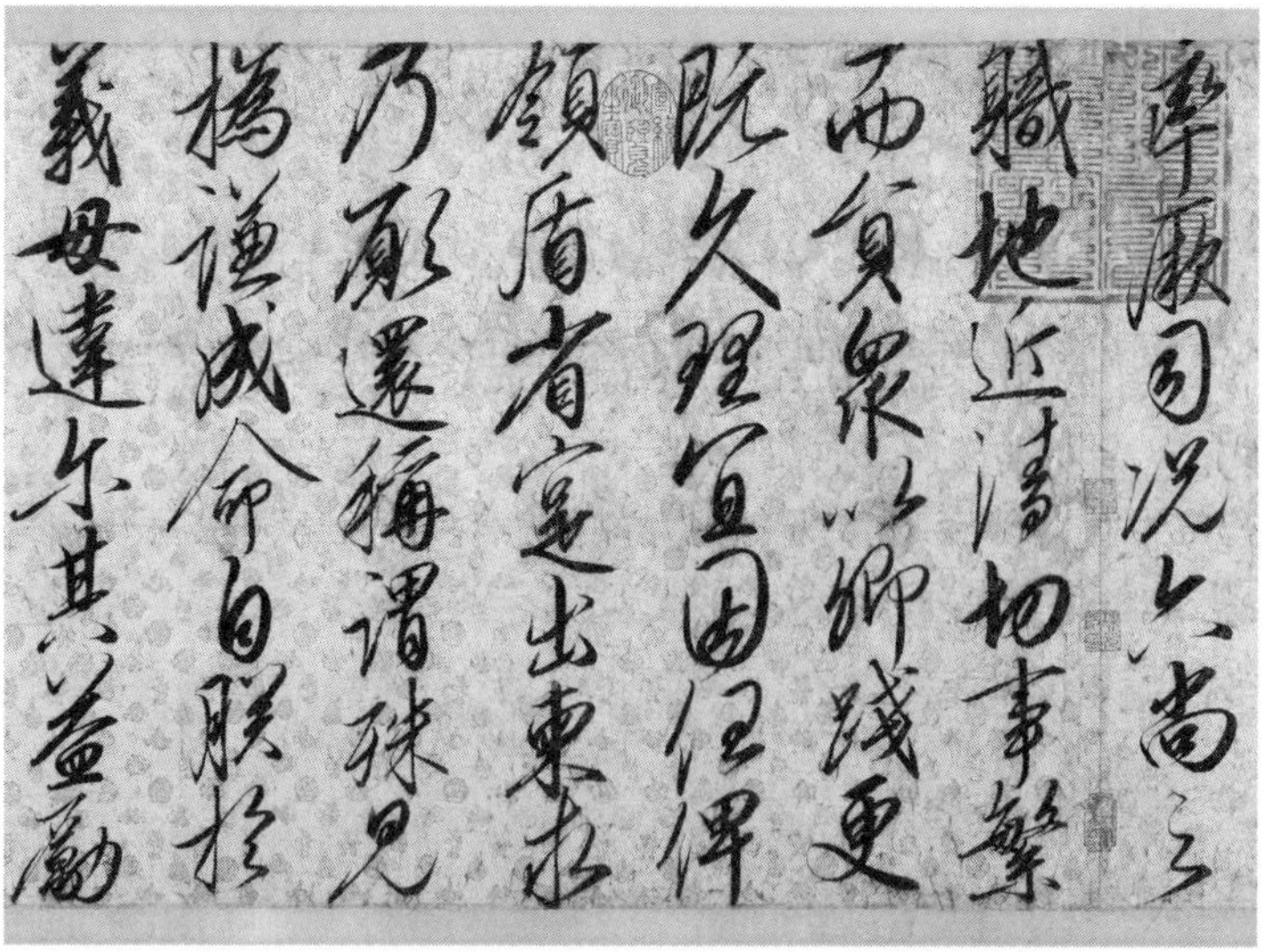

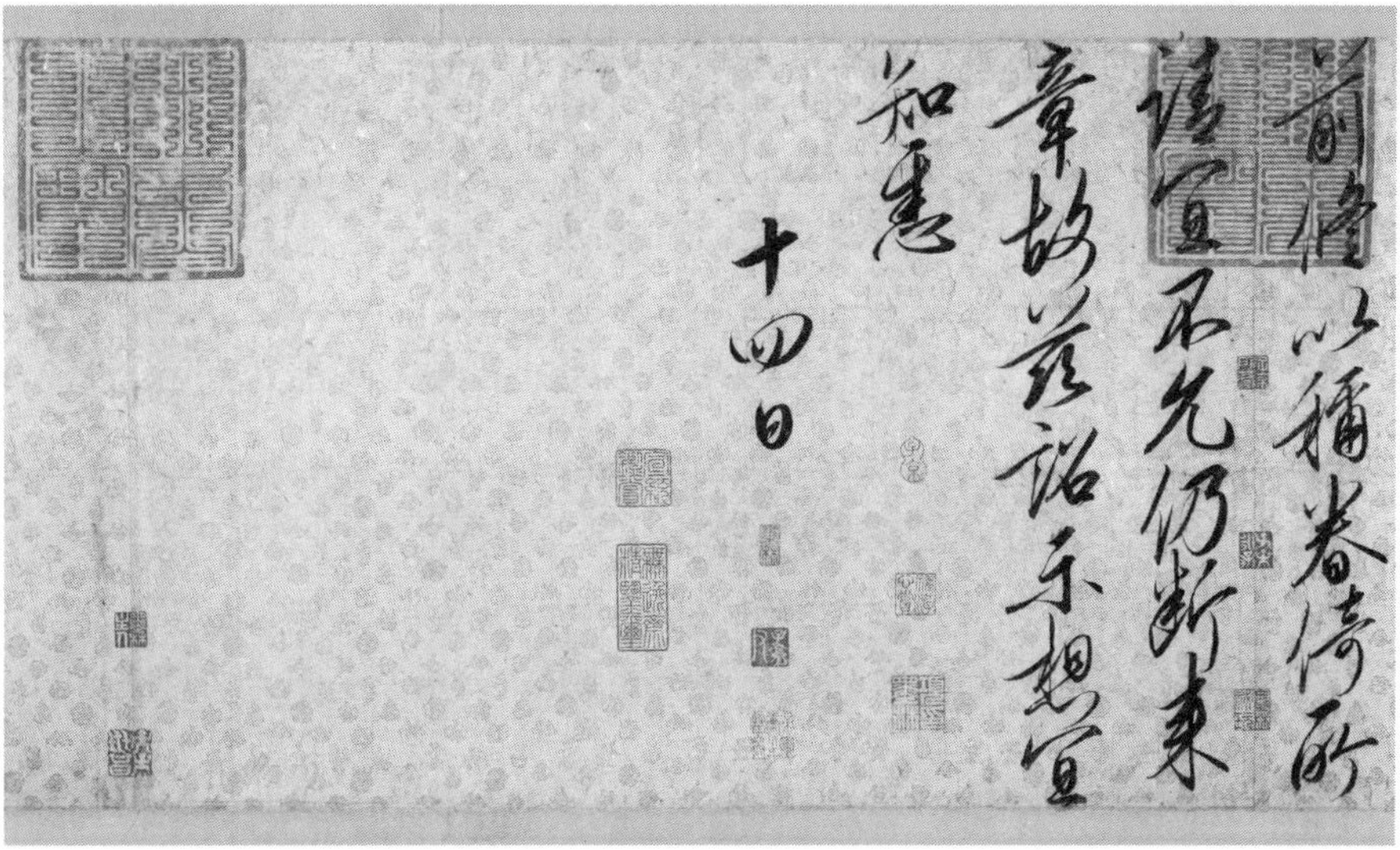

勅蔡行。省所上
劄子、辭免領殿中
省事、具悉。事不久
任、難以仰成、職不
有總、難以集序。朕
肇建綱領之官、使
率厥司。況六尙之
職、地近清切、事繁
而員衆。以卿踐更
旣久、理宜因任。俾
領盾省、寔出衷求。
乃願還稱謂、殊見
撝謙。成命自朕、於
義毋違。爾其益勵
前修、以稱眷倚。所
請宜不允。仍斷來
章。故茲詔示。想宜
知悉。
十四日。

蔡行に勅す。上る所の劄子を省るに、
領殿中省事を辭免せんとのこと、
具悉す。事久しく
任ぜざれば、以て仰成し難く、職に總ぶるもの
有らざれば、以て集序し難し。朕、
肇めて綱領の官を建て、
厥の司を率いしむ。況んや六尙の職、
地は清切に近く、事繁にして
員衆し。卿は踐更すること
旣に久しきを以て、理として宜しく因任すべし。
盾省を領せしむるは、寔に衷求に出づ。
乃ち稱謂を還さんと願うは、殊に
撝謙を見わせり。成命は朕自りせば、
義に於いて違うこと毋かれ。爾其れ勵を
前修に益し、以て眷倚に稱え。
請う所宜しく允さざるべし。仍お來章を斷つ。
故に茲に詔示す。想うに宜しく
知悉すべし。
十四日。

勅。　　　勅。

勅蔡行。　蔡行に勅す。

内容としては、「蔡行」なる人物が「領殿中省事」の辞職を願った箚子に対し、それを慰留した文書である。これは単なる形式的な文書ではなく、「勅」との名称が示すように皇帝が下したものであり、しかも後に考察するように、徽宗本人の手になる「御筆手詔」であると思われる。皇帝が自ら筆を執って書いたものであれば、その受信者との密接なつながりが窺われる一次史料である。

いま注目したいのは「蔡行」と「殿中省」という部分である。蔡行は蔡京の直系の孫であり、宋代の殿中省は「蔡行勅」中に「朕、肇めて綱領の官を建て」と言う如く、徽宗朝に初めて設置され、皇帝に非常に近侍する役割を担ったものだった。しかもこれは南宋には置かれず、両宋三二〇年のうちたった二十四年しか存在していなかった官署である。この文書は、いわくあり気な官署にいわくあり気な人物が就任していたことを示しており、それを徽宗皇帝が御筆をもって慰留しているのである。

では宋代における殿中省とはいかなる官署であったのか。管見の限りこの問題に関する専論はこれまで見当たらない[2]。しかし徽宗朝における政治状況、とりわけ蔡京当国を考える上で重要な官署だと思われる。如何なる目的で設置され、どんな働きを行っていたのか。

以下まず第一節において「蔡行勅」を徽宗による御筆手詔と考えることの蓋然性を追究し、続く第二節で宋代の殿中省について考察を行う。

第一節　宋徽宗「蔡行勅」考

「蔡行勅」は遼寧省博物館でも特に貴重視され、通常展示に出されないどころか、中華人民共和国建国以来、一度も展示がなされなかった秘蔵中の秘蔵の品であった。それが二〇〇五年、博物館が新館に移転したことを機に、同年十二月から「清王朝宮廷散逸書画国宝展」が開催され、該文書は開館以来初めて一般公開された。そしてそれに合わせるかたちで出版された『清宮散佚国宝特集』書法巻に原寸大カラーで掲載されている(3)。その後二〇一一年にも第三届「宋元明清書画大展覧」に出品された模様である。

「蔡行勅」自体はそれ以前の一九六一年、文物出版社から景印されているほか(4)、近年いくつかの美術書に収録されている。中でも全文の図版を収載しているのは『中華五千年文物集刊』と『中国書蹟大観』である(5)。一方で清代の『三希堂法帖』第三冊にも入れられ、その拓本が徽宗墨跡として紹介されることが多い(6)。中でも詳細な解説が付けられているのが『中国書道全集』で、唐代文書研究の大家、中村裕一氏が書かれたものである(7)。

徽宗行書の数少ない伝存作品としてこのように貴重視される「蔡行勅」であるが、一方ではそれを疑問視する向きがある。中村氏はその解説の中で、この勅が唐代における「論事勅書」、宋代における「詔書」に相当し、その王言の定立過程から考えて徽宗宸筆ではあり得ないと断じている。すなわち、唐代の王言のうち「論事勅書」は中書舎人・知制誥・翰林学士らによって起草され、皇帝が御画（御画可、すなわち成案に「可」字を書くこと）し、中書令・中書侍郎・中書舎人による宣・奉・行という手続きを経て作成される。さらにその原本は中書省に留め置かれて、中書省の吏である令史・書令史らによって謄書されたものが発信される。『宋史』巻一六一「職官志」中書省に載る宋代の王言の種類と『玉海』巻二〇二・辞学指南に見える「詔書」の形式「勅某…故茲詔示、想宜知悉」を踏まえれば、本文書は宋代における「詔書」形式に符合し、宋代の王言起草も唐代同様、知制誥・翰林学士によってなされているため、やはりこれは徽宗宸筆ではなく、謄本にすぎない。以上が中村氏の主張である。

しかしながら本文書は先に述べたように、近年の美術書などでは徽宗行書の代表作として取り扱われており、(8) 書の作品として相当な域に達していることは既に広く認められている。そのような筆跡が本当に一介の単なる胥吏の書いたものなのだろうか。

この中村氏の考察は歴史制度の側面から行われたものだが、書画作品自体がもつ美術的特徴からなされた鑑定では、その真贋についてどのように判断しているのであろうか。日本現代書家の大家・西川寧氏は、

瘦金書以外の行書に恭事方丘勅〈政和七年・一一一七・三十六歳〉と蔡行勅〈無年月〉があり、草書に千字文〈宣和四年・一一二二・四十一歳〉があって、三つとも遼寧省博物館に蔵せられ、近ごろ印本が伝わって来た。第一には最後に「依奏」の二字の瘦金があるが、本文の行書の横画は肩上がりであり、筆触のなめらかなところも徽宗とはうけとり難い。これは瘦金と行書との違いとは言えぬようだ。阮元の『石渠随筆』(巻二)にこの巻をあげて「宮嬪の墨跡」だときめつけているのが注目される。第二は古く宋太宗とし、『式古堂』や『石渠宝笈』もそう記載しているが、第一と全く同筆である。第三についてももう少し考えねばならぬものがあるようだ。第一には「御書之宝」大小二印あり、第二には同じ大印、千字文には「御書」の一印があるが、これらの印はどこから見てもじっくりしたもので、これは真物であろう。(9)

といい、徽宗親筆説には懐疑的である。[10] 同じく曹宝麟も「蔡行勅」の筆勢は、女子の特徴があり、徽宗が教えた女官の手になるものだという。[11]

一方、楊仁愷氏の鑑定では、本文書の文字は行書・楷書など書体の違いはあれど、「瑞鶴図題詠」など徽宗真筆が確実な作品との共通性が確認でき、本文書は徽宗宸筆であると結論付ける。[12]

このように大家と称される方々の間でも「蔡行勅」の評価は分かれている。加えてこの文書の伝来経緯には疑問となる点が少なくない。いったいこの文書は徽宗の手になるものだろうか。それとも一書吏の手になるものだろうか。

先にも書いたが、本文書「蔡行勅」は「御筆手詔」と呼ばれる命令文書ではないか、というのが著者の考えである。この「御筆手詔」は序章でも述べたように、徽宗の時代に出現し、広汎に用いられた文書形式であった。しかも「蔡行勅」は、時の宰相の孫にして徽宗の身辺に仕えてきた一個人に対して出されたもので、書吏が謄写して各地に送るものとは性格が違っており、そうなれば徽宗親筆の可能性も多分に残した「御筆手詔」という命令文書である蓋然性は高いと思われる。

そこで本節では、「蔡行勅」が「御筆手詔」である可能性について考察を行う。いま美術的観点から直接的にその真贋について結論が得られないのであれば、それ以外の方面から考察を加えてみたい。具体的には「蔡行勅」に付された跋文と所蔵印を手掛かりとしてこれまでの所蔵経緯を検証し、南宋以来どのように扱われてきたのかを確認し、続いてそこに使用された御宝（皇帝の印璽）が持つ意味を探り、制度的方面から「蔡行勅」の実際に迫ってみたい。

一、「蔡行勅」跋文の検討

まずは「蔡行勅」の所蔵の経緯から本文書に迫ってみたい。そもそもこの文書は辞任願いを出した蔡行に対し、それを慰留したものであるから、当然のこととして最初の所有者は受信者たる蔡行である。では蔡行とはいかなる人物なのか。それは先にも示したように、北宋末の専権宰相蔡京の長男である蔡攸の子であった[13]。詳しくは本章第二節で見るが、彼は宣和年間（一一一九〜一一二五）に殿中省のトップ殿中監（あるいは領殿中省事）であったことが確認でき、この文書はその在任期間中に賜ったものであろう。

周知の通りこの宣和年間末に女真・金朝が北宋に侵入し、徽宗は欽宗に譲位、都の開封は包囲された挙句掠奪の憂き目に遭い、徽宗上皇・欽宗皇帝ともども北方に拉致される。それまでの繁栄は一瞬のうちに崩れ去ったのであった。このような事態を受けて、蔡行の祖父・京は「六賊」に数えられ、父・攸も処刑され、一族は各処へ流罪となる[14]。北宋崩壊の責を負わされ、以後南宋に入っても一族が浮かび上がることはなかった。彼らの財産は籍没（没収）されたが、王明清『揮麈録』には次のような話が載る。

明清頃ごろ蔡微の處に於いて祐陵〔徽宗〕の蔡元長〔蔡京〕に與えし賡歌一軸を観るを得、皆な眞蹟なり。……微は元長の孫、自ら云う「其れ父祖富貴鼎盛の時に當たり、悉く隆儒亭會閣に貯う。此れ百分の一、二のみ。國禍家艱の後、人間に散落するもの、其の幾ばくなるかを知らざるなり。

明清頃於蔡微處得觀祐陵與蔡元長賡歌一軸、皆眞蹟也。……微、元長之孫、自云「當其父祖富貴鼎盛時、悉貯於隆儒亭會閣、此百分之一二焉。國禍家艱之後、散落人間、不知其幾也。（王明清『揮麈録』余話巻二）

「隆儒亭會閣」とは、同じく『揮麈録』にある如く、大臣それぞれの邸宅において皇帝から賜った御書による扁額を有する建物「御書閣」で、例えば蔡卞（蔡京の弟）の御書閣は「元儒亭会」であった。[15] 同文献においてて蔡京のそれは「君臣慶会」だったとされており、この「隆儒亭会閣」は蔡微（詳細不明）の父のものであったかもしれない。そのような御書閣に皇帝から送られた品々が保管されていたのだが、その大部分は北宋滅亡に際して散佚してしまっていたという。それは単に亡国の混乱のためだけではなく、蔡京の財産は籍没されており、その対象になった可能性も否定できない。[16] いずれにせよ本文書「蔡行勅」もそれらと同じ道をたどったであろうことは想像に難くない。

こうしてすでに南宋初期の段階で「蔡行勅」は所蔵元は不明となった。それが世上に再び現れたときには、「蔡行勅」は徽宗ではなく太宗の宸筆とされていた。前近代における書法書のうち、この文書を採録しているのは、時代の古い順に、

明・汪砢玉『珊瑚網』巻三・法書題跋・「宋太宗行書蔡勅」（真蹟在金花箋上）
清・卞永誉『式古堂書画彙考』巻九「宋太宗勅蔡行帖」
清・顧復『平生壮観』巻二・書翰・北宋・太宗「蔡行勅」
清・勅撰『石渠宝笈初編』巻二九・御書房「宋太宗書蔡行勅一巻（上等洪一）」

の四書で、いずれも太宗の書として扱っている。[17] その大きな要因となったのが、「蔡行勅」に付された跋文四文であった。

①元祐三年五月廿六日、給事鄭穆拜觀す。
　元祐三年五月廿六日、給事鄭穆拜觀。

②天生の聖人は物と是れ殊なれり。是の勅を拜觀するに、蓋し見るべし。行公は當朝に在りて功績大著、宜しく是の寵を膺くべく、亦た薄からずと爲す。其れ德望の盛んなること、子瞻已に詳述せば、庭堅及ぶに暇あらず、聊か歳月を志すと云う。時に元祐乙亥五月八日、山谷黄庭堅。
　天生聖人與物是殊。拜觀是勅、蓋可見矣。行公在當朝功績大著、宜膺是寵、亦爲不薄。其德望之盛、子瞻已詳述、庭堅不暇及、聊志歳月云、時元祐乙亥五月八日、山谷黄庭堅。

③此の巻乃ち□宗皇帝の御筆勅一道、蓋し蔡行の中書省事を辭するを允さざる者なり。茲の字畫を觀れば、飛動すること虎踞龍騰の若く、風雲慶會、正に以て聖天子の生知測らず、遠く常流に異なるを見る。當時在廷の臣、之を得て至寶と爲す。中書公、問學・忠勤に素有るに非ざれば、曷ぞ寵錫を承くること是の若きや。誠に金玉錦繡、奚ぞ直を比ぶるに足らん。宜なるかな、蔡氏の子孫、當に其の重んぜられる所を知り、永永に其れ藏すべし。是を用いて之を書し、以て景仰を誌さんと云う。淳祐丙午三月望日、鄭淸之頓首し、養魚莊に書す。
　此巻乃／□宗皇帝御筆勅一道、蓋不允／蔡行辭中書省事者。覩茲／字畫、飛動若虎踞龍騰、風雲／慶會、正以見／聖天子生知不測、遠異常流。當／時在廷之臣、得之爲至寶。中書／公、非問學・忠勤有素、曷承寵／錫若是哉。誠金玉錦繡、奚足／比具［直］。宜乎、蔡氏子孫、當知其所／重、永永其藏。用是書之、以誌景／仰云。淳祐丙午三月望日、／鄭淸之頓首、書于／養魚莊。

④欽んで惟うに我が太祖の聖化普浹し、夷夏清寧す。朝野の士夫、書畫を以て樂と爲すを得るは、定めて千百載の良遇なり。伯溫先生一日此の巻を出だし、乃ち曰わく「宋太宗皇帝の手勅なり」と。禕之を展玩するに、其の落筆人を驚かせ、出言神化なるを見る。誠に天生の英特なり。自ずから一頭地に出凡し、世の指倫すべきに非ず、晉の王・劉・陶・索、唐の歐・虞・顔・柳と雖も、當に其の閒に奴事すべけんや。伯溫氏此の巻を寶愛すること、木難・尺璧より甚だし。非識相見、須く能く茲に洞鞠すべきなり。嗟羨して已まず、末に拜書すること此くの如し。洪武二十二年四月二十六日、烏傷王禕謹んで記す。

欽惟我太祖聖化普浹、夷夏清寧。朝野士夫、得以書畫爲樂、定千百載之良遇也。伯溫先生一日出此卷、乃曰「宋太宗皇帝手勅。」禕展玩之、見其落筆驚人、出言神化。誠天生英特。自出凡一頭地、非世可指倫、雖晉之王・劉・陶・索、唐之歐・虞・顔・柳、當奴事其閒哉。伯溫氏寶愛此卷、甚於木難・尺璧。非識相見、須能洞鞠于茲也。嗟羨不已、拜書于末如此。洪武二十二年四月二十六日、烏傷王禕謹記。

それぞれ作者とされるのは①鄭穆、②黄庭堅、③鄭清之、④王禕である。(18)朱恵良・楊美莉両氏は①②④を偽作と断じ、中村氏は先の解題の中で③を偽作とされたので、結局すべてが信頼できないとされているわけだが、実際のところはどうであろうか。改めて検討してみよう。

まず①と②はどちらにも「元祐」という年号が記されている。これは哲宗朝前半のもので、単純に西暦になおすと一〇八六～一〇九四年に当たっている。「蔡行勅」の受信者として徽宗・宣和年間（一一一九～一一二五）の領殿中省事蔡行が特定されている現在、まだ書かれていない文書に跋文が書けるはずもなく、この二跋が偽作であることは論ずるまでもない。さらに①鄭穆が給事中になったのは元祐四年（一〇八九）十月で、元祐三年五月にはまだ給事中ではないし、[19]②の「元祐乙亥」は元祐年間に乙亥の年が存在しない。[20]

③についても中村氏が指摘されるように、南宋の宰相までつとめた鄭清之が、当時の状況から考えても、北宋滅亡の原因とされる蔡京一族を「忠勤有素」などと称揚することは不自然である。また跋文中、殿中省と中書省を取り違えるなど、同王朝の人としてはあり得ない。殿中省は本章で見るように特殊な官署であったが、中書省は北宋前半においても名目的に、元豊以降ならば名実ともに宰執クラスが所属する組織であり、それを辞免するということは、宰相職を辞するというに等しい。「蔡行」という人物が宰相にいたかどうか、同時代の士大夫ならば、しかも自らが宰相まで勤めた鄭清之ならば、決してそのような間違いを犯すまい。偽作であることは間違いなかろう。

最後の④についてはすでに卞永誉が疑問を抱いている。

此れ『珊瑚網』本なり。按ずるに烏傷の王忠文禕、洪武五年に雲南に使いし、六年に害に遇う。劉青田基は洪武八年に卒し、而るに此に「洪武二十二年」と載す。王禕の記の中に「伯溫此の巻を出して云云」と有り、其の誤りなること疑い無し。或いは洪武二年に、「二十」の兩字を衍書するに係るか。眞蹟に遇うを俟ちて考正せん。

此『珊瑚網』本也。按烏傷王忠文禕、洪武五年使雲南、六年遇害。劉青田基卒於洪武八年、而此載「洪武二十二年。」王禕記中有「伯溫出此卷云云」、其誤無疑。或係洪武二年、衍書「二十」兩字。俟遇眞蹟考正。（卞永誉『式古堂書画彙考』巻九「宋太宗勅蔡行帖」）

つまり王禕・劉基の没年と「洪武二十二年」の記述が合わないことを指摘しているのである。[21]彼は本文書を実見せず、『珊瑚網』で見たにすぎないため、或いは「洪武二年」の誤りかとしつつも存疑のままとする。しかし年数の記載で「十二」あるいは「二十」の衍字は考えがたく、杜撰な誤りであろう。

このようにして見ると、文書に付された跋のいずれもがやはり信用に値しないものということになる。それでは何を手掛かりとして所蔵関係を調べればよいのだろうか。これまでの美術関係書ではここまでの指摘しかなされていないが、実は「蔡行勅」にはこれら四跋の後にさらに一文が付されている。その一文を手がかりに、明から清にかけての所蔵経緯を見てみよう。

二、「蔡行勅」の所蔵経緯

跋文四則のあとに書かれていた一文とは、次のようなものである。

⑤宋太宗の手勅「蔡行中書省事」。明・嘉靖四十一年秋八月、鄞中范氏より得、墨林項元汴家藏。

宋太宗手勅蔡行中書省事。明・嘉靖四十一年秋八月、得於鄞中范氏、墨林項元汴家藏。[22]

これは跋文というより単なる識語にあたるが、わずかこれだけの文から、本文書が明の嘉靖四十一年（一五六二）に鄞中范氏の手を離れ、項元汴の所有となっていたことが分かる。

項元汴は嘉靖四年（一五二五）～万暦十八年（一五九〇）を生没年とした秀水檇李（浙江省嘉興）の人で、字は子京、墨林山人・香厳居士などと号した。自らも書画を善くし、文彭・文嘉兄弟（文徵明の子）や陳淳・彭年・豊坊たちと交友があったが、何より大収蔵家として知られ、法書名画を収集して自らの蔵書楼である天籟閣に蔵した。彼は経営に巧みで富裕をほこり、宋版の噂を聞きつければ、金に飽かせず買い求めたという。

鑑賞に精しく、その購入時には自らの鑑識眼に加え、文彭・文嘉兄弟を伴って鑑定を行った。

本文書に捺された蔵書印のうち、「天籟閣」「神品」など三六種はすべて項元汴のものである。[23] 所蔵書画に夥しく印を捺すのは彼の特徴であり、本文書が項元汴の所蔵となっていたことは間違いなく、それは識語により嘉靖四十一年（一五六二）八月だと判明する。さらに先の所有者の「鄞中范氏」は場所・年代より考えて、寧波天一閣を蔵書楼とする范欽である可能性が高い（生没年一五〇五～一五八五年）。このような項元汴の識語は、通常購入時の金額をそのまま記すことが多く、時にそれが顰蹙を買う所以であるが、今回はどうしたことか記されない。あるいは金額を書き込むことが習慣となる以前にあたるのか、それとも無償で譲り受けたものなのだろうか。

項元汴の所蔵印は件の四つの跋文にも捺されているため、彼が入手した段階ですでにそれらが付されていたことが分かる。[24] ちなみに『珊瑚網』の作者汪砢玉は父汪荊筠（号は愛荊）の故を以て項元汴と交遊があり、その著書は自らが所蔵するもの以外も収録していたというから、[25] おそらく項元汴のもとで本文書を見た可能性が考えられる。ただ『珊瑚網』には項元汴の識語は記録されていない。

これらのことにより、すでに嘉靖四一年（一五六二）に項元汴が入手した時点で、本文書は太宗書とされており、それと符合するような跋文四種が作成されていたことが分かる。明中期からこれら書画骨董に対する蒐集熱が高まってきていたというから、[26] おそらくその時流に乗って、本文書が再び出現したものであろう。

ただ本文書の跋文のうち、宋代を称する三つの跋には「太宗」の文字は出現せず、③鄭清之跋が不自然に「宗皇帝」（二行目冒頭）と称するに止まる。四行後の「聖天子」の部分がそうなっているように、この部分も改行・擡頭があってしかるべき箇所である。実際「宗」の上には不自然な汚れが確認でき、何者かによって一字削去されたものと考えられる。[27]

楊仁愷氏「附記」は、太宗の書の伝存が少ないことにつけ込んだ偽作者が、より稀少価値を持たせるため廟号を一字を取り去り、鄭穆・黄庭堅・王禕の題跋を加えたものと推測する。しかしこれは鄭清之跋が本物であることを前提としたもので、先にも記したように、この跋は内容から考えて彼本人のものとはし難い。それにもし削去された一字が「徽」であったならば、史上名高い文人皇帝・徽宗の銘をあえて捨ててまで、偽の「太宗書」に仕立て上げる必要があったであろうか。

これら不審な宋代の跋三則に対し、この文書を太宗のものとはっきり称するのは④王禕跋であるが、実は彼の文集『王忠文公集』[28]巻一三には「跋宋太宗御書」という跋文が残されている。これはもちろん本文書に付されたものとは別物で、偽跋の作者はあるいは王禕が「宋太宗御書」を所持していることを知り、それに付会した可能性が考えられる[29]。

王禕の『王忠文公集』二四巻は正統年間（一四三六～四九）に義烏県丞の劉傑によって出版され[30]、楊士奇の序が付けられている。これは以前にあった『華川集』前集十巻・後集十巻を合して出来たものだという（『四庫全書総目提要』巻一六九・集部・別集）。その後集には宋濂の序があり「子充（王禕の字）も亦た濂を以て知己と爲し、後集の首簡に序せしむ」と言うので、あるいは王禕の生前から文集は存在していたようである。ただ現在確認できる最も古い版本・嘉靖元年（一五二二）刊本に付けられた祝鑾の序には[31]、

余 義烏に至り、王忠文公集を得て之を讀む。其の梓を問うに、曰く「存する弗し」と。其の集の人に藏せし者を問うに、曰く「千百の一二なり」と。

余至義烏、得王忠文公集讀之。問其梓、曰「弗存矣。」問其集之藏于人者、曰「千百之一二矣。」（嘉靖元年刊本『王忠文公文集』祝鑾序）

とあって、その時期まで流伝することは非常に少なかったらしい。[32]もしも偽跋の作者が王禕の文集にある「跋宋太宗御書」をもとに跋文を作成したのだとすると、嘉靖元年刊本を見た可能性が高い。項元汴が入手するわずか数十年前のことである。

とすれば次のような推測が可能になるであろう。つまり、元末明初の混乱が落ち着いた時期に、何らかの価値ありそうな達筆な書作品が出現した。捺された「御書之宝」より判断して帝王の書であることは察しがつく。そのときたまたま王禕の文集に「跋宋太宗御書」が存在することを知り、これに付会して偽跋を作成した、ということである。

では何故はっきりと書かれている「領殿中省事」をことさら無視し、中書省としてしまったか。これも当時の状況を考えれば理解可能である。何故なら明代には殿中省はおろか、中書省すら存在はしておらず、いずれも遠い過去の制度であったからである。[33]まだ中書省の方は唐以来、宋・元を経て明初まで存在し、一貫して宰相府であったのに対し、殿中省はすでに明初の時点で二五〇年以上前に廃された官署で、しかもそれほど特筆される存在ではなかった。両者の知名度を比較すれば、殿中省に気づかず、「中」「省」の字を見て中書省を想起してしまうのはやむを得ないことだったに違いない。しかも明初の百年は出版状況の沈滞・衰退期に当たっており、市場に版本は出回っておらず、それほど簡単に史書を繙くこともできなかったのである。[34]

この流れが変わるのが、正徳（一五〇六～二一）・嘉靖（一五二二～六六）頃で、以降書籍出版は隆盛を極めるようになる。先に見た王禕の文集に関する事情もこれと関係しており、ちょうど嘉靖元年に重刻された該書が諸人に参照されたと推測する所以である。[35]

以上、いささか想像に想像を重ねすぎた嫌いはあるが、明中期に「蔡行勅」は「再発見」され、偽跋が作成された。それが范欽を経て項元汴に渡ったものであろう。

項元汴の天籟閣は、当時范欽の天一閣と並称されたほどの蔵書を誇ったが、明清交代期に清の千夫長汪六水によって奪われたという[36]。しかしそれ以前に作品が市場に出回っていたというから[37]、本文書がどの時点で項氏の手から離れたかは不明である。ちなみに清兵による嘉興府落城は、順治二年（一六四五）閏六月である[38]。

さて再び「蔡行勅」に話を戻し、捺されている他の所蔵印を見てみると、前隔水に捺された「蒼巌子」「蕉林居士」や鄭清之跋に捺された「玉立氏印章」は明末清初の梁清標のものである。梁清標（生没年・泰昌元年（一六二〇）～康熙三〇年（一六九一））は、字を玉立・棠村、蕉林・蒼巌などと号した。直隷真定（河北正定）の出身で、崇禎一六年（一六四三）の進士。明清両朝に仕え、康熙年間には内閣大学士にまで昇った。書法に巧みな一方、古書画を収蔵し、「甲天下」の称があったという。その鑑識眼は高く、彼の鑑定を経て収蔵印の捺された書画は、ほぼすべて真跡だったとされる。

このことから、一貫して江浙地方に逓伝されてきた「蔡行勅」が明清交替期を経て華北に運ばれ、清・康熙年間に梁清標の手に帰したことは間違いない。その間には明後期からの書画ブームと密接に関わり合う書画商人たちの活動があったことは言うまでもない。梁清標は表装師でもあった北京の王際之と関わりがあり、王際之は江南の書画市場から彼の目利きにかなう商品を一括購入して北方へ持ち去っていたという[39]。それらの動きの中で、「蔡行勅」も北に移動したのであろう。

またそれら書画商人の一人に、明末清初に活躍した呉其貞という人物がいるが、彼の著作『書画記』に「蔡行勅」が登場している[40]。

書は八寶金箋の上に在り、字を計うるに百二十七。書法清爽、聯緜纏綣にして、飄藤蕩柳の勢有り。予此の勅を見るに、方めて知れり、徽宗の書、筆として太宗に規模せざるは無しと。「御書之寶」の印璽を用う。余後「鳳池帖」上の太宗の書を見るに、此と異ならず。巻後の黄山谷の題識は蓋し贋筆なり。此れ嘉興沈氏家に得。時に庚子十二月七日なり。[41]

書在八寶金箋上、計字百二十七。書法清爽、聯緜纏綣、有飄藤蕩柳之勢。予見此勅、方知徽宗之書無筆不規模於太宗。用「御書之寶」印璽。余後見「鳳池帖」上太宗之書、與此無異。巻後黄山谷題識蓋贋筆。此得於嘉興沈氏家。時庚子十二月七日也。（呉其貞『書画記』巻四「宋太宗『蔡行勅』一巻」）

「得」というのが「手に入れる」の意か、「目にするを得る」の意かは判然としない。彼は書画の保存に気を遣い、所蔵品にも印を捺さなかったというから、[42]本文書にその痕跡が無いからといって所蔵していなかったということにもならない。

一方、彼の鑑定にもまた定評があり、所有者や経緯に気兼ねせず、実物に即した批評を行ったといわれる。だがやはりその彼でも、本文書を太宗の書としてしまっている。しかし史料中の「規模」とはここでは「手本とする」、もっと言えば「模倣する」の謂いであり、本文書の筆致が他の徽宗の書と同じであることを認めている。これは「蔡行勅」が徽宗の書とされている現在から見れば当然のことだが、逆に太宗の書として下した呉其貞の批評は、皮肉にもそれが徽宗宸筆であることの傍証となってる。

呉其貞はこの「蔡行勅」を「嘉興沈氏家」から手に入れた、あるいは目睹しており、それは庚子の年十二月七日であった。彼の生年から考えて、庚子の年は順治一七年（一六六〇）であろう。つまり、嘉靖四一年（一五六二）以来、項元汴の手にあった「蔡行勅」は、のち同じ嘉興の沈氏所蔵となり、一六六〇年に呉其貞の目に触れているいうことになる。

この「嘉興沈氏」は、同じく『書画記』に、

以上書畫十九種、嘉興の沈子容の家にて観る。本と高愚公の物、父子進士にして、皆な工部に官たり、古玩を好み、家に多く收藏す。……子容は愚公の妻弟兄。愚公の子幼く、皆な子容これを攝理す。時に甲午〔順治一一年・一六五四年〕三月六日。

以上書畫十九種、觀于嘉興沈子容家。本高愚公之物、父子進士、皆官工部、好古玩、家多收藏。……子容、愚公妻弟兄。愚公子幼、皆子容攝理焉。時甲午三月六日。（『書画記』巻三「趙伯驌勘書図一幅」）

と言われる「沈子容」に違いなく、そのコレクションの一部は「高愚公」の遺品で、幼いその子弟に代わって管理をしていたものだった。嘉興高氏はやはり同書中に、

嘉興の高・李・姚・曹の四家に係る。夫れ四家は収藏すること前後已に百年に及ぶ。

係得於嘉興高・李・姚・曹四家。夫四家收藏前後已及百年。（『書画記』巻四「張樗寮楷書杜詩一首」）

とあるものだろう。

明末清初における嘉興の蔵書家高氏といえば、高承埏が挙げられる。崇禎十三年（一六四〇）の進士で、地方官のときに清軍を防いで功を上げ、工部虞衡司主事となり、明朝滅亡後は故郷に隠棲した。西園を築き、蔵書楼である稽古堂には七万余巻を収めたという。[43]そして彼の字は「寓公」であった。その父道素（初名斗光）は万暦四十七年（一六一九）の進士で、工部屯田司郎中のときに「桂邸案」中に冤罪で処刑されている。そして「鑑古を善くし、書画に工み」だったという。[44]『書画記』にいう「父子進士、皆官工部、好古玩、家多

収蔵」というすべての特徴に当てはまり、嘉興高氏というのは高道素・承埏父子のことと考えられる。「愚公」は「寓公」の誤りであろう。

高承埏は順治五年（一六四八）に亡くなっており、[45]先の記述を合わせると、遺児の子佑釲・佑鈵たちは、[46]母の兄弟である沈子容に扶育され、一六五四年に父の遺産の書画も同じく管理されていたのだと思われる。[47]ただその沈子容であるが、嘉興沈氏といえば『萬暦野獲編』を残した沈徳符と同族だと思われる。しかし残念ながら沈子容個人を特定することはできなかった。

すなわち明末清初の嘉興において、すでに相当なコレクションを形成していた高道素・承埏父子の遺品が、沈子容によって管理されていたのだった。その沈氏から呉其貞は「蔡行勅」を入手しており、もとは高氏のコレクションであった可能性も否定は出来ない。「蔡行勅」は含まれていないが、呉其貞が沈子容邸で見た十九種の書画のうち、少なくとも一件はもと項元汴の所有物だったものが存在していたし、[48]

是の日、宋搨祖本の木刻『淳化帖』十巻を見る。上に文衡山の小楷の題識有り、項墨林の物に係る。
是日、見宋搨祖本木刻『淳化帖』十巻、上有文衡山小楷題識、係項墨林之物。（『書画記』巻三「趙伯驌勘書図一幅」）

同日に見た宋祖本『淳化閣帖』も含めて、項元汴旧蔵品が高承埏を経て沈子容の手に落ちていることが分かる。「蔡行勅」も同じ経緯を辿った可能性があるが、沈子容は高承埏の遺品を代理で管理しているだけなので、果たして他人に譲ることが出来たのか、遺憾ながら詳細は不明である。確実なのは沈子容から呉其貞に「蔡行勅」が移されたということである。

その後「蔡行勅」は先に見たように、王際之などの書画商人によってか華北に移され、梁清標の所有に帰したものと考えられる。

「蔡行勅」に残された所蔵印に戻ると、項元汴・梁清標二氏以外に捺されたものは「乾隆御覧之宝」「嘉慶御覧之宝」「宣統御覧之宝」の諸印で、言うまでもなく清朝諸帝の所蔵となっていたことを示す。[49]『石渠宝笈初編』の編纂が開始された乾隆九年（一七四四）十月までには御書房に収められ、清朝滅亡後溥儀とともに満洲に移動して、現在の遼寧省博物館所蔵へとつながるのである。

以上判明する範囲で「蔡行勅」の所蔵経緯をたずねてみれば、鄞中范氏（范欽？）—項元汴—（高道素？—高承埏？）—沈子容—呉其貞—（王際之？）—梁清標—清内府ということになる。注目すべきは明清を代表する蔵書家・鑑定家の手を経てきており、その多くが本文書に書としての価値を見出していることである。いわば「蔡行勅」は、歴代著名鑑定家たちの折り紙付きの文書であると言える。しかもこれは作者を太宗と勘違いしてのものであり、やはりこれが単なる書吏の謄写であるとはとても思えないのである。

三、「御書之宝」について

「蔡行勅」に見えるもう一つの特徴として、文書中に押された一〇・五センチ四方の「御書之宝」印の存在がある。まさしく宋元以降の官印に見られる九畳篆の印であり、[50]同じく徽宗「楷書千字文」や「恭事方丘勅」に付された鄭居中の劄子にも「御書之宝」が押されていて、これらはほぼ間違いなくその宸筆に「御書之宝」が捺されたことを意味している。[51]中村氏は「しかし、「御書之宝」は皇帝の宸筆のみに用いると証明されてはおらず、「御書之宝」は他にも用いる可能性が十分のこされているのである。」と曖昧に述べられている。いったい「御書之宝」が捺されていることにはどのような意味があるのだろうか。

そもそも「宝」とは唐代の武則天が諸璽を宝と改めてより、皇帝の印璽のことを指す。『建炎以来繋年要録』巻一所引の『靖康要盟録』には、開封を陥落させた金軍が、宮中皇帝殿の白玉宝一四を奪ったことが記されるが、その一つに「御書之宝」が見えている。また同時に奪われた金宝の一つにも同文の印がある。[52]これはその後『大金集礼』にも現れ、そこでは宋より奪った玉宝として竜紐、螭紐二つの「御書之宝」と金宝「御書之宝」の合計三つが記される。[53]

しかしこれらはおそらく実際に使用されたものではなかろう。『雲麓漫鈔』にはいわゆる玉璽についての説明が、秦代の伝国璽より説き起こされている。そこに引かれた『受宝記』によれば、宋代では元豊年間に皇帝六宝を作り、徽宗の大観二年（一一〇八）には二宝を加えて八宝とし、さらに政和八年（一一一八）に定命宝を作ったが、それらは朝会や儀礼の際に陳列し、皇位の正統性を象徴する道具としての面が強かった。[54]これに対して、

本朝の故事、前代の制を存すると雖も、常に用いる所は「書詔之寶」と曰い、書詔なれば則ちこれを用う。「御書之寶」は宸翰なれば則ちこれを用い、「御前之寶」は宣命の緘封なれば則ちこれを用い、奏抄は則ち「天下合同之寶」を用い、祭祀は則ち「皇帝恭承天命之寶」六を用う。

本朝故事、雖存前代之制、常所用曰「書詔之寶」、書詔則用之。「御書之寶」、宸翰則用之、「御前之寶」、宣命緘封則用之、奏抄則用「天下合同之寶」、祭祀則用「皇帝恭承天命之寶」六。（趙彦衛『雲麓漫鈔』巻一五）

とある諸宝が、普段用いられたものであろう。そしてその中に「御書之宝」が含まれ、宸翰の際に用いると明記されている。

この「宸翰」、皇帝直筆とされる文書についてより詳しく述べるのは、南宋の史家である李心伝である。

本朝の御筆・御製、皆な必ずしも人主親御せる翰墨にあらざるなり。祖宗の時、禁中の事を処分して外に付す者、之を内批と謂う。崇（寧）・（大）観の後、之を御筆と謂う。其の後、或いは内夫人を以て之に代う。近世の所謂る御寶批なる者は、或いは上が批し、或いは内省夫人が代批し、皆な御寶を用う。又た所謂る親筆なる者有り、則ち上 親から押字を書し、必ずしも寶を用いず。御製の文字に至りては、亦た或いは近臣に命じて視草せしむ。

本朝御筆・御製、皆非必人主親御翰墨也。祖宗時、禁中處分事付外者、謂之內批。崇觀後、謂之御筆。其後或以內夫人代之。近世所謂御寶批者、或上批、或內省夫人代批、皆用御寶。又有所謂親筆者、則上親書押字、不必用寶。至於御製文字、亦或命近臣視草焉。（李心伝『建炎以来朝野雑記』乙集巻十一・故事「親筆与御筆内批不同」）

宋朝において「御筆」や「御製」と称されるものは、そのすべてが皇帝の宸筆というわけではなく、「祖宗の時」つまり北宋において禁中から出される文書は「内批」と呼ばれ、徽宗朝以降は「御筆」と言い、その後は内夫人という女官がこれを代筆するようになった。「近世」つまり南宋において「御宝批」というものは、皇帝がコメントを書くこともあれば、「内省夫人」が代筆することもあり[55]、いずれも御宝を用いる。それ以外に「親筆」があり、皇帝が「御押」（サイン）を書いて、いつも御宝を捺すわけではない。「御製の文字」（皇帝ご自身の文学作品）は、翰林学士などの近臣が原稿を書いていることがある。以上が李心伝の見解である。ただここには「御宝」というのみで、その印文についての記載はない。

管見の限り、宋代の史料中で御筆と御宝の関係にまつわる記事は以上の二つしか確認できず、あとはかなり時代は下って、明代の史料中に宋代の命令文書についての記述が見えている。御宝の印文について記すのは『新増格古要論』に載る宋濂の「題宋高宗賜羅尚書手詔」である。

右手詔八十四字、蓋し思陵〔南宋高宗〕新安公汝楫に賜いし所の者なり。按ずるに宋制、凡そ群臣の上章に陳乞する所有り、允せば則ち章後に就きて之に批し、之を批答と謂う、允さざれば則ち別に手詔を降し、之を御筆と謂う。其の字乃ち内夫人の代書なれば、璽は則ち「書詔之寶」を用い、或いは上自ら翰墨を御して以て之を賜う者、之を親筆と謂い、璽は則ち「御書之寶」を用い、或いは帝筆の印記及び花書を用う。此の詔は蓋し所謂る御筆なる者なり。

右手詔八十四字、蓋思陵所賜新安公汝楫者也。按宋制、凡群臣上章有所陳乞、允則就章後批之、謂之批答、不允則別降手詔、謂之御筆。其字乃内夫人代書、璽則用「書詔之寶」、或上自御翰墨以賜之者、謂之親筆、璽則用「御書之寶」、或用帝筆印記及花書。此詔蓋所謂御筆者也。（『新増格古要論』巻一〇「古今誥勅題跋」・元金華宋濂「題宋高宗賜羅尚書手詔」[56]）

臣下の上奏で乞うところあるとき、①それを可とする場合は章奏の後ろにコメントを書き、これを「批答」と言う。②不可とする場合は別に手詔を降すが、これは「御筆」と呼ばれる。③その字を内夫人が代筆すれば「書詔之宝」を用いる。[57]④皇帝自らが筆を執るのは「親筆」で、「御書之宝」ないしは「帝筆印記」と「花書」を用いるという。「花書」は「天下一人」のような「御押」のことであろうし、「帝筆印記」とはいわゆる「御書瓢印〔葫蘆印〕」など、現存する絵画資料などに見られる印記のことであろう。両者はしばしば同時に現れている。[58]

李心伝は北宋後半の「御筆」と南宋の「御宝批」の関係を明言せぬため曖昧さを脱しきれないが、禁中から降される文書「内批」をすべて「御筆」と呼ぶようになったというのならば、大きな「御筆」というカテゴリーの中に、内夫人代筆の「御宝批」と皇帝の「親筆」があり、前者には「書詔之宝」が必ず捺され、後者は「御書之宝」か、あるいは「御押（花書）」と「帝筆印記」のペアが用いられるのである。一方「御筆」と「御宝批」が同じものというのであれば、「御筆」＝「御宝批」と「親筆」が代筆と宸筆とで対立しているということになる。のちに女官以外の者が「御筆（手詔）」作成に関与したとされていることなどから、筆者は前者の蓋然性の方が高いと考える。

いずれにせよ今考えている「御書之宝」は、代筆には捺されず、皇帝宸筆である「宸翰」や「親筆」にのみ捺されるものということになる。

ただこれと少し意見を異にする史料があり、それは先と同じ宋濂の文集に、

凡そ旨有り、内より出でし者は内批と曰い、又之を御筆と謂い、皆な内夫人の代書なり。而して所謂る御寶批なる者は、或いは上批し、或いは內夫人批し、皆な之に識すに御寶を以てす。唯だ親筆のみ則ち上の親書、押字して而して寶を用いず。此の批は寶を用いずして而して押字有り、正しく所謂る親筆なる者なり。聊か幷せて之に及び、以て當時の故事を見るべしと云う。

凡有旨、從內出者曰內批、又謂之御筆、皆內夫人代書。而所謂御寶批者、或上批、或內夫人批、皆識之以御寶。唯親筆則上親書、押字而不用寶。此批不用寶而有押字、正所謂親筆者也。聊幷及之、以見當時故事云。（宋濂『文憲集』巻十三「題孝宗付史丞相内批」[59]）

とあるもので、「親筆」のみが皇帝の宸筆であり、これには「宝を用いず」と記している。同じ人物でありながら、先には「親筆」でも「御書之宝」を用いるとしながら、ここでは「御押」のみで「御宝」は用いな

いというのであるから、明らかに齟齬を来している。また南宋人の李心伝は、「親筆」には「御押」を用いて、「御宝」は必ずしも用いない、という慎重な言い回しをしていたのだが、宋濂はここでは全く用いないとして全面否定をしているのである。

これと同じ見解を示すのが、宋濂と同年代の王褘で、

宋制、天子の御札外に付せば、之を内批と謂い、又た之を御筆と謂う。其の詞は多く詞臣の擬進する所にして、而して皆な内夫人の代書する所なり。所謂る御寶批なる者は、則ち或いは上批し、或いは内夫人批し、皆な御寶を用いるなり。所謂る親筆なる者は、則ち上の親書する所、或いは押字を加え、寶を用いざるなり。今熙陵の丞相張文定公齊賢母子に賜る二札を観るに、前の一札は、辭意字畫甚だ古質、且つ御寶を用いざれば、蓋し親筆なり。後の一札、詞既に溫暢、字も亦た秀潤、復た御寶を其の後に識せば、蓋し御寶批なり。

宋制、天子御札付外、謂之內批、又謂之御筆。其詞多詞臣所擬進、而皆內夫人所代書。所謂御寶批者、則或上批、或內夫人批、皆用御寶也。所謂親筆者、則上所親書、或加押字、不用寶也。今觀熙陵賜丞相張文定公齊賢母子二札、前一札、辭意字畫甚古質、且不用御寶、蓋親筆也。後一札、詞既溫暢、字亦秀潤、復識御寶其後、蓋御寶批也。（王褘『王忠文公集』巻一三「跋宋太宗御書」）

二つ目の宋濂の記事とともに、おそらく李心伝の記述に基づきながらも、「親筆」は「御押」を用いて「御宝」は用いない、と断定しており、彼に至っては「御宝」がある時点ですでにその文書を「御宝批」だと見なしている。

またその「御宝批」に使われる「御宝」の印文について記すのが、やはり明代の程敏政である。程敏政は

『宋遺民録』や『宋紀受終考』を編纂し、明代における宋史研究者の一人であり、その見解は傾聴に値する。その彼が宋理宗の御製詩を検討し、「御宝」の印文についても区別して考えている。

宋制、凡そ群臣に陳乞する所有り、章の後に就きて之を批せば、則ち之を内批と謂い、而して寶は用いず。別に手詔を降し、或いは御製せる詩文有りて臣下に賜予すれば、則ち之を御筆と謂う。其の字、内嬪の代書せる者は、則ち「詔書之寶」を用う。或いは自書し、或いは代書する者は、則ち「御書之寶」を雜え用う。或いは親筆なれば、則ち押を用い、而して寶を用いず。此の巻、前の三詩は「御書之寶」を用い、後の五札は押有りて而して寶無し、當時に在りて必ず親書し、而して更代以來亡びたるなり。

宋制、凡群臣有所陳乞、就章後批之、則謂之内批、而不用寶。別降手詔、或有御製詩文賜予臣下、則謂之御筆。其字内嬪代書者、則用「詔書之寶」。或自書、或代書者、則雜用「御書之寶」。或親筆、則用押、而不用寶。此巻、前三詩用「御書之寶」、後五札有押而無寶、在當時必親書、而更代以來亡矣。（程敏政『篁墩文集』巻三六・題跋「題明良慶会巻後」）

上奏文の末尾に書き込まれたものは「内批」と言い、宝は捺さず、別に「手詔」や「御製詩文」があれば「御筆」と呼ぶ。「御筆」のうち、①すべて女官が代筆しているものには「詔書之宝」を捺す。②一部を皇帝が自書し、一部は代筆であるものは「御書之宝」を「まぜて使う」。③すべて皇帝の「親筆」であれば「御押」を用いて宝は捺さない。「御筆」にはこの三種があるという。②の「まぜて使う」というのは、おそらく「詔書之宝」と「御書之宝」を二つ用いるということを意味し、おそらく程敏政の考えでは、宸筆・代筆がまじっている文書には、それぞれの場所に「御書之宝」「詔書之宝」が捺される、ということになるのであろう。この見解によると、「御書之宝」が捺されたものは、捺された箇所が皇帝宸筆であるとする一方で、文書すべてが「親筆」ではないということになり、③にいうようにすべて「親筆」であれば「御押」のみで「御宝」は用いない、というやはり全部否定になっている。

かなり複雑な議論となってきたが、「親筆」に「御宝」があってもよいとするのが南宋の李心伝（同じく南宋の趙彦衛も同じ）と明初の宋濂（一つ目の史料）、「御押」を用いて「御宝」を用いないとするのが明初の宋濂（二つ目の史料）・王禕・程敏政である。「御宝」の使用に関して部分否定か全部否定かの違いであり、文字としては「不必用」か「不用」かの微妙な違いだが、制度のこととしては大きな違いである。

要するにこれは皇帝からの文書上に、「御押」と「御宝」が併存可能かどうかという問題につながる。とすれば各種史料に見える実例から、これを判断せねばならない。そこで『石渠宝笈初編』に基づいて徽宗朝における「御書之宝」使用例を探れば、巻二二・重華宮三「宋徽宗花鳥写生一冊」〈次等黄一〉や巻二九・御書房二「宋徽宗書七言律詩一巻」〈上等荒一〉には、御押とともに「御書之宝」印が捺されている。現存する「草書千字文」も有名な徽宗の御押「天下一人」の上に「御書」宝が捺されており、むしろこれは「帝筆印記」と「花書」のパターンであるかもしれないが、印文は違えど御押と宝は併存するという李心伝らの説が支持される。これらは宸筆による書画上のものだが、文書としては碑刻の「賜劉既済書」に、「草書千字文」と同じく御押「天下一人」上に「御書」宝の組み合わせが見られる。(60)また現存する文書上に残された「御押」と「御宝」としては徽宗朝のものではないが、そのすぐあとの南宋高宗朝初期のものとして「宋高宗賜岳飛手勅」が台北故宮博物院に残されており、「付岳飛」という文字上に「御書之宝」が捺され、下に「御押」が書かれている。このように「御押」と「御宝」は同

賜劉既済書

時に出現している。

また別の史料中には、北宋末、徽宗から譲位された欽宗の、

上意稍く定まり、即ちに紙を取り「回る可し」の二字を御書し、寶を用い、中宮・國公を追還せしむ。

上意稍定、即取紙、御書「可回」二字、用寶、俾使追還中宮・國公。（李綱『靖康伝信録』巻上・靖康元年正月四日条）

という行動が記されている。これは靖康元年（一一二六）に上皇徽宗が開封を脱出したことが判明し、それを追っていった宦官・諸王らを開封に呼び戻す命令書を、まさに欽宗が李綱らの目の前でしたためたものである。あくまでも非常事態ではあるが、ここでは確かに欽宗の親筆命令書に「宝」が捺されている。おそらくこの「宝」の印文は「御書之宝」あるいは「御書」であったろうし、即位後わずか十一日目の欽宗がとったその手法は、徽宗時期のやり方を踏襲したものであったに違いない。

以上の様々な実例などから、宋代皇帝の親筆文書は「御押」のみで「御宝」を用いない、との説明は当たらず、御押のみの場合もあるだろうが、御押と御宝を併用することもあった。逆に言えば「御書之宝」が捺された文書は、少なくとも一部は皇帝親筆であるといえる。

そこで「蔡行勅」に戻れば、ここに「御書之宝」が捺され、それがすでに見たように西川寧氏も「これらの印はどこから見てもじっくりしたもので、これは真物であろう」と述べる如く、偽作の印記でないというのであれば、「蔡行勅」は少なくともその一部が徽宗の手になる文書と考えられるであろう。

ちなみに唐以前に「御書之宝」がどう扱われていたかと言えば、基本的にそのような銘文の印璽は史乗に見当たらない。例えば唐代において門下省所属の符宝郎が管理していた皇帝の印璽八宝の銘文は『大唐六典』

巻八で確認できるが、「御書之宝」は存在しない。逆に後代の金・元・明では、金が遼・宋から奪った「御書之宝」を所持していたが、その具体的な用例は確認できない。元ではそもそも皇帝自らが詔勅を記すことなどあろうはずもなく、印章の制度は完備していたが「御書之宝」は無い[61]。明においては御宝二四種を数えるが、やはり「御書之宝」は見えない[62]。つまり「御書之宝」は宋代に特有の御宝であった[63]。

四、皇帝の「御筆手詔」

では「蔡行勅」に関して残る課題は、中村裕一氏が問題とされた宋代における文書通達規定であろう。氏は「宋代の王言の起草が翰林学士や中書舎人の職掌の一つであることは、従来の研究で明らかにされており」と述べられる。それは北宋前半における知制誥、元豊以降の中書舎人らを指すのであれば、確かに間違いないのだが[64]、それにつづけて「宋代の詔書も唐代の論事勅書と同様の手続を経て、王言として定立され発信されたと考えられる」とされるのは問題無しとはしない。というのもすでに本書序章で述べたように、本文書の成立した徽宗朝は宋代命令文書の大きな変革期にあり、御筆手詔が王言の一つとして法的根拠を持って登場する時期に当たっているからである。

御筆手詔は皇帝直筆を前提として中書・門下を経ずに直接下される文書であり、唐代における「手詔（手制）」とは名称が似る以外は全くの別物で、それまでの王言成立過程からは大きく逸脱した文書である[65]。その点、中村氏の見解には明らかに北宋後半期における御筆手詔の存在が欠落している。有名な徽宗筆「神霄玉清万寿宮碑」の額に「御筆手詔」と殊更記されるのは[66]、それが北宋末の新制度、最も権威ある王言として発せられたことを高らかに謳ったものである。

中村氏は著書の中でも「蔡行勅」を（氏の主眼は唐代文書の考察であるから当然であるが）独立して扱わず、唐代でいう論事勅書と同系統の文書とされ、特に「勅」で始まる文書に共通する点として、①「勅」の次に「勅某」と必ず人名が入り、「某に勅す」という形を採ること。②「必ず季節を示す文言が入り、「比平安好」・「平安好」の語があること。③「遺書。指不多及」の語が結句として使用されること。④最後に「某日」と発信日が示されること。以上の四点を共通点として指摘される。(67) しかし「蔡行勅」に関しては四点のうち、①・④は認められるものの、②・③に関しては該当しない。

一方で唐代の論事勅書が「公卿を慰諭し、臣下を誡約」するときに用いられ、皇帝と臣僚というより個人的関係において発せられるというから、「蔡行勅」もその内容から見て、論事勅書の系譜を引く文書とする見解に異議はない。

しかし、宋代において論事勅書（と同じ系統の形式を持つ文書）を関係官庁の担当者・書吏が形式的に作成したのであれば、上記の四点を備えたものを書くはずではなかろうか。事実中村書で「蔡行勅」とともに同じ宋代の例として挙げられた「賜陳堯咨勅」（『金石萃編』巻一三〇）は、先の四点をすべて満たしたものとなっている。これは「蔡行勅」が単に伝統的な形式のみに依存して出されたものではないことを示していないだろうか。

このことに関して興味深い話が『三朝北盟会編』にある。当時宋が陥せなかった燕京を金が陥落させ、その引き渡しをも含めた金・宋間の交渉が行われていたが、宋の国書に「惹筆」（具体的に何を意味するのかは不詳）があることについて金側が文句をつけた。それに対して宋の使者趙良嗣は、

對うるに「自來の國書は止だ有司 人を分けて修寫し、體例に拘り、自ずから惹筆無し。今は主上の親

御せる翰墨に係れば、是れ大國を尊崇するの意なり」を以てす。
對以「自來國書、止有司分人修寫、拘於體例、自無惹筆。今係主上親御翰墨、是尊崇大國之意。」（『三朝北盟会編』巻一五・宣和五年三月一八日条『燕雲奉使録』）

これまでの国書は所司がただ体例にのっとって書いていただけだったので、自然と「惹筆」はなかった。今回は皇帝が自ら筆をお執りになったものであり、これは大国である貴国を尊崇する意思を示したものなのだ、と抗弁している。(68) これは当時徽宗が自ら公文書を記す際、これまでの体例に完全には従っていなかったことを示している。本「蔡行勅」が中村氏の言う「勅」で始まる論事勅書に共通する四点の体例に完全には当てはまらないことは、この状況を示すものと考えられる。

ただ御筆手詔とはいっても、これが徽宗の宸筆間違いなしと断定はできない。先に見た李心伝・程敏政が言うように、南宋においては女官代筆による御筆手詔も存在しており、徽宗朝においてもそうであった可能性がある。当初は徽宗の宸筆を建て前としたものだろうが、神宗朝における内降手詔の慣習があり、尚書内省が存在したことから、内省夫人らによる御筆代筆が認められるようになる。

内降は祖宗より以來これ有り、但だ聖旨を作りて行下す。崇寧に親筆有り、乃ち御筆と稱す。大觀四年夏、始めて詔すらく「御筆に違わば違制を以て論ず」と。（政和）六年春、凡そ御筆は頗る上の字に類せず。宣和改元後、內降は則ち又た時時に吏體に作り、宮人の筆札に非ず。
內降、自祖宗以來有之、但作聖旨行下。崇寧有親筆、乃稱御筆。大觀四年夏、始詔「違御筆、以違制論。」六年春、凡御筆頗不類上字。宣和改元後、內降則又時時作吏體、非宮人筆札。（岳珂『宝真斎法書賛』巻二「徽宗皇帝諸閣支降御筆」）

ここでは宣和以降、内降（御筆）が次第に皇帝の宸筆ではなくなり、最後には書吏風の字体に崩れ、内夫人など女官の書いたものではなくなったことが述べられる。[69]その「吏体」とは何かといえば、

魯公〔蔡京〕因りて奏して曰く「陛下の號令、何ぞ（梁）師成の體・外人の書によるべきや」と。上曰く「宮人字を作すに、舊様佳からず。朕これに教え、今其の書頗る男子に類す、良に嘉すべし。卿蓋し誤れり」と。其の後始めて通知す。今睿思殿文字外庫使臣楊球等の若きこれを掌り、張補等點検す。小閹三四人、出納を主り、寶を用いて以て外に付し、これを宣和殿の後廊に處す、但だこれを東廊と謂うは、即ち其の所なり。

魯公因奏曰「陛下號令、何可由師成體・外人書。」上曰「宮人作字、舊様不佳。朕教之、今其書頗類男子、良可嘉。卿蓋誤矣。」其後始通知。今睿思殿文字外庫使臣若楊球等掌之、張補等點檢。小閹三四人、主出納、用寶以付外、處之于宣和殿之後廊、但謂之東廊、即其所也。（岳珂『宝真斎法書賛』巻二「徽宗皇帝諸閣支降御筆」）

蔡京が「陛下の命令がどうして梁師成の書体・陛下以外の者の書でなされているのですか」と問い詰めると、[70]徽宗は「宮人（女官）はもと字が良くなかったが、朕が教えて男子のような字を書けるようになった。まことに喜ばしく、卿はだから見間違えたのだ」との言い訳をしている。つまり神宗朝の内降手詔が女官による代筆であったことをやめ、基本的に皇帝の宸筆を建前として始められた徽宗朝の御筆であったが、実際にはまた女官による代筆も行われており、[71]当時それは皆が認識していたことを示す。先の曹宝麟氏が「蔡行勅」を「徽宗教誨的女子之手」とし、阮元が『石渠随筆』で「祀方丘勅」を「宮嬪の墨跡」というのは、この事実を踏まえてのものだろう。

それではこのように筆跡が変化する中で、御筆手詔はどのようにしてそれとしての証拠を担保しえたのか。特に一般普遍的な命令内容の場合、禁中から出された文書というだけでは、果たしてそれが正式な御筆手詔なのか、受け取った側は判断しかねるであろう。そこで重要なのが御宝の存在だったのだと思われる。趙彦衛・李心伝らが言っていたように、行政文書としての御筆手詔で代筆が絡んだものには、何らかの御宝が必ず捺されていたし、皇帝親筆であっても御宝の捺されることが多かったことはすでに見た通りであった。徽宗朝後半に宦官や使臣らが御筆を自由にしていた際も何らかの「御宝」を用いねば、三省を経ない特別な命令文書は効力を発揮しづらかったに違いない。[72] 逆に言えば御宝があることによって、御筆手詔は御筆手詔として認識され、政治的効力を持ち得たのだろう。

以上により、「御書之宝」が捺された「蔡行勅」は、徽宗のごく周辺の禁中で作成された御筆手詔であることは間違いないなく、しかもその内容は蔡行という一個人に宛てたものであり、少なくとも一般の命令文書のように中書省の書吏によって謄写されたものでないことは明らかである。ただその御筆手詔には、すべてが徽宗「親筆」のもの、一部に女官代筆を含む、あるいは全部が女官代筆のもの、宣和以降の宦官・使臣による代筆のものなどいくつもの種類があり、制度の面からは詳細が不明なところも多く、「蔡行勅」が徽宗の宸筆であるとは断言できない。ただ捺されたのが「御書之宝」であり、明清以降の著名な鑑定家がその価値を認め、収蔵されてきたことから、「蔡行勅」が徽宗宸筆である蓋然性は高いと思われる。

つづいて次節においてはこの文書が示す内容、すなわち「殿中省」における「蔡行」が、徽宗の御筆手詔によって慰留されていた事実につき、考察を進めたい。まずは北宋・南宋あわせて約三二〇年のうち、北宋末のわずか二十数年しか存在しなかった殿中省という官署について、その設置の経緯から検討を始める。

第二節　宋代の殿中省

一、設置の経緯

そもそも殿中尚書の名は古く魏晋時代にすでに見え、北魏に至り殿中監として門下省に隷し、独立して殿中省となったのは唐代のことであった。[73]『大唐六典』によれば、長貳官は殿中監・少監といい、それぞれ従三品、従四品上で、その下に丞・主事があったが、その職掌は、

殿中監は乗輿・服御の政令を掌り、尚食・尚藥・尚衣・尚乘・尚舍・尚輦六局の官屬を總ぶ。其の禮物を備え、而して其の職事に供う。少監は之が貳を爲す。凡そ聽朝なれば則ち其の屬を率い繖扇を執りて以て左右に列ぶ。凡そ大祭祀なれば則ち大珪・鎭珪を壇門の外に進め、事既《つ》きれば受けてこれを藏す。凡そ行幸なれば則ち仗内に侍奉し、若し遊燕田閟なれば則ち驂乘して以て焉に從う。

殿中監掌乘輿・服御之政令、總尚食・尚藥・尚衣・尚乘・尚舍・尚輦六局之官屬。備其禮物、而供其職事。少監爲之貳。凡聽朝、則率其屬、執繖扇、以列於左右。凡大祭祀、則進大珪・鎭珪於壇門之外、既事、受而藏之。凡行幸、則侍奉於仗內、若遊燕田閟、則驂乘以從焉。（『大唐六典』巻十一「殿中省」）

とあるように、乗輿・服御等の政令を掌り、尚食・尚薬・尚衣・尚乗・尚舎・尚輦の六局を統べ、朝会・行幸のときに皇帝近辺に侍立することであった。六尚局はその名から窺えるように、それぞれ天子の御膳・御薬・御衣・張設・厩馬・輿輦を担当し、殿中監はそれらを統轄して皇帝の個人的生活を支える役割を果たし

ていた。

北宋に入ると、殿中監の名は存在しても、他の多くの卿監とともに単なる寄禄官となっていて実体は無く、秘書監と同じ正四品クラスの俸給を示す指標に過ぎなかった。[74] これら寄禄官を実職に戻し、形骸化した文階官を寄禄官に復せしめんとするのが元豊官制改革であるが、この際にも官署としての殿中省は設置されず、徽宗崇寧二年（一一〇三）になってようやく設置されることとなった。[75]

その設置の経緯を史料に拠って詳しく述べれば、

元豊中、神宗 此の官を復建せんと欲するも、而れども禁中を度るに未だその地有らず、但だ詔して御輦院は省寺に隷さず、専達せしむるのみ。初め、權太府卿林顔 內藏庫を按ずるに、乘輿・服御の百物中に雜貯するを見るに因り、乃ち殿中省六尙を復し、以て至尊を嚴奉せんことを乞う。是に於いて徽宗乃ち先朝度る所の殿中省圖を出し、三省に命じて之を行わしむ。而して其の法は皆な左正言姚祐の裁定する所、是の歳 崇寧二年なり。

元豊中、神宗欲復建此官、而度禁中未有其地、但詔御輦院不隸省寺、令專達焉。初、權太府卿林顔因按內藏庫、見乘輿服御雜貯百物中、乃乞復殿中省六尙、以嚴奉至尊。於是徽宗乃出先朝所度殿中省圖、命三省行之、而其法皆左正言姚祐所裁定、是歲崇寧二年也。（『宋史』巻一六四・職官志四「殿中省」）

とある。すなわち、殿中省の設置は神宗元豊中に企図されたが、禁中に十分な土地が確保されなかったため見送りとなっていた。それが徽宗朝に至って、權太府卿の林顔なる人物が内藏庫を確認したところ、皇帝が用いる乗輿・服御が雑然と収納されており、それは皇帝尊崇の意を体していない。よって殿中省を設置されたい、と奏請した。これを受けた徽宗は、先朝（この場合は神宗朝のことであろう）のときの殿中省設計図を示して、これを設置させたという。時に崇寧二年（一一〇三）二月辛酉であった[76]。

殿中省がもともと神宗期に政策構想があったと言い立てるのは、蔡京体制における常套手段で、いわゆる「紹述」を口実に諸々の政策が断行されている。その多くが実際は神宗の意思を継ぐものではなかった、と言われるが[77]、この殿中省に関しては、

詔すらく「祕書省・殿中省・內侍省は三省には申狀を用い、尙書六曹には牒を用いて、御史臺の六察に隷さず。如し違慢有れば、言事御史に委ねて彈奏せしむ。其れ尙書六曹は六察に分隷す」と。

詔「祕書省・殿中省・內侍省於三省用申狀、尙書六曹用牒、不隷御史臺六察。如有違慢、委言事御史彈奏。其尙書六曹分隷六察。」（『長編』巻三二六・元豊五年五月辛卯条）

詔すらく「尙書・侍郎の奏事は、郎中・員外は番次もて隨いて上殿し、獨り留身するを得ず。……祕書・殿中省・諸寺監の長官は尙書に視《なぞら》え、貳丞以下は侍郎に視う」と。

詔「尙書・侍郎奏事、郎中・員外番次隨上殿、不得獨留身。……祕書・殿中省・諸寺監長官視尙書、貳丞以下視侍郎。」（『宋会要』儀制六―一七・元豊五年六月十九日条[78]）

と元豊官制改革期に殿中省に関して文書規定・上殿規定ともに六部と同格と定められているから、当時設置の意図があったことは確かであろう。また「詔して御輦院は省寺に隷さず、專達せしむ」という記事もすでに元豊年間に見えている[79]。

さてこの殿中省が設置された崇寧二年とは、本書第一章でその経緯を見たように、前年三月に中央政界に復帰し、わずか四ヶ月後に右僕射となった蔡京が左僕射に進み、

是に於いて始めて大内及び諸官司の屋宇を繕修し、幷びに景靈宮・元符等十一殿及び殿中監を修創し、工役大いに作る。

於是始繕修大内及諸官司屋宇、幷修創景靈宮・元符等十一殿及殿中監、工役大作。（『編年備要』巻二六・崇寧二年二月条）

と首都の大工事が行われていた年であった。この時期、蔡京の意にそぐわない政策が実施されるとは考えられないが、やはり殿中省についても、後述のように人事面から検証していくと、その設置に蔡京が関与した可能性が大いに疑われる。

そもそも設置を提唱した林顔が、紹聖年間に章惇・蔡卞と結んでおり、蔡京に近い新法派であった[80]。そして彼の進言の直後にタイミングよく「先朝度る所の殿中省圖」なるものが持ち出され、すぐ翌年には蔡京によって『殿中省六尚局供奉庫務勅令格式』・『看詳』六〇巻が上呈されている[81]。設置の提唱からわずか一年足らずでの新官庁始動は極めて迅速であると言わねばならない。具体的には後述するように、殿中省はそれまでいくつかに分割されていた多種の部門を一手に統合したマンモス官庁であり[82]、実際にはそれぞれの官庁の看板を掛け替えただけであったかもしれない。元豊中に頓挫したのち、関係法令を各官署間で調整したにもかかわらず、かくも短期間で勅令格式が成立しているところに、この殿中省設置がかなり急がれ、力が入れられたものと感じられる。その設置の目的はどこにあったのだろうか。

二、地理的位置

神宗朝に用地不足で設置が見送られた殿中省だが、それでは実際に造られた徽宗朝においては、どこに所在したものであろうか。先ほど見た『長編』の記事によれば、神宗は禁中にその場を求めており、それを「追述」して設置されたのであるから、まずは禁中に置かれたと考えるのが妥当だろう。ここでいう「禁中」とは、もちろん常識的な意味での宮中には違いないが、より厳密に言えば、孟元老『東京夢華録』巻一「大内」に述べる如く、大内を南北に分ける東西大街の北側、会通門をくぐった場所が禁中である。(83) 大内の南半分は正朝として中書・門下の両省と常朝殿である文徳殿があるが、その北側は禁中で、西半分が皇帝の私生活・内朝の場、東半分がそれに服務する宦官らの活動場所であった。(84) さらに『東京夢華録』は続けて言う。

（凝暉）殿と相對する東廊門樓は、乃ち殿中省・六尙局・御厨なり。殿上は常に禁衛を兩重に列べ、時刻に提警し、出入甚だ嚴なり。……毎に早晩の進膳に遇えば、殿中省より凝暉殿に對し、禁衛は成列して約攔し、過往するを得ず。省の門上に一人有りて呼喝し、之を撥食家と謂う。

殿相對東廊門樓、乃殿中省・六尙局・御厨。殿上常列禁衛兩重、時刻提警、出入甚嚴。……毎遇早晩進膳、自殿中省對凝暉殿、禁衛成列約欄［攔］、不得過往。省門上有一人呼喝、謂之撥食家。（『東京夢華録』巻一「大内」）

内諸司は皆な禁中に在り、學士院・皇城司・四方館・客省・東西上閤門・通進司・内弓劍鎗甲軍器等庫・翰林司（茶酒局なり。）・内侍省・入内内侍省・内藏庫・奉宸庫・景福殿庫・延福宮・殿中省・六尙局（尙藥・尙食・尙輦・尙醞・尙舍・尙衣）・諸閤分・内香藥庫・後苑作・翰林書藝局・醫官局・天章等の閣・明堂頒朔布政府の如し。

內諸司皆在禁中、如學士院・皇城司・四方館・客省・東西上閤門・通進司・內弓劍鎗甲軍器等庫・翰林司（茶酒局也。）・內侍省・入內內侍省・內藏庫・奉宸庫・景福殿庫・延福宮・殿中省・六尙局（尙藥・尙食・尙輦・尙醞・尙舍・尙衣）・諸閤分・內香藥庫・後苑作・翰林書藝局・醫官局・天章等閣・明堂頒朔布政府。（『東京夢華録』巻一「內諸司」）

ここにはっきりと殿中省が禁中に存在することが表されている。すなわち殿中省とその管轄下の六尚局は同じ場所に置かれていたと考えられる。

しかし一方で『夷堅志』には、

崇寧以來、旣にして道敎を隆んにし、故に京城の佛寺多く廢毀せられ、先ず崇夏寺の地を以て殿中省と爲し、政和中、又た乾明寺を以て五寺三監と爲す。

崇寧以來、旣隆道敎、故京城佛寺多廢毀、先以崇夏寺地爲殿中省、政和中、又以乾明寺爲五寺三監。（洪邁『夷堅支丁』巻一「楊戩毀寺」）

と、崇寧年間に崇夏寺が廃されてその地に殿中省が建てられたという。この崇夏寺は『事物紀原』によれば唐代に創建された由緒ある寺であり、宋初に石守信が山門を修築した際には太祖の行幸を仰いだという[85]。また『文獻通考』巻七七・郊社考では、太祖・太宗の頃には、開封に水・旱害があった際に官員を派遣して祈祷させる四廟五寺の一つとされ[86]、宋初には朝廷から尊崇を受けた寺であったことが分かる。

その崇夏寺の位置であるが、それを明示する史料は見当たらない。一つの手がかりとして『東京夢華録』

巻六には、元宵節ののちに都人が郊外に散策に出かける場所として「乾明・崇夏尼寺」があり、もしかすると「崇夏尼寺」はその名称から崇夏寺と隣接していたかもしれない。その場所は開封内城東側のいわゆる旧曹門と旧宋門の間にあったという。(87) だがそこは開封外城で皇城・宮城からはかなり遠く、ここに禁中に関わる殿中省を置くことはあまりにも不自然である。

ではこの『夷堅志』の記事をどう考えるべきか。一つは単純に記述の誤りがあるという可能性である。もう一つは、殿中省はその職務上様々な器物を扱っている。これらが内蔵庫で雑然と保管されていたことが、殿中省新設の契機となっていたため、新殿中省はこれらを整然と管理する必要があった。さらに複数の部署が統合されたためその保管物も増加したと思われ、禁中も含めた開封の改造計画が進んでいたこともあり、限られた土地の中でさらに広い保管場所が求められていただろう。そこでこの旧崇夏寺の場所が使われたのではないかという可能性である。しかしこれは、禁中で使用する重要文物を遠い外城に保管することとなり、やや不自然な感は否めない。今のところこの『夷堅志』の記事については、以上の推測を超える史料が無く、後考を俟つこととしたい。

さてその職掌や『東京夢華録』から考えて、殿中省は禁中に置かれたと考えられるが、当初は禁中外に仮庁舎が置かれていた形跡がある。

右、臣伏して爲《おも》うに殿中省は見に門下後省の權暫置局の內に在り。殿中丞許似孫は見任執政官の子なり。臣言官爲るに、これと省を同じうするは慮 嫌疑に渉る。伏して望むらくは聖慈特に睿旨を降され、殿中省をして權暫置局の去處を別行踏逐せしめ、謹錄して奏聞せしめられんことを。伏して敕旨を候たん。

右、臣伏爲殿中省見在門下後省權暫置局內。殿中丞許似孫、見任執政官之子。臣爲言官、與之同省、慮涉嫌疑。伏望聖慈特降睿旨、令殿中省別行踏逐權暫置局去處、謹錄奏聞。伏候敕旨。（慕容彥逢『摛文堂集』卷九「乞殿中省別處置局奏狀」）[88]

とあることから分かる。慕容彦逢は崇寧初年に左司諫で、言官にして門下（後）省に属しているから、[89]ここにいう殿中省の状況は崇寧初の設置後間もない頃のものであろう。このとき殿中省は門下後省を間借りしており、言官のいる官署に、執政の息子たる殿中丞が同居していることは甚だ不都合で、殿中省に別の場所を探させろ、というのである。確かにこのとき門下後省は、

第二の横門に入り、東廊は大慶殿の西偏門、西廊は中書・門下後省たり。

入第二橫門、東廊大慶殿東［西］偏門、西廊中書・門下後省。（『東京夢華錄』卷一「大內」）

と大内の内、大慶殿の西隣に存在していた。これは神宗朝に造られたもので、

元豐既に官制を新たにし、尙書省を外に建て、而して中書・門下省・樞密・學士院は禁中に設け、規模極めて雄麗なり。其の照壁屛下、悉く重布を用い、紙を糊らず。尙書省及び六曹は皆な『周官』を書き、兩省及び後省・樞密・學士院は、皆な郭煕一手に畫き、中間甚だ傑然として觀るべき者有り。……後兩省の除官未だ嘗て足らず、多く空閑の處有り。

元豐旣新官制、建尙書省於外、而中書・門下省、樞密・學士院、設於禁中、規模極雄麗。其照壁屛下、悉用重布、不糊紙。尙書省及六曹皆書『周官』、兩省及後省・樞密・學士院、皆郭煕一手畫、中間甚有傑然可觀者。……後兩省除官未嘗足、多有空閑處。（葉夢得『石林燕語』卷四）

中書省・門下省・枢密院・学士院などとともに広壮な建物で、空き部屋が多かったことから、殿中省の仮庁舎に貸されていたのだろう。本書において使用している厳密な意味での禁中には、門下後省の場所は該当しないが、ここに挙げた史料では、この場所も「禁中」と表現されてはいる。ただ同じ大内とはいえ、ここは皇帝の私的空間とまでは呼べない場所であり、そこに慌てて仮庁舎を設置していたことからは、神宗朝から懸案となっていた土地確保の問題が未だ解決を見ないまま、殿中省設置が断行されたことを示している。[90]当時の政策担当者の強固な意志が感じ取れるが、もちろんそれは蔡京の当国期に当たっていた。

三、内部の構成

前章で見たように倉卒に新設された殿中省であるが、その職掌は唐代と同じく六尚局を管轄して皇帝の日常生活に奉仕する役割を果たすことであった。[91]

殿中監　天子に供奉せる玉食・醫藥・服御・幄帟・輦輿・舍次の政令を掌り、六尙局を總べて其の職を修む。

殿中監掌供奉天子玉食・醫藥・服御・幄帟・輦輿・舍次之政令、總六尙局而修其職。（『宋会要』職官一九―四・崇寧二年二月十二日条）

このとき新設された六尚局とは尚食・尚薬・尚醞・尚衣・尚舎・尚輦の六部局であり、唐代では尚乗局であったのが尚醞局に代わった以外、基本的にその職掌は唐代六尚局と変わらない。[92]

そもそも北宋前半においては、唐代を継承した形での殿中省は設置されず、その属下の六尚局はそれぞれ

殿中省六尚局と各機関の対応関係（『宋会要』職官 19-4～5）

北宋前半	職　　掌	殿中省六尚局
御廚翰林司	掌供御膳羞品嘗之事	尚食局
医官院	掌供奉御藥・和劑診候之事	尚薬局
法酒庫	掌供奉酒醴之事	尚醞局
尚衣庫	掌供御衣服・冠冕之事	尚衣局
儀鸞司	掌供御幄帟張設之事	尚舍局
御輦院	掌供御輦事	尚輦局

細分化され、各機関に分けられていた。

今尚食は御厨に歸し、尚藥は醫官院に歸し、尚衣は尚衣庫に歸し、尚舍は儀鸞司に歸し、尚乘は騏驥院內鞍轡庫に歸し、尚輦は輦院に歸せしむ。其の官は局に随いて移り、皆な本省に令（領）さず。

今尚食歸御廚、尚藥歸醫官院、尚衣歸尚衣庫、尚舍歸儀鸞司、尚乘歸騏驥院內安［鞍］轡庫、尚輦歸輦院。其官隨局而移、皆不令［領］於本省。（『宋会要』職官一九―二・『兩朝国史志』）

言うまでもなく唐代後半以降、律令官制が無実化した影響である。北宋の太祖・太宗朝においては、それぞれの担当機関がそれぞれで機能しており、一つの官署としては存在していなかった。

それが北宋末の徽宗朝において殿中省を設置し、各機関が再び一つの機関によって統括されたのだが、『宋会要』に基づいてその対応関係を整理したのが表である。唐のときと違うのは、尚乘局が無くなり、尚醞局が入った。

その結果、

國朝、上元節の燒燈は前代より盛んなり、綵山を爲《つく》ること峻極にして端門に對峙す。綵山、故《もと》は開封府儀曹及び儀鸞司に隷して共に之を主る。崇寧より後は殿中省有り、因りて又た殿中に移隷し、天府と同に焉を治む。

國朝、上元節燒燈、盛於前代、爲綵山峻極、而對峙於端門。綵山、故隷開封府儀曹及儀鸞司、共主之。崇寧後、有殿中省、因又移隷殿中、與天府同治焉。（蔡絛『鉄囲山叢談』巻一）

儀鸞司が開封府と共同で管轄していた上元節の際の櫓は、殿中省が開封府と管轄することになったが、それは儀鸞司の職掌が殿中省尚舎局に移行したことによるものである。

それぞれ別の部署であったものが複数統合された上に、その性格から各部署が多くの技術者を抱えていたため、殿中省の属下には膨大な数の人員が隷属した。例えば尚食局の膳工二〇〇人、尚醞局の酒工五〇人、尚衣局の衣徒三〇人・典功二〇人、尚舎局の幕士一〇〇人・正供五〇人・次供五〇人、尚輦局の正供二二〇人・次供一三〇人・下都一〇〇〇人などの数に上っており、(93)「蔡行勅」において殿中省を「事繁にして員衆し」と言うのは単なる修辞ではないのである。

このような巨大官庁であった殿中省だが、その内部構成は『宋史』職官志に見えるような殿中監・少監・丞・主事等の一直線の縦構造といった単純なものではなかった。それは六尚局それぞれに管勾・典御を置く外、提挙六尚局一員が設置されていたからであった。

詔すらく「六尚局は各おの管勾一員を添置し、内典御已に一員を増置するの外、共に提擧六尚局一員を置き、入内省の官を以て充つ。雜壓は殿中監は正議大夫の下に在り、提擧六尚は延福宮使の上に在り。餘は擬定に依る」と。

詔「六尚局各添置管勾一員、內典御已增置一員外、共置提擧六尚局一員、以入內省官充。雜壓殿中監在正議大夫之下、提擧六尚在延福宮使之上。餘依擬定。」（『宋会要』職官一九―七・崇寧二年二月十二日

条[94]

これら殿中監と提挙六尚局との関係については、同年五月二三日の詔に、

詔すらく「殿中省監、一省の事を治め、凡そ事の他司に干わる奏・申・牒・帖の若きは、皆な専ら之を總ぶ。少監は之が貳と爲す。提擧官は六尙の事を總べ、凡そ事の外司に干わらず、宣旨を承け・供奉應辦し、及び事の宮禁に係るが若きは、皆な專ら之を總ぶ。少監と相い統屬せず。監・少は提擧官と行移するに牒を以てし、管勾・典御は皆な狀を具して省に申す」と。

詔「殿中省監治一省之事、凡事干他司若奏・申・牒・帖、皆專總之。少監爲之貳。提擧官總六尙之事、凡事不干外司、若承宣旨・供奉應辦、及事係宮禁、皆專總之。與少監不相統屬。監・少與提擧官行移以牒、管勾・典御皆具狀申省。」（『宋会要』職官一九―八・崇寧二年五月二十三日条）

とある。すなわち他の官庁との交渉については監・少監が省を代表して行う一方[95]、禁中の実務に関しては提挙官が管領する。そして提挙六尚局は殿中少監には属さず、殿中監に対しても牒文をもって遣り取りを行っており、一応の上下関係は認められるものの、ほぼ同格的存在であった。ここに殿中省と六尚局との複雑な関係が見て取れる。

その提挙六尚局には「入内省官」すなわち入内内侍省の宦官が充てられた。入内内侍省は内侍省（前省）に対して後省とも呼ばれ、前省が宦官の官署として唐代に存在したのに対し、入内内侍省は唐代には存在せず、宋・景徳三年（一〇〇六）になって内東門都知司・内侍省入内内侍班院を合併して出来たもので、宦官のうち皇帝の身辺に奉仕する者を統轄する部署であった[96]。そして唐代の殿中省六尚局がその後分割され、帰

属した各機関に関わっていたのが、入内内侍省所属の宦官だった。つまり従来から各機関に携わっていた入内内侍省所属の宦官が、提挙六尚局などの肩書きで実務担当の六尚局を統括しており、結局のところ実務関係の職責においては何ら変更なく、実際の皇帝身辺への奉仕は相変わらず宦官が務めているということになる。

すなわち北宋末の殿中省設置の実質的変化と言えば、実務機関の上に設置された殿中監・少監等の存在に尽きると言えるのである。そしてそれらのポストは文官士大夫に与えられ、六尚局を束ねる宦官提挙官と相拮抗する形で据えられていた。

このことについては神宗朝に殿中省の設置が検討された時、非常に興味深い経緯があったことを王鞏が伝える。

初め官制を議するに、張誠一都知・押班の名を易え、殿中監を置かんことを要む。誠一時に眷《かえり》みられ、敢えて異とする者無し。既にして諸監の制度と、劄子と作して同に進呈す。神宗左右を顧みるに内侍官の側に在る無し、御衣を以て手を遮りて而してこれを搖らして曰く「不可なり」と。遂に殿中監の劄子を巻き袖中に収め、即ち別に事を處分し、徐ろに蘇頌子容・蔡京元長を顧みて曰く「此の名輒りに易うべからず、祖宗に深意有り」と。

初議官制、張誠一要易都知・押班名、置殿中監。誠一時被眷、無敢異者。既而與諸監制度、作劄子同進呈。神宗顧左右、無内侍官在側、以御衣遮手而搖之、曰「不可。」遂卷殿中監劄子、收袖中、即別處分事、徐顧蘇頌子容・蔡京元長、曰「此名不可輒易、祖宗有深意。」（王鞏『甲申雜記』（不分巻））

張誠一は神宗の寵臣でのちに枢密都承旨を長く務め、ここにも見られるように神宗を後ろ盾として当時隠然たる影響力を発揮し、神宗没後には士大夫らから糾弾された人物であった[97]。彼は元豊官制改革のときに、予備調査を担当していたから[98]、ここでの提案もその一環かと思われる。彼は殿中監を新設し、それまでの入内都知・押班を改称しようと提案している。入内都知・押班は内侍省・入内内侍省の長貳官であり、特に入内内侍省のそれは禁中に奉仕する宦官ほぼすべてを統轄する役割を担っていた。同内容を伝える『宋会要』によると、

元豊に官制を議するに、殿帥張誠一　眷有り、數しば事を言う。内より誠一の箚目を出だして局に送り、内侍の官名を改めんことを請う。局官蘇頌・蔡京・王震・陳積、同に奏事進呈す。神宗顧みて左右を視て曰く「此れ内侍無し、祖宗 此の名を爲るは蓋し深意有れば、豈に輕がろしく議すべけんや」と。箚子を取りて御袖に入る。

元豐議官制、殿帥張誠一有眷、數言事。内出誠一箚目送局、請改内侍官名。局官蘇頌・蔡京・王震・陳積同奏事進呈、神宗顧視左右曰「此無内侍、祖宗爲此名蓋有深意、豈可輕議。」取箚子入御袖。（『宋会要』職官五六―三八「九朝紀事本末[99]」）

とあって、この宦官名の改称を求める箚子は、まず詳定官制所のスタッフに出されていた。これを受けた蘇頌・蔡京らが神宗本人の御意を伺いに上がったところ、神宗は慎重を期してこれを留中し、事は沙汰止みとなった。記事から見る限り、神宗は宦官官制の改革には後ろ向きで、特に「内侍」の名称を外すことに否定的であった。おそらくこのとき張誠一は宦官勢力の意向を受けており[100]、彼らは「内侍」が付くあからさまな官職名を嫌い、唐以来の伝統を持つ「殿中監」等の官職名が受けられるよう求めていたのであろう。神宗はその思惑を封じたものであろう。

そのような過去をもち、徽宗朝においてようやく実現された殿中省設置だったが、結果としてはやはり宦官の思い通りにはならなかった。それまで入内内侍省の宦官らが禁中で担ってきた職務を六尚局に整理統合し、そのまとめ役たる提挙官は宦官に与えられたものの、省を代表する殿中監のポストは与えられなかった。入内都知・押班を頭とする入内内侍省がそのまま殿中省に改組されることもなかった。つまりこのたびの設置の眼目は、殿中監・少監の長貳官ポストが文官士大夫のものとなり、ほぼ同格とはいえ少なくとも殿中監は省を代表し、提挙六尚局の上に位置したことにあった。それは当然、禁中で皇帝に侍る宦官らをほぼすべて統括し、それらの動向を上から直接把握することが可能になったことを意味している。これはむしろ宦官勢力にとっては不本意な制度設計であったに違いない。

既述のようにこの殿中省設置を推進したのは蔡京だと考えられるが、思えばかつて元豊年間、張誠一という寵臣からの提言によって殿中省が危うく宦官の任じられるポストに陥りかけたのを、神宗の英断を導いて阻止した詳定官制所の官僚の一人が、この蔡京であった。彼は誰よりも殿中省に纏わる経緯を理解し、禁中の宦官を統括するこのポストを宦官が握るのか、文官が握るのかというせめぎ合いに決着をつけたのだった。この殿中監設置は、一部の史料がいうような単なる蔡京による宦官迎合政策ではない。むしろそれとは相反して、禁中における宦官を統括し、ひいては皇帝近辺の動向を把握する重要なポストを文官にもたらしたものだった。そこでは殿中監のポストが非常に重要なものとなってくる。そこで次に殿中省人事における蔡京の影響を見てみよう。

四、人事面に見る蔡京の影響

史料の少ない北宋末であるから、判明する殿中監の数も制限されている。しかも姓名が明らかな者にしても、その事跡が具体的に分かるものは少ない。いま李之亮『宋代京朝官通考』（巴蜀書社、二〇〇三年）に基づき、殿中監・少監に就任したことが判明する者を挙げれば、表の①～⑫の十二人になる。

最初に殿中監となった①席旦は、「立朝附徇する所無し」と評される硬骨漢で、新設なった殿中省の初代長官となったが、すぐに転出してしまう。[101] 次の②曽孝蘊も就任後わずか数ヶ月で、張商英の与党ということで言者に弾劾され、殿中省を去っている。[102] つづく③范坦ものちに蔡京の経済政策（当十銭、夾錫銭）を強く批判して張商英に与しており、[103] 蔡京側の人物とは思えない。後二者には蔡京ではなく、張商英の影がちらついている。ただ張商英は、蔡京が当国を開始した当初、その引きによって執政入りを果たしたが、のちに両者は対立するようになり、崇寧二年（一一〇三）八月の時点で早くも失脚している。[104] むしろこの三人は徽宗直々の声がかりで就任したことが考えられる。①席旦は、

徽宗召對し、右正言に擢《ぬきん》でられ、右司諫に遷る。……新たに殿中省を建て、命ぜられて監と爲る。

徽宗召對、擢右正言、遷右司諫。……新建殿中省、命爲監。（『宋史』巻三四七・席旦伝）

徽宗の召対を受けて抜擢されたことのある人物だったし、②曽孝蘊も曽公亮の従子という血統があり、

崇寧に殿中省を建て、擢でられて監と爲る。

崇寧建殿中省、擢爲監。（『宋史』巻三一二・曽公亮伝・附孝蘊伝）

殿中監（領殿中省事）就任者表

	姓名	期　間	出　典
①	席旦	崇寧 2（1103）	宋史 347
②	曽孝蘊	崇寧 2（1103）	宋史 312
③	范坦	崇寧 3～4（1104～05）？	宋史 288
④	姚祐	崇寧 4（1105） 大観元～2（1107～08） 大観 3（1109）？	宋史 354
⑤	許敦仁	崇寧年間	宋史 356
⑥	鄭久中	大観元（1107）	摛文堂集 4
⑦	宋昪	大観 2（1108） 政和 6～7（1116～17）	会要・職官 19-10 宋史 356
⑧	張閣	大観 2～3（1108）？	宋史 353
⑨	高伸	政和元（1111） 政和 3～4（1113～14）	宋史 164 会要・刑法 1-27
⑩	劉瑗	政和元（1111）	会要・職官 19-10
⑪	蔡行	重和元（1118） 宣和 2（1120） 宣和 6（1124）	会要・刑法 1-30 揮麈餘話 1 会要・崇儒 4-12 会要・選挙 9-16
⑫	王義叔	宣和 7（1125）	会要・后妃 4-12 会要・選挙 77-14

③范坦も、

遼に使いし、復命し、語録を具えて以て獻ず。徽宗覽て之を善しとし、鴻臚に付し、後の奉使する者をして視て式と爲さしむ。殿中監に遷る。

使於遼、復命、具語録以獻。徽宗覽而善之、付鴻臚、令後奉使者視爲式。遷殿中監。（『宋史』巻二八八・范雍伝・附坦伝）

とあり、三人はいずれも徽宗の知遇を得てのち、殿中監に任じられたことが窺われる。徽宗からしてみれば自らの私生活に関する官署の担当官に、自ら直接声を掛けるということもあったのではないか。

しかしながら彼らの任期は三人合わせても二年に満たず、重要な動きがなされたとは思えない。またこの崇寧初年は、先に見たようにまだ殿中省は門下後省の一角を間借りをしている時期であり、彼ら初期の殿中監は、後に就任した者達の記録と比べても、概してその就任時期は短い。おおむね一年に満たないまま他官に転出してしまっている。

その後殿中省が禁中に移ったと思われる頃から、その人事に蔡京が断然影響力を及ぼし始める。④姚祐・⑤許敦仁・⑥鄭久中・⑧張閣・⑨高伸らである。④姚祐は、

徽宗の初め、夔州路轉運判官に除せらる。且に行かんとし、會たま帝 禁苑に幸して弓矢を御せらるに、(姚)祐「聖武臨射賦」を奏す。帝大いに悦び、留めて右正言と爲す。紹述の説を歴陳し、左司諫に遷る。輔郡を置き以て大畿を拱せんことを建議し、殿中監に進む。

徽宗初、除夔州路轉運判官。且行、會帝幸禁苑御弓矢、祐奏「聖武臨射賦」。帝大悦、留爲右正言。歴陳紹述之説、遷左司諫。建議置輔郡以拱大畿、進殿中監。(『宋史』巻三五四・姚祐伝)

とあり、やはり徽宗直々の覚えめでたい者だが、その後「紹述の説」を唱え、四輔郡の設置を建議するなど、一貫して蔡京の政策に合致するような行動をとっている。また殿中監として六尚局に関する様々な儀制を定めたのも姚祐であった。[105] ⑤許敦仁は、

蔡京 州里の舊を以て、監察御史に擢でられ、亟やかに右正言・起居郎に遷り、倚りて腹心と爲す。敦仁の凡そ建請する所、悉く京の旨を受く。

蔡京以州里之舊、擢監察御史、亟遷右正言・起居郎、倚爲腹心。敦仁凡所建請、悉受京旨。(『宋史』巻三五六・許敦仁伝)

と記されるほど、完全に蔡京の意を受けた者であった。[106] つづく⑥鄭久中は本人の事跡は明らかでないが、その兄居中は本書第一章・第二章で見たように、趙挺之を逐って蔡京復権を実現させ、蔡京派として活躍する人物であり、その影響下にあったと考えられる。⑧張閣は、

崇寧初、由衛尉主簿遷祠部員外郎。資閲淺、爲掌制者所議、蔡京主之、乃止。(『宋史』巻三五三・張閣伝)

崇寧初め、衛尉主簿より祠部員外郎に遷る。資閲淺く、掌制する者の議する所と爲り、蔡京之を主り、乃ち止む。

以前、資歴不足のため吏部が昇進を見送ろうとした際、蔡京が無理に通してやった経緯があった。ただ彼はのちに翰林学士となり、蔡京失脚後、その罪過を並べた罷免内制を作成し、世論に絶賛されたという。[107] そのことだけを取ってみれば反蔡京にも見えるが、この時点では蔡京からしてみれば「貸し」のある状態で、その党派と考えられていたと思われる。そして⑨高伸はかの悪名高い高俅の兄で、[108] これも本人の経歴は不明ながらも蔡京・童貫に近い距離にあったと考えられる。[109]

また⑩劉瑗が宦官という点で注目に値する。前述したように殿中監は性格上宦官が就任すべきだったのを、文官のポストとしたことが特徴であった。にもかかわらず宦官である劉瑗が就任したのは特異なことである。だが彼は非常に早くから蔡京とつながっており、哲宗・紹聖年間すでに、

(蔡京)遂に(章)惇と絶ち、翰林院學士承旨と爲り、内侍の郝隨・劉瑗・外戚の向宗良等と交納し、故

に勢い益ます牢《かた》し。

遂與惇絕、爲翰林院學士承旨、交納内侍郝隨・劉瑗・外戚向宗良等、故勢益牢。（『三朝北盟会編』巻四九・靖康元年七月二十一日条『幼老春秋』）

と言われ、のち陳次升に幾度となく弾劾された者であった[110]。

以上、初期の二年間を経た崇寧四年（一一〇五）以降、確認できるほぼすべての殿中監が蔡京に関係していることが分かる。

そして蔡京による殿中省掌握の何よりの証拠が、大観・宣和年間の殿中監であった⑦宋昇と⑪蔡行の存在であった。なぜなら彼らはともに蔡京の親族、それも非常に親しい者達であった。

⑦宋昇は天聖年間に弟・祁とともに二宋と称された宋庠の曽孫であり、史料上においては「宋昪」と誤記されることもある。

崇寧初め、譙縣尉より敕令删定官と爲り、數年にして殿中少監に至る。時に喬年 京に尹たり、父子 蔡氏に依憑して士大夫を陵轢し、陰かに諫官蔡居厚と交わり、鷹犬と爲らしむ。……正議大夫・殿中監に遷る。

崇寧初、由譙縣尉爲敕令删定官、數年至殿中少監。時喬年尹京、父子依憑蔡氏、陵轢士大夫、陰交諫官蔡居厚、使爲鷹犬。……遷正議大夫・殿中監。（『宋史』巻三五六・宋喬年伝・附昇伝）

このように彼は殿中少監・殿中監を歴任し、父・宋喬年とともに蔡京に依憑して活躍した人物であった。それもそのはず喬年の娘、つまり昇の姉あるいは妹は、蔡京の長子・蔡攸に嫁していて、蔡京家とは姻戚の間柄であった。

（宋喬年の）女《むすめ》蔡京の子攸に嫁す。京當國し、始めて復た起用せらる。

女嫁蔡京子攸。京當國、始復起用。（『宋史』巻三五六・宋喬年伝）

そして本章の出発点となった「勅」の受信者⑪蔡行である。彼の名は『宋代京朝官通考』の殿中監リストには見えないが、「蔡行勅」が示すように「領殿中省事」になっていた。「領殿中省事」という呼称は、

宣和の間、凡そ官品已に高くして下に職事を行う者、皆な「領」と稱す。蔡行の保和殿大學士を以て領殿中省、高俅の開府儀同三司を以て領殿前司、王革の保和殿大學士を以て領開封尹の如きの類は是なり。

宣和間、凡官品已高而下行職事者、皆稱「領」。如蔡行以保和殿大學士領殿中省、高俅以開府儀同三司領殿前司、王革以保和殿大學士領開封尹之類、是也。（徐度『却掃編』巻上）

とある如く、この時期、官品が高く職事が低いときに「領」字を付けるようになったもので、蔡行の場合、保和殿大学士を帯びて殿中監となったため、特殊な呼び方をしているだけである。[111] 一種の流行であった。[112]

その彼はすでに述べたように、蔡京の長子・蔡攸の子であった。[113] その具体的な事跡はうかがいにくいが、宣和二年（一一二〇）一二月に禁中の延福宮で宰執を招いた宴があった際、

上《かみ》殿中監蔡行を遣わして諭旨して曰く「此の中は外廷と同じからず、彈奏の儀無し。但だ飲食自如するのみ」と。

上遣殿中監蔡行、諭旨曰「此中不同外廷、無彈奏之儀。但飲食自如。」（王明清『揮麈録』余話巻一）

とあり、すでに宣和二年には殿中監に就任していた。しかし彼と殿中省の関わりはそれ以前から見え、二年前の重和元年（一一一八）には詳定官として殿中省の「六尚法」編集に携わっていた。

殿中省は「六尚法」を編修す。書成り、詳定官蔡行・少監趙士諦・刪定官李祕・高堯臣、各おの一官を轉ず。

殿中省編修「六尚法」。書成、詳定官蔡行・少監趙士諦・刪定官李祕・高堯臣、各轉一官。（『宋会要』刑法一―三〇・重和元年十二月十三日条）

これら関係法案の作成は当該官庁の長貳官が（名目的にせよ）総領する例が多く[114]、この時期すでに殿中省のトップになっていた可能性が高い。

また『宋会要』崇儒に、

詔すらく「殿中監察行・戸部侍郎王義叔、幷びに校正御前文集を兼ねしむ」と。

詔「殿中監察行・戸部侍郎王義叔、幷兼校正御前文集。」（『宋会要』崇儒四―一二・宣和六年四月七日条）

とある「殿中監察行」は、「殿中監蔡行」の誤りであろう[115]。よって少なくとも宣和二年（一一二〇）と六年（一一二四）に殿中監であったことが判明する[116]。遺憾ながら史料の問題により、この間蔡行がずっと殿中監（あるいは領殿中省事）であったかは判然としない。しかしもしずっとその任にあったならば、先に見た歴代の殿中監の任期が一年ほどの短期間であったことと比べて非常に長く、「蔡行勅」中の「卿は践更すること既に久し」というフレーズは単なる修辞ではなかったことになる。

そして確認できる北宋最後の殿中監⑫王義叔は、宣和七年（一一二五）中にその任にあったが、彼は王婕妤の叔父であり、[117]その縁故からの起用であったかもしれない。また前年には、すでに見たように前任者の蔡行とともに徽宗の文集整理に従事しており、そこからのつながりがあった可能性も否定できない。同年十一月には祖母の喪に服するために辞免を願ったが、許されていない。まさに「蔡行勅」と同じ構図であった。[118]
以上、北宋最末期に当たる⑫王義叔は措いておくとして、崇寧年間以降の殿中監の履歴をたどれば、⑦張閣にやや疑問符が付くものの、判明する八人中、七人が蔡京の息のかかった者であり、うち二名は⑨宋昇・⑪蔡行という蔡京の親族や姻戚であった。

さらにここで注目したいのは先の『揮麈録』宣和二年の宴席における蔡行の立場である。宰相たる蔡京らも足を踏み入れたことのない禁中深くにおいて、緊張する彼らに「ここは外廷とは違うから」という皇帝のことばを伝えたのが殿中監の蔡行であった。皇帝徽宗から「内廷」側の人物と認識される蔡行の立場は、元老蔡京の嫡孫としてのものではなく、禁中において徽宗に近侍する殿中監あるいは保和殿学士としてのものなのである。これを見ても、当時いかに殿中監が皇帝に親近していたかが分かるのである。

おわりに

以上見てきたように、北宋末における殿中省設置は単なる皇帝奉仕機関の再編成ではなく、その真の意味は蔡京による禁中への介入に尽きるであろう。強引ともいえる手段を用い、これまで士大夫が介在し得なかった禁中に影響力を及ぼせる殿中省を設置し、最終的には殿中監（領殿中省事）に自らの親類を任命したのであった。そのことによって宦官らをその監視下に入れ、従来彼らと女官のみに担われていた禁中における皇帝親近の役割を、士人たる殿中監らが果たすことになったのである。

通説では蔡京は童貫をはじめとする宮中の宦官らと結びつくことによって、皇帝周辺に自らの勢力を布置していったと言われている。それはそうしなければ禁中を把握し得ない、という前提に立ったものである。もちろん蔡京と宦官勢力の間に協調関係があったことは事実であろうが、蔡京は彼らの利害に反する形で殿中省設置を断行し、そこに自勢力、特に親類を任命することで、宦官を介することなく、より積極的な皇帝の意思の取り結びにつなげようとした。これこそが殿中省設置の主目的であった。

在京の百司 皆な臺察に隷す、而れども閤門・殿中監は、嬖倖持權の者多く、其の職に涖むもの獨り與らず、寵を怙みて自ら肆ままにし、弊尤も甚だしく、敢えて誰何する者も無し。公 臺察に隷せしむること他司の如くせんと請い、上之に従う。未だ數月ならずして、復た舊の如し。

在京百司、皆隷臺察、而閤門・殿中監、多嬖倖持權者、涖其職獨不與、怙寵自肆、弊尤甚、無敢誰何者。公請隷臺察如他司、上從之。未數月、復如舊。（楊時『亀山集』巻三七「張安時墓誌銘」）

とあり、皇帝の寵愛をもとに御史らの掣肘し難い状態であったことが窺える。[119] ここに宦官ではなく、自らの息のかかった士人を配したところに巧妙さがあった。

靖康元年（一一二六）正月三日、前年末に欽宗に帝位を譲った上皇徽宗は、

是の日夜漏二鼓、通津門を出でて舟に御し東下す。太上皇后及び王子・帝姫接ぎ續きて皆な行き、童貫・蔡攸・朱勔護衞し、車駕に扈従し、侍従百官往往にして逃遁す。

是日夜漏二鼓、出通津門、御舟東下。太上皇后及王子・帝姫接續皆行、童貫・蔡攸・朱勔護衞、扈従

車駕、侍従百官往往逃遁。（『三朝北盟会編』巻二七・靖康元年正月三日条）

蔡攸らを伴い、ひそかに開封を脱出した。すると翌四日、六尚局は「祖宗の法」に戻され、殿中省は解体された[120]。わずか四半世紀ほどの設置期間であった。以後南宋に入っても殿中省は二度と設置されることはなかった。それはこの殿中省という官署が、蔡京体制と密接に結びついたものと考えられたからに違いない。

蔡京専ら紹述を以て上下を劫持す。然れども尚書省を拆し、左右僕射を改めて太宰・少宰と為し、殿中省の官制を修する等、公然と神宗皇帝の聖恩に違背す。其の他一二を数うべからざるなり。伏して乞うらくは鑑察せられんことを。

蔡京専以紹述劫持上下。然拆尚書省、改左右僕射為太宰・少宰、修殿中省官制等、公然違背神宗皇帝聖恩。其他不可一二數也。伏乞鑑察。（『国朝名臣奏議』巻一一九・財賦門・新法一一・呂好問「上欽宗論紹述」貼黄）

殿中省は尚書省の廃置・公相制とともに神宗の意思に反して作られたものだとし、蔡京専権のうちでも最も許せないことの一つに数え上げられている。かほど殿中省は蔡京体制下において特殊で重要な存在であった。皇帝からの信任も厚く、禁中に影響を及ぼしうる存在、それを如実に示すのが徽宗の御筆手詔「蔡行勅」の存在である。

「蔡行勅」の受信者であり、長期間殿中省を支配していた可能性のあるのが⑪蔡行であった。見たように彼は蔡京の子・蔡攸の息子であり、禁中との距離という点では、蔡京よりもむしろ蔡攸一家の存在の方が大きかったことが窺われる。その蔡攸は蔡行とともにもう一つ別の官職を保持することで、やはり禁中に通じることが出来ていた。それが宣和殿（保和殿）学士という官職である。次章においては彼らが持っていた宣和殿（保和殿）学士という官職について考察し、それを通じて蔡攸と徽宗がいかにつながっていたのかについて検討してみよう。

注

（1）文物出版社・講談社編『遼寧省博物館　中国の博物館　第三巻』講談社、一九八二年。
（2）殿中省という官署・官職の一応の概略については、龔延明『宋代官制辞典』（中華書局、一九九七年）に載せられている（二六二〜二六九頁）。
（3）同編輯委員会編『清宮散佚国宝特集』書法巻（中華書局、二〇〇四年）一六七〜一七四頁。同書の作品説明（黄偉利氏による）において、本文書の作成時期を宣和四年（一一二二）とするが、何によってそう判断したものかは不明である。宣和年間であることはほぼ間違いないが、四年とまで断言できるかは疑問。あるいは同じ徽宗の草書『千字文』の宣和四年（一一二二）に引きずられただけのものか（同書中で「蔡行勅」の前が「草書千字文」）。
（4）『遼寧省博物館蔵法書選集』第一集第八冊「宋徽宗趙佶書蔡行勅」（線装本）（文物出版社、一九六一年）。原寸よりやや縮小されている。
（5）朱恵良・楊美莉編『中華五千年文物集刊』法書篇三（台北国立故宮博物院、一九八五年）八六〜九三頁、『中国書蹟大観』四「遼寧省博物館」上（講談社、一九八六年）二二〇頁。
（6）後述するように『三希堂帖』には「宋太宗」書として入れられている。
（7）中田勇次郎編『中国書道全集』第五巻・宋1（平凡社、一九八七年）二〇四〜二〇六頁。のち中村氏の大著『唐代制勅研究』（汲古書院、一九九一年）第三章「勅書」・第五節「論事勅書」でも取り上げられ（五九一〜五九三頁）、図版21として「徽宗賜蔡行詔書」が掲げられている。

(8)『中国書蹟大観』序文においては「館蔵の墨跡の中から代表的な真筆百十数点を選」んだとして、この「蔡行勅」が採録されている。またその解説には「詔書を掌る翰林が書いたものであろうと推測する人もあるが、根拠はうすい」という。

(9) 西川寧「宋徽宗の痩金書千字文」(『西川寧著作集』第二巻「中国書法叢考 二」、二玄社、一九九一年。初出は一九六四年)、一七三～一八一頁。

(10) 氏の言う阮元の『石渠随筆』巻二とは、

徽宗祀方丘勅、宮嬪墨蹟。用厚絹黄綠紅諸色、分五段織成行書字、方約三寸、共十三行、行五字六字不等。末書大「勅」字。鈐「御書之寶」方印五〈方約四寸〉。後幅附鄭居中劄子。此劇眞跡。後有袁桷跋、亦極詳核。

(11) 曹宝麟「宋徽宗〈蔡行敕〉考」(『抱瓮集』文物出版社、二〇〇六年)。

(12) 楊仁愷「宋徽宗趙佶書法芸術瑣談」、同氏「宋徽宗趙佶《蔡行敕》考辨」(『楊仁愷書画鑑定集』河南美術出版社、一九九九年)、『遼寧省博物館蔵法書選集』(前掲注(4)附記。以下「附記」と略称)。

(13)『宋史』巻四七二・姦臣伝・蔡京伝

子攸・鯈・翛、攸子行、皆至大學士、視執政。

(14) 徽宗譲位の経緯、蔡攸の末路などについては、本書第五章を参照。

(15)『揮麈録』後録巻七

御書碑額、其始見之宋次道『退朝錄』。御書閣名、或傳蔡元度爲請祐陵書以賜王荊公家、未詳也。次道所紀碑名之後、……御書閣名、王文公曰「文謨丕承」、蔡元長曰「君臣慶會」、元度曰「元儒亨會」、…劉德初曰「儒賢亨會」、…蔡攸曰「濟美象賢」、…王黼曰「得賢治定」、蔡持正曰「褒忠顯功」、蔡攸曰「緇衣美慶」、朱勔曰「顯忠」、童貫曰「褒功」、高俅曰「風雲慶會」、秦會之曰「一德格天」、楊正父曰「風雲慶會」史直翁曰「明良亨會」。其它尚多、未能盡紀、當俟續考。

当時の御書閣については李心伝『建炎以来朝野雑記』甲集巻九にも載せられている。

宣政閒、大臣賜書閣、多得以御筆閣名。若蔡京曰「君臣慶會」、王黼曰「得賢治定」是也。紹興初、高宗以平江朱勔南園賜韓忠武、題其賜書閣曰「懋功」。後秦申王閣曰「一德格天」、楊和王閣曰「風雲慶會」、

史會稽王閣曰「明良慶會」云。〈皇甫坦賜書閣、名「紹興煥文」。〉また『宋会要』崇儒六―一一・宣和二年四月一六日に蔡荘が「近日大臣及従官被受御書、例皆建閣、伏望錫之美名」と望み、結果として閣の建設が許され、「褒忠顕功」の名を賜っている。このような御書閣については同篇にいくつかの例が見られる。

(16)荘綽『雞肋編』巻中
　黄策在平江府出賣蔡京籍沒財物、得京親書「親奉聖語劄子。」
とあって、南宋初期に蔡京の財物が売却されていたことが分かる。

(17)うち『石渠宝笈初編』は上等に分類し、真跡との判断を下している。ただし当時の乾隆帝の鑑定眼はそれほど高くなかったとされる。古原宏伸『中国画論の研究』(中央公論美術出版、二〇〇三年)「乾隆皇帝の画学について」参照。

(18)うち図版で確認できるのは③鄭清之跋のみで(『遼寧省博物館蔵法書選集』、『中国書道全集』二〇五頁、『中華五千年文物集刊　法書篇三』九四頁)、それ以外は諸書の録文による。よって③にのみ改行箇所を示しておいた。

(19)『長編』巻四三四・元祐四年十月己亥条
　國子祭酒・直集賢院兼徐王府翊善鄭穆爲給事中。

(20)これら二則については楊仁愷「附記」がすでにこれを指摘している。
また顧復『平生壯観』巻二は、
　蔡行勅、白紙、行書。「勅蔡行。省所上劄子、辭免領殿中省事、具悉(云云)」。後「十四日。勅蔡行。御書之寶」。穆拜觀、黄庭堅跋(眞蹟想爲人換去)、鄭清之跋。烏傷王禕記題伯溫所藏。項氏收藏。
黄庭堅の跋文は本物があって、偽物とすり替えられたように考えている。

(21)ただし卞永誉は王禕の殺害を洪武六年とするが、『明史』巻二・太祖本紀や巻二八九・忠義伝・王禕伝では洪武五年とし、巻三一三・雲南土司伝では六年とする。本伝ではその日付が一二月二四日となっており、翌六年にその死が中央に伝わったものか。よってここでは五年としておく。

(22)これも図版は未確認。『石渠宝笈初編』による。

(23) 上海博物館編『中国書画家印鑑款識』（文物出版社、一九八七年）参照。三六種の印文は「天籟閣」「神品」「退密」「項叔子」「項子京家珍藏」「項墨林鑑賞章」「子京」「神游心賞」「項墨林印」「墨林」「子京父」「帝陶唐之苗裔」「桃里」「平生眞賞」「項墨林父祕笈之印」「若水軒」「項元墨印」「墨林子」「子京所藏」「子孫永保」「墨林祕玩」「墨林主人」「子孫世昌」「檇李項氏世家寶玩」「墨林祕玩」「項氏子京」「寄傲」「有何不可」「田疇耕耨」「項翰墨印」「檇李」「考古正今（攷古証今）」「墨林博雅堂寶玩印」「元汴」「墨林嬾叟」「宮保世家」。

(24)『石渠宝笈初編』に依拠。

(25)『欽定四庫全書総目提要』巻一一三・子部二三・芸術類二

柯玉亦以其父愛荊與嘉興項元汴交好。……惟其所載法書、頗有目睹耳聞、據以著錄、不盡其所自藏。乃一例登載、皆不註明、未免稍無區別。

(26) 井上充幸「明末の文人李日華の趣味生活―『味水軒日記』を中心に」『東洋史研究』五九―一、二〇〇〇年。増田知之「明代における法帖の刊行と蘇州文氏一族」『東洋史研究』六二―一、二〇〇二年。中砂明徳『江南―中国文雅の源流―』講談社選書メチエ、講談社、二〇〇二年。

(27)『珊瑚網』『式古堂書画彙考』では当該箇所を「太宗皇帝」としているが、『石渠宝笈初編』は「欠一字」と注記しており、前二者の「太宗皇帝」は各編者が意によって勝手に補われたものだろう。また、図版においては『遼寧省博物館蔵法書選集』のみがこの汚れを確認できる。

(28) この「跋宋太宗御書」という跋文は清・倪濤『六芸之一録』巻三一三上に再録された際には「宋太宗賜張斉賢御札」と題される。その名称からしてここで言う太宗の御書とは、『石林燕語』に載るものであろう。葉夢得『石林燕語』巻三

張僕射齊賢爲相、其母晉國夫人、年八十餘、尙康强。太宗方眷張、時召其母入內、親款如家人。余嘗於張氏家見賜其母詩云「往日貧儒母、年高壽太平。齊賢行孝侍、神理甚分明。」又一手詔云「張齊賢拜相、不是今生、宿世遭逢。本性於家孝、事君忠。婆婆老福、見兒榮貴。」祖宗誠意待大臣、簡質不爲飾、蓋如此也。

（同人『避暑録話』巻下にも同内容あり。）

(29) ちなみに同じ太宗の書は「題宋熙陵御書後」との名で王褘の学友、宋濂『文憲集』巻一三にも題が載せられ

ており、明初の知識人の間では有名であったようだ。

(30) 清・黄虞稷『千頃堂書目』巻一七では、永楽五年（一四〇七）に編修されたとする。これは楊士奇序に「皇上嗣大統之五年」とあるのを受けてであろう。しかし序に残された楊士奇の官銜は正統三年（一四三八）以降のものであり、王禕の諡が忠文に改められたのも正統年間である。

(31) 『王忠文公文集』北京図書館古籍出版編輯組『北京図書館古籍珍本叢刊』第九八冊、書目文献出版社、一九八八年。

(32) ただし王重民『中国善本書提要』（上海古籍出版社、一九八三年）によると、北京図書館所蔵のこの版本（十二冊二四巻）は、金華府で万暦七年（一五七九）に修補されたものだという（五五一頁）。「重刻序」というからには、鈔本ではなく刊本であったと思われる。

(33) 殿中省は北宋末の靖康元年（一一二六）の廃止以来、元・明にも置かれなかった。対して中書省の廃止は明初・洪武一三年（一三八〇）のこと。

(34) 井上進『中国出版文化史』（名古屋大学出版会、二〇〇二年）参照。特にその第十一章では、洪武から天順年間の「この百年は中国史上もっとも史学が不振だった時期、と言いたくなるようなありさまなのである」という。

(35) 楊士奇等編『文淵閣書目』（正統六年（一四四一）成立）には『王子充文集』が採録されているが、「一部二冊」で「完全」だという。書名から見ても冊数から見ても現存する北京図書館本（二四巻十二冊）とは大きく違っているものであろう。

(36) 清・姜紹書『韻石斎筆談』巻下「項墨林収蔵」

大兵至嘉禾、項氏累世之藏、盡爲千夫長汪六水所掠、蕩然無遺。詎非枉作千年計乎。物之尤者、應如煙雲過眼觀可也

(37) 前掲注(26)中砂書。

(38) 『清史稿』巻四・世祖本紀・順治二年閏六月癸卯条

嘉興・湖州・嚴州・寧波諸郡悉平。

(39) 井上充幸「徽州商人と明末清初の芸術市場—呉其貞『書画記』を中心に」『史林』八七—四、二〇〇四年。

(40) 呉其貞については前注・井上論文参照。
(41)「鳳池帖」については不明。あるいは『鳳墅帖』の誤りか。『鳳墅帖』は南宋・曽宏父による叢帖で、正帖二〇巻、続帖二〇巻、画帖二巻、題詠二巻の計四四巻。宋代の著名人物の墨蹟を収集していた。太宗書としては正帖巻一に「七朝宸翰」、続帖巻一七に「太宗雑書」（他帖からの模刻）がある（曽宏父『石刻鋪叙』巻下）。早くに散佚したが、近年、上海図書館蔵の宋拓残帙一二巻が啓功・王靖憲編『中国法帖全集』第八巻（湖北美術出版社、二〇〇二年）に収録された。太宗書の部分は残っていない。
(42) 新世紀万有文庫『書画記』（遼寧教育出版社、二〇〇〇年）邵彦「本書説明」参照。
(43) 朱彝尊『曝書亭集』巻七二「前進士高公墓表」参照。
(44) 康熙二十一年『嘉興府志』巻一七。
(45) 王岱『了菴詩文集』巻九「高寓公先生伝」
　戊子、感懐賦詩、絶筆而逝。時年四十六。
戊子は順治五年。
(46) 高承埏の子の名は光緒『嘉興府志』巻五一・列伝・嘉興文苑による。
(47) 潘光旦「明清両代嘉興的望族」（『民国叢書』第三編、上海書店、一九九一年。初出は一九四七年）では高道素・承埏・佑釲らは(36)高氏（番号は潘光旦論文中における望族番号）に分類される。
(48)『書画記』巻三「懐素天姥吟草書一幅」
　巻後文文水・項墨林長篇題識。墨林又題「其値八百金」。
(49) 他の「五福五代堂古稀天子寶」、「八徴耄念之寶」「三希堂精鑑璽」「御書房鑑藏寶」「乾隆鑑賞」が乾隆帝の、「無逸齋精鑑璽」「宣統鑑賞」が宣統帝溥儀のものであることは言うまでもない。
(50) 片岡一忠『中国官印制度研究』（東方書店、二〇〇八年）第Ⅰ部第六章「五代・宋朝の官印─九畳篆印の登場」。
(51)『中国書道全集』二〇三頁「恭事方丘勅」、『書跡名品叢刊』一五六「宋 徽宗 楷書千字文 神霄玉清万寿宮碑」（二玄社、一九八七年。のち合訂版第二〇巻、二〇〇一年）。
(52) 李心伝『建炎以来繫年要録』巻一・建炎元年正月庚申条

金人索九鼎・八寶・天下圖籍・本朝開國登位赦書・西夏進貢書本。於是皇帝殿玉寶十四、金寶九、皇后・皇太子妃金寶印各一、盡予之。（靖康要盟錄云、金人又取皇帝殿白玉之寶十四。「承天休、延萬億、永無極」一也。「受命于天、既壽永昌」二也。「天子之寶」三也。「天子行寶」四也。「天子信寶」五也。「皇帝之寶」六也。「皇帝行寶」七也。「皇帝信寶」八也。「御書之寶」九也。「御書之印」十也。無字寶十一也。「皇帝恭膺天命之寶」十二也。「宣和御筆之寶」十三也。又「皇帝恭膺天命之寶」十四也。……金寶九。「御前之寶」一、「宣和殿寶」二、「御書之寶」三、「天下同文之寶」四、「天下合同之寶」五、又「御前之寶」六、「御前錫賜之寶」七、「書詔之寶」八、「皇帝欽崇國祀之寶」九。…）惟上皇所作「定命寶」在。

『三朝北盟会編』巻七九・靖康中帙・靖康二年二月七日条に引く『要盟録』も同文。

(53) 『大金集礼』巻三〇・輿服下「宝」には、

天眷元年九月、編類到寶印・圭璧。下項。玉寶十五面、竝獲於宋。受命寶一（咸陽、三寸六分、文曰「受命于天、既壽永昌」。係藍田秦璽、幷白玉。蓋螭虎紐。）・傳國寶一（螭虎紐）・鎮國寶一（大觀、二面竝碧色、文曰「承天依［休］、延萬億、永無極」。）・受命寶一（大觀、文曰「受命于天、既壽永昌」。）・天子之寶・天子信寶一・天子行寶一・皇帝之寶一・皇帝信寶一・皇帝行寶一（係八寶）・皇帝恭膺天命之寶二（四寸八分。内一面、螭紐白玉、伴環幷綬白玉、蓋金、玉檢牌及玉座子沈香雲盆一、玉童子二）・御書之寶二（龍紐一・螭紐一）・宣和御筆之寶（螭紐）幷八寶、共一十三面、竝白玉。……金寶幷印八面、獲於宋。天下同文之寶一・御前之寶二・御書之寶一・宣和殿寶一・皇后之寶一・皇太子寶一・皇太子妃印一。

(54) 趙彦衛『雲麓漫鈔』巻一五

朝會陳於御坐前、大禮則列於仗。

陸游『家世旧聞』巻下

先君言、玉璽舊有六而已、其文曰「皇帝之寶」・「皇帝行寶」・「皇帝信寶」・「天子之寶」・「天子行寶」・「天子信寶」。雖各有所施、其寶皆藏而不用。凡詔書、別鑄「書詔之寶」、而内降手札及與契丹國書用「御前之寶」而已。

(55) 禁中の女官組織の一つで、文書作成に携わった尚書内省については、鄧小南「掩映之間―宋代尚書内省管窺」（『朗潤学史叢稿』、中華書局、二〇一〇年）参照。

(56) ただこの記事は、宋濂の文集『宋学士文集』巻四四（『芝園集』巻四）「題宋高宗賜答羅尚書手詔」には同文が見られない。

(57) 「書詔之宝」の使用例としては次の石刻が残されており、各地に通達された文書であるから確かに親筆ではあり得ない。
畢沅『山左金石志』巻十八「徽宗奨諭勅書碑」（在兗州府）
　右刻奬諭七行、字體大小不等、首行「勅」字上有御璽文、曰「書詔之寶」。

(58) 例えば現在北京故宮博物院に所蔵される徽宗「雪江帰棹図」には、痩金体による「宣和殿製」四字のあと、上に「御書瓢印」、下に「天下一人」の御押が見えている。
その他、次の史料の「天水」「宣和」「政和」の印璽も「帝筆印記」に含まれるであろう。

元・夏文彦『図絵宝鑑』巻三
　徽宗……畫後押字、用「天水」及「宣和」「政和」小璽志、或用瓢印、蟲魚篆文。

明・文震亨『長物志』巻五「御府書画」

　宋徽宗御府所藏書畫、俱是御書標題、後用宣和年號・玉瓢御寶記之、題畫書於引首一條、澗僅指大。

(59) 天順年間刊『宋学士先生文集輯補』にもあり。

(60) 『宋徽宗書法全集』（朝華出版社、二〇〇二年）一五六頁。『北京図書館蔵中国歴代石刻拓本匯編』第43冊（中州古籍出版社、一九九〇年）五三頁。

(61) 元・陶宗儀『南村輟耕録』巻二六「伝国璽」。

(62) 『明史』巻六八・輿服志「皇帝宝璽」
　明初寶璽十七。其大者曰「皇帝奉天之寶」、曰「皇帝之寶」、曰「皇帝行寶」、曰「皇帝信寶」、曰「天子之寶」、曰「天子行寶」、曰「天子信寶」、曰「制誥之寶」、曰「敕命之寶」、曰「廣運之寶」、曰「皇帝尊親之寶」、曰「皇帝親親之寶」、曰「敬天勤民之寶」。又有「御前之寶」、「表章經史之寶」及「欽文之璽」。……成祖又製「皇帝親親之寶」・「皇帝奉天之寶」・「誥命之寶」・「敕命之寶」。……弘治十三年、鄠縣民毛志學於泥河濱得玉璽、其文曰「受命於天、既壽永昌」。……嘉靖十八年新製七寶、曰「奉天承運大明天子寶」・「大明受命之寶」・「巡狩天下之寶」・「垂訓之寶」・「命德之寶」・「討罪安民之寶」・「敕正萬民之寶」。與國初寶璽、共爲御寶二十四、尙寶司官掌之。

沈徳符『万暦野獲編』巻一・列朝「璽文」も参照。

(63) 伝存する書画作品では、多数の南宋高宗の書画作品に捺されており、南宋において新たに製作され、使われていたのであろう。清代の乾隆帝も収蔵印として使用していた(例えば范寛「雪景寒林図」など)。

(64) ただしここでいう「中書舎人」が元豊以前のそれをも含むとするならば誤り。北宋前半において中書舎人は寄禄官に過ぎず、実務は担わなかった。

(65) 唐代の「手詔(手制)」は、たとえ皇帝が直筆で起草したとしても通常の詔書(制書)と同じ定立過程を経る。前掲注(7)中村書。

(66) この額は蔡京の子、絛の手になるという。『書跡名品叢刊』(前掲注(51))参照。

(67) 前掲注(7)中村書 五九一～五九三頁。

(68) 『三朝北盟会編』は光緒三四年刊本(上海古籍出版社景印、一九八七年)に従う。光緒四年鉛印本・四庫全書本は「惹筆」を「諾筆」に作る。

(69) 徽宗朝後半における御筆手詔と宦官の関係については、本書第五章「北宋末の宣和殿」で改めて言及する。

(70) 梁師成という人物については本書第五章二八五頁を参照。

(71) 前掲注(55)鄧論文参照。

(72) 問題はここで宦官らが御筆手詔に捺した御宝の印文が何であったかが不明なことである。はじめは「御書之宝」と「書詔之宝」を使い分けることによって親筆と女官の代筆を区別していたのが、宣和年間以降に御筆作成に関与した宦官・使臣らは一体何の印文を捺したのだろうか。残念ながら現在の史料状況では不詳とせざるを得ない。

(73) 杜佑『通典』巻二六・職官志八「殿中監」

魏置殿中監官、晉・宋竝同。齊有內外殿中監各八人、梁・陳因之、其資品極下。後魏亦有殿中監。北齊有殿中局、置監四人、屬門下省、掌駕前奉引。隋改爲殿內局、置監二人。大業三年、分門下・太僕二司、取殿內監名、以爲殿內省、有監・少監・丞各一人、掌諸供奉、領尙食・尙藥・尙衣・尙舍・尙乘・尙輦等六局。每局各置奉御二人以總之、置直長以貳之、屬門下省。大唐改爲殿中省、加置少監二人、丞亦二人。其官局職任、一如隋制、爲一司、不屬門下。龍朔二年、改殿中省爲中御府、改監爲中御大監・少監、改丞爲中御大夫、咸亨初復舊。

(74)『宋史』巻一六四・職官志四「殿中省」
舊殿中省判省事一人、以無職事朝官充。雖有六尙局、名別而事存、凡官隨局而移、不領於本省。

(75)『長編』巻三二六・元豊五年五月癸未条
詔。如聞官制新行、諸司不知所屬、可一切申尙書省。其舊官司如殿中省・翰林院之類、有現任官者、令依舊治事、候新官上卽對罷。其妄稱疑廢、託故避事、以擅去官守律論。

とあるが、これは建前上殿中省所属となっていた六尚局（に相当する機関）に対する措置であろう。逆に言えばその統轄官庁たるべき殿中省がこの時点で設置されていなかったことを示す。

(76)『宋史』巻一九・徽宗本紀・崇寧二年二月条
辛酉、置殿中監。

(77) 宮崎聖明「北宋徽宗朝の官制改革について」『宋代官僚制度の研究』北海道大学出版会、二〇一〇年。初出は二〇〇八年。

張復華「宋徽宗朝官制改革之研究」『北宋中期以後之官制改革』文史哲出版社、一九九一年。

(78)『長編』巻三二七・元豊五年六月己巳条、『宋会要』儀制五—一九、職官八—五も同内容。
熊本崇氏は、この上殿規定では第三位たる丞が六曹第二位の侍郎に比されていることから、監・少監ははじめからどちらか一方のみを置くつもりだった可能性を指摘される（「宋神宗官制改革試論—その職事官をめぐって—」『東北大学東洋史論集』一〇、二〇〇五年）。のち新設なった殿中省においては、例えば『宋会要』刑法一—二七・政和三年二月七日条には殿中監高伸と少監曹昱が同時に存在している。

(79)『長編』巻三二七・元豊五年六月丁丑条
詳定官制所言「御輦院乞依舊隸太僕寺、其輿輦及應供奉事隸殿中省。牛羊司隸光祿寺、其養牛・乳牛兵匠入牛羊司。」從之、惟御輦院不隸省寺。

(80)『宋史』巻三四六・陳次升伝
又論卞客周穜貪鄙、鄭居中儉佞。由是惇・卞交惡之、使所善太府少卿林顏致己意、嘗以美官。

(81)『宋史』巻一六四・職官志四「殿中省」
(崇寧)三年、蔡京上修成殿中省六尙局供奉庫務敕令格式并看詳凡六十巻、仍冠以「崇寧」爲名。
(82)『宋会要』職官一九—四~七。そこに現れた人数(簿・令史以下)を単純に合計するだけで二〇〇〇人を超える。
(83)孟元老『東京夢華録』巻一「大内」
(文德)殿前東西大街、東出東華門、西出西華門。近裏又兩門相對、左右嘉肅門也。南去左右銀臺門。自東華門裏皇太子宮、入嘉肅門街、南大慶殿後門、東西上閤門街、北宣祐門、南北大街、西廊面東曰凝暉殿、乃通會通門、入禁中矣。
(84)北宋開封の宮城構造の詳細については、久保田和男「宋代の時法と開封の朝」(『宋代開封の研究』第七章。初出は一九九五年)、平田茂樹「宋代の宮廷政治—「家」の構造を手掛かりとして—」(笠谷和比古編『公家と武家Ⅱ「家」の比較文明史的考察』思文閣出版、一九九九年)、本書第五章の図(二六〇~二六一頁)を参照。
(85)『事物紀原』巻七「真壇淨社部」
崇夏寺。東京記曰、唐大中三年置。建隆中、石守信以寺門窄狹重造。二年八月、門成、車駕臨幸。宋朝會要、守信重修二門、詔治宮材也。

太祖行幸は『長編』巻二に見え、建隆二年(九六一)八月辛亥のことであった。
(86)『文献通考』巻七七・郊社考一〇
太祖・太宗時、凡京師水旱稍久、上親禱者、則有建隆觀・大相國・太平興國寺・上淸太一宮。甚則再幸、或撤樂減膳、進蔬饌。遣官禱者、則天齊・五龍・城隍・祆神四廟・大相國・開寶・報慈・乾明・崇夏五寺及建隆觀。
(87)『東京夢華録』巻六
收燈畢、都人爭先出城採春。……州東、宋門外、快活林・勃臍陂・獨樂岡・硯臺・蜘蛛樓・麥家園・虹橋王家園。曹宋門之間、東御苑・乾明・崇夏尼寺。
(88)ちなみにここに言われている「見任執政官」とはその姓から見て、崇寧元年六月から三年八月まで門下侍郎を務めた許将のことと思われる。だが『宋史』等諸史料には許将の子は許份（字は子大）しか見えない。
(89)『歴代名臣奏議』巻一一五「学校」
崇寧初、左司諫慕容彦逢上奏曰……。
(90)蔡京による皇城改造はこれにとどまらず、有名な延福宮造営や、明堂設置、秘書省移動などが挙げられる。
(91)なお唐代の殿中省六尚局については黄正建「唐六尚長官考」（『魏晋南北朝隋唐史資料』一一、一〇〇四年）参照。
(92)唐前期の六尚局長官は清選官であり、一部有能な技術者が担ったほか、多くは皇族・功臣の子弟が任じられた皇帝親信の官であった。
前注の黄論文によると、六尚局のうち尚乗局は、唐代後半には閑厩使の設立に伴い有名無実化していたという。寧志新「唐代的閑厩使」（『中国社会経済史研究』一九九七—二）参照。
(93)前掲注（82）参照。
(94)「管勾」は『宋史』においては「管幹官」とされる。
『宋史』巻一六四・職官志四「殿中省」
又置提擧六尙局及管幹官一員。
(95)殿中監は「殿中省」名義の文書を行移することが出来た。
『宋会要』職官一九—七・崇寧二年二月十四日条
同日、殿中監言「本監今來行移文字、乞依祕書省例以殿中省爲名。」從之。
(96)『職官分紀』巻二六「入内内侍省都都知」
國朝入內內侍省。國初、有內中高品班院。淳化五年、改入內內班院、又改入內黃門班院、又改內侍省入內內侍班院。景德三年、其東門取索司可幷隷內東門司、餘入內都知司。內東門都知司・內侍省入內內侍班院可立爲入內內侍省、以諸司隷之、遂定管勾事。

これに対し前省と呼ばれる内侍省は北斉からの伝統をひき、外向きの雑役を果たしていた。
(97)『東都事略』巻五〇・張耆伝
誠一任樞密院副承旨時、嘗開耆之棺槨、掠取財物、解父所繫排方犀帶。後任觀察使、爲諫官論列、責官而卒。

自分の父の墓を暴き、埋葬品を奪い取ったとして、非常に悪し様に言われている。言うまでもなく元祐年間に書かれた熙豊時代の記録は、注意して扱わねばならない。その逆もまたしかりである。

(98)『宋会要』職官五六—一・官制別録

神宗元豐三年六月十五日、詔中書置局詳定官制、命翰林學士張璪・樞密副都承旨張誠一領之、祠部員外郎王陟臣・光祿寺丞李德芻檢討文字、應詳定官名制度、竝中書進呈。

(99)ただしこの史料には続きがある。

至崇寧初、蔡京相徽宗、置殿中監、近侍遂有分職。鄭居中執改［政］、議武選、其後命下、文武倶稱郎・大夫、內侍預焉。自是押班・都知・殿頭・內養等各一切革去。蓋京與（鄭）居中皆結閹寺以進、故與之爲地如此。

といい、殿中監設置も宦官との結託からなされたものとする。のちに見るように殿中省設置に関しては、両者の利害は相反していた。

(100)張誠一と宦官らとの関係については、

『長編』巻三七〇・元祐元年閏二月条

伏見韓縝自備位宰府以來、內外文武百執事、至於閭閻聚落之人、無不竊議交毀、以爲非據。……在密院則諂事張誠一、待以家人禮、每宴飲大笑、款密無間、欲因誠一以結宦官、此最爲士論所深疾者也。

呂陶が韓縝を弾劾する理由に、彼が誠一を通じて宦官と結ぼうとしたことを挙げている。

(101)『宋史』巻三四七・席旦伝

新建殿中省、命爲監、俄拜御史中丞兼侍講。……（席）旦立朝無所附徇、第爲中丞時、蔡王似方以疑就第、旦糾其私出府、請推治官吏、議者哂之。

(102)『宋史』巻三一二・曾公亮伝・附孝蘊伝

崇寧建殿中省、擢爲監。居數月、言者論其與張商英善、以集賢殿修撰出知襄州、徙江浙荊淮發運。

(103)『宋史』巻二八八・范雍伝・附坦伝

召爲戶部侍郎、論當十及夾錫錢之弊。……時張商英爲相、坦多與之合。

(104)『編年備要』巻二六・崇寧二年八月条
張商英罷。初、商英與蔡京在神宗朝同爲講官、雅相好。及是、言多不合、商英言「京姦邪有才、爲相國、志在逢君」等語。中丞石豫・御史朱紱・余深以爲張商英非所宜言。

(105)『宋史』巻三五四・姚祐伝
六尚局官制成、凡所以享上率屬・察擧稽違・殿最勤惰之法、皆祐裁定。

(106)『宋代京朝官通考』では許敦仁の殿中監就任時期を崇寧五年としているが、崇寧五年は正月に政変があって、蔡京が一時失脚していた微妙な情勢であり（本書第一章参照）、その意を受けての就任で無い可能性が出てきてしまう。ところが許敦仁の履歴は、監察御史→右正言→起居郎→殿中監→御史中丞→兵部侍郎と遷っており、『宋代京朝官通考』の「兵部侍郎」の項では、彼は崇寧三～五年に兵部侍郎だったとし、矛盾を来している。『宋史』本伝以外の史料が無い現状ではどちらが誤りともいえず、それぞれの就任時期の年代特定は不可能である。よって本書では、彼の殿中監就任時期を「崇寧年間」と言うにとどめておく。

(107)『宋史』巻三五三・張閣伝
京兇相、閤當制、歴數其過、詞語遒拔、人士多傳誦之。

(108)李心伝『建炎以来繋年要録』巻一・靖康元年正月壬辰条
延康殿學士高伸落職、左金吾衛大將軍高傑降充左衛率府率。傑・伸皆俅兄、坐根括犒軍金銀而相與隱匿、爲婢所告也。

(109)高伸は宣和殿学士にもなっている。第五章三〇〇頁参照。

(110)陳次升『讜論集』巻五「奏彈内侍劉瑗」。

(111)保和殿大学士については、次章を参照。

(112)この流行は童貫から始まったが、もともとは彼が枢密使を兼任したとき、正任と区別するため「領」字を使い出したのが、蔡攸・鄭居中らも使うようになり、次第に「知」字よりも格上と認識されるようになったものだという。
徐度『却掃編』巻上
童貫之始入樞府也、官已爲開府儀同三司、而但以爲「權簽書樞密院河西北面房公事」、頃之、乃進稱「權領」。

蓋以謂所掌止邊防一事且姑使爲之而已。又數月、乃正稱「領樞密院事」、自是不復改。其後蔡攸以少師居樞府、亦稱「領」、鄭太宰居中以故相居樞府、亦稱「領」。……靖康間、何丞相㮚以資政殿學士、李丞相綱以資政殿大學士、皆領開封府職事、而別置尹。初貫之不稱「知」而稱「領」者、非尊之也。蓋猶難使之正居執政之位、故創此名。然鄧樞密洵武以少保知院、而實居其下。慶曆間、呂許公以首相兼判樞密院事、論者以爲「判」名太重、未幾、改兼樞密使。元豐官制、廢樞密使不置、則知院爲長官。今「領」居「知」上、則判院之任也。按、漢制有「領尚書」、有「平尚書」。「領尚書」則將軍・大司馬・特進爲之、「平尚書」則光祿大夫・諫大夫之徒皆得爲之、則「領」之爲重也久矣。

(113)『宋史』巻四七二・蔡攸伝

子行領殿中監。

(114)同じ殿中省の例で言えば、『宋会要』刑法一―二七に載る政和三年二月七日に殿中省六尚供奉勅令所の書が完成した際、「詳定官・朝請郎・殿中監高伸」等が賞されている。

『宋会要』刑法一―二七・政和三年二月七日条

『殿中省六尚供奉敕令』書成、詔詳定官朝請郎殿中監高伸・朝議大夫殿中少監曹昱、刪定官朝散郎殿中丞王迢、朝奉郎殿中省主簿趙士諦各轉一官。

(115)苗書梅等点校『宋会要輯稿・崇儒』(河南大学出版社、二〇〇一年)では「詔殿中監察・行戸部侍郎王義叔」とし、「殿中監察　按宋代無此官名、疑有誤。」と注する(二二七頁)。

(116)蔡行に関する記述で最も年代が下限のものは、

『宋会要』選挙九―一六・宣和六年五月二十日条

詔通議大夫・守殿中監・兼校正御殿前文籍蔡行特賜進士出身。

(117)『宋会要』后妃四―一二「内職雑録」・宣和七年八月四日条

詔「婕妤王氏隆誕、親屬可依下項推恩。親叔・起復朝散大夫・試殿中監王義叔、親姊之夫・武節郎・開德府兵馬鈐轄士潰、承節郎・鄢陵縣巡檢郝誦、各與轉行一官。」

(118)『宋会要』職官七七―一四・宣和七年十一月一日条

詔「持服前中奉大夫・殿中監王義叔丁祖母憂、特令起復、差遣依舊。候卒哭日供職、不許辭免。」

(119) この背景には殿中省が監察御史の六察範囲から外され、三省・内侍省などとともに御史台長官（御史中丞）と言事御史の監察を受けることになっており（『長編』巻三二九・元豊五年八月癸丑条）、通常の監察対象から外されていたこともあるだろう。

(120) 『宋会要』職官一九―一二・靖康元年正月四日条
詔六尙局竝依祖宗法。

第五章　北宋末の宣和殿

――皇帝徽宗と学士蔡攸

はじめに

北宋末、女真・金国が二路に分かれて南進を開始すると、それを察知した宦官・童貫は太原から開封に逃げ帰った。彼が途中入手した女真の牒文を持って大臣らは「宣和殿」を訪れ、皇帝徽宗にその牒文を進呈する。それを見た徽宗はあまりのショックに言葉を失い、眼には涙を浮かべていた。その牒文は、女真が宋への攻撃を開始するに当たっての檄文であり、宋側から見れば甚だ不遜な内容であったのだ。彼は言う。「朕は少し休みたい。そなたらは今晩また来られよ。その時相談しよう」と。

その夜、改めて大臣らが「玉華閣」に参上すると、宇文虚中と呉敏の二人の先客が来ていた。徽宗は「まず二人と謁見するので、そなたらは待っておれ」と言う。虚中・敏が順に謁見を行い、ようやく大臣らが召された。すると徽宗は突然倒れて前後不覚の状態となり、座っていた御牀から転がり墜ちた。お付きの者らが急いで人を呼んで助け起こし、ともかくも「保和殿の東閣」に運び入れた。群臣が協議して煎じ薬を飲ませると、ようやく意識をとり戻した。徽宗は腕を挙げて紙と筆を求め、左手で文字を記した。「朕の半身はもう駄目だ。こんな身体でどうしてこの大事をうまく処理することができようか。」大臣らはそれを見たが、誰も言葉を発しなかった。そこで徽宗は「諸公はどうして何も言わないのか」と書く。お付きが振り返って紙を見せたが、やはり大臣らに応ずる者はいなかった。仕方なく徽宗は「皇太子を皇帝位に即かせるべし。予は教主道君として龍徳宮に隠退する」と自ら書いて示した。そして外で待たせておいた呉敏について「朕が自ら抜擢した者だ。呼び出して詔を作らせよ」と言うと、すぐさま呉敏が詔を起草して入室してきた。皇太子を召し出し、大臣らが御袍を着せた。それでもまだ渋る太子に、徽宗と中宮が夫婦二人がかりで説得し、最後に徽宗が堅く命ずる。かくして欽宗皇帝の誕生となった。時に宣和七年（一一二五）十二月二三日であった。(1)

以上は徐夢莘『三朝北盟会編』（以下、『会編』と略称）に載る徽宗譲位の顛末である。その後上皇となった徽宗は十日ほど経った翌・靖康元年一月三日の深夜、数人の供を連れてこっそりと開封城を抜け出し、江南へ行幸に出るのだが、(2)以来徽宗の半身が不随であるとの記事は見当たらない。別の史料によれば、この直前に、

上皇曰く「疾と稱せざるべからず、恐るらくは變亂生ぜん」と。敏曰く「亦た好からん」と。

上皇曰「不可不稱疾、恐變亂生。」敏曰「亦好。」（『長編紀事本末』巻一四六・欽宗「内禅」・宣和七年十二月庚申条）

というような打ち合わせがなされていた。実はその前日の打ち合わせでも徽宗は「病と称する必要はないか」と呉敏に尋ね、「その必要はないでしょう」と言われていたのだが、本番直前にやはり実行することにした

語っている。

のだった。[3]してみればこの禅譲劇において徽宗は渾身の芝居を打って仮病を装い、呉敏もその芝居に一枚かんでいたであろうことはほぼ間違いなく、大臣らの沈黙はこの劇を目の当たりにした彼らの心理を雄弁に物語っている。

いまここで注目したいのは、この劇の舞台がなぜ「宣和殿」と「玉華閣」「保和殿の東閣」であったのかということだ。後に見るようにこれらの殿閣はほぼ同一区画の建物といってもよい配置関係にあり、いわゆる「宣和殿」あるいは「保和殿」という名で総称される場所である。

その位置は開封皇城内の西北隅にあり、いわゆる「禁中」の中でも最奥に位置する。皇帝は日常的に禁中において宰相・大臣らと「視朝」を行うが、それは同じ禁中でも外朝に最も近い前殿＝垂拱殿と、それより少し奥にある後殿＝崇政殿あるいは延和殿で行われており、禁中とはいえ公的な性格を有した場所であった。[4]これら禁中の中央部に対して、西部は完全に皇帝の私的空間であり、恩典による賜宴以外、宰相であっても普段は立ち入ることの許されない場所であった。その最奥に位置した宣和殿において、帝位禅譲のような国策に関わる重大決定が行われたことは、一般的な宋朝の政治過程の認識からは、相当の違和感が残ると言わざるを得ない。そこには徽宗朝という時代の持つ特異性が凝縮しているといえる。

そこで本章では宣和殿という場が持つ政治的意味合いについて考察を行う。

徽宗時代の宣和殿については、彼の趣味の館として史上名高いにもかかわらず、美術史や文化史の方面から表面的に言及されることはあっても、それを正面から取り上げたものはなく、その構造についても非常に曖昧なままである。近年の代表的な北宋開封の研究としては『宋代東京研究』や考古学の成果を取り入れた『北宋東京城研究』があるが、[5]本稿が注目する宣和殿の詳しい位置、沿革については深く検討せず、図としては伝存史料として宋代開封城を示す唯一の地図である元・至順刊本『事林広記』後集「宮室類」の「京闕

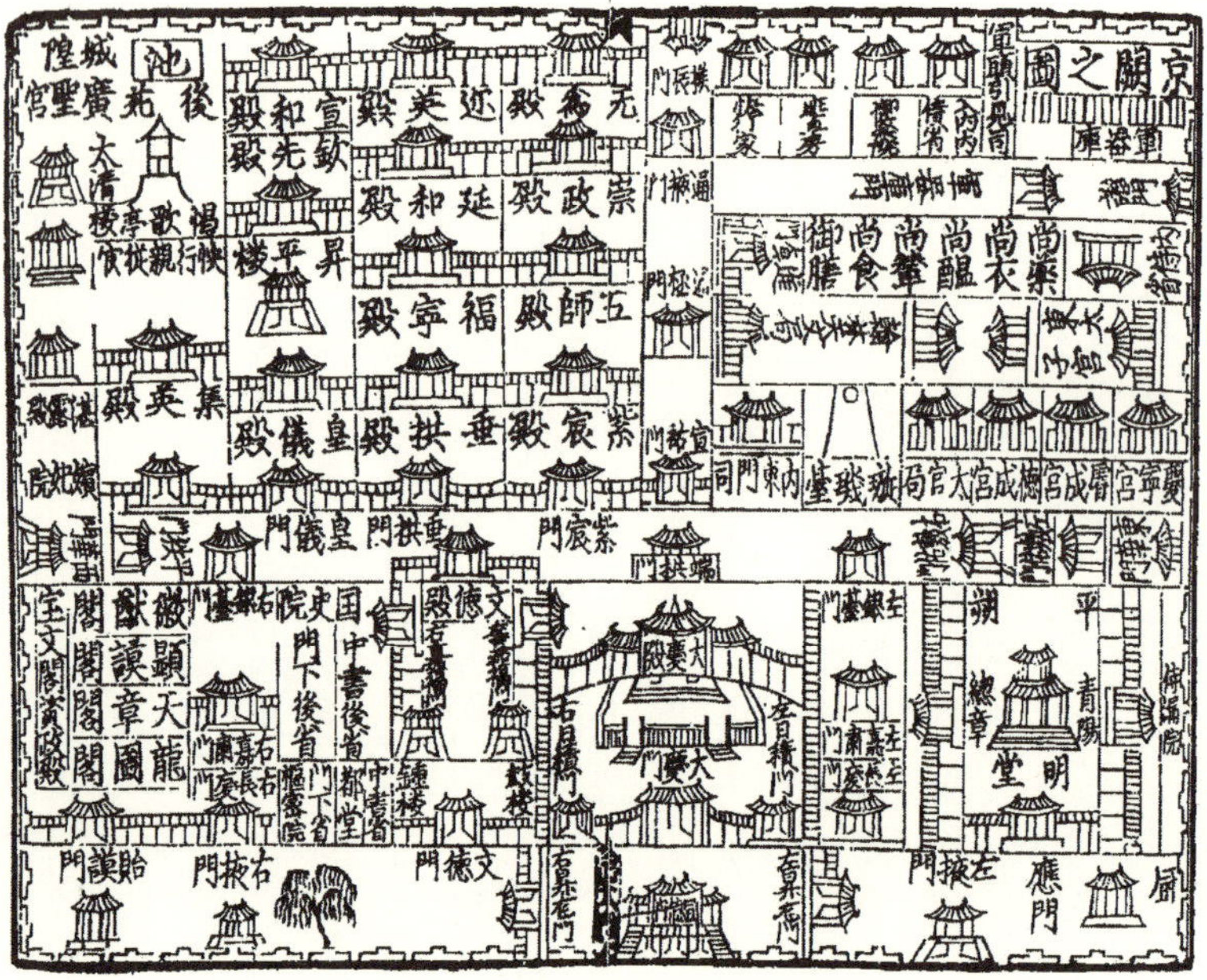

【図1】　元・至順本『事林広記』の北宋開封宮殿東京城図

之図」を示すに止まる（【図1】）[6]。一歩進んで比較的詳しい開封禁中の宮殿配置図を提示するのは傅熹年氏の研究であり参考に値するが（【図2】）[7]、宣和殿・保和殿の関係についてはほとんど論及がない。日本では久保田和男氏の北宋開封に関する研究があるが、やはり宣和殿の細かな配置等には深く立ち入ってはいない[8]。そこで本章の第一の目的として、まず宣和殿に関わる記録を整理し、それがいかなる様式にあったのか、そしてどのような機能を有していたのかを解明する。

第二の目的としては、宣和殿に置かれた館職の特異性を確認し、そこに深く関わった蔡攸について、主に彼と皇帝徽宗との関係を中心に考察を行う。禁中の宣和殿という「場」とそこに設けられた制度の裏に見える蔡京の息子蔡攸に注目することで、徽宗朝政治史の裏舞台を覗いてみよう。

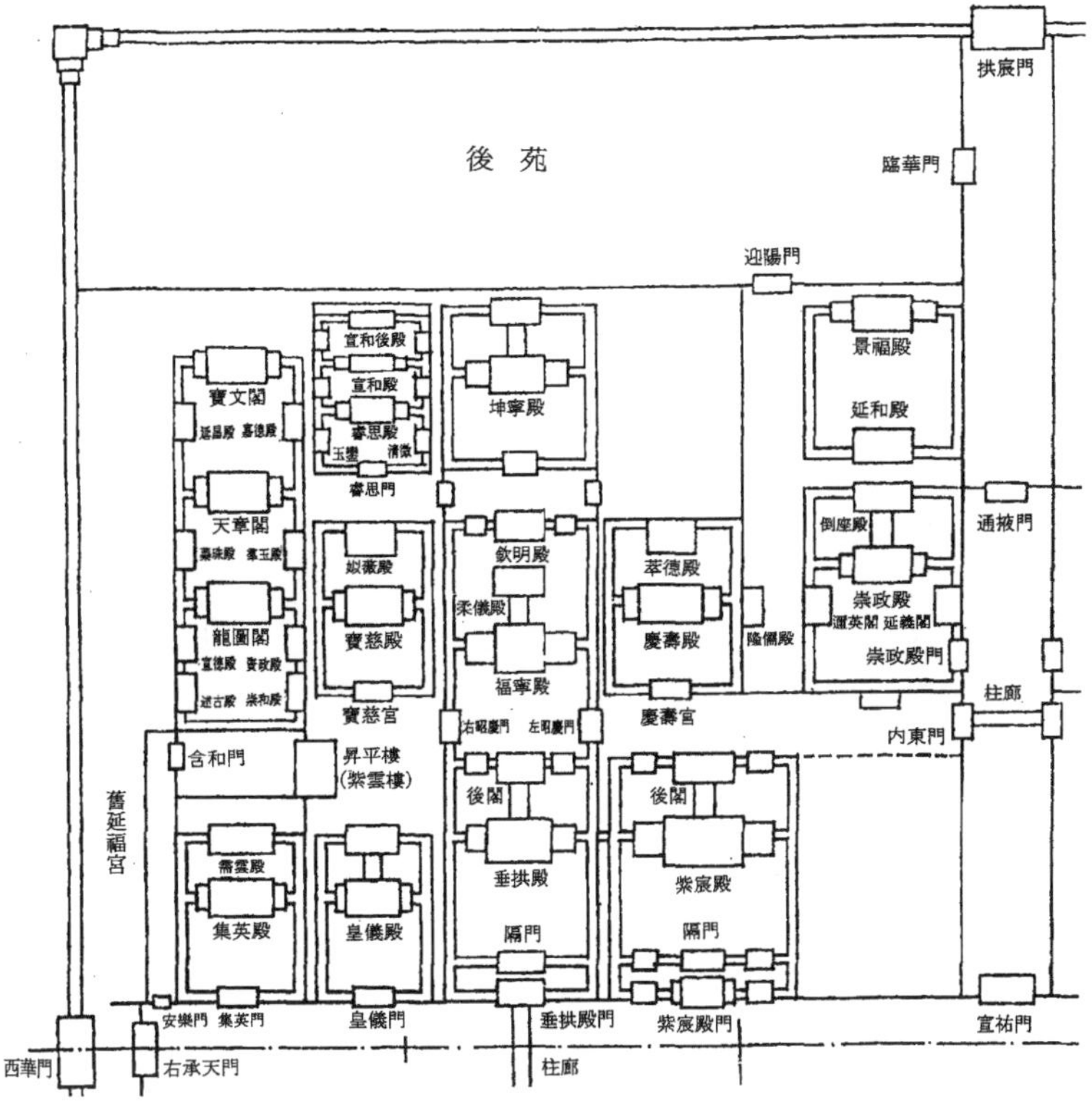

【図 2】『傅熹年建築史論文集』の北宋開封宮殿図西北部分（296 頁）

そして以上の二点を考察した上で今一度ここに見た禅譲劇に戻り、この劇に秘められた真の意味を解き明かしてみたいと思う。

第一節　宣和殿と保和殿

一、その沿革と諸殿の関係

宣和殿について簡にして要を得た説明がなされるのは『宋会要』方域に載る「東京雑録」である。[9]

神宗・熙寧八年（一〇七五）睿思殿を造営。

哲宗・紹聖二年（一〇九五）四月二日　睿思殿の後方に宣和殿造営。

元符三年（一一〇〇）宣和殿を廃する。

徽宗・大観二年（一一〇八）四月　宣和殿を再建。→三年、徽宗「御製宣和殿記」[10]。

重和元年（一一一八）宣和之後殿が完成。

宣和二年（一一二〇）年号と重複することから、保和殿と改称。[11]

と一応は整理することができる。まず神宗が睿思殿を造ったが、哲宗は父を尊崇する意からこれを使用せず、その後方に新殿を建てた。これが宣和殿の始まりであり、その後徽宗はそれを拡張し使用した。宣和年間に入ると、宣和殿は年号と名称が重なることから保和殿と改称された。すなわち宣和殿＝保和殿だということになる。おそらくこれが一般的な認識であろう。

しかし蔡絛『鉄囲山叢談』では、

宣和殿の後ろ、又た保和殿を創立する者は、左右に稽古・傳古・尙古等諸閣有り、咸な以て古玉印璽を貯め、諸もろの鼎彝禮器、法書圖畫は盡く在り。

宣和殿後、又創立保和殿者、左右有稽古・傳古・尚古等諸閣、咸以貯古玉印璽、諸鼎彝禮器、法書圖畫盡在。（蔡絛『鉄囲山叢談』巻五）

とし、保和殿は宣和殿の後方に造られたもので、両者は別の建物であるという。蔡絛は蔡京の息子で、後述するように禁中の事情に明るい人物であり、その記事は無下に否定すべきものではない。「はじめに」で見た宣和七年の禅譲劇においても、宣和殿と保和殿は別の建物として登場している。他にも『宋史』や『編年備要』は、

（政和三年）夏四月戊子、保和殿を作る。

（政和三年）夏四月戊子、作保和殿。（『宋史』巻二一・徽宗本紀）

保和殿、政和三年四月に作り、九月に殿成り、總じて屋七十五間爲り。

保和殿、政和三年四月作、九月殿成、總爲屋七十五間。（『宋史』巻八五・地理志「京城」）

保和殿成る。上自から之に記して、曰う有り「乃ち有司に詔して屯營を宮垣の外に徙し、百官の舍宇を移して、便利に就かしめ、其の地を得、延福宮を宮城の北に遷し、延福の舊址に卽きて、保和殿を作る。……總じて屋七十五間爲り。工製甚だ巧み、人 其の力を致し、四月癸巳に始めて、九月丙午に至りて殿成る。

保和殿成。上自記之有曰「乃詔有司徙屯營於宮垣之外、移百官舍宇、俾就便利、得其地、遷延福宮於宮城之北、卽延福舊址、作保和殿。……總爲屋七十五間。工製甚巧、人致其力、始於四月癸巳、至九

月丙午殿成。（『編年備要』巻二八・政和三年九月条）

とする。いずれも単純に宣和殿を保和殿に改称したとは言わず、保和殿は政和三年（一一一三）四月に着工、同年九月に竣工したとする。これでは宣和二年に改称する七年も前に、保和殿が既に存在しているということになる。

加えて更に事態を複雑にしているのが、

（宣和元年）九月甲辰朔、蔡京を保和新殿に燕す。

（宣和元年）九月甲辰朔、燕蔡京於保和新殿。（『宋史』巻二二・徽宗本紀）

という「保和新殿」の存在である。王明清『揮麈録』余話巻一に載る蔡京の「保和殿曲燕記」はおそらくこのときの宴の模様を綴ったもので、その文中には「落成於八月」と見え、この「保和新殿」は宣和元年（一一一九）八月に落成した建物であったことが知れる。[12]すなわち政和三年（一一一三）九月に出来た「保和殿（A）」と、宣和元年（一一一九）八月に出来た「保和新殿（B）」、それにもともとの「宣和殿（C）」、重和元年（一一一八）の「宣和後殿（D）」がそれぞれ存在し、都合四種の関係がはっきりせぬまま残されているのが現状である。[13]

これら諸殿の関係解明のために、まずなされねばならないのはそれぞれの内部構造の把握、比較である。幸いにして先にも挙げた王明清『揮麈録』には、いずれも蔡京の手になるという「太清楼特宴記」（史料Ⅰ）と「保和殿曲燕記」（史料Ⅱ）という二つの文章が残されている。[14]少々煩雑ではあるが、まず史料Ⅰ「太清楼特宴記」から見ていこう。

これは政和二年（一一一二）三月における宣和殿（C）についての記録である[15]。徽宗は同月復権した蔡京のために禁中後苑の太清楼に宴を張った。蔡京はその際、宣和殿（C）を見る機会を得たのである。

当日、徽宗は「政務は怠れぬ」として垂拱殿で視朝を行ったのち、崇政殿に蔡京らを召し、弓馬所子弟の武芸・弓術、宮人の蹴鞠を鑑賞した。その後いよいよ景福殿の西廡から苑門（後苑の門か）をくぐった。そのとき徽宗は蔡京に「ここからわずかで宣和だ。かつて言者らが「金の柱、玉の戸」（でできた贅沢な建物）と言って宮禁を非難したやつよ。そなたの子の蔡攸を案内につける故、入っていって観てまいれ」と言う。これを受けて蔡京は東に小花径に入り、南に碧蘆叢を過ぎ、東の便門を入って宣和殿に到着した。建物は三楹のみで、左右に挟屋があり、これもそれぞれ三楹であった。中には図書・筆硯・古鼎などの青銅器が陳列され、その陳列台と椅子は黒い漆で塗られていた。垂木は朱で、棟木は緑、ともに文様は無い。東西の廊下にもそれぞれ殿があり、やはり三楹ずつ、東は瓊蘭といい、石が積まれて山となっており石穴から泉が出ていて、沼の北側に注いでいる。「静」という宸筆の牌牓が掲げられ、心を洗い清める場である。西は凝方（凝芳？）といい、後ろには積翠、南に瑤林（瓊林？）、北洞は玉宇という。石が壁から突き出て屹立し、花・木が茂っている。後ろに沼があって環碧といい、傍らには亭があって臨漪・華渚という。沼に続いて山があり、殿は雲華、閣は太寧という。左の登り路を登ると、道すがら亭が四つ、琳霄・垂雲・騫鳳・層巒があり、それほど高峻なわけではない（百尺？後ほど考察）が、険しい崖を俯瞰すれば、まるで深山大谷のようである。続いて会春閣があり、下には玉華殿がある。玉華殿の傍らに「三洞瓊文之殿」との牓があって、神の画像を置いている。傍らに種玉軒・緑雲軒があって対峙している[16]。

以上が史料Ｉ「太清楼特宴記」に見える宣和殿（Ｃ）の状況である。原文は長いため、概略を示すにとどめた。事の発端は徽宗の言葉を聞く限り、言者が派手さを批判した宣和殿が実際にはそうでないことを徽宗が示したかったことにあり、だからこそ蔡京は文章を作って、宣和殿の瀟洒でシックな感じを大いに喧伝せねばならなかっものと思われる。その産物がこの「太清楼特宴記」であろう(17)。またその口吻から、蔡京にとって宣和殿（Ｃ）は初めて訪れる場所であり、その道案内を命じられたのが彼の息子蔡攸であったことは注目に値する。

この文章から宣和殿（Ｃ）の特徴・ポイントを抽出すれば、

（一）宣和殿本殿は三楹、左右に挟屋ありそれぞれ三楹。
（二）東廊に瓊蘭殿がある。築山があって泉水が沼まで流れ出ている。
（三）西廊に凝芳殿があり、北に積翠殿、南に瑤林（瓊林）殿、北洞は玉宇という(18)。
（四）北に環碧という沼があり、そばには臨漪亭・華渚亭がある。
（五）更に北には（百尺？の）山があって、雲華殿・太寧閣がまずあり、左の登山道を行けば琳霄亭・垂雲亭・騫鳳亭・層巒亭が続く。
（六）続いて会春閣、山下に玉華殿がある。「三洞瓊文之殿」の牓と種玉・緑雲軒がある。

以上の六点が挙げられるであろう（【図３】）。瓊蘭殿・凝芳殿・環碧の名は『宋史』地理志の記事にも見え、両者が同じ宣和殿（Ｃ）を指していることは間違いない(19)。

宣和殿本殿は三楹、すなわち桁行三間で、一間約五メートルとして三間十五メートル、左右の挟屋を入れ

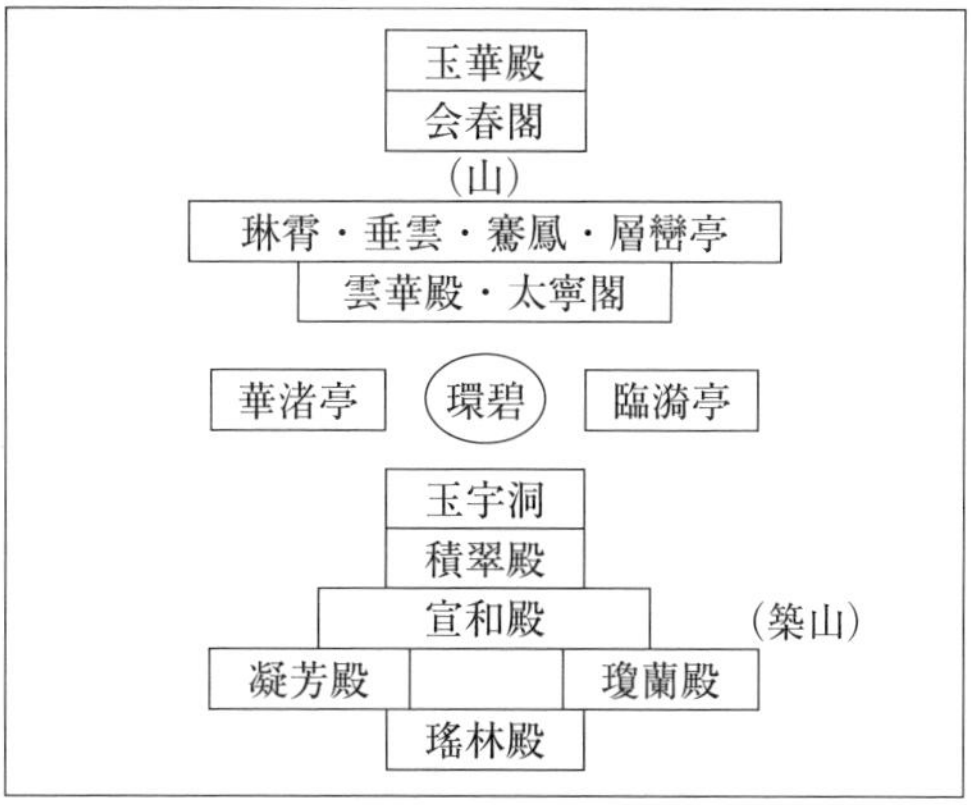

【図3】「太清楼特宴記」（史料Ⅰ）に見える宣和殿（C）の配置

てもせいぜい四十五メートルである。それほど大きな建物ではなく、瀟洒な趣味の館といった感じの建物であった。

それではつづいて史料Ⅱ「保和殿曲燕記」を見てみよう。

宣和元年九月十二日、徽宗は蔡京・王黼・童貫・蔡攸らと宗室を招き、保和殿に宴を催した。まず文字庫で食事を賜ったあと臨華殿門から入り、東曲水で整列して玉華殿で徽宗にご挨拶申し上げる。そして徽宗の先導で一行は西曲水を歩き、酴醾架を回って、太寧閣に至り、層巒亭・林霄（琳霄?字義から考えて琳霄か）亭・騫鳳（褰風?）亭・垂雲亭に登る。そこで景色を楽しんだのち、ようやく保和殿にたどり着く。殿は三楹で、一楹に七十架、二つの挟閣があるが、彩色は華美ではない。八月に落成したもので、竹や桧が植えられている。真ん中の一楹には御榻が置かれ、東西の二楹には古鼎などが陳列されている。左挟閣は妙有と言い、古今の儒書・史・子の書物や墨跡が、右挟閣は日宣（宣道?）と言い、道家の書と「神霄諸天の隠文」が蔵されている。帝は前を歩き稽古閣に行く。ここには周・宣王の石鼓がある。続いて邃古・尚古・鑑古・作古・伝古・博古・秘古の諸閣を巡り、祖宗の訓謨や三代の古器、漢晋隋唐の書画を徽宗の解説付きで鑑賞した。玉林軒に至り、宣和殿・列岫軒・天真閣を通り過ぎ、つづく凝徳殿の東には高い岩でできた築山が高さ百尺（百丈?）ほどもあり、茂った木はかつて見たときの倍ほどになっている。翠翹・燕閣の諸処を通り、全真殿にて徽宗が手ずから淹れた茶を頂く。瑤林殿に出て少ししばらく休憩したのち、玉真軒に到った。軒は保和殿の西南廡にあり、これが安妃の粧閣である。そこで西の壁に掛けられている安妃の肖像画を、安妃本人に見間違えたという蔡京に題詩を作らせた後、玉華閣で本物の安妃に拝謁したのち酒宴となり、夜漏二鼓に散会した。[20]

史料中、蔡京が作った題詩に「保和新殿」という言葉があり、また同内容を載せる『編年備要』が「蔡京を保和新殿に燕す」とすることから、ここに登場する「保和殿」は保和新殿（B）のことであろう。こちらでも宣和殿（C）のときと同じく、保和新殿（B）が派手ではないということが強調されている。やはりポイントを抽出すれば、

（一）臨華殿門（玉華殿に臨む門の意か）から入り、玉華殿で謁見。徽宗自身の案内で太寧閣を通り、層巒亭・琳霄亭・騫鳳（あるいは褰風）亭・垂雲亭に登る。
（二）保和殿本殿は三楹で、一楹に七十架、二つの挟閣あり。八月に落成。
（三）左挟閣は妙有閣で経・史・子の書物と墨跡が、右挟閣は日宣（宣道？）閣で道家の書が収められる。
（四）稽古・邃古・尚古・鑑古・作古・伝古（訪古）・博古・秘古の諸閣あり。
（五）玉林軒・宣和殿・列岫軒・天真閣・凝徳殿あり。
（六）凝徳殿の東に高さ百尺（約三〇メートル）の築山あり。[21]
（七）翠翹・燕閣を通り、全真殿あり。そこから瑤林殿に出られる
（八）玉真軒が保和殿の西南廡にあり、劉安妃の粧閣。西壁には安妃の肖像画が掛けられている。

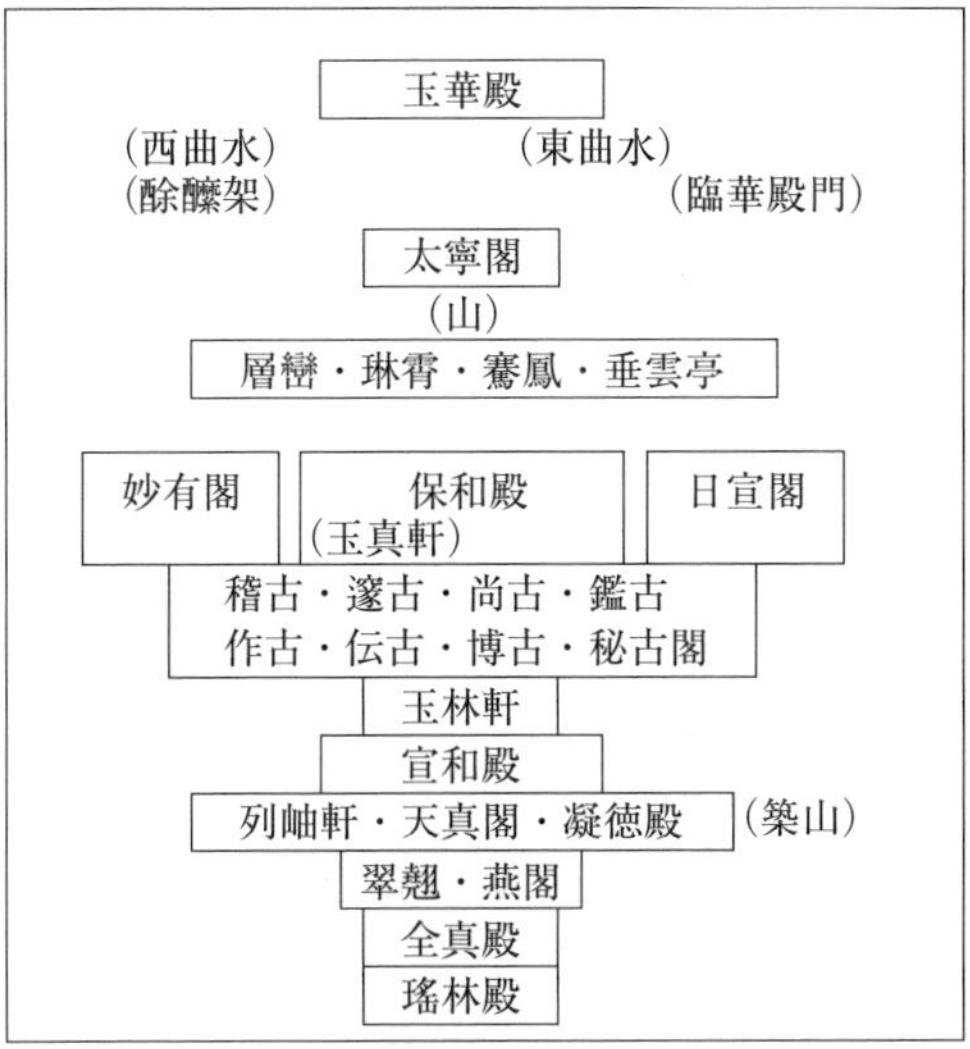

【図4】「保和殿曲燕記」（史料Ⅱ）に見える保和新殿（B）の配置

となる（【図4】）。一読して気付くように、保和新殿（B）と「宣和殿」がやはり別の建物として登場する。また特徴的な稽古・邃古などの諸閣があり、蔡絛が『鉄囲山叢談』で記していた「保和殿」はこの保和新殿（B）であることが分かる。[22]

　そして史料Ⅰ「太清楼特宴記」と共通する名称の建物がいくつか見られる。それは玉華殿・太寧閣であり、層巒・琳霄・騫鳳・垂雲という四つの亭である。これら殿・閣・亭の登場する順序が史料Ⅰの時点では太寧閣・四亭のあとに玉華殿が現れたが、Ⅱではまず玉華殿で謁見し、そこから徽宗の案内で太寧閣・四亭に至っており、それぞれの巡回ルートは反対であることが知れる。Ⅰからはこれらの建物が宣和殿の北にあることは明白なので、Ⅰのときには南から経巡ったものが、Ⅱでは北側から南下するルートを通ったと想定できる。玉華殿が『宋史』地理志に「玉華殿（在後苑）」というように宣和殿の北ないし西の後苑にあるとされていることもこれを裏付ける。

さてⅡに描かれる保和新殿（B）は「三楹、楹七十架、兩挾閣」といい、この構造はⅠに見える宣和殿（C）と全く同じ造りである。すなわち建物の構造も同種である上、周辺の建物の名称も共通しているということになる。さらに瓊蘭殿と凝徳殿で名称は違っているものの、東にはどちらも築山があり、Ⅱで蔡京はこれを「かつて見た」と言っている。それはⅠの政和二年三月に見た宣和殿（C）の東廊近くにあった築山（ポイントの（二））のことを指すものであろう。

以上から宣和殿（C）と保和新殿（B）は、同じ敷地内に存在し形式も同じではあったが、別々の殿だったことが判明する。その形式が一致していることは、両者が同じ敷地内にあって統一感を保つように配慮されているとも考えられるし、地理的な要因があったためやむを得なかったとも考えられる。つまり宣和殿（C）の後方（北側）の地に造られたのが保和新殿（B）であった。

これに対し政和三年（一一一三）九月における保和殿（A）は、『編年備要』にもとづいてその特徴を示すと、

九月、保和殿成る。上自ら之を記し、曰う有り「乃ち有司に詔して、屯營を宮垣の外に徙し、百官の舍宇を移して、便利に就きて其の地を得せしめ、延福宮を宮城の北に遷す。延福の舊址に即きて、保和殿を作るに、五楹挾三、東側殿は曰く出光、西側殿は曰く葆光。保和の後ろ、殿有りて曰く燕頤、西旁に殿有りて曰く怡神、曰く凝神、其の楹數は保和の如く、總じて屋七十五間爲り。工製甚だ巧み、人其の力を致し、四月癸巳に始めて、九月丙午に至りて殿成る。上は飾るに純綠もて、下は漆ぬるに朱を以てし、文藻繪畫五采無く、垣墉に粉澤無く淺黑、寒林平遠を作して禽竹のみ。前に松竹・木犀・海桐・橙橘・蘭蕙を種え、歳寒秋香・洞庭吳會の趣き有り。後ろに太湖の石を列べ、滄浪の水を引き、波池は

連綿、起こるが若く伏すが若く、支流派別し、縈紆せる清泚、瀛州方壺・長江遠渚の興有り。左は典謨・訓誥・經史を實たし、以て古始を憲章し、典有り則有り、右は三代の鼎彝・俎豆・敦盤・尊罍を藏して、以て象を省て器を制り、神明に豥り、郊廟に薦む。東序は古今の書畫を置き、其の品秩を第じ、玩心游思、喜ぶべく愕くべく、西挾は琴阮筆硯を收め、以て揮毫灑墨し、放懷適情す。

九月、保和殿成。上自記之、有曰「乃詔有司、徙屯營於宮垣之外、移百官舍宇、俾就便利得其地、遷延福宮於宮城之北。卽延福舊址、作保和殿、五楹挾三、東側殿曰出光、西側殿曰葆光。保和之後、有殿曰燕頤、西旁有殿曰怡神、曰凝神、其楹數如保和、總爲屋七十五間。工製甚巧、人致其力、始於四月癸巳、至九月丙午殿成。上飾純綠、下漆以朱、無文藻繪畫五采、垣墉無粉澤、淺黑、作寒林平遠禽竹而已。前種松竹・木犀・海桐・橙橘・蘭蕙、有歲寒秋香・洞庭吳會之趣。後列太湖之石、引滄浪之水、波池連綿、若起若伏、支流派別、縈紆清泚、有瀛州方壺・長江遠渚之興。左實典謨・訓誥・經史、以憲章古始、有典有則、右藏三代鼎彝・俎豆・敦盤・尊罍、以省象制器、豥於神明、薦於郊廟。東序置古今書畫、第其品秩、玩心游思、可喜可愕、西挾收琴阮筆硯、以揮毫灑墨、放懷適情。（『編年備要』巻二八・政和三年九月条）

（一）延福宮を宮城の北に遷し、もと延福宮の跡地に保和殿が作られた。

（二）本殿は「五楹挟三」（「挾三」は挟屋各三間の意か）東に出光殿、西に葆光殿。

（三）後ろに燕頤殿があり、両側に怡神殿・凝神殿。楹數は保和殿と同じ。

（四）総計した殿屋の広さは七十五間。

（五）後方の庭には太湖石が並べられ、渓流が引かれ池が鑿たれている。

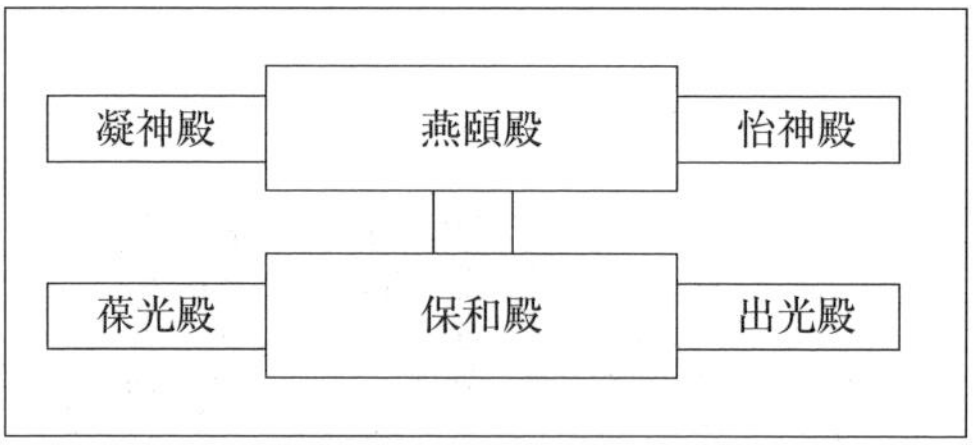

【図5】『皇朝編年綱目備要』に見える保和殿（A）の配置

（六）左には典誥・訓謨・経史の書を置く。

というポイントが挙げられる（【図5】）。この保和殿（A）は「五楹挟三」すなわち挟屋も含めて桁行十一間で、東西にも殿を持ち、平行する形で北側にも三殿を配する、いわゆる「工字型」の形式であり、上に見た宣和殿（C）・保和新殿（B）とは違い、総計七五間の広壮な殿であった。さらに保和新殿（B）の大きな特徴であった稽古・邃古などの諸閣が存在していない。これらのことから、この保和殿（A）は保和新殿（B）とはその敷地も形式も異なる建物だと考えられる。

先に見たように、宣和殿（C）のあった場所はそれほど広くなく（後苑にあった百数歩の空き地）、したがって保和新殿（B）も同じ形式でしか造ることができなかった。それに対し保和殿（A）は一回り大きく、より広い土地が必要であった。それがつまりポイントの（一）で言う延福宮の跡地であったのだろう。

新延福宮はこれもかなりの規模で造られ、人々の怨嗟の的となった建物で、童貫ら宦官の手によって造営された。政和三年（一一一三）春に着工し、翌年八月に完成している。[23] 先に見たように保和殿（A）も政和三年四月に造営が開始されており、この着工時期の一致は、両者の建設計画が連動したものであることを窺わせる。そして、保和殿（A）が建てられた旧延福宮の位置は、『宋史』地理志によると後苑の西南にあって、その跡地は百司供応の所になっているという[24]。それがつまり保和殿（A）を指しているのであろう。一方、宣和殿（C）・保和新殿（B）は禁中後苑の東部にあったと思われるので[25]、両者の位置は後苑の東西に離れていて、敷地も共有しない全く別の建物だった。

さて、はじめに示した四つの宣和殿関連建造物のうち、残る宣和後殿（D）であるが、これに言及する史料は管見の限り本節冒頭に示した『宋会要』の「東京雑録」を除き存在しない。ただ想像を逞しくするならば、「東京雑録」に見える宣和後殿（D）は重和元年（一一一八）に「剏め」られ、かたや保和新殿（B）は宣和元年（一一一九）八月に完成しており、宣和殿（C）を中心に見ればともにその北に存在していた。宣和後殿（D）として重和元年に工事を開始した建物が、翌年に保和新殿（B）として完成したものではなかろうか。史料Ⅱにおいて宣和殿（C）の後殿というべき位置にあるのは保和新殿（B）である。また「東京雑録」の文章は、

乃ち宣和殿を改めて保和殿と爲す者は、宣和の後殿なり。

乃改宣和殿爲保和殿者、宣和之後殿。

と読むべきであろう。

以上を改めて整理すると、厳密に言えば宣和殿（C）と保和殿（A）・保和新殿（B）は違う建物であった。宣和年間になっても宣和殿（C）は一貫して存在しており、年号と重複したからといって改名されたわけではなかった。うち保和新殿（B）は宣和殿（C）の後殿（D）として造営され、同一敷地内に存在していた（【図6】）。

思うにこのような殿を呼称する際、中心となる殿の名称をもって一群の建物の場所を示すことがあり、そ

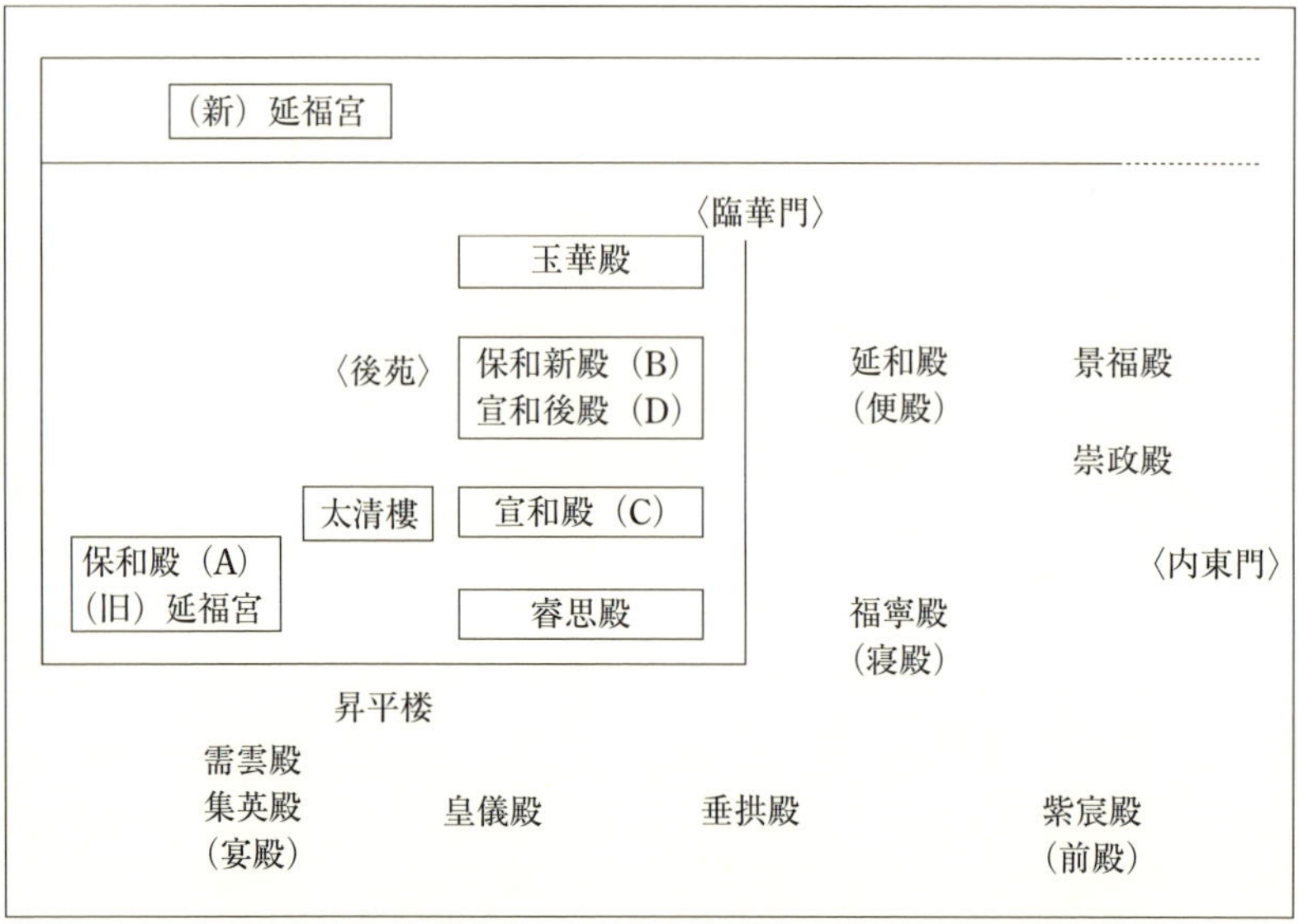

【図 6】　禁中西北部における宣和殿・保和殿の関係概念図
（概念図。その他の諸殿は『宋史』地理志に基づく）

うした場合一つの殿名は総称としての名前と、個別具体的な建物としての名前の二つを有していることになる。つまりこのときには、広義の「宣和殿」の中に狭義の「宣和殿（C）」と「保和殿」（本稿でいう保和新殿（B））が存在しても不都合はなかろう。

このように考えれば、宣和殿改称の問題についてもほぼ解決が可能である。すなわち一つの区画を表していた総称としての「宣和殿」という呼称を「保和殿」に切り替えたのであって、個別の殿名そのものを変更したのではないのである。そもそも宣和改元は、重和という年号が遼朝でも使用されており、これを徽宗が快く思わなかったことから、「上自ら常に處る所の殿を以て其の年に名づ」けたのだという。[26] それを年号と重なるという理由で逆に殿名を変更するのは本末転倒だと言える。

そうなるとこの殿名変更は、次章で見るような宣和殿を冠するいくつかの職名にも影響を与

えていた。その名称変更を命じた御筆では、

宣和祕殿の名稱已に元號を摽紀す、所有る見行の宣和殿を帯領せる職事、易うるに保和殿を以て名と爲し、應《あら》ゆる干《かか》わる班綴敍位・雜壓恩數等は、竝びに舊に仍れ(27)。

宣和祕殿名稱已摽紀元號、所有見行帯領宣和殿職事、易以保和殿爲名、應干班綴敍位・雜壓恩數等、竝仍舊。（『宋会要』職官七—一〇・宣和元年二月一日条）

という。学士職など職事に冠する殿名を宣和殿から保和殿に変えたというのも、その空間を代表する殿名が変更したことにともなうものだった。

さてこのように結論を付ければ、結局のところ保和殿が二箇所に存在することになる（後苑の東・西）。ただ諸史料に現れる「保和殿」はそのほとんどが稽古など諸閣を伴っており、本稿で言うところの保和新殿（B）に当たるものを指していることは間違いない。そこでここから推測すれば、当初後苑の西に出来た殿（A）を一度は「保和殿」と名付けたものの、のちに宣和殿の後方にも「保和殿」（B）を造り、さらにそれが宣和殿を含めた総称として、職名にも使用されるようになってしまった。そうなると、もとの保和殿（A）は「保和殿」の呼称を失ったのではないか。先に見た『宋史』地理志（前掲注（24））が「今其の地は乃ち百司供應の所」と曖昧に表現し、「保和殿」と言わないのはそのためではなかろうか。以上は推測の域を出ないが、後述するように政治的意義を有する「保和殿」が、本書でいう保和新殿（B）に当たることだけは確かである。

いま改めて四殿の沿革を示せば、

大観二年（一一〇八）四月　宣和殿（C）を改修。

政和二年（一一一二）延福宮を北に移動。

同年三月　蔡京らと宣和殿（C）で曲宴。

政和三年（一一一三）四月戊子　旧延福宮の跡地で保和殿（A）の造営に着工。

同年九月丙午　保和殿（A）完成。

重和元年（一一一八）宣和殿（C）の後方で後殿（D）造営に着工。

宣和元年（一一一九）八月　後殿（D）完成し、保和（新）殿（B）と呼称。

同年九月甲辰朔　蔡京らと保和新殿（B）で曲宴。

宣和二年（一一二〇）二月　宣和殿（C）と保和新殿（B）の総称を「宣和殿」から「保和殿」に改称。

保和殿（A）は呼称を失う（？）。


ということになろう。

二、宣和殿の機能

前章で見たように、狭義で言えば宣和殿（C）・保和殿（A）・保和新殿（B）は別の建物であるが、後苑西にあった（旧）保和殿（A）は別として、本稿で注目する宣和殿（C）・保和新殿（B）は広義の意味では一体となっているものであった。よって以下、本稿においては、総称として宣和殿の呼称を使用していく。

さてその宣和殿が普段どのように利用されていたかと言えば、

徽宗も亦た神宗・哲宗の故事を踵ぎ、晝日は寢殿に居らず、又睿思は時に講禮・進膳の所爲るを以て、乃ち皆な宣和に就きて燕息す。

徽宗亦踵神宗・哲宗故事、晝日不居寝殿、又以睿思時爲講禮・進膳之所、乃皆就宣和燕息。(『宋会要』方域一―一九「東京雑録」)

徽宗は昼間は寝殿ではなく、睿思殿で講礼・進膳し、宣和殿で燕息していたという。

宣和祕殿、建つること紹聖中よりし、經に毀ちて撤廢せられ、更めて崇寧初めに至り繼いで復た繕完す。朕萬幾の餘暇、游息せる須臾の閒、未だ始めより此に居らざることなし。

宣和祕殿、建自紹聖中、經毀撤廢、更至崇寧初繼復繕完。朕萬幾餘暇、游息須臾之閒、未始不居於此。(『宋大詔令集』巻一六四・「置宣和殿學士御筆」(政和五年四月二十四日))

つまり徽宗はプライベートな時間をほぼ宣和殿で過ごしていたと思われる。そこにはどのような機能が備わっていたのであろうか。以下大きく文化的機能・政治的機能に分けて見ていきたい。

(一) 文化的機能

宣和殿の果たした役割で、最もその名を高からしめているのは書画骨董の陳列館としての役割であろう。これについては既に示した史料にも見えるところで、もはや取り立てて説明する必要もない。宣和殿(C)後方の保和新殿(B)に附属する稽古・邃古・尚古・鑑古・作古・伝古・博古・秘古の諸閣がその収蔵庫であった。また有名な『宣和博古圖』は宣和殿の展示品カタログとして作成されたものであり[28]、宮中コレクションの主なものが網羅されていた。これらは北宋滅亡の際には女真・金に根こそぎ略奪されたという[29]。その中には宣和殿の壁に嵌め込まれていた定武蘭亭の刻石もあった[30]。

また、本殿や諸閣以外にも「宣和殿小庫」と呼ばれる財宝倉庫が造られ、珠宝などが納められていたことも確認できる。

太上命を受け、萬乘至尊の奉を享け、而して一時諸福の物畢《ことごと》く至り、好奇賞異の如き、故に天下瑰珠擧げて尙方に入り、皆な宣和殿小庫に萃まる。宣和殿小庫なる者は、天子の私藏なり。

太上受命、享萬乘至尊之奉、而一時諸福之物畢至、如好奇賞異、故天下瑰珠擧入尙方、皆萃於宣和殿小庫。宣和殿小庫者、天子之私藏也。（『鉄囲山叢談』巻六）

皇帝個人の財宝を納めた内蔵の一種であろうが[31]、宣和末年いよいよ金が迫り、和平交渉の使節を派遣するときには、

會たま鄭望之 金營に使いして還り、帝は（梁）師成及び望之に命じて宣和殿の珠玉器玩を以て復た往かしむ。

會鄭望之使金營還、帝命師成及望之以宣和殿珠玉器玩復往。（『宋史』巻四六八・宦者伝・梁師成伝）

使者にもたせた財宝はここから出されている[32]。

次に確認できるのは宮中図書館としての機能である。もともと宋朝において宮中の蔵書は崇文館と総称する三館・秘閣に収蔵されていたが[33]、のちには後苑にある太清楼にも備えられ、真宗・仁宗朝に宗室らと曲宴を行った際には図書閲覧会も同時に開催されていた。太宗の遺品を納める龍図閣などにも一部の書が置かれていたというが、主には三館・秘閣と太清楼の二カ所が宮中における蔵書楼であった。

徽宗朝に入るとすぐに秘閣の蔵書の繕写作業が開始され、宮中図書の整理が行われた(34)。そこで欠巻のあるものについては全国各地より収集作業が進められたが、その方法は各地から進呈されるのを待つばかりでなく、官の方から捜集させるという積極さであった(35)。政和年間には、

秘書省校書郎孫覿奏すらく「太宗 崇文院を建て、藏書の所と爲す。景祐中、仁宗 儒臣に詔して秘書省藏する所に卽きて、編次條目せしめ、得る所の書は類を以て門に分け、名を賜いて『崇文總目』とす。神宗始めて崇文院を以て祕書省と爲し、官名を釐正し、獨り四庫書のみ尙お『崇文』の舊目に循う。頃ごろ臣僚の建言に因りて、遺書を訪求す。今累年得る所『總目』の外凡そ數百家、幾萬餘巻なり。乞うらくは景祐の故事に依り、詔して祕書省官をして訪う所の遺書を以て討論撰次せしめ、『總目』に增入し、合せて一巻と爲さしめん。乞うらくは別に美名を製り、以て『崇文』の號を更められんことを」と。之に從う。仍お覿及び著作郎倪濤・校書郎汪藻・劉彥適に命じて撰次せしめ、『祕書總目』と曰う。

秘書省校書郎孫覿奏「太宗建崇文院、爲藏書之所。景祐中、仁宗詔儒臣卽祕書省所藏、編次條目、所得書以類分門、賜名『崇文總目』。神宗始以崇文院爲祕書省、釐正官名、獨四庫書尙循『崇文』舊目。頃因臣僚建言、訪求遺書。今累年所得『總目』之外凡數百家、幾萬餘卷、乞依景祐故事、詔祕書省官以所訪遺書討論撰次、增入『總目』、合爲一卷。乞別製美名、以更『崇文』之號。」從之。仍命覿及著作郎倪濤・校官［書］郎汪藻・劉彥適撰次、曰『祕書總目』。（『宋会要』職官一八―一九・政和七年十一月十四日条）

大幅に増加した宮中蔵書の目録を、仁宗・慶暦年間の『崇文総目』を増補する形で作成、『秘書総目』と名付けた。

『秘書総目』が完成したのちも蔵書整理・修補は続いており、宣和四年（一一二二）には補完校正文籍局（『文献通考』では補全校正文籍局）を設置するとともに、天下の蔵書家に対し図書の進呈を促し、宮中未収の書であれば賞するに官をもってすることとした。その結果宮中図書の規模は北宋史上最も完備したものとなったという。まさに文人皇帝徽宗の面目躍如といえる。その上で書物を二セット複製し、秘閣・太清楼のほか、宣和殿にも備えられた。

詔すらく「朕　若稽古訓、祗んで先猷に率い、臣工に肆命し、祕府を載新す、比ごろ萬機の暇に因り、命駕臨観す。重ねて惟うに三館圖書の富、而して歳を歴ること滋ます久しく、簡編は脱落し、字畫は訛舛し、其の巻秩を較べるに、尚お逸遺多く、甚だ崇儒右文の意を示す所以に非ず、朕甚だ焉を憫れむ。廼ち命じて局を建て、補緝校正文籍を以て名と爲し、官を設けて總理し、工を募りて繕寫せしめ、一つは宣和殿に置き、一つは太清樓に置き、一つは祕閣に置き、仍お提擧祕書省の官をして其の事を兼領せしむ。凡そ資用する所、悉く內帑を出し、有司を費やすこと毋く、庶わくば一代の典を成し、顧みて不韙ならんか。」

詔「朕若稽古訓、祗率先猷、肆命臣工、載新祕府、比因萬機之暇、命駕臨觀。重惟三館圖書之富、而歷歳滋久、簡編脱落、字畫訛舛、較其卷秩、尚多逸遺、甚非所以示崇儒右文之意、朕甚憫焉。廼命建局、以補緝校正文籍爲名、設官總理、募工繕寫、一置宣和殿、一置太清樓、一置祕閣、仍俾提擧祕書省官兼領其事。凡所資用、悉出內帑、毋費有司、庶成一代之典、顧不韙與。」（『宋会要』職官一八―二三・宣和三年四月十八日条）(36)

具体的には前節で見たように、保和新殿（B）の左挟閣である妙有閣に経・史・子・集の四部書が、右挟閣の宣道閣には道家関係書が収められた。これらはこのときの図書充実政策の賜物であった(37)。

　以上は具体的な「モノ」を備える働きであったが、そのほかに一種の宗教施設としての要素も持っていた。これも一種の文化的機能といえよう。もちろんその宗教とは徽宗朝に最も厚く遇された道教に関わるもので、すでに見たように図書の収蔵においても、道教関係書はその他四部の書と対比させられていた。一時隆盛を誇った神霄派道教に絡んで、

　道籙院に詔するに略ぼ曰く「朕は乃ち上帝の元子、太霄帝君爲り。中華金狄の教を被るを憫れみ、遂に上帝に懇《もと》めて人主と爲り、天下をして正道に歸せしめんことを願う。……」と。尋いで詔して翰林學士承旨王黼・宣和殿學士蔡攸・盛章等をして宣和殿に至り神霄の降臨を觀さしむ。

　詔道籙院略曰「朕乃上帝元子、爲太霄帝君、憫中華被金狄之教、遂懇上帝願爲人主、令天下帰於正道。……」尋詔翰林學士承旨王黼・宣和殿學士蔡攸・盛章等至宣和殿觀神霄降臨。（『編年備要』巻二八・政和七年四月条）

政和七年（一一一七）四月に「神霄」が宣和殿に降臨し、それを蔡攸・王黼らが命ぜられて徽宗とともに観賞している。具体的に皆で何を見たのかは不明だが、徽宗にとって重要な「神霄」は宣和殿に降臨したのである(38)。

　さらに宣和殿（狭義の保和新殿（B））の一角にある玉真軒は、第一節で見たように劉安妃の部屋であった。劉安妃は政和年間に、

　朝夕　上に侍るを得、愛を擅にし席を顓《もっぱ》らにし、嬪御　之が爲に進むこと稀なり。

朝夕得侍上、擅愛顓席、嬪御爲之稀進。(『宋史』巻二四三・后妃伝)

と言われた寵姫で、宣和三年(一一二一)に三四歳で亡くなったのち、明節皇后を追贈された人物である。その寵愛ぶりは、神霄派道教の領袖・林霊素が「九華玉真安妃」と目したほどであり、[39] 彼女がこの宣和殿の一角に部屋が与えられていたということからも、徽宗のプライベートルームとしての宣和殿の存在が窺える。また「玉真軒」という名も「九華玉真安妃」という名称から来ていることは間違いなく、室内に肖像画が掲げられていたことには宗教的な意味合いが感じ取れる。

このように宣和殿には書画骨董といった芸術品のみならず、宋朝最大規模となった宮中図書も納められ、現実的に文化的中心地となっていたが、徽宗の志向に伴ってやがて宗教的色彩も帯びてくる。さらには寵姫の過ごすスペースもあり、徽宗にとって非常に重要な場所であったことが窺える。

(二) 政治的機能 ── 御筆作成と睿思殿文字外庫使臣

宣和殿は皇帝である徽宗が「常に處る所の殿」であったことから、次第に政治的色彩を帯びるようになったことは想像に難くない。

太上(徽宗)卽位せるより以來、尤も深く考慎、九重の至密と雖も、亦た預知するを得ず、獨り自ら學士に語るに姓名を以て之を命ずるなり。晩歳に及び、萬幾に倦むと雖も、然れども毎に相を命ずるに猶お自ら日を擇び、宣和殿に在りて其の姓名を小幅紙に親札し、緘封して玉柱斧子の上に垂らし、小璫をして之を持ちて前に導駕せしめ、內中より出でて小殿に至り、上 學士に見えて始めて封を啓く。姓名を以て玉柱斧子に垂らすは、政に唐人の金甌もて之を覆うと何ぞ異ならんや。

太上自卽位以來、尤深考愼、雖九重至密、亦不得預知、獨自語學士以姓名而命之也。及晩歳、雖惓萬幾、然每命相猶自擇日、在宣和殿親札其姓名於小幅紙、緘封垂于玉柱斧子上、俾小璫持之導駕於前、自内中出至小殿、上見學士始啓封焉。以姓名垂玉柱斧子、政與唐人金甌覆之何異。（『鉄囲山叢談』巻一）

とあり、晩年も宰相人事は徽宗が自ら宣和殿で決め、自ら小幅紙に姓名を記して封をし、それを玉柱斧子に垂らして（おそらく内東門の）小殿に行って翰林学士に起草させていたという。

そうした政治的な意味で注目に値するのは、宣和殿が御筆手詔の発信拠点となっていたことである。御筆手詔の問題についてはすでに専論があり、(40)本書においてもたびたび言及したところだが、皇帝の宸筆を建て前として登場した御筆手詔は、神宗朝の内降手詔における慣習の影響を受け、尚書内省の内省夫人らによる御筆代筆が認められるようになる。さらに宣和年間には宦官による御筆作成が行われていたという。

内降は祖宗より來《こ》のかた之有り、但だ聖旨と作して行下す。崇寧に親筆有り、乃ち御筆と稱す。大觀四年夏、始めて詔して御筆に違えば違制を以て論ず。六年春、凡そ御筆、頗る上の字に類せず。宣和改元後の内降は、則ち又た時時に吏體に作り、宮人の筆札に非ず。魯公〔蔡京〕因りて奏して曰く「陛下の號令、何ぞ（梁）師成の體・外人の書によるべきや」と。上曰く「宮人字を作すに、舊様佳からず。朕 之に敎え、今其の書頗る男子に類す、良に嘉すべし。卿蓋し誤れり」と。其の後始めて通知す。今睿思殿文字外庫使臣楊球等の若きこれを掌り、張補等點檢す。小閹三四人、出納を主り、寶を用いて以て外に付し、これを宣和殿の後廊に處す、但だこれを東廊と謂うは、卽ち其の所なり。寔に梁師成 之を統ぶ。

内降自祖宗來有之、但作聖旨行下。崇寧有親筆、乃稱御筆。大觀四年夏、始詔違御筆以違制論。六年春、凡御筆頗不類上字。宣和改元後内降、則又時時作吏體、非宮人筆札。魯公因奏曰「陛下號令、何可由師成體・外人書。」上曰「宮人作字、舊樣不佳。朕教之、今其書頗類男子、良可嘉。卿蓋誤矣。」其後始通知。今睿思殿文字外庫使臣、若楊球等掌之、張補等點檢、小閹三四人、主出納、用寶、以付外、處之于宣和殿之後廊、但謂之東廊、卽其所也。寔梁師成統之焉。（岳珂『宝真斎法書賛』巻二「徽宗皇帝諸閣支降御筆」所引蔡絛『国史後補』）

宣和年間において蔡京が制御できなくなったといわれる宦官による御筆手詔の作成は、宣和殿の後廊、通称東廊において行われ、「東廊御筆」と呼ばれていた。それは「睿思殿文字外庫使臣」の楊球らが書し、張補らが点検していたという。同様の記事としては次の二史料が見られる。

是れ繇り貴戚・近臣争いて相い請求し、中人楊球をして代書せしめ、號して「書楊」と曰うに至り、（蔡）京復た之を病み、而れども亦た止むるあたわず。

繇是貴戚・近臣爭相請求、至使中人楊球代書、號曰「書楊」、京復病之而亦不能止矣。（『宋史』巻四七二・姦臣伝・蔡京伝）

我が朝の家法最も善し、一熏籠の微と雖も、必ず朝廷由り令を出だし、列聖相い承け、之を改むること有る莫し。其の後、老蔡 事を用い、同列の異議を患い、始めて細札もて以て之を行わんことを請う。初め猶お大事を處分するに、既にして細微に俯及す。後多きに勝えず、小臣楊球・張補をして代書せしむるに至り、之を東廊御筆と謂い、訖に禍亂を成す。

我朝家法最善、雖一熏籠之微、必由朝廷出令、列聖相承、莫之有改。其後老蔡用事、患同列異議、始請細札以行之。初猶處分大事、既而俯及細微。後不勝多、至使小臣楊球・張補代書、謂之東廊御筆、訖成禍亂。（『歴代名臣奏議』巻一五一「用人」・劉克荘）

その楊球・張補らを統轄していたのが、前掲の『寶真齋法書贊』によれば、宦官の梁師成だったという。梁師成はもと賈詳の書藝局に属し、政和年間には帝寵を得て、宦官でありながら科挙に応じた人物であった。当時その著作が禁書処分となっていた蘇軾に私淑するなど、自らの文学的才能を誇っていた様子が窺える。[41]そして、

帝本と隷人を以て之を畜《やしな》い、命じて入りて殿中に處らしめ、凡そ御書の號令は皆な其の手に出で、多く善書の吏を擇び帝の書を習い倣いて、詔旨に雜えて以て出し、外廷能く辨ずる莫し。

帝本以隷人畜之、命入處殿中、凡御書號令皆出其手、多擇善書吏習倣帝書、雜詔旨以出、外廷莫能辨。（『宋史』巻四六八・宦者伝・梁師成伝）

とあるように、梁師成が書を善くする吏を選抜し、皇帝の書法を模倣させて御筆を作成させ、詔旨と混ぜて外廷に出していたという。ために「隠相」と呼ばれていたといわれる。[42]彼は「睿思殿文字外庫」を領していたが、これは内廷から外朝に上旨を伝達する職事であったという。楊球らの肩書きが「睿思殿文字外庫使臣」というのは、先の史料における「書を善くする吏」であり、両者の統属関係を表すものであろう。睿思殿が宣和殿の前にあり、もと神宗の燕殿であったことはすでに前項冒頭で述べたところであるが、残念ながら文字外庫なるものがいつ置かれ、どのような職掌を果たしていたか、明示する史料は見当たらない。

慕容彦逢の文集『摛文堂集』巻八には「睿思殿御前文字外庫書写文字郭景倩可三班借職制」との外制が残

され、『水東日記』が載せる「太清楼特宴記」に見える政和二年当時の人物の肩書きとして「睿思殿御前文字外庫鐫字芸学」「睿思殿御前文字外庫祗応」が見えている[43]。また、天子・皇帝の八宝に続く「九宝」として政和七年（一一一七）に造られた定命宝の作製も、睿思殿御前文字外庫が中心となって行っていたといわれ[44]、当時御筆をはじめとした皇帝に関わる文書作成に睿思殿御前文字外庫が関与していた可能性は高い[45]。

徽宗は睿思殿で講礼・進膳していたといい、諸史料から睿思殿と宣和殿が隣接していたことは確かである[46]。そして『事林広記』「京闕之図」には、総称としての宣和殿は現れるが、睿思殿は登場しない。これらのことから、おそらくこの両者も宣和殿（C）・保和新殿（B）と同じ関係にあるもの、つまり同一地に存在し、広義の「宣和殿」に睿思殿が含まれるものだったのではなかろうか[47]。そのため肩書きに睿思殿を付けたまま宣和殿で活動することも可能だったと考えられる。その名称を宣和殿に変更しなかったのは、神宗朝の「紹述」を旨とする徽宗朝において、神宗のイメージが残る睿思殿の政治的影響力を利用したかったからかもしれない。

実際に御筆作成に携わっていた楊球・張補らも文字外庫付きの使臣というのみであるが、文書作成に関わっていたことから「睿思殿御前文字外庫書写文字」などの肩書きを所持していたのだろう。先にも述べた如く、彼らは徽宗の筆跡を真似ることができる、書を善くする吏であった。

彼ら二名のうち張補については残念ながら他の史料で追跡することは不可能であるが、楊球については少し判明することがある。

まず意外な史料ではあるが、『三国史記』に楊球が登場する。

崇寧中、學士洪灌進奉使に随い宋に入り、京に館す。時に翰林待詔楊球・李革、帝敕を奉じて館に至り、圖簇を書す。洪灌、金生の行草一巻を以て之に示す。二人大いに駭きて曰く「圖らざりき、今日王右軍の手書を見るを得んとは」と。洪灌曰く「是に非ず。此れ乃ち新羅の人金生の書せし所なり。」二人笑いて曰く「天下 右軍を除きて、焉くんぞ妙筆なること此くの如き有らんや」と。洪灌屢しば之を言うも、終に信ぜず。

崇寧中、學士洪灌隨進奉使入宋、館於京。時翰林待詔楊球・李革、奉帝敕至館、書圖簇。洪灌、以金生行草一巻示之。二人大駭曰「不圖、今日得見王右軍手書。」洪灌曰「非是。此乃新羅人金生所書也。」二人笑曰「天下除右軍、焉有妙筆如此哉。」洪灌屢言之、終不信。（『三国史記』巻四八・金生伝）

金生は統一新羅の名書家「神品四賢」の一人で、この史料は彼の書が王羲之レベルであったことを示したエピソードである。話の主役である洪灌は、高麗の睿宗・仁宗朝の人（?～一一二六）で尚書左僕射に陞ったが、李資謙の乱で落命しており、確かに北宋末の人物である。[48] 彼が学士の身分で中国に派遣されたことは、中国側の記録には見当たらないが、高麗が崇寧年間に遣使したのは高麗肅宗九年＝崇寧三年（一一〇四）七月の一度だけで、[49] このとき楊球は「翰林待詔」であった。

この「翰林待詔」は当時翰林院（学士院とは別）にとどめ置かれた人物群に広範に与えられた称号であり、どこまで厳密な「官」あるいは「差遣」と考えられるかは難しい。太宗朝においては「翰林棋待詔」や「翰林琴待詔」などが存在し、それぞれ将棋・琴をもって皇帝に仕えた人物であった。[50] 要するに「翰林待詔」とは、皇帝に何らかの一芸をもって奉仕する者に、一律に付与された称号であり、必ずしも「翰林待詔」というポストが常に御筆など文章作成に携わっていたとはいえない。しかし逆に言えば、「翰林待詔」という非常に曖昧な名称で君側に留め置かれた者たちの一部が、皇帝の代筆を務めることは十分考えられた。葉夢得

は「近歳」のこととして、

唐の詔令、一に翰林學士に出ると雖も、然れども邊防の機要大事にして、學士の盡くは知るあたわざる所の者有るに遇えば、則ち多く宰相其の處分の要なる者を以て自から之が辭を爲り、而して學士院に付し、其の首尾常式の言を增さしむるのみ、之を「詔意」と謂う。故に更易增損する所無く、今猶お李德裕・鄭畋の集の中に見ゆ。近歳或いは盡く宰相に出ずれば、進呈し訖りて、但だ待詔を召し、私第に即きて書寫せしむ。或いは學士に詔せば、宰相 意を面授し、退きて具草せしむ。然れども改定無きあたわざるなり。

唐詔令雖一出於翰林學士、然遇有邊防機要大事、學士所不能盡知者、則多宰相以其處分之要者自爲之辭、而付學士院、使增其首尾常式之言而已、謂之「詔意」。故無所更易增損、今猶見於李德裕・鄭畋集中。近歳或盡出於宰相、進呈訖、但召待詔、即私第書寫。或詔學士、宰相面授意、使退而具草、然不能無改定也。（葉夢得『石林燕語』巻五）

唐代の詔令はほぼ翰林学士が作成したが、国防の大事などには宰相が自ら詔令の要点を作成し、翰林学士院に渡して要点の前後に形式上の定型句を加えさせた。しかし近年は、すべてを宰相が起草した場合、皇帝に進呈したあと、「待詔」を召し出して宰相の私邸で書写させる。あるいは翰林学士に起草が命じられた場合、宰相が大意を翰林学士に授けて、学士が退いてから起草していたと言う。葉夢得から見て「近歳」、北宋末か南宋初においては、「待詔」が詔令の作成に従事することがあった。[51] このようなやり方は、唐代以来の伝統をひく王言成立過程とは違ったものだが、楊球もそのような翰林待詔の一人だったと思われる。[52]

この楊球は南宋に入ると成忠郎・勅令所検閲文字の肩書きで登場し、[53] 中書門下後省での召試を突破し、武階から文階に換えられんとしたが、沈与求の反対によって阻止されている。そこで示される彼の出身は、もと蔡京家の吏・楊哲の子で、范宗尹の推薦を受けていたとされ[54]、蔡京との深いつながりがあったことが判明する。召試において策一道に回答し、及第したのであるから、一定以上の文章作成能力を保持していたことは確かである。また成忠郎は政和寄禄階において正九品相当の武階小使臣であり、睿思殿文字外庫使臣あるいは翰林待詔から成忠郎に出職・出官することはあり得ることだった[55]。

以上断片的な事実でしか確認は出来ないが、宣和殿で命令文書、特に御筆の作成が行われていたことは間違いない。

以上のように、宣和殿は美術品・書籍の収蔵や、宗教的意義をも含んだ徽宗趣味の館というばかりでなく、行政文書の発信拠点ともなっており、政治的にも重要な場であった。特に皇帝宸筆が建て前となっていた御筆の作成が、皇帝の常に居る場所で行われるのは当然といえば当然のことであった[56]。

第二節　蔡京一族と宣和殿

一、宣和殿学士の設置

前節において宣和殿の構造・諸機能について明らかにしたように、徽宗朝において宣和殿は単に文化的拠点だっただけでなく、皇帝徽宗が多くの時間を過ごす空間であり、しかも御筆が多く行われていたこのとき、結果として政治的色彩をも帯びる重要な場所であった。そこで次にこの場所に関わる制度として見過ごせないのが宣和殿学士の存在である。

宣和殿に学士が設置されたのは政和五年（一一一五）で、

宣和殿學士を置くを可し、班は延康殿學士の下に在り、兩制を以て充て、聽旨除授す。凡そ厥の恩數、竝びに延康殿學士の體例に依りて施行す。

可置宣和殿學士、班在延康殿學士之下、以兩制充、聽旨除授。凡厥恩數、竝依延康殿學士體例施行。（『宋会要』職官七―一〇・政和五年四月二十四日条）[57]

最初の学士は蔡京の長子蔡攸であった。[58] そのランクは当初、延康殿學士（もとの端明殿学士。政和四年に改称）の下であったが、翌年には翰林学士の下、諸閣学士の上に改められている。[59] 次いで政和七年（一一一七）には、

宣和殿學士・朝請大夫蔡攸を宣和殿大學士と爲し、官敍班聯・恩數請給の人數等、竝びに資政殿大學士の例に依りて施行す。

宣和殿學士・朝請大夫蔡攸爲宣和殿大學士、官敍班聯・恩數請給人數等、竝依資政殿大學士例施行。（『宋会要』職官七―一〇・政和七年六月二日条）

大学士職が資政殿大学士に準じる形で設置され、これまた蔡攸が任じられた。[60] その後、宣和殿には直学士・待制の職も置かれ、ともに茂德帝姫の駙馬都尉である蔡絛のために設けられた。[61] 結果として宣和殿には、四種の館職が設けられたのだった。

これら宣和殿の館職については、梅原郁氏がすでに言及している。[62] そこでは徽宗朝における貼職濫発を受

け、蔡京一党が他の貼職所持者と比べて自らの優越性を強調するため特に創出したものとされ、すでに蔡京一族と宣和殿学士との密接な関係を指摘する。さらに詳細にこれらの館職を考察すると、他の館職とは大きく異なる性格が次第に浮かび上がってくる。

まずその設置の御筆は以下のように言う。

宣和祕殿、建つること紹聖中よりし、經《すで》に毀ちて撤廢せられ、更めて崇寧初めに至り繼いで復た繕完す。朕 萬幾の餘暇、游息せる須臾の閒、未だ始めより此に居らざることなし。近ごろ直殿を置き、左右近侍の官を以て典領せしむるも、吾が士大夫未だ以て之に處ること有らず。宜しく新班を置き、以て榮近を彰し、其の傳うるを永えにすべし。宣和殿學士を置くを可し、班は延康殿學士の下に在り、兩制を以て充て、聽旨除授す。凡そ厥の恩數、竝びに延康殿學士の體例に依りて施行せよ。

宣和祕殿、建自紹聖中、經毀撤廢、更至崇寧初繼復繕完。朕萬幾餘暇、游息須臾之閒、未始不居於此。近置直殿、以左右近侍官典領、吾□□□□（士大夫未）有以處之。宜置新班、以彰榮近、以永其傳。可置宣和殿學士、班在延康殿學士之下、以兩制充、聽旨除授。凡厥恩數、竝依延康殿學士體例施行。（『宋大詔令集』巻一六四・「置宣和殿学士御筆」（政和五年四月二十四日）[63]）

すなわち近年、宣和殿に「直殿」を設置し、左右近侍の官、すなわち宦官に領せしめていたが、士大夫はそれに預かっていなかった。そこでいま新たに学士を設置する、というのである。まるで宦官職の「直殿」をモデルとして学士職を設置したかのようである。同じく宣和殿学士について伝える『萍洲可談』巻一も、

宣和殿、燕殿なり、中貴人の官高き者は皆な直宣和殿たり。始めて學士を置き蔡攸を命じ、直學士を置

き蔡翛・蔡絛を命じ、待制を置き蔡絛を命ず。後又た大學士を置きて蔡攸を命じ、盛章・王革・高佑より皆な相い繼いで學士と爲る、班秩は延康殿學士に比して優を加えると爲す。凡そ外除なれば則ち延康に換う、蓋し宣和は職親しく地近きこと、他の比にあらず。己亥の歳、保和殿に改む。

宣和殿、燕殿也、中貴人官高者皆直宣和殿。始置學士命蔡攸、置直學士命蔡翛・蔡絛、置待制命蔡絛。後又置大學士命蔡攸、自盛章・王革・高佑皆相繼爲學士、班秩比延康殿學士爲加優。凡外除則換延康、蓋宣和職親地近、非他比。己亥歳改保和殿。（『萍洲可談』巻一）

といい、やはり宦官の「直宣和殿」に沿った説明を行っている[64]。すなわち宦官ポストの系譜を引いて設置されたのが宣和殿学士であり、その設置の経緯は、文学の士を優遇するという従来の館職設置の趣旨と大きく異なっている。この宦官の直宣和殿との関連を無視して、これまでの館職の一特殊例としてしまうと、宣和殿学士の本質を見誤る可能性があろう。

では「直宣和殿」とは何なのか。『長編』李燾注は李德芻の『鄗獻子』を引いて、

内臣に舊と管勾天章閣の類有り、政和中、三十人の事を用うる者を擇び、改めて直睿思殿・宣和殿と稱し、及び大御に祗應せば佩魚す[65]。

内臣舊有管勾天章閣之類、政和中、擇三十人用事者、改稱直睿思殿・宣和殿、及祗應大御佩魚。（『長編』巻三二一・元豊五年正月条・李燾注）

と述べ、政和中に三十人の宦官を「直睿思殿」・「直宣和殿」と称させ、かつての「管勾天章閣」の類であるという。「管勾天章閣」の名は仁宗朝の呂誨の上奏文に見え、これは当時宦官の役職の中で天章閣・後苑・

内東門・御薬院の四部署の管勾職が優遇されすぎており、それらの人数と年限を制限するよう求めたものである。[66] これら四つの役職はどれも宦官職のうち最も皇帝に近いポストにあたり、それぞれ実職を伴ったものであった。[67] 特に天章閣は第三代真宗の遺品が納められた場所であり、同時に仁宗の書斎でもあったから、プライベートでの小間使いといったところであろうか。やはり宦官の中でも最も側近に位置するポストだったと思われる。

　これに類する形で設置されたというのが「直睿思殿」・「直宣和殿」であるが、睿思殿は神宗の燕殿であり、すでに見たように御筆作成にたずさわる宦官・使臣に与えられた称号にも使用されていた。ここでもまた睿思殿にまつわるポストが登場したわけだが、直睿思殿は『宋代官制辞典』に記述がある。[68] そこには政和三年（一一一三）十二月十八日に貼職と定められたが、政和六年（一一一六）九月に廃止され、その位序は直秘閣の次に位し、宦官が帯職して「直殿」と簡称された、とされる。その典拠となった史料を確認すれば、

（政和三年）九月二十二日、保静軍節度観察留後・提擧龍徳宮・直睿思殿楊戩奏すらく「朝廷 直殿の職を肇新し、其の繫銜等の次序、安んぞ敢えて議有らんや、若し止だ帯職・非帯職、正任轉官の先後を以て次と爲さば、大いに恐るらくは未だ朝廷 直殿の職任を肇新するの意に稱わず。伏して望むらくは詳酌立法して施行せられんことを」と。詔すらく「直睿思殿を帯びる人、繫銜序位等は、職を帯びざる人の上に在り」と。

　十二月十八日、中書省言えらく「勘會するに、直睿思殿は既に繫銜序位 職を帯びざる人の上に在り。合に貼職と爲し文を立つべし。其れ睿思殿供奉も亦た當に一體に立法すべし。……今參酌して「集賢殿修撰至直祕閣・直睿思殿幷睿思殿供奉爲貼職」等の條を修立したり。

九月二十二日、保靜軍節度觀察留後・提擧龍德宮・直睿思殿楊戩奏「朝廷肇新直殿之職、其繫銜等次序、安敢有議、若止以帶職・非帶職、正任轉官先後爲次、大恐未稱朝廷肇新直殿職任之意。伏望詳酌立法施行。」詔帶直睿思殿人、繫銜序位等、在不帶職人之上。

十二月十八日、中書省言「勘會直睿思殿既繫銜序位在不帶職人之上、合爲貼職立文。其睿思殿供奉、亦當一體立法。……今參酌修立到「集賢殿修撰至直祕閣・直睿思殿幷睿思殿供奉爲貼職」等條。

（『宋会要』職官五六―四二・官制別録、『宋会要』職官三六―二一）

ここからは、政和三年に新たに宦官に対する貼職が設けられていたという興味深い事実が知れる。いま言う貼職とは、元豊官制改革で一度姿を消した職事をともなう三館秘閣の館職が、元祐期に実職と切り離され、名誉称号として復活した下級館職のことであり、単に「帯職」などと同義に使用される広義の「貼職」とは違う。[69]この狭義の貼職カテゴリーが『宋会要』五六―四四・政和六年九月十七日条に見える手詔のかたちで最終的に整備されたのである。[70]この中には、政和三年には見えていた直睿思殿・睿思殿供奉（官）が並んでおらず、これをもって龔氏は、両者ははじめ貼職として企図されたものの、最終的に貼職となりえなかったと解釈されたのだろう。しかし諸史料からは政和六年以後も実際に直睿思殿を帯びる宦官が散見し、[71]このことから上記の『宋会要』政和六年の規定はあくまで士人向けに用意された貼職に関するものであり、宦官向けのそれは含まれていないと考えることが出来る。

以上により、館職濫発がしばしば指弾されてきた徽宗朝には、宦官に付与される貼職までもが存在していたことが判明するのである。

その貼職である直睿思殿と並んで登場したのが「直宣和殿」であり、両者が基本的に同じ性質のものであったことは、容易に想像されるところである。史料上では、政和年間には「直宣和殿」が、宣和年間には「直保和殿」が確認できる。(72) そこに見えている就任者は梁師成や童貫であって、まさしく当時の宦官のうち徽宗の最も身近に近侍する者たちであった。

すなわち、宣和殿にはもともと宦官が任命される「直宣和殿」という館職が存在しており、宣和殿学士の士人館職もその延長上に設置されたものであった。その成り立ちからして、宣和殿学士はこれまでの館職とは一線を画したものであり、特異性が窺えるのである。

さて、その宣和殿学士の職掌についてははっきりと示されていないが、やはり特定の職事は有していなかったと思われ、その意味では他の文官館職と同じであった。しかし他の館職と決定的に違うのは、これまでの館職はその優遇性を表す指標に過ぎず、たとえ観文殿や資政殿の名を冠していたとしても、実際にその殿閣に出仕するわけではなかったのに対し、宣和殿学士はその名に冠する宣和殿に出入することができたようである。宣和殿待制となったことのある蔡絛は『鉄囲山叢談』巻一で、政和中、宣和殿に「侍祠」していたとき、夜間における禁中の事情（この場合は時制）を「つぶさに聞い」ていたという。(73) 蔡攸についても、

徽宗 將に（蔡）京を斥去せんとし、中書舎人王安中を用て御史中丞と爲し、京を劾せしむ。攸 時に宣和殿に直《とのい》し、禁庭に通籍し、其の事を聞く、亟かに宮に入りて閒を請い、父の爲に扣頭懇請す。徽宗乃ち已め、安中を徙して翰林學士と爲す。京復た職に安んず。(74)

徽宗將斥去京、用中書舍人王安中爲御史中丞、使劾京。攸時直宣和殿、通籍禁庭、聞其事、亟入宮請閒、爲父扣頭懇請。徽宗乃已、徙安中爲翰林學士。京復安職。（『東都事略』巻一〇一・蔡攸伝）

上 此れより毎に之（陳瓘）を用いんと欲し、朝廷上下皆な其の復用を恐る。又た曾て宮禁に於いて左右

に対し瓘の宜しく召すべきの意に説き及ぶ。時に蔡攸も亦た側に在り、對えて曰く「瓘 罪を宗廟に得、陛下 之を用いんと欲すと雖も、其の在天の靈を如何せん。」上 甕頞する者之を久しくす。

上自此毎欲用之（陳瓘）、而朝廷上下皆恐其復用。又曾於宮禁對左右說及瓘宜召之意。時蔡攸亦在側、對曰「瓘得罪宗廟、陛下雖欲用之、如其在天之靈何。」上甕頞者久之。（朱弁『曲洧旧聞』巻八）

というように、皇帝の側にあって禁庭に通籍し、その意志をいち早く察知して、外部の人間が知る以前に対処を行い、父・蔡京を蔭から助けている。これは頻繁に禁中に出入りできていなければ不可能な所作である。

また徐度『却掃編』巻中は、

國朝、宰相・執政既に政事を罷むれば、藩府に居ると雖も、恩典皆な殺ぐ。政和中、始めて宣和殿大學士を置き、蔡攸を以て之と爲し、俸賜・禮秩悉く見任二府に視《なぞら》う。其の後之に踵ぐ者は、其の弟脩（翛）・其の子行、而して孟昌齡・王革・高伸も亦た繼いで之と爲る。然れども皆な宮觀使或いは開封府・殿中省の職事を領し、未だ嘗て外に居らず、革の大名に出鎭するに及び、舊職に仍りて以て行き、而して恩典は悉く京師に在るが如し。其の後蔡靖 資政殿學士を以て知燕山府たり、之を久しくして、亦た是の職に進みて再任す、恩數之に加わり、前宰相と雖も亦た及ぶ莫し。

國朝、宰相・執政既罷政事、雖居藩府、恩典皆殺。政和中、始置宣和殿大學士、以蔡攸爲之、俸賜・禮秩悉視見任二府。其後踵之者、其弟脩（翛）・其子行、而孟昌齡・王革・高伸亦繼爲之。然皆領宮觀使或開封府・殿中省職事、未嘗居外、及革出鎭大名、仍舊職以行、而恩典悉如在京師。其後蔡靖以資政殿學士知燕山府、久之、亦進是職再任、恩數加之、雖前宰相亦莫及矣。（徐度『却掃編』巻中）

といい、その俸賜・禮秩の優遇性を強調するとともに、宣和年間後半の王革・蔡靖の例を除き外任には与えないという原則を述べる。[75]これは基本的に宣和殿学士が宣和殿に侍るものだという意識からきたものではなかろうか。

そうであるならば、宦官の貼職に倣って宣和殿学士職が設置されたことも頷ける。宣和殿学士ははじめから宦官と同じく、禁中の宣和殿にあって徽宗に侍ることを目的に創られた、異質の館職であったのだ。

竊かに以うに殿閣の臚分、宣和は清燕の首め爲り、簪紳は森拱にして、學士は內朝の班に列なる。規模は蓋し宸心より出で、選置は必ず睿鑑に由る。二府鈞衡の任と雖も、造次に前むること莫し。唯だ萬機聽斷の餘、焉に於いて居息す。[76]

竊以殿閣臚分、宣和爲清燕之首、簪紳森拱、學士列內朝之班。規模蓋出於宸心、選置必由於睿鑑。雖二府鈞衡之任、造次莫前。唯萬機聽斷之餘、於焉居息。（程俱『北山小集』巻二〇「代宣和殿学士表」）

宣和殿は皇帝が燕息する第一の殿であり、宣和殿学士は宦官など内朝グループに整列し、その人選は必ず皇帝自らが行う、という記述は、他ならぬ禁中に侍っていたことを明示している。

ところでこれら宣和殿学士・大学士は、いずれも蔡攸が先陣を切って与えられており、学士職と蔡攸の密接な関係が窺える。これに関してさらに注目すべきは、大学士であった蔡攸が外任に転じて学士職を失ったとき、「直保和殿」の称号を帯びたという事実である。蔡攸は宣和四年（一一二二）四月に童貫の副官として河北河東路宣撫副使となり、女真と連携しての対遼作戦に出征するが、この段階では地方官が保和殿大学士の称号を持つことは出来なかった。[77]それに対して本来は「宣和殿に直す」役目を持つはずの宦官貼職「直宣和殿」は、その称号を帯びたままで外任が可能であった。他ならぬ童貫が政和年間に「直宣和殿・陝西河東路宣撫使」となっている。[78]これを利用するかたちで、蔡攸は出征に間に合うよう同年正月にはすでに「直保和殿」の貼職を帯び、四月に河北河東路宣撫副使に任じられたときも「直保和殿」を帯びたまま、開封を旅立っている。[79]翌五年（一一二三）五月も「少傅・鎮海軍節度使・兼侍読・直保和殿・河北河東路宣撫使」とそのまま保持しており、[80]これは同年六月の領枢密院事就任をもって落職されるまま続いている。[81]大学士の号を長年帯びていながら、それが不可能になったとき、本来宦官の貼職であった「直保和殿」までも帯びたのが蔡攸であり、管見の限り宦官以外で「直保和殿」の称号を帯びた士人は彼しかいない。蔡攸と宣和殿に浅からぬ因縁を感じずにはいられないのである。

のち南宋になって陸游は、

宣和の閒に方たり、王黼 太宰を以て應奉司に行し、蔡攸 三孤を以て直保和殿たり、紊亂の事、遂に禍萌と爲る。

方宣和閒、王黼以太宰而行應奉司、蔡攸以三孤而直保和殿、紊亂之事、遂爲禍萌。（陸游『渭南全集』巻五「条対状三」）

と、三孤の一である少保あるいは少傅となっていたにもかかわらず、宦官職である直保和殿となっていたことは、制度の紊乱であったと非難されている。

以上、北宋末のこととて残存史料は少ないものの、「宣和殿学士」とは宦官ポストたる「直宣和殿」に端を発し、禁中にある宣和殿という「場」と密接に結びついた特殊な館職であったと言うことができる。前節で見たように、宣和殿と結びつくということは、とりもなおさず徽宗その人と結びつくことにつながる。そしてその端緒を開いたのが常に蔡攸という人物であったことに注目したい。

あえて極論が許されるならば、宣和殿の学士職とは、当初ほぼ蔡攸のためだけに設けられたものであり、蔡攸という人物を宣和殿に結びつけておくためのものだったと言えるのではなかろうか。後述するように、長らく宣和殿学士・大学士であったのが蔡攸一人であったこと、そしてのちには直宣和殿という元来官官のために設けられたポストを使ってまでも、宣和殿との関係を保持し続けていたことがそれを裏付けている。

考えてみれば宋代の館職という制度が、もとは特定の個人に向けて設けられたものであった。そもそも龍図閣は太宗の遺品を納める場所であると同時に、真宗の私的な書斎ともなっており、当時、宋朝で初めての待制に任じられた杜鎬は、彼のために特別に設けられた直学士・学士の称号を次々と与えられ、真宗の実質的顧問（ただし杜鎬の場合はあくまで文化面における）として龍図閣という場と密接な関係を持っていた。[82]これが諸殿学士の濫觴である。本節で見た蔡攸と宣和殿の関係も、これに共通するものではなかろうか。

さて、当初蔡攸のためだけに設置された観のある宣和殿館職は、彼に引き続いて幾人かの者たちの就任が確認できる。いま大学士を筆頭に、学士・直学士・待制の就任者を可能な限り挙げてみたものが章末に付した【表】である（三四七～三五三頁）。以下若干の補足説明を加えてみる。

まず判明するのは『萍洲可談』に載る人物らで、直学士に②蔡鯈・③蔡翛が、待制に④蔡絛が、学士に⑤盛章・⑥王革・⑦高佑が命じられたというものだ。

②蔡鯈は蔡京の次男で、宣和元年八月には保和殿直学士であることが他の史料からも確認できる。[83]

③蔡翛・④蔡絛はそれぞれ蔡京の四男と五男で、『萍洲可談』以外の史料では直学士・待制への就任は確認できなかった。以上①から④までの四人はいずれも蔡京の息子らであり、この宣和殿館職が他の館職とは違う性質のものであることは濃厚に窺える。

⑤盛章は地方官を歴任した後、政和年間後半には長く開封府長官を勤め、邸第を賜った人物であるが、[84]そ

の宣和殿学士就任は他史料では確認できない。

⑥王革は既述の『却掃編』も保和殿大学士就任に言及しており、同書巻下に「王保和革爲開封尹」と表現されることとも符合する。[85]ただ『却掃編』以外の史料からは窺えなかった。

⑦高佑は小説『水滸伝』の悪名高いかの高俅の兄弟であるが、その宣和殿学士就任は確認できなかった。続いて、宣和殿職への就任者に言及するもう一つの史料『却掃編』には、⑧蔡行・⑨孟昌齢・⑩高伸・⑪蔡靖が挙げられている。

⑧蔡行は①蔡攸の子であり、長らく殿中省を牛耳った人物であるが、[86]『却掃編』からは保和殿大学士をもって領殿中省事となっていたことが判明する。[87]

⑨孟昌齢は徽宗朝に一貫して水利関係の差遣に就いており、「孟昌齢父子河防之役」を臣僚から非難され、[88]南宋に入っても、蔡京・童貫ら「六賊」とともに本人・子孫の出仕停止処分を食らっている。[89]彼の保和殿大学士就任は、『却掃編』で確認できる。[90]

⑩高伸は⑦高佑とともに高俅の兄弟であり、殿中監となった人物であるが、宣和殿大学士就任は別史料からは確認できない。

⑪蔡靖は北宋末に金朝との交渉の末、燕京が譲渡された際、同知燕山府（燕京を改称）となり、同時に保和殿大学士となっている。

以上が『萍洲可談』と『却掃編』に見える人物について挙げたものだが、更に宣和殿（保和殿）の職に就いたことが窺える人物が数人挙げられる。

まずすでに述べたが、蔡京の息子で、徽宗の娘・茂徳帝姫を娶った⑫蔡鯈が待制、次いで直学士に任じられている。

次に⑬王黼である。彼は蔡京に代わって宰相となり、やはり悪臣として名高い人物だが、政和六年（一一一六）に宣和殿学士となっていた。(91) ただし【表】にあるように、これは父の喪中、起復している間のみに与えられており、特別な措置であった可能性が高い。

また⑭薛嗣昌・⑮劉昺の宣和殿学士就任が『宋史』で、(92) ⑯宇文虚中の保和殿大学士就任が『会編』でそれぞれ確認できる。(93)

以上のように、宣和殿学士職の就任者については、今のところ合計十六人が見えるのみで、その全貌は掴みにくい。これは北宋滅亡前夜という時代的制約以外にも、零細な史料から窺える就任者が蔡京・高俅の一族であったり、⑬王黼・⑭孟昌齢といった「六賊」に連なる者達であることから、それを忌避する感情が史料上に働いた結果でもあろう。ともかく皇帝徽宗の身辺において活動し、後世「姦臣」と言われた人物らが、多く宣和殿の学士職を所持していたことが確認できる。

これら宣和殿館職の端緒を開いたのがつねに①蔡攸であったことはすでに述べた所である。【表】を見て分かるように、特例である王黼と、やはり茂徳帝姫を娶ったことによる恩典であった蔡鞗の待制就任を除くと、政和年間に宣和殿学士・大学士に就いていたのは蔡攸一人であった。ここからも当初、宣和殿学士の設置は蔡攸への付与を目的としたものであったことが窺える。宣和殿学士の登場は、蔡攸と宣和殿・徽宗とのつながりの上ではじめて可能だったと思われる。以降の学士職の広がりは、あくまでもその結果に過ぎないのではないだろうか。そうであるならば、まず蔡攸と徽宗との関係を確認せねばなるまい。項を改めて検討しよう。

二、徽宗と蔡攸

蔡攸といえばこれまで個人としてはほぼ認識されず、「蔡京の息子」ということでしか語られなかった。北宋末における「専権宰相蔡京」の存在がいかに大きいかということだが、実際に蔡攸という人物に注目して史書を見てみると、実は彼は蔡京よりも以前に徽宗の知遇を得ていたことが知れる。

元符中、在京裁造院に監たり。徽宗時に端王爲り、退朝し、攸適たま局に趨き、諸《これ》に塗に遇《みら》う毎に、必ず下馬拱立す。王左右に問い、蔡承旨〔蔡京〕の子爲るを知り、心に之を善しとす。即位に及び、其の人を記し、遂に寵有り。(94)

元符中、監在京裁造院。徽宗時爲端王、毎退朝、攸適趨局、遇諸塗、必下馬拱立。王問左右、知爲蔡承旨子、心善之。及即位、記其人、遂有寵。(『宋史』巻四七二・姦臣伝・蔡京伝・付攸伝)

すでに即位前の徽宗が端王であったときに接触を持っており、攸の恭謙さが徽宗に好意的に映ったという。もちろん徽宗は、章惇・蔡卞らとともに新法を推し進めていた翰林学士承旨・蔡京のことは知っていたが、部屋住みの一王に過ぎなかった徽宗とはそれほど昵懇であったわけでもない。徽宗の中で蔡京の存在が大きくなったのは、即位後、向太后と強く結託してからであろう。(95) これに対し蔡攸と徽宗の心理的接近はすでに徽宗の端王時代に始まっており、蔡京とのそれより遙かに早かったことになる。

さらに徽宗と蔡攸の親しさはその呼称からも窺える。徽宗は蔡攸の名を呼び捨てにせず、もっぱら「蔡六」と呼び、それは家人の礼をもって遇したものだという。(96) またのちのことになるが宣和四年（一一二二）蔡攸が宣撫副使として燕京に向け出立する際に、

蔡攸 童貫の副として出師北伐す。……既に行くに、徽宗 其の父京に語りて曰く「攸 辭するの日奏するに、功成りし後要《かなら》ず朕に問いて念四・五都を覓《もと》めんと、其の英氣此くの如きを知る」と。京但だ謝するに小子の狀無きを以てす。二人は乃ち上の寵嬪、念四なる者は閻婕妤なり(97)

蔡攸副童貫出師北伐。……既行、徽宗語其父京曰「攸辭日奏、功成後要問朕覓念四・五都、知其英氣如此。」京但謝以小子無狀。二人乃上寵嬪、念四者閻婕妤也。(周輝『清波雜志』巻二)

といささか下卑た戯言を弄している。恐縮する蔡京に対して、それを笑い飛ばす徽宗という構図は、蔡京と蔡攸のいずれが徽宗に近い位置にあったかを物語る。

それではかほど徽宗に寵愛を受けた蔡攸とは、一体どのような人物であったのか。蔡攸、字は居安、蔡京の長子。『東都事略』によると、靖康元年(一一二六)に「年五十」で誅されているから、西暦一〇七七年、熙寧一〇年の生まれであった(98)。おそらくは父の恩蔭をもって元符中に監在京裁造院となり、当時端王であった徽宗の知遇を得たのは、大体二三、四歳のときであろう。崇寧三年(一一〇四)に特に進士出身を賜って秘書郎となり、政和年間に入ると『九域図志』編纂や礼制局での各種制度策定に携わっている(99)。だが三館の俊英が集まる編集スタッフの中で、

道・史の官僚合して百人、多く三館の雋游、而して攸は大臣の子を用って其の間に領袖たり、懵《くら》くして學を知らず、士論與せず。

道・史官僚合百人、多三館雋游、而攸用大臣子領袖其間、懵不知學、士論不與。(『宋史』巻四七二・姦臣伝・蔡京伝・附攸伝)

と浮いた存在であったという。

一方で、蔡攸は幼くして明敏であり、叔父の蔡卞に連れられて王安石を訪ねた際、鋭い質問で王安石を困らせたという逸話もあり、(100)あるいは宴の席で徽宗が蔡攸を「相公公相子」と呼ぶと、すぐさま徽宗を「人主主人翁」と返すなど、(101)機知に富んでいたことを窺わせる。この機転の早さが徽宗の寵愛を受けた大きな要因であろう。先の「懵不知學」であったとの評価も、蔡京一族にかけられた後世からのバイアスを勘案せねばなるまい。

また蔡攸が常に徽宗に近侍していたことを示す史料としては、

> 攸 開府儀同三司・鎭海軍節度使・少保を歴、進見するに時無く、益ます事を用い、王黼と宮中の祕戯に預かるを得、或いは曲宴に侍せば、則ち短衫窄袴、青紅を塗抹して、倡優侏儒に雜じり、多く市井の淫媟謔浪の語を道い、以て帝の心を蠱わす。妻の宋氏 禁掖に出入し、子の行 殿中監を領す。(攸は)視執政、寵信 其の父を傾く。(102)
>
> 攸歴開府儀同三司・鎭海軍節度使・少保、進見無時、益用事、與王黼得預宮中祕戯、或侍曲宴、則短衫窄袴、塗抹青紅、雜倡優侏儒、多道市井淫媟謔浪語、以蠱帝心。妻宋氏出入禁掖、子行領殿中監。視執政、寵信傾其父。（『宋史』巻四七二・姦臣伝・蔡京伝・附攸伝）

禁中での宴会に馬鹿騒ぎをし、俳優にまじって道化役をつとめたという。このとき妻の宋氏も禁中に出入りできていたというが、通常、禁中には一般の官僚ですら出入できず、(103)だからこそ専権宰相がその権力維持のために宦官と手を結ぶ必要が出てくるし、宣和殿学士の特殊性がある。よって学士であった蔡攸はともかく、その妻が禁中に出入りできたというのはどういうことであろうか。これに関して興味深い話が存在している。

蔡京父子、京城の西両坊に在りて甲第四區を對賜せられ、天下土木の工を極む。一に曰く太師第、乃ち京の自居なり。二に曰く樞密第、乃ち攸の居なり。三に曰く駙馬第、乃ち鞗の居なり。四に曰く殿監第、乃ち攸の子の居なり。攸の妻劉、乃ち明達・明節の族、寵有り、二劉の容るるあたわず、乃ち攸に出嫁し、權寵の盛 之に亞ぐ。[104]

蔡京父子在京城之西兩坊對賜甲第四區、極天下土木之工。一曰太師第、乃京之自居也。二曰樞密第、乃攸之居也。三曰駙馬第、乃鞗之居也。四曰殿監第、乃攸子之居也。攸妻劉、乃明達・明節之族、有寵、而二劉不能容、乃出嫁攸、權寵之盛亞之。（『朱子語類』巻一四〇・論文下「詩」）

ここでは蔡攸の妻が劉氏であり、もと明達・明節の両劉皇后の一族で、[105]徽宗のお手がついたが両皇后の手前宮中に残れず、蔡攸に賜ったという。つまりその縁故を利用すれば、蔡攸の妻「劉氏」が禁中に出入りできたとしても頷けるのである。しかし蔡攸の妻は先に見た「宋氏」であり、それは姻戚関係などから見ても動かし得ず、『朱子語類』の言う「劉氏」と矛盾を来すことになる。あるいは宋氏が亡くなったのちに劉氏を賜ったのであろうか。もしくは劉氏の養女とされていたのかもしれない。

蔡京一族と「劉氏」とのつながり自体を示す史料は他にもある。

第一節における史料Ⅱ「保和殿曲燕記」の後半では、蔡京は劉安妃すなわち明節皇后と対面している。妃のお出ましを詩で願った蔡京に対し、徽宗は「況んや姻家なれば、自ずから當に見ゆるべし。」と語りかけ、蔡京は「頃ごろ葭莩に縁り、已に拜望するを得」と述べる。[106]「葭莩」は「葭莩之親」（『漢書』景三王伝の中山靖王勝伝）すなわち遠い親類を指しており、この会話からはやはり明節皇后劉氏と蔡京が近い過去に親戚関

係となっていた事実が窺えるのである。そしてそれは蔡京にとって「遠い親戚」であり、

政和末に及び、伯氏〔蔡攸〕既に戚里と連姻し、後大いに第を闢き、河路を開き、複道を作りて、以て宮禁に通ず。

及政和末、伯氏既連姻戚里、後大闢第、開河路、作複道、以通宮禁。（『鉄囲山叢談』巻三）

と言うように、これはむしろ蔡攸一家を中心とした外戚との連姻があったことを指すと思われる。ここにおいて蔡攸は蔡京とは無関係に、徽宗とつながる独自のルートを持っていたと想定されるのである。

さて、話を再び蔡攸と徽宗との関係究明に戻すと、宣和年間後半に至り、史料上では両者の密接な関係が様々な政治的場面で窺えるようになる。

すでに触れたように宣和四年（一一二二）蔡攸は宣撫副使の身分をもって宣撫使童貫とともに燕京出征に向かうが、その立場は童貫を助けるものではなく、その行動を監視することにあった。他ならぬ徽宗自身が出征時の蔡攸に対して、

攸辭免すること常禮の如し。批答に云う「……卿は朕の倚毘する所、右に出ずる者無し。卿を輟めて副と爲す所以は、實に監軍なるのみ。軍旅の事の如きは、卿何ぞ焉に預からん。只だ專ら民事に任じ、及び（童）貫の爲すところを監察せば可と爲す。

攸辭免如常禮。批答云「……卿朕所倚毘、無出右者。所以輟卿爲副、實監軍爾、如軍旅之事、卿何預焉。只專任民事、及監察貫之所爲可。」（『会編』巻六・宣和四年五月九日条『北征紀実』）

との批答を授けている。この時期、徽宗の童貫に対する信頼度は次第に低下してきており、(107)諸事において童

貫とは別系統の宦官を配置し、独自の情報収集に努めている。(108) 蔡攸の副使任命もそこから決められた可能性は高く、蔡攸と童貫が一貫して初めから協力関係にあったというわけではない。(109) 今回の作戦における蔡攸の役目は、宦官が派遣されることの多い監軍としてのものであり、(110) その背景には徽宗との強い信頼関係が窺える。

結果、遼に大敗して自力での燕京攻略を果たせず、女真の助けを借りざるを得なかったその責任は、ほぼ童貫一人が背負うことになり、宣和五年（一一二三）七月に燕山府から凱旋してすぐ、童貫は致仕させられている。(111) かえって蔡攸はひと月前の六月に少師を以て領枢密院事となり、童貫の後任という形で執政に出世しているのである。(112)

そして、ここでようやく「はじめに」の舞台に戻ることになる。宣和末、金軍の南侵を受けて徽宗が一芝居を打った譲位劇はすでに見た通りであるが、その場面に蔡攸は一切登場していなかった。だが別の史料によれば、むしろ蔡攸はその脚本作りに大きく関わっていたことが示されている。

徽祖將に內禪せんとし、旣に哀痛の詔を下し、以て宇內に告げ、過ちを改むるに吝しまず、至誠に發す。前一夕、玉虛殿常奉眞馭の所に卽きて、百拜密請し、祈るに身壽社稷を以てす。夜漏五徹、其の閒に焚詞し、嬪嬙巨璫は、但だ謁禱の聲を聞くのみにして、其の然る所以を知る莫し。明くる日、遂に玉華閣に御し、宰執を召して、「傳位東宮」の四字を書き、以て蔡攸に付す。又一日、欽宗遂に卽位せるは、實に宣和七年十一月辛酉なり。

徽祖將內禪、旣下哀痛之詔、以告宇內、改過不吝、發於至誠。前一夕、卽玉虛殿常奉眞馭之所、百拜密請、祈以身壽社稷。夜漏五徹、焚詞其閒、嬪嬙巨璫、但聞謁禱聲、而莫知其所以然。明日、遂御玉華閣、召宰執、書「傳位東宮」四字、以付蔡攸。又一日、欽宗遂即位、實宣和七年十一月辛酉也。（岳珂『桯史』巻八「玉虚密詞」）

上將に內禪を謀らんとし、親しく「傳位東宮」の字を書して以て李邦彥に授く。邦彥却立して敢えて承けず。白時中の輩皆な列に在り、上躊躇し、四顧して以て（蔡）攸に付す。攸退き、其の客給事中吳敏に屬し、敏卽ち李綱と約して共に之を爲り、議遂に定む。(113)

上將謀內禪、親書「傳立［位］東宮」字以授李邦彥、邦彥却立不敢承。白時中輩皆在列、上躊躇四顧以付攸。攸退、屬其客給事中吳敏、敏卽約李綱共爲之、議遂定。（『朱子語類』巻一三〇・本朝四）

とあり、はじめは次相たる少宰兼中書侍郎の李邦彦に「伝位東宮」の紙を渡そうとしたのだが、邦彦はどうしても受け取ろうとしなかった。そこで徽宗は居並ぶ宰執の中、太宰兼門下侍郎の白時中ではなく、ためらいながら蔡攸に手渡したのだった。(114)御書を受け取った蔡攸は手際よく、退出してすぐさま呉敏にそれを授け、李綱とともに譲位の詔を起草させたのである。「はじめに」で見た禅譲劇で、瀕死の（ふりをした）徽宗が皇太子への禅譲の意思を震える左手で書き示した大臣らの中に、蔡攸もいたのである。『長編紀事本末』によれば、

宰執復た奏事し、上皇 蔡攸に謂いて曰く「我平日性は剛、意わざりき蜂蠆の敢えて爾るを」と。因りて攸の手を握り、忽ち氣塞がりて不省、御牀の下に墜つ。

宰執復奏事、上皇謂蔡攸曰「我平日性剛、不意蜂蠆敢爾。」因握攸手、忽氣塞不省、墜御牀下。（『長編紀事本末』巻一四六「内禅」宣和七年十二月庚申条）

徽宗が（仮病で）倒れるという、この禅譲劇のハイライトでしっかりと助演をつとめたのが蔡攸であった。思えば徽宗の寵臣たる蔡攸が、この大事な場面に参加していないわけがなかったのだ。詔を起草した呉敏もはじめから蔡攸と打ち合わせをしていた演者の一人であった(115)。

このように蔡攸と呉敏が禅譲劇に絡んでいたという噂は朝野で有名だった。すでに靖康元年の上奏に、

伏して観るに道君太上皇帝、去冬鋭然として大位を以て陛下に內禪す、宮闈に謀らず、閹宦に聞かず、群臣に詢らず、神器をして永えに依帰するところ有らしむ、其の唐太宗より賢なること遠し。蔡攸出入密侍し、上皇倦勤の意を聞くこと甚だ久し、奸人多慮し、用心臧《よ》からず、肯えて宣露せざる者、將に待つ所有らんとす。一旦上皇 陛下を除して開封牧と爲すや、攸 事勢の已に定まるを知り、又自から父子の稔悪を度り、平時內に陛下の剛明を憚り、遂に其の語を呉敏に授け、之をして建白せしむ。攸又た敏を除して門下侍郎と爲すを贊じ、其の患を慮ること深し。敏は自から揆らず、乃ち攘みて己が功と爲し、群小口を交えて稱道し定策の動有りと爲す、茲實に駭聞す。內禪は上皇の意に出で、百の呉敏と雖も、何ぞ能く爲さんや。敏既に天功を貪りて以て己が力と爲し、又蔡攸授くる所の語を徳とし、惟だ蔡氏の恩に報いんと思い、略ぼ君臣の大義を顧みず、交章して京・攸の罪を攻むると雖も、而れども敏横身障蔽して、臺諫を斥逐し、同門を招引して、以て其の助けと爲す。

伏覩道君太上皇帝、去冬鋭然以大位內禪于陛下、不謀宮闈、不聞閹宦、不詢群臣、使神器永有依歸、其賢於唐太宗遠矣。蔡攸出入密侍、聞上皇倦勤之意甚久、奸人多慮、用心不臧、不肯宣露者、將有所待。一旦上皇除陛下爲開封牧、攸知事勢已定、又自度父子稔悪、平時內憚陛下剛明、遂授其語于呉敏、俾之建白。攸又贊除敏爲門下侍郎、其慮患深矣。敏不自揆、乃攘爲己功、群小交口稱道爲有定策之動、

茲實駭聞。內禪出上皇之意、雖百吳敏、何能爲哉。敏既貪天功以爲己力、又德蔡攸所授之語、惟思報蔡氏之恩、略不顧君臣大義、雖交章攻京・攸之罪、而敏橫身障蔽、斥逐臺諫、招引同門、以爲其助。（『靖康要録』（十萬巻楼叢書本）巻一〇・靖康元年九月五日条「臣僚上言」）

とあり、譲位を望む徽宗の意思をいち早く察知した蔡攸が呉敏にこれを告げ、譲位を提言させることで、自らの保身を図ったものという。それから二十年近く経った南宋紹興年間になっても、高宗が両者の譲位への関与をわざわざ否定せねばならないほどであった[116]。そもそも呉敏という人物は、蔡京が非常に気に入って自分の娘を娶らせようとしたほどで[117]、幼少時には蔡京家に養われていたともいい[118]、蔡攸とは面識があったどころか、その強い影響下にあったといえる。

またもう一人の登場人物李綱も、彼自身の記録によれば、徽宗に対して禅譲を勧めるよう呉敏に進言したという。

余時に太常少卿爲り、素より給事中呉敏と厚く善し、夜に其の家を過り、敏に謂いて曰く「事急なり、建牧の議、豈に委ぬるに留守の任を以てせんと欲するに非ざらんや。東宮恭儉の德、天下に聞こゆ、以て宗社を守るは是なり、而るに建てて以て牧と爲すは非なり。巨盜の猖獗此くの如し、宗社守らざれば、中原且に人種無からんとす。傳うるに位號を以てし、天下の豪傑を招徠して、之と共に守らしめんとするに非ざるよりは、何を以て克濟せん。公は從官、論思を獻納するを以て職と爲せば、曷ぞ非時に請對し、上の爲に之を極言せざるや、言をして意に合わざらしむるも、一死に過ぎず、死に鴻毛より輕き者有れば、此れ其の時なり」と。

余時爲太常少卿、素與給事中吳敏厚善、夜過其家、謂敏曰「事急矣、建牧之議、豈非欲委以留守之任乎。

東宮恭儉之徳、聞於天下、以守宗社是也、而建以爲牧非也。巨盗猖獗如此、宗社不守、中原且無人種、自非傳以位號、使招徠天下豪傑、與之共守、何以克濟。公從官以獻納論思爲職、曷不非時請對、爲上極言之、使言不合意、不過一死、死有輕於鴻毛者、此其時也。」（李綱『靖康伝信録』巻上）

さらに太子の監国で済ませられないかとする呉敏に対し、李綱は譲位でなければ事態を打開できないと言ったとしている(119)。そして当日、李綱は宰執に従って禁中に入り、「文字庫」で徽宗との対（謁見）を待っていたとしているが、おそらくは睿思殿文字外庫のことだろう。結局は李綱が対を行う前に譲位が決し、対することは叶わなかった。

あくまでも本人談ではあるものの、李綱は以上のようなかたちで譲位劇に参加していた。そんな李綱を朱勝非ははっきりと「蔡攸の党」であるといい、「蔡攸の詭計を以て執政を取る」として非難している(120)。南宋初期に李綱と直接利害が対立した者の言葉であるため、ある程度は割り引いて考えねばならないが、事実として蔡攸・呉敏・李綱の三人が禅譲のお膳立てを行ったのは確かだと思われる。いずれにせよ徽宗本人の同意がなかったはずはなく、ひそかにその意を受けて脚本が書かれ、事が運ばれたに違いない。そんなときに最初にその意を受けたのが蔡攸であったであろうことは想像に難くない。先の引用史料も、蔡攸が呉敏を利用したとするものだったし、

當時蔡攸は禁中に出入し、密旨を刺《うかが》い得て、呉敏・李綱に報じ、二人をして進用し、己が肘腋と爲さしめんと欲す(121)。

當時蔡攸出入禁中、刺得密旨、報呉敏・李綱、欲使二人進用、爲己肘腋。（『会編』巻五六・靖康元年九月十五日条「又上言」）

伏して見るに李綱は本と凡才を以て、誤りて器使を膺け、蔡氏の門に卵翼せられ、傾心の死黨たり。上皇將に內禪の意有るに逮び、攸先ず刺探し、綱を引いて援と爲し、策立の功を冒さしむ。

伏見李綱本以凡才、誤膺器使、卵翼于蔡氏之門、傾心死黨。逮上皇將有內禪之意、攸先刺探、引綱爲援、使冒策立之功。（『靖康要録』巻一一・靖康元年十月一日「又臣僚上言」）

これら李綱に対する当時の弾劾文は、いずれも蔡攸・呉敏・李綱三人のうち、まず蔡攸が徽宗の意図を窺い、呉敏・李綱の両者がこれに協力していたことを非難したものである。

以上の如く「はじめに」における禅譲の日、領枢密院事で執政であった蔡攸は「大臣」の一人として宣和殿に徽宗を訪ね、一芝居を打ったのだった。台本では宰相の李邦彦に受け取らせるはずであったのが、沈黙を続け、受け取りを拒否するというアクシデントが発生したが、咄嗟に蔡攸が何食わぬ顔をして譲位の紙を受け取り、打ち合わせ通り外で待っていた呉敏・李綱に譲位の詔を作成させた、というのが真相であろう。この日は最初から最後までまさしく禅譲「劇」だったのである。

禅譲を終えて上皇となった徽宗は靖康元年（一一二六）正月四日、こっそりと開封城を抜け出すが、そこに付き添うのは蔡攸と宦官らであった。[122] その後かりそめの講和を結び、金軍が一旦撤退すると、今度は上皇をいかに穏便に開封に迎え入れ、下手すれば招きかねない両帝並立の危機をどうにかして回避することが求められた。当時開封では、徽宗が鎮江で復辟するとか、地方で独立するのではないか、という風聞がまことしやかに流れていたという。[123] 事実徽宗は、開封が包囲されたときから漕運を停止させ、勤王の兵をも留めおく措置をとっており、自立の気配なしとはしえなかった。[124] そこでうまく徽宗を呼び戻す策が検討されたのだが、[125] そのためには側に侍る蔡攸を利用することが求められた。

始め上皇 鎮江に留まりて未だ返らず、幸臣・寧遠軍節度使・呉縣の朱勔は上皇を邀えて其の里第に幸せしめんとし、朝廷 之を憂う。少宰呉敏 蔡攸をして上皇に北帰を勧め、以て罪を贖わしめんことを請う。

始上皇留鎮江未返、幸臣・寧遠軍節度使・呉縣朱勔邀上皇幸其里第、朝廷憂之。少宰呉敏請令蔡攸勸上皇北歸以贖罪。（『建炎以来繫年要録』巻一・靖康元年条）

欽宗朝の執政・宰相となって開封に残った呉敏が、蔡攸の身の保全と引き替えに上皇の開封帰還を説得させたのである。[126] 改めて三月に宋喚が欽宗の表を奉じて徽宗のもとに派遣されたが、[127] その宋喚（あるいは暎）は蔡攸の妻・宋氏の一族であった。[128] 結果、徽宗は開封に戻るのだが、途中の南京には李綱が出迎えに遣わされている。[129] 彼がやはり蔡攸と近い人物であることを踏まえてのものであろう。[130] これら呉敏・宋喚・李綱というメンバーからは、徽宗に対する蔡攸の影響力の大きさを、当時の人々がいかに認識していたかが窺える。

開封に戻った徽宗はそのまま龍徳宮に入り、結局隠棲を余儀なくされた。[131] 扈従していた蔡攸に対しては、いまだ処罰されていないことに関する人々の反感が強く、その入京に関してですら不測の事態を招きかねないほどだった。[132] 結局彼は罪を免れることはなく、父蔡京や童貫とともに貶降され、[133] 最後は海南島まで流された挙げ句、死を賜った。[134] その最期の様は、

蔡攸・翛も亦た死を賜う。翛 命を聞きて曰く「國を誤ること此くの如し、死して餘辜有れば、又た何ぞ焉を憾まん」と。乃ち藥を飲む。而して攸は猶豫して決するあたわず、左右授くるに縄を以てし、攸乃ち自から縊りて死す。

蔡攸・翛亦賜死。翛聞命曰「誤國如此、死有餘辜、又何憾焉。」乃飲藥。而攸猶豫不能決、左右授以繩、攸乃自縊而死。（周輝『清波雑志』巻二）

とあって、往生際が悪かったと伝えられている。

以上見てきたように、徽宗と蔡攸の関係は、徽宗の即位前から、退位して南に脱出し、開封に戻るまで一貫して続いており、蔡攸は常に徽宗の側近くで仕える寵臣であり続けた。蔡攸は徽宗からの信頼の上に、後宮との姻戚関係を通じて禁中とつながる一方、宦官貼職の延長に宣和殿学士となり、当時最も枢要な場所宣和殿に出入することができていた。宣和殿の学士職は、蔡攸が禁中の徽宗とつながるための制度的裏付けであったに違いなく、逆に言えばそれ以上でも以下でもない特殊な職であった。

おわりに

筆者は前章において、殿中省が徽宗朝に限って設置され、蔡京の姻族である宋昪や孫である蔡行が領殿中省事に長期間就任していた事実から、蔡京は宦官以外にも彼らを通じて徽宗の私生活を把握し、政権維持に不可欠な皇帝の意思の取り結びを行っていたと推測した[135]。その結論自体に誤りはないと思うが、さらにもう一つの手段として今回宣和殿学士の存在が考えられ、それは当初の予想よりもはるかに大きなものであることが判明した。なぜなら宣和殿は禁中の中でも徽宗が一日の大半を過ごし、当時の政治システムにとって重要な御筆作成も行われた場所であり、学士職はその場に出入できる特権を有していたからである。蔡行が宣和殿大学士をもって殿中省を支配していたことは、禁中とつながることのできる二つの重要ポストを兼ね有していたことを意味している。

しかし何と言っても宣和殿学士職に大きく関わっていたのが蔡行の父・蔡攸であり、学士職そのものが徽宗と蔡攸の関係の上に成立、発展したものだった。一般にはあまり注目されてこなかった蔡攸であるが、実は父・蔡京よりも徽宗との距離は近く、第一期から第三期までの蔡京専権体制の陰で、禁中における蔡攸の存在は、政権の下支えとして無視できない存在であった。

御史中丞陳過庭言えらく「罪悪の著れしもの、蔡攸より甚だしきは莫し。京の擅權專政するに當たり、彼は則ち陰謀詭計を以て宮禁に出入し、外は異同を示すも、中は實は附會す。童貫 師を興し亂を召《まね》くに及び、彼又た之に副となり、出でては邊隙を搆え、歸りては重賞を冒す。襦袴の資を以て大位に當たり、斗筲の器を以て重兵を握る。國を蠹ばみ民を害すること、京・貫に亞ぐ。竄殛の罰、以て免るべからず」と。

御史中丞陳過庭言「罪悪之著、莫甚蔡攸。當京擅權專政、彼則以陰謀詭計出入宮禁、外示異同、中實附會。及童貫興師召亂、彼又副之、出搆邊隙、歸冒重賞。以襦袴之資而當大位、以斗筲之器而握重兵、蠹國害民、亞於京・貫、竄殛之罰、不可以免。」（『靖康要録』巻五・靖康元年四月二十九日条）

という陳過庭の弾劾文は、当時蔡攸が果たしていた役割を的確に指摘したものである。事実蔡京失脚につながる政治的な動きに対し、蔡攸が禁中においてしばしばその芽を摘んでいたことはすでに見たとおりである。

さてそれではこのような皇帝周辺における蔡攸・蔡行らの存在は、宋代政治史の上でどのように認識すべきであろうか。序章で述べたように、徽宗朝に登場した御筆という命令文書は、神宗の内降手詔を濫觴とし、従来のそれが、君主の恣意性が具現化した例外的な命令文書であったのに対し、法的根拠を有する恒常的な制度として登場したところに大きな特徴があった。いくら覆奏の原則を打ち立てたところで、その存在自体が従来の宰執・台諌ら士大夫を中心とした政治運営の枠組みそのものを崩してしまう危険性を胚胎したものであった。その危険は他ならぬ蔡京にとっても同じことであり、事実すでに見たように宣和年間、宰相たる蔡京の関知しえないところで、宦官らによる恣意的な御筆が行下されていたと言われる。

すなわち蔡京は自らの政権安定のためには、宰執集団や言路官などの士大夫集団を押さえるだけでなく、御筆が作成される皇帝の近辺にも睨みをきかせておかねばならなくなった。従来そこに童貫をはじめとする宦官集団との折り合いが存したとされていたが、御筆作成の現場に出入し得る宣和殿学士や殿中省のポストを握った子・孫である蔡攸・蔡行らを通じて、より直接的に禁中とつながっていたのである。そしてこの体制は、そもそも蔡攸が徽宗との繋がりをもって禁中に留まりえたことから始まっており、それがあってこその十五年間の蔡京政権であった。

宣和殿で御筆を代筆していたと言われる楊球は、もと蔡京家の家吏の子であり、蔡攸は楊球とは旧知の間柄、もっと言えば旧主であった。禁中の宣和殿における蔡攸の存在は、無軌道に陥っていたという御筆作成に一定の影響力を持ったことは想像に難くない。

宣和殿＝保和殿の学士職は、北宋が滅びた後も南宋に継承された。しかし宣和殿が存在せぬ以上、すでに実態を伴わない名誉称号と化していく[136]。本章で見たような宣和（保和）殿学士の姿は、北宋末徽宗朝という時期だからこそ見られたものであった。

注

（1）『会編』巻二五・政宣上帙・宣和七年十二月二十二日条

又曰、初粘罕之犯境也、茹越寨得虜之牒文、及開拆、乃檄書、其言不遜、所不忍言。貫得之歸、與大臣議、恐傷天子意而不敢奏。時又議下詔求言、而詔本數改易、未欲下也。〈貫奉命乃宣撫河北・河東諸路、及其遁也、無上命而遽還。宰相・樞府咸不能詰、方引之都堂、共商議下求言詔。又不召翰林學士、乃用貫參謀宇文虚中草辭、大凡皆不正。〉李丞相邦彥謂「不若以檄書進、用激聖意、冀得求言之詔亟下爾。」二十三日、大臣於宣和殿中以檄書進呈、上果涕下無語、但曰「休休、卿等晩間來商量。」是晩、大臣既再對於玉華、而宇文虚中與呉敏適亦請對。上謂大臣曰「卿等可候、引虚中及敏對罷、却來相見。」虚中對、後次敏見。遂及禪議、上因留敏于外、少俟、復召大臣、忽氣塞不省、墜御牀下。近臣急呼左右扶擧、僅得就保和殿之東閣。群臣共議、以再進湯藥、俄少甦、因擧臂索紙筆、上以左手寫曰「我已無半邊也、如何了得大事。」大臣無語。又書「諸公如何又不語耶。」左右顧、無應者、遂自書曰「皇太子某其可即皇帝位、予以教主道君退處龍德宮。」又謂呉敏「朕自拔擢、今日不負朕、可呼來作詔。」禪位詔、敏辭也。時敏草詔進入、上手指其後曰「自此可稱『予』。」遂召東宮來視疾、至則大臣當榻前諭旨、以御袍衣之。東宮因頓首辭、且謂之「受則不孝矣。」擧體自撲、終不敢當、因亦得疾。太上又命召中宮、至、同加敦諭曰「官家老矣、吾夫婦欲以身託汝也。」猶力辭、上堅命立之、是爲孝慈淵聖皇帝。初敏見建牧、深以爲未快、必一切付之而後可。時太上意切於避狄、故敏適以是晩對、因得進言、促成大計、謂必付託之重、而後可去。故太上尤善之、遂内禪。

以下、『会編』は光緒三四年刊本に拠る。光緒四年鉛印本・四庫全書本には「玉華」の後に「閣」字あり。この禅譲の場面に言及するものとして、小栗英一「徽宗下の宇文虚中」（『人文論集（静岡大学人文学部）』二六、一九七五年）がある。

（2）『会編』巻二七・靖康中帙・靖康元年正月三日条

是日夜漏二鼓、出通津門御舟東下。太上皇后及王子・帝姫接續皆行、童貫・蔡攸・朱勔護衛、扈從車駕、侍從百官往往逃遁。

（3）『長編紀事本末』巻一四六・欽宗・「内禅」・宣和七年十二月庚申条

上皇曰「莫須稱疾。」敏曰「陛下至誠定大策、恐亦不須。」上皇曰「待更思之。」

（4）平田茂樹『科挙と官僚制』（世界史リブレット）東京、山川出版社、一九九七年。

「宋代の宮廷政治―「家」の構造を手掛かりとして―」（笠谷和比古編『公家と武家Ⅱ「家」の比較文明史的考察』思文閣出版、一九九九年）。

(5) 周宝珠『宋代東京研究』河南大学出版社、一九九二年。
劉春迎『北宋東京城研究』科学出版社、二〇〇四年。

(6) 現在三種残る元刊本『事林広記』（後至元刊本一種、至順刊本二種）のうち、後至元刊本には該図が無く、最も古い至元年間の姿を残すと言われる和刻本（底本は泰定二年刊本）にも無い。『事林広記』の成立と版本については次のものを参照。
森田憲司「『事林広記』の諸版本について―国内所蔵の諸本を中心に」『宋代の知識人―思想・制度・地域社会』汲古書院、一九九三年。

宮紀子「「混一疆理歴代国都之図」への道―14世紀四明地方の「知」の行方」『モンゴル時代の出版文化』名古屋大学出版会、二〇〇六年。初出は二〇〇四年。

「叡山文庫所蔵の『事林広記』写本について」『史林』九一―三、二〇〇八年。

「対馬宗家旧蔵の元刊本『事林広記』について」『東洋史研究』六七―一、二〇〇八年。

(7) 傅熹年「山西省繁峙県巌山寺南殿金代壁画中所絵建築的初歩分析」『傅熹年建築史論文集』文物出版社、一九九八年。

(8) 久保田和男「北宋徽宗時代と首都開封」『宋代開封の研究』汲古書院、二〇〇七年。初出は二〇〇五年。

(9) 『宋会要』方域一―一九「東京雑録」
（神宗熙寧八年）是年、造睿思殿。……紹聖二年四月二日、宣和殿成。初哲宗以睿思殿先帝所建、不敢燕處。乃即睿思殿之後、有後苑隙地僅百許歩者、因取以爲宣和殿焉。宣和殿者、止三楹、兩側後有二小沼、臨之以山殿、広袤數丈、制度極小。後太皇太后垂簾之際、爲臣僚論列、遂毀拆、獨餘其址存焉。及徽宗親政、久之、宣和於是旋復。徽宗亦踵神宗・哲宗故事、晝日不居寢殿、又以睿思時爲講禮・進膳之所、乃皆就宣和燕息。大觀二年、既再繕葺之、徽宗乃親書爲之記、甚詳、而刻諸石。及重和元年、議改號、因即以爲宣和元年、乃改宣和殿爲保和殿者、宣和之後殿、重和元年所剏也。

『宋会要』方域一―一〇・宣和二年二月一日条

詔「宣和已紀年號、殿名易爲保和殿。」

（10）『宋史』巻八五・地理志「京城」。

宣和殿。（在睿思殿後、紹聖二年四月殿成、其東側別有小殿曰凝芳、其西曰瓊芳、前曰重熙、後曰環碧。元符三年廢、崇寧初復作。大觀三年、徽宗製記刻石、實蔡京爲之。）

（11）この保和殿への改称の年は、諸史料で違っている。『宋史』巻二一・徽宗本紀・宣和元年二月庚辰条

易宣和殿爲保和殿。

この問題については後で考察する。（後掲注（27））

（12）宴は九月一日ではなく十二日にあったとされる。史料は後述（後掲注（20））。

（13）ここで言う「保和新殿（B）」も史料によっては単に「保和殿」と記されることがある。今は「保和殿（A）」「保和新殿（B）」と区別して呼称する。

（14）王明清『揮麈録』余話巻一・蔡京「太清楼特宴記」、「保和殿曲燕記」。うち「太清楼特宴記」は荘綽『雞肋編』巻中「太清楼侍宴記」と『編年備要』巻二八・政和二年四月「燕蔡京内苑」にも載せられている。『宋史』巻二〇三・芸文志・伝記類には徽宗の書として「太清楼特宴記一巻」があり、明・葉盛『水東日記』巻二五にも「徽宗親書「太清楼特宴記」」といい、開封府学の壁に刻石されていたという。後掲注（43）参照。

（15）『宋史』巻二一・徽宗本紀においては、政和二年四月「甲午、宴蔡京等于太清樓」とし、日時が違っている。

（16）王明清『揮麈録』余話巻一「太清楼特宴記」

祐陵癸巳歳、蔡元長自錢塘趣召再相、詔特錫燕於太清樓、極承平一時之盛。元長作記以進云。

政和二年三月、皇帝制詔、臣京宥過眚愆（省愆）、復官就第。命四方館使榮州防禦使臣童師敏齎詔召赴闕、臣京頓首辭。繼被御札手詔、責以大義、惶怖上道。於是歆至於郊、曲燕於垂拱殿、祓禊于西池、寵大恩隆、念無以稱。上曰「朕考周宣王之詩、吉甫燕喜、既多受祉。來歸自鎬、我行永久。飲御諸友、炰鼈膾鯉。其可不如古者。」

詔以是月八日開後苑太清樓（宴太清樓）、命內客省使保大軍節度觀察留後帶御器械臣譚稹・同知入內內侍省事臣楊戩・內客省使保康軍節度觀察留後帶御器械臣賈祥・引進使晉州管內觀察使勾當內東門司臣梁師

成等五人、總領其事。西上閤門使忠州刺史尚藥局典御臣鄧忠仁等一十三人、掌典內謁者職。有司請辦具上、帝弗用。

前三日、幸太淸、相視其所、曰「於此設次」、「於此陳器皿」、「於此置尊罍」、「於此膳羞」、「於此樂舞」。出內府酒尊・寶器・琉璃・馬瑙・水精・玻璃・翡翠・玉、曰「以此加爵。」致四方美味、螺蛤蝦鱖白・南海瓊枝・東陵玉蘂與海物惟錯、曰「以此加籩。」頒御府寶帶、宰相・親王以玉、執政以通犀、餘花犀、曰「以此實篚。」敎坊請具樂奏、上弗用、曰「後庭女樂、肇自先帝。隷業大臣未之享。」其陳於庭、上曰「不可以燕樂廢政。」

是日、視事垂拱殿。退召臣何執中・臣蔡京・臣鄭紳・臣吳居厚・臣劉正夫・臣侯蒙・臣鄧洵仁・臣鄭居中・臣鄧洵武・臣高俅・臣童貫崇政殿閱弓馬所子弟武伎、引强如格、各命以官。遂賜坐、（召臣執中・臣俁・臣偲・臣京・臣紳・臣居厚・臣正夫・臣蒙・臣洵仁・臣居中・臣洵武・臣俅・臣貫於崇政殿賜坐、）命宮人擊鞠。臣何執中等辭請立侍、上曰「坐。」乃坐。於是馳馬擧仗、翻手覆手、丸素如綴。又引滿馳射、妙絕一時、賜賚有差。

乃由景福殿西序入苑門、就次以憩。詔臣蔡京曰「此跬步至宣和、卽昔言者所謂金柱玉戶者也、厚誣宮禁。其令子攸掖入觀焉」。東入小花徑、南度碧蘆叢、又東入便門、至宣和殿、止三楹（殿止三楹）、左右挾［左右掖亦三楹］、中置圖書・筆硯・古鼎・彝・罍・洗。陳几案臺榻［牀榻］、漆以黑。下宇純朱、上棟飾綠、無文采。東西廡側各有殿、亦三楹、東曰瓊蘭。積石爲山、峰巒間出。有泉出石竇、注於沼北。有御札「靜」字牓梁間、以洗心滌慮。西曰凝方（凝芳）［凝芳］、後曰積翠、南曰瑤林［瓊林］、北洞曰玉宇。石自壁隱出、嶄巖峻立、幽花［奇花］異木、扶疎茂密。後有沼曰環碧、兩旁有亭曰臨漪・華渚。沼次有山、殿曰雲華、閣曰太寧。左（左右）［左右］躡道以登、中道有亭、曰琳霄・垂雲・騫鳳・層巒、不大高峻［百尺高峻］、俯視峭壁攢峰、如深山大壑。次曰會春閣、下有殿曰玉華。玉華之側［前殿之側］有御書牓、曰三洞瓊文之殿（玉洞瓊文之殿）、以奉高眞。旁有種玉・綠雲軒相峙。

臣奏曰「宣和殿閣亭沼、縱橫不滿百步、而修眞觀妙、發號施令、仁民愛物、好古博雅、玩芳・綴華咸在焉。楹無金瑱、壁無珠璫、階無玉砌、而沼池巖谷、谿澗原隰、太湖之石、泗濱之磬、澄竹山茶、崇蘭香茝、葩華而紛郁。無犬馬射獵畋遊之奉、而有鷗鳧雁鶩・鴛鴦・鵁鶄・龜魚馴馴、雀飛而上下。無管絃・絲竹・魚龍曼衍之戲、而有松風竹韻、鶴唳鸎啼、天地之籟、適耳而自鳴。其潔齊清靈（絜齊清虛）、雅素若此、則言者不根、蓋不足恤。」

……（後略）

『鶏肋編』巻中「太清楼侍宴記」は『揮麈録』よりもかなり字数が少なく、節略されている。字句の異同は『揮麈録』引用文中に（　）で示した。

『編年備要』巻二八・政和二年四月条は冒頭部分が『揮麈録』と違い、次の通り。

夏四月、燕蔡京内苑。輔臣・親王皆與、上親爲之詔、略曰「詔有司掃除内苑太清樓、滌内府所藏珍用之器、集四方之美味。前期閲集、親幸其所。用宮中女樂、列奏於庭。命子楷侍側勸勞。又出嬪女鼓琴玩舞、勸以琉璃・瑪瑙・白玉之盃。」京亦上記、略曰「太清之燕、上曰『此跬歩至宣和。令子攸掖入觀焉。』」……

これ以降は『揮麈録』の「太清楼特宴記」に同じ。字句の異同は『揮麈録』引用文中に［　］で示した。

（17）ちなみに宣和殿における曲宴は政和五年（一一一五）にも開かれた。

周煇『清波雜志』巻八

政和五年四月、燕輔臣於宣和殿。先御崇政殿、閲子弟五百餘人馳射、挽强精鋭、畢事賜坐、出宮人列于殿下、鳴鼓擊柝、躍馬飛射、翦柳枝、射繡毬、擊丸、據鞍開神臂弓、妙絕無倫。衞士皆有愧色。上曰「雖非婦事、然女子能之、則天下豈無可教。」臣京等進曰「士能挽强、女能騎射。安不忘危、天下幸甚。」見「從游宣和殿記」。

李埴『皇宋十朝綱要』巻一七・政和五年四月乙丑条

召宰執等、閲臣庶子弟五百餘人武技於崇政殿。因至宣和殿、賜宴於苑中、蔡京作曲宴記。

このときも蔡京によって文章が作成されていたようであるが、今に伝わらない。

なお、このような曲宴の情景から窺える徽宗・蔡京の関係について、絵画資料と詩を題材に考察したものに衣若芬「天子の盛宴—徽宗「文会図」とその題画詩」（村越貴代美・訳、『橄欖』一四、二〇〇七年）がある。

（18）この宣和殿の左右の殿名に関しては、『揮麈録』が「凝方」、『編年備要』・『雞肋編』が「凝芳」で異なっている。王明清は『玉照新志』巻二では、

乃若天子燕息之所也、宣和祕殿、翬飛跂翼。憲睿思之始謀、因紹聖之故迹。凝芳・瓊蘭・重環・照碧、輪

焉奐焉、光動兩側。聽政之暇、來遊來息。捜古制於鼎彝、縱多能於翰墨、致一凝神、優入聖域。爰命邇臣、於焉寓直、罄啓沃之丹誠、庶密效於裨益。

としており、「瓊蘭殿」・「凝芳殿」が正しいであろう。その位置は『揮麈録』と『宋史』では東西が逆になっており、今は『揮麈録』に従っておく。

また南の殿名については、『揮麈録』と『雞肋編』が「瑤林」とする一方、『編年備要』は「瓊林」とする。ただ東の殿名が「瓊蘭」ということになれば、「瓊」字の重複は考えがたく、「瑤林」が正しいであろう。

(19) 前掲注（10）引用史料。ただし瓊蘭殿を瓊芳殿に作る。

(20) 王明清『揮麈録』余話巻一「保和殿曲燕記」

宣和元年九月十二日、皇帝召臣蔡京・臣王黼・臣越王俣・臣燕王似・臣嘉王楷・臣童貫・臣嗣濮王仲忽・臣馮熙載・臣蔡攸燕保和殿［保和新殿］、臣蔡儵・臣蔡翛・臣蔡鞗［・臣行・臣徽・臣術侍、賜食文字庫。於是由臨華殿門入、侍班］東曲水朝於玉華殿。上步西曲水、循醾醿架［循荼蘼洞］、至太寧閣、登層巒・林霄［琳霄］・騫鳳［褰風］・垂雲亭、景物如前、林木蔽蔭如勝。始至保和殿、［屋］三楹、楹七十架、兩挾閣、無綵繪飾侈、落成於八月、而高竹崇檜、已森然［森陰］蓊鬱。中楹置御榻、東西二間列寶玩與古鼎彝器玉［古鼎彝・玉芝］、左挾閣曰妙有、設古今儒書・史子・楮墨。右［挾閣］曰日宣［宣道］、道家金櫃玉笈之書、與神霄諸天隱文。上［御］步前行、［至］稽古閣有宣王石鼓。歷邃古・尙古・鑑古・作古・傳古［訪古］・博古・祕古諸閣、藏祖宗訓謨、與夏・商・周尊彝鼎鬲爵斝卣敦盤盂、漢・晉・隋・唐書畫、多不知識、駭見上親指示、爲言其概。因指閣內、「此藏卿表章字札無遺者。」命開櫃、櫃有朱隔、隔內置小匣、匣內覆以綃綺、得臣所書撰「淑妃劉氏制」。臣進曰「札惡文鄙、不謂襲藏如此。」念無以稱報、頓首謝。抵玉林軒、過宣和殿・列岫軒・天眞［太眞］閣。凝德殿之東［凝眞殿、殿東］、崇石［崇巖］峭壁、高百丈［百尺］、林壑茂密、倍於昔見。過翠翹・燕閣諸處［燕處閣］。賜茶全眞殿、上親御擊注湯、出乳花盈面、臣等惶恐、前曰「陛下略君臣夷等、爲臣下烹調、震悸惶怖、豈敢啜。」頓首拜。上曰「可少休。」乃出瑤林［瓊林］殿。中使馮皓傳旨、留題殿壁、喩臣筆墨已具、乃題曰「瓊瑤錯落密成林、檜竹交加午有陰。恩許塵凡時縱步、不知身在五雲深。」頃之就坐、女童樂作。坐閒賜［香圓］茘子・黃橙・金柑相間、布列前後、命［鄧］師文浩剖橙分賜。酒五行、再休［少休］。許［詔］至玉眞軒、軒在保和［殿］西南廡、卽安妃妝閣。命使傳旨曰「雅燕酒酣添逸興、玉眞軒内看［見］安妃。」詔臣賡補成篇、臣即題曰「保和新殿麗秋輝［暉］、詔許塵凡到綺闈。」方是時、人［於是人人］自謂得見妃矣。既而但畫像掛西垣、臣即以［以詩］謝奏曰「玉眞軒檻暖如春、只見丹青未有人。月裏嫦娥［姮娥］終有恨、鑑中姑射未應眞。」須臾、中使召臣［傳旨］至玉華閣、上手持詩曰「因卿有詩、況姻家、自當見［姻家自應相見］。」臣曰「頃緣葭莩、已得拜望、故敢以詩請。」上大笑。妃素妝、無珠玉飾、綽約若仙子。臣前進、再拜敍謝、妃答拜。臣又拜、妃命左右掖起。上手持大觥酌酒、命妃曰「可勸太師。」臣奏［因進］曰「禮無不報、不審酬酢可否。」於是持瓶注酒、授使以進。再坐、徹［撤］女童、去羯鼓。御侍奏細樂、作「蘭陵王」「揚州散［敎］」古調［水調］、酬勸［勸酬］交錯。……臣請序其事、以示後世、知今日燕樂、非酒食而已。夜漏已二鼓五籌、衆前奏丐罷、始退。十三日臣京序。

『編年備要』巻二八・宣和元年条も同内容を載せる。

　九月、燕蔡京保和新殿。蔡京等請見安妃、許之。京作記以進、略曰……（後略）

『揮麈録』の方が詳しいが、脱文・字句の異同を『揮麈録』引用文中に［　］で示した。

(21) この築山は先の史料Ⅰ「太清楼特宴記」にも見えるが、『揮麈録』では「不大高峻」と不自然に表現され、一方『編年備要』は「百尺の高峻」という。史料Ⅱ「保和殿曲燕記」は『揮麈録』が「百丈」、『編年備要』が「百尺」となっている。のち金代の開封の様子を記した史料によれば、宣和殿があったと思しき場所に築山がそのまま残っていたが、

『大金国志』巻三三・地理「汴京制度」

　（仁智）殿後有石壘成山、高百尺、廣倍之。最上刻石曰「香石泉山」、山後挽水上山、水自上流下、至荊玉澗、又流至湧翠峰。

として、高さは百尺とする。百尺だと約三〇メートル、百丈だと約三〇〇メートルとなるが、いずれが妥当であろうか。現在北京故宮の北にある景山は、故宮の全景を見下ろすことができるが、高さ四三メートルという。それをふまえても百尺が妥当であろう。

ちなみに元・白珽『湛淵静語』巻二「使燕日録」も『大金国志』と同内容。ただし山名は「百泉山」となっている。

(22) 二六二～二六三頁引用史料。

(23) 前掲注（8）久保田論文第二章a「明堂と延福宮の建設と蔡京政権」参照。

(24)『宋史』巻八五・地理志

　延福宮、政和三年春、新作於大内北拱辰門外、舊宮在後苑之西南、今其地乃百司供應之所。

(25) 南宋紹興年間、和議によって開封が一度南宋の手に戻ったとき、南宋の使者が開封城内を確認に来ており、その記録が残されている。

『建炎以來繫年要録』巻一二九・紹興九年条

　六月己酉朔、簽書樞密院事樓炤與東京留守王倫同檢視修內司、趨入大慶殿、……入睿思殿門、登殿、左曰「玉鑾」、右曰「清微」、後曰「宣和殿」、庭下皆修竹、自此列石爲山、分左右斜廊、爲複道・平臺。臺上過玉華殿、殿後有軒曰「稽古」、西廡下曰「尙書內省」。西出後苑、至太清樓下。

鄭剛中『北山集』巻十三「西征道里記」

　紹興乙未、上以陝西初復、命簽書樞密樓公論以朝廷安輯混貸之意、某以祕書少監被旨參謀。……入睿思門、登殿、殿左曰玉鑾、右曰清微、後曰宣和、庭下皆修竹。殿後左曰迎眞軒、右曰玉虛軒。迎眞之上曰妙有閣、玉虛之上曰宣道閣、又一殿忘其名。自此列石爲山、分左右斜廊、爲複道平臺、臺上過玉華殿。由玉華下、乃抵後石屛、亦御書。左序有軒、曰稽古・宣和。東廡下五庫、以聖・德・超・千・古爲號、皆塗金抹綠小牌。庫上曰翰林司、曰寶閣。西廡下曰尙書內省、餘不能記。復由宣和西趨曲水、出後苑、至太清樓下、壁間有御書千字文・法帖之類。登瑤津亭、亭在水間、四面樓殿相對、不能遍至。自瑤津趨出、過拱辰門、上馬出。

彼らは宣和殿などを見た後、「西のかた後苑に出」でており、宣和殿は後苑の東に位置した。

(26) 蔡絛『鉄囲山叢談』巻一

　重和者、謂「和之又和」也。改號未幾、會左丞范致虛言犯北朝年號。蓋北先有重熙年號、時後主名禧、其國中因避「重熙」、凡稱「重熙」則爲「重和」、朝廷不樂。是年三月、遽改重和二年爲宣和元年。宣和改、上自以常所處殿名其年、然實欲掩前誤也。

つまり厳密には遼にあった年号は「重熙」であったが、のち避諱のために「重和」と称されていたという。

(27) 宣和殿改称の時期についても諸史料で錯綜している。本文引用の『宋会要』職官は宣和元年二月一日とするが、同じ二月一日付けで同内容を示す『宋会要』方域一―二〇は「宣和二年二月一日、詔、宣和已紀［犯］年号、殿名易爲保和殿。」とし、一方全く同文である『宋会要』儀制三―四五は「宣和二年二月四日」とする。そしてすでに見たように『玉海』も宣和二年改称とする。宣和改元は『宋史』巻二一・徽宗本紀に「(宣和元年)二月庚辰、改元。易宣和殿爲保和殿。」とあり、殿名改称についても一見宣和元年二月を支持するかに見えるが、重和二年＝宣和元年二月は丁丑が朔であって、庚辰は四日である。すなわち宣和元年に二月一日は存在しない。よって諸史料で出入りはあるものの、宣和二年二月一日に改称の御筆が出された蓋然性が高い。ちなみに『会編』巻四では三月丁未朔を改元の日とする。また『続資治通鑑長編拾補』巻三九にこれら諸史料の引用が載せられている。

(28)『玉海』巻五六・芸文「宣和博古図」

政和二年七月己亥、置禮制局。三年六月庚申、因中丞王甫乞頒宣和殿博古圖、令儒臣考古制度、遂詔討論三代古器及壇壝之制、改作俎豆籩篚之屬。『中興書目』博古圖三十巻、宣和殿所藏彝鼎古器、圖其形、辨其款識、推原制器之意、而訂正同異。

(29)邵博『邵氏聞見後録』巻二七

宣和殿聚殷周鼎・鍾・尊・爵等數千百種。國破、虜盡取禁中物、其下不禁勞苦、半投之南壁池中。後世三代彝器、當出于大梁之墟云。

(30)桑世昌『蘭亭考』巻六所載「沈癸跋」

舊見里中人藏此本、巻末有何子楚跋語云「……大觀間、詔取石龕置宣和殿。丙午、與岐陽石鼓、倶載以北。」子楚。

(31)宋代の財庫については、梅原郁「宋代の内蔵と左蔵―君主独裁制の財庫―」(『東方学報』四二、一九七一年)があり、その「三　第三の財庫」に「宣和庫」が登場する(一五八頁)。「宣和殿小庫」との関係については未詳。

(32)鄭望之の遺使は『宋史』巻三七三・鄭望之伝にも載り、やはり「以珠玉遺金人」と言う。

(33)宋朝における宮廷書庫の様子については、以下の研究を参照。

封思毅「宋代図書政策」『国立中央図書館刊』二二―一、一九八九年。

傅璇琮・謝灼華編『中国蔵書通史』寧波出版社、二〇〇一年。
彭慧萍「両宋宮廷書画儲蔵制度之変―以秘閣為核心的鑑蔵機制研究」『故宮博物院院刊』二〇〇五―一。
(34) 袁褧『楓窓小牘』巻下
崇寧二年五月、祕閣書寫成二千八十二部、未寫者一千二百十三部、及闕卷二百八十九、立程限繕錄。
(35)『宋会要』崇儒四―一九・大観四年五月七日条
祕書監何志同言「漢著『七略』、凡爲書三萬三千九百卷、隋所藏至三十七萬卷、唐開元間八萬九千六百卷。慶曆間、常命儒臣集四庫爲籍、名之曰『崇文總目』、凡三萬六百六十九卷。慶曆距今未遠也、按籍而求之、十纔六七、號爲全本者不過二萬餘卷、而脫簡斷編・亡散門（闕）逸之數浸多。謂宜及今有所搜採、視慶曆舊錄有未備者、頒其名數於天下、選文學博雅之士、求訪『總目』之外、別有異書、竝借傳寫、或官給酧、卽其家傳之、就加校正、上之策府。」從之。
(36)『文献通考』巻一七四「経籍考」総序
宣和初、提舉祕書省官建言、置補寫御前書籍所於祕書省、稍訪天下之書、以資校對。以侍從官十人爲參詳官、餘官爲校勘官。進士以白衣充檢閱者數人、及年皆命以官。四年四月、詔曰「朕惟太宗皇帝底寧區宇、作新斯文、屢下詔書、訪求亡逸。策府四部之藏、庶幾乎古、歷歲浸久、有司玩習、多致散缺、私室所閟、世或不傳。可令郡縣諭旨訪求、許士民以家藏書在所自陳、不以卷帙多寡、先具篇目、申提舉祕書省以聞、聽旨遞進、可備收錄、當優與支賜。或有所祕未見之書、有足觀采、卽命以官、議加崇獎、其書錄竟給還。若率先奉行、訪求最多州縣、亦具名聞、庶稱朕表章闡繹之意。」又詔曰「三館圖書之富、歷歲滋久、簡編脫落、字畫訛舛、校其卷帙、尙多逸遺、甚非所以示崇儒右文之意。」「廼命建局、以補全校正文籍爲名、設官總理、募工繕寫、一置宣和殿、一置太淸樓、一置祕閣、俾提擧祕書省官兼領。」「凡所資用、悉出內帑、毋費有司、庶成一代之典。」三詔同日而下、四方奇書、自是間出。
『宋史』巻二二・徽宗本紀
（宣和四年）夏四月丙午、詔置補完校正文籍局、錄三館書置宣和殿及太淸樓・祕閣。又令郡縣訪遺書。
『宋史』巻二〇二・藝文志・序言
徽宗時、更崇文總目之號爲祕書總目。詔購求士民藏書、其有所祕未見之書足備觀采者、仍命以官。且以三館書多逸遺、命建局以補全校正爲名、設官總理、募工繕寫。一置宣和殿、一置太淸樓、一置祕閣。自熙寧以來、捜訪補輯、至是爲盛矣。

（37）『文獻通考』巻一七四・経籍考・総序

（宣和）五年二月、提擧祕書省言「有司捜訪士民家藏書籍、悉上送官、參校有無、募工繕寫、藏之御府。近與三館參校榮州助教張頤所進二百二十一卷、李東一百六十二卷、皆係闕遺、乞加褒賞。」詔、頤賜進士出身、東補迪功郎。七年、提擧祕書省又言「取索到王闡・張宿等家藏書、以三館・祕閣書目比對所無者、凡六百五十八部二千四百一十七卷、及集省官校勘悉善本、比前後所進書數稍多。」詔、闡補承務郎、宿補迪功郎。然自熙寧以來、捜訪補緝、至宣和盛矣。

徐度『却掃編』巻下

予所見藏書之富者、莫如南都王仲至侍郎家、……（其子）彥朝……宣和中、御前置局求書、時彥朝已卒、其子問以「鎭庫書」獻、詔特補承務郎、然其副本具在。

（38）あるいは神霄派の領袖である林霊素による演出かもしれないが、そうであれば現実世界における宣和殿の重要性に着目した行動だったと言える。これら林霊素と徽宗朝との関わりについては、吉川忠夫「僧を改めて徳士と為す─北宋徽宗時代の仏法受難」（『禅学研究』七九、二〇〇〇年）、前掲注（8）久保田論文を参照。

（39）『長編紀事本末』巻一二七・道学・政和六年十月甲申条。

蔡絛『史補』、政和七年、有林靈素者、溫州人也。……又謂上寵妃劉氏曰九華玉眞安妃也。天子心獨喜其說、乃賜號通眞先生。

（40）本書序章注（28）徳永論文。

（41）『宋史』巻四六八・宦者伝・梁師成伝

梁師成字守道、慧黠習文法、稍知書。初隷賈詳書藝局、詳死、得領睿思殿文字外庫、主出外傳道上旨。政和間、得君貴幸、至竄名進士籍中、積遷晉州觀察使・興德軍留後。時中外泰寧、徽宗留意禮文符瑞之事、師成善逢迎、希恩寵。……師成實不能文、而高自標牓、自言蘇軾出子。是時、天下禁誦軾文、其尺牘在人間者皆毀去、師成訴於帝曰「先臣何罪。」自是、軾之文乃稍出。以翰墨爲己任、四方儁秀名士必招致門下、往往遭點汚。多置書畫卷軸於外舍、邀賓客縱觀、得其題識、合意者、輒密加汲引、執政・侍從可階而升。

（42）『宋史』巻四六八・宦者伝・梁師成伝
　王黼父事之、雖蔡京父子亦諂附焉、都人目爲「隱相」、所領職局至數十百。

（43）明・葉盛『水東日記』巻二五
　偶閲舊碑、得徽宗親書「太清樓特宴記」不完本三幅。此石多在今開封府學牆壁周遭、當時草草打得此、不知尚存他石可完否。按『宋史』、特宴在政和壬辰（二年）去京之死財十五年、亦萬世之大戒也。噫。

太清樓特宴記

……

奮於百世之下、斷而行之、迄用有成。凡厥萬事、其視於茲、因筆以詔天下後世。

政和甲午六月朔日記。

翰林書藝局鐫字藝學　臣嚴奇
睿思殿御前文字外庫鐫字藝學　臣徐珣
　臣張士亨
待　詔　臣朱章
　臣邢肅
　臣張仲
文書待詔　臣王公琬
待詔賜緋　臣倪士宣
　臣封士寧
從義郎　臣張士永模刋
睿思殿御前文字外庫祗應武翼郎臣俞邁題寫
通侍大夫　臣梁師成
通侍大夫保康軍節度觀察留後　臣賈　管勾上石

（44）趙彦衛『雲麓漫抄』巻一五
　上又制一寶、亦螭紐曰「範圍天地、幽贊神明、保合太和、萬壽無疆。」凡十六字、實命魯公賦其文、篆亦魚蟲、然韻頗不古、乃梁師成所主、命睿思殿文字外庫人爲之、不知爲何人書也。至於制作之工、則幾於秦璽矣。其寶大九寸、有檢、亦九寸、古人所無、號曰「定命寶」、合前八寶爲九、下詔、以乾元用九焉。

受寶の儀式は、翌八年正月一日に大慶殿で行われた（『宋史』巻一五四・輿服志、周煇『清波別志』巻二）。

(45)『鉄囲山叢談』巻一にも睿思殿文字外庫の関係者が登場する。

又有老吏、嘗主睿思殿文字外殿《ママ》庫事、能言、偶得見泰陵時舊文簿注一行、曰「紹聖三年八月十五日奉聖旨、教坊使丁仙現祗應有勞、特賜銀錢一文。」嗚呼、累聖儉德、類乃如此。

(46)前掲注（9）引用史料。

(47)前掲注（21）引用の『大金国志』では、引用箇所の前部分で、使者は「睿思殿門」から入って旧宣和殿に到っている。また第一節において、大觀中に定武蘭亭の刻石が宣和殿に嵌め込まれたことを示したが、兪松『蘭亭続考』巻一に載る栄次新の跋では「宣和中、有旨取舊石置睿思殿。」という。御府に入れられた時期の違いも気になるが、今は定武刻石の置かれた場所が、一方では宣和殿、もう一方では睿思殿とされていることに注目したい。また傅熹年氏の図（【図2】）もこれを支持する。

(48)『高麗史』巻一二一・忠義伝・洪灌伝。

(49)『高麗史』巻一二・粛宗世家・粛宗九年七月辛卯条

遣樞密院使崔弘嗣・祕書監鄭文、如宋、謝恩進方物。

(50)『皇朝事実類苑』巻五〇「太宗棋品第一」に「棋待詔賈玄」が、『宋会要』職官三六―一一一・淳化五年五月条に「琴待詔駱偃」が見える。

また鄧椿『画継』巻一〇「雑説論近」は、

又諸待詔毎立班、則畫院爲首、書院次之、如琴院・棋・玉・百工、皆在下。……睿思殿日命待詔一人能雜書者宿直、以備不測宣喚、他局皆無之也。

と言い、睿思殿に待詔（「画待詔」か）が詰めていたことが窺える。

(51)当時少なからぬ内制が宰相の意から出ており、その一部が「待詔」を召し出した上、宰相の「私第」で書写させていたという説は非常に興味深い。宰相の「私第」とはおそらく賜第を指しており、政庁ではなく賜第で一部の政務が決裁されていた。

(52) 慕容彦逢『摛文堂集』巻七「承制武道紀崇班丁克彦皇城副使楊球入内西京左蔵庫副使陳思温供奉官周覚盧贇楊安国王昺耿維康陳譚王方徐中立侍禁秦純呉之紀杜卿張晸楽僖趙士畋殿直孫丹方承約張顕郭璹毋玉王士亭奉職陳子淵徐昇借職司孟呂師厳可各転一官制」中に「皇城副使楊球」が登場している。慕容彦逢は崇寧二～三年に中書舎人、五年～大観元年に権翰林学士。(『摛文堂集』附巻、蒋瑎「慕容彦逢墓誌銘」)

(53)『宋会要』選挙三二―二〇・紹興元年
　七月三日、詔成忠郎楊球、令中書門下後省召試策一道、與換文資。九月九日、侍御史沈與求言「伏見陛下追復祖宗故事、開詔四方賢儁之士、令中書省策以當世之務、觀其所長、或用之臺省、或儲之館閣、皆極一時之達［選］。若球者係蔡京使臣楊哲之子、今爲敕令所檢閲文字、蓋吏職也。考之衆論、初不聞其有才、夫以使臣而爲吏職、乃得四方賢儁之士、竝試於中書、他日或有異能之士、陛下卽欲召之、其肯至哉。乞罷球歸於右選、自此以後、精加審擇。」從之。

(54)『建炎以來繋年要録』巻四七・紹興元年九月壬寅条
　條令所小吏・成忠郎楊球、蔡京家吏楊哲之子也。范宗尹薦於上、令後省策試、授以文資(七月丁巳日降旨)。侍御史沈與求以爲不可、乃罷之。

熊克『中興小紀』巻一一・紹興元年九月条も同内容。

(55) 鄧椿『画継』巻七「屋木舟車」に登場する劉宗古も、「宣和間、以待詔官至成忠郎。」すなわち翰林待詔から成忠郎となっている。

(56) 徽宗が宣和殿に寝泊まりしていたかどうかは不明である。歴代皇帝の正寝殿は福寧殿であり、次の史料から少なくとも宣和殿創建以前、徽宗が福寧殿を寝殿としていたことは判明する。
『鉄囲山叢談』巻一
　崇寧甲申、議作九鼎、有司卽南郊爲治。用中夜時、上爲致肅不寐、至是於寢望之、焚香而再拜焉。旣乃就寢、傍四鼓矣。忽有神光達禁中、政燭福寧殿、紅赤異常、宮殿於是盡明如晝、迨曉始熄、鼎一鑄而成。

(57)『宋史』巻二一・徽宗本紀・政和五年四月条
　癸亥、置宣和殿學士。

(58) 朱彧『萍洲可談』巻一

宣和殿、燕殿也、……始置學士命蔡攸。

（59）『宋会要』職官七—一〇・政和六年四月二十四日条
詔宣和殿學士立班敍位、在翰林學士之下、諸殿學士之上。

月日が先の学士設置の記事と全く同じであることから、あるいはどちらも政和五年のことであったかもしれない。

（60）この人事は明堂落成の賞典のかたちで行われた。
『長編紀事本末』巻一二五・政和七年六月己未条
童貫加檢校少傅、威武軍節度使梁師成爲檢校少保・興德軍節度使、宣和殿學士蔡攸爲宣和殿大學士、太中大夫・開封府王革遷三官、宣和殿學士・太中大夫盛章遷兩官、顯謨閣待制蔡絛・蔡翛竝爲龍圖閣直學士、皆以明堂成推賞也。

また最終的な殿閣学士の序列は次の通り。

『宋史』巻一六八・職官志「元豊以後合班之制」

觀文殿大學士、觀文殿學士、資政、保和殿大學士、翰林學士承旨、翰林學士、資政、保和、端明（延康）殿學士、龍圖・天章・寶文・顯謨・徽猷・敷文閣などの諸閣學士、樞密（述古殿）直學士、諸閣直學士、保和殿待制、諸閣待制。

（61）『宋会要』帝系八—五七・政和八年三月十六日条
以太師・魯國公蔡京男鞗爲朝散郎・宣和待制、充駙馬都尉、尙福康帝姬。
同書・帝系八—五八・宣和六年四月十七日条
詔通議大夫・保和殿待制・駙馬都尉・提擧上淸寶籙宮蔡鞗、自除侍從選尙、已六年。可特與保和殿直學士。

（62）梅原郁『宋代官僚制度研究』（同朋舎、一九八五年）第四章「宋代の館職」第四節「最上級の館職」（三九一～三九二頁）。

（63）欠字部分は『宋会要』職官七—一〇・政和五年四月二十四日条にて補う。

（64）もちろんこの史料は「中貴人の官高き者は皆な宣和殿に直《とのい》す」と読み、宿直するという意味にとるのが普通であろう。梅原氏も該史料について「宦官や高官たちはいずれもそこに侍る」とされている。だが先に見た史料に「直殿を置く」とあれば、この「直殿」は何らかのポストだど考えられる。そこから「直宣和殿」を考えると、やはりここでは「中貴人で官位の高い者は皆な直宣和殿であった」としておきたい。

(65) この『長編』の原注には、「按、徳芻所云多不實、故具註此、當考。」というコメントが付されており、李燾は『郗獻子』に全幅の信頼を置いていない。ただしその懐疑の矛先は、本引用では省略した部分にある当時の服制に関する説明に対するものであり、今注目する「直睿思殿・宣和殿」の存在に対する疑義ではない。

(66) 『長編』巻一九二・嘉祐五年十一月辛卯条

（呂）誨又言「伏聞已前諸閤分内品之類、不過一二十人。比来増及數倍、除身分俸外、更請本閤料錢・四時衣服、又破三司折食價錢、冗費甚多。緣此歴天章閣・後苑・内東門・御藥院最爲優厚、或因監都督功作一切小勞、便理績效、得聖旨畫下、則超資躐等、謂之閤轉。……伏乞指揮入内内侍省檢會諸閤分寶元以前人數、比類今日、如員數過多、即行減省。及管勾天章閣・後苑・内東門・御藥院、各限定員數、或與三年一替。」

ここで言う「後苑」は後苑造作所のこと。『宋会要』職官三六―七六「後苑造作所」参照。

(67) 『宋会要』職官三六―一三『神宗正史職官志』にも、

願進外官、推恩加等、遷至内殿崇班、則寄理資級。押班以上秩高者、加昭宣・宣政・宣慶・景福殿・延福宮使、領刺史至觀察留後止。其要近職任、則彰善閣・延福宮、遷後苑、次龍圖・天章・寶文閣、（内）東門司、御藥院、乃除帶御器械或押班。

とあり、要職差遣の順序として、彰善閣・延福宮、後苑、龍図・天章・宝文閣、内東門司、御薬院、帯御器械、押班の順が示され、上述の四職が含まれる。

なお御薬院・内東門司については、友永植「御薬院考」（『別府大学短期大学部紀要』六、一九八七年）、同氏「内東門司考」（『史学論叢（別府大学史学研究会）』二一、一九九〇年）参照。

(68) 龔延明『宋代官制辞典』（中華書局、一九九七年）一五五頁。

(69) 前掲注（62）梅原書第四章「宋代の館職」第三節「貼職をめぐって」三六七頁以下参照。

(70) 『宋会要』五六―四四・政和六年九月十七日条

手詔。天下人材富盛、趨事赴功者甚衆。舊貼職惟直祕閣・直龍圖閣・右文殿修撰、不足以待多士。可増置直徽猷閣・直顯謨閣・直寶文閣・直天章閣・祕閣修撰・集英殿修撰、并舊爲九等。

(71) 例えば『会編』巻一八・宣和五年七月戊午条

起復太尉・武信軍節度使・充上清寶籙宮使・兼神霄玉清萬壽宮副使・直睿思殿・充河東燕山路・兼河北宣撫使譚稹、授起復檢校少保。

『山右石刻叢編』巻一八「聖母廟謝雨文」

維宣和五年歳次癸卯、五月朔癸丑、初七日己未、起復太尉・武信軍節度使・充上清寶籙宮使・兼神霄玉清萬壽宮副使・直睿思殿・河東燕山府路宣撫使譚稹、謹以清酌庶羞之奠、致祭于顯靈昭濟聖母……。

『宋会要』運暦一―一八・政和八年閏九月一日条

……承受官・拱衛大夫・廉州防禦使・直睿思殿馮浩、各轉一官。

(72) 例えば以下のように見える。

『宋大詔令集』巻九四「童貫検校少保開府儀同三司護国軍節度使制」(政和六年九月三十日)

太尉、武信軍節度使、充中太一宮使、直宣和殿、陝西河東路宣撫使、鴈門郡開國公、食邑四千五百戸、食實封一千三百戸童貫。……可特授檢校少保、充護國軍節度使、開府儀同三司、依前中太一宮使、加食邑五百戸、食實封三百戸、差遣封如故。

趙希弁『讀書附志』巻上「紹述熙豊政事十巻」

右政和八年十月一日詔云、可以紹述熙豐政事書布告施行。此卽布告之本也。具列詔書于前、而載十一人姓名于後。今詳書之、以見當時之官制云、……檢校少傅・護國軍節度使・中太一宮使・直宣和殿・明堂兼在京神霄玉清萬壽宮・提擧通領頒朔布政詳定事臣梁師成。

『会編』巻一七・宣和五年五月十一日癸亥条

太師・劍南東川節度使童貫、依前太師・進封徐豫國公・少傅・鎭海軍節度使・兼侍讀・直保和殿・充上清保籙宮使・河東河北路安撫使。

『建炎以来繫年要録』巻一一・建炎元年十二月庚午条

除名勒停人李志道……宣和末、爲檢校少保・慶遠軍節度・醴泉觀使・直保和殿。靖康末、坐典炮失職、有旨侯解嚴日遠竄。

以上のように現存する史料においては、「直殿」に関する限り、宣和年間に入って「直宣和殿」が「直保和殿」にきっちりと殿名変更がなされている。

また、直睿思殿と直保和殿は同時期に登場している。

『閩中金石略』巻八「神霄玉清宮碑」

宣和元年八月十五日奉聖旨立石

……

□侍大夫・保康軍承宣使・直睿思殿・同知入内内侍省事・同提點皇城司・充在京神霄玉清萬壽宮提點(臣)□

檢校少師・鎭東軍節度使・太一宮使・直保和殿・明堂兼在京神霄玉清萬壽宮提擧・提轄使(臣)梁師成立石。

(73)『鉄囲山叢談』巻一

漢魏以來、警夜之制不過五鼓、蓋冬夏自酉戌至寅卯、斗杓之建盈縮終不過五辰、故言甲夜至戊夜、或言五更而已。然日入之後、未至甲夜、則又謂之昏刻。至五更已滿、將曉之時、則又有謂之旦至、夜漏不盡刻。國朝文德殿鐘鼓院於夜漏不盡刻、旣天未曉、則但撾鼓六通而無更點也、故不知者乃謂禁中有六更。吾頃政和戊戌未得罪時、曾侍祠於宣和殿。深嚴之禁、嘗備聞之。

(74)王安中が御史中丞から翰林学士に遷ったのは、政和七年(一一一七)九月丙申(『長編紀事本末』巻一三一「蔡京事迹」)で、同書に引く「王安中行状」にも同じく蔡攸が徽宗に懇請したことが見える。またその時期からして、ここで言う「直宣和殿」はポスト名ではないだろう。蔡攸と直宣和殿との関係は後述。

(75)王革が大名尹となったのは宣和四・五年の辺りで、蔡靖が燕山府に出たのもそのすぐ後のことである。後掲【表】参照。

(76)これは程俱が蔡翛のために代筆したものである。

(77)宣和末には蔡靖が地方に居るままで保和殿大学士を与えられている。

(78)『宋会要』職官四一―一九・政和六年正月五日条

詔太尉・武寧軍節度使・中太一宮使童貫差直宣和殿・陝西河東路宣撫使。

(79)『宋会要』職官四一―一一〇・宣和四年四月八日条。
詔太師・劍南東川節度使・陝西河東河北路宣撫使・楚國公童貫爲河北河東宣撫使、少保・鎭海軍節度使・開府儀同三司・上清寶籙宮使・直保和殿蔡攸副之。

(80)『宋会要』職官一―三・宣和五年五月十一日条
少傅・鎭海軍節度使・兼侍讀・直保和殿・河北河東路宣撫使蔡攸特授少師・安遠軍節度使、撫定燕山也。

(81)徐自明『宋宰輔編年録』巻一二・宣和五年六月辛亥条
蔡攸領樞密院事。(自上清寶籙宮使・兼神霄玉清萬壽宮使・兼侍讀・河東河北宣撫使、落直保和殿、依前少師・安遠軍節度使除。)

(82)前掲注(62)梅原書三六〇〜三六一頁。

(83)『閩中金石略』巻八「神霄玉清宮碑」
宣和元年八月十五日奉聖旨立石
……
保和殿直學士・朝請大夫・提擧上清寶籙宮・編類御筆・兼禮制局詳議官・校正內經同詳定官・賜紫金魚袋臣蔡脩奉聖旨題額。

(84)『宋会要』方域四―二三
政和六年二月十九日、詔、支降御前錢二萬貫、于京師起第一區、賜盛章居住。

(85)徐度『却掃編』巻下
王保和革爲開封尹、專尚威猛、凡盜一錢、皆杖脊配流。一日杖於市、稠人中有擲書一冊其旁者、亟取視之、則其臥中物也、因大驚、捕逐竟不得。宣和末、河北盜起、以選出守大名、慘酷彌甚、得盜輒殺之、然盜愈熾。革自以殺人旣衆、且懲開封之事、常懼人圖己、所居輒以甲士環繞。然每對客、必焚香、呂本中舍人時從辟爲師[帥]屬、私語曰「此止(正)所謂『兵衞森畫戟、宴寢凝清香』(韋應物「郡齋雨中與諸文士燕集」)者也。」

その保和殿大学士就任は、同書巻上(後掲注(87))にも見えている。

(86)この時期の殿中省については、本書第四章を参照。

（87）徐度『却掃編』巻上
童貫之始入樞府也、官已爲開府儀同三司、而但以爲「權簽書樞密院河西北面房公事」、頃之、乃進稱「權領」。蓋以謂所掌止邊防一事且姑使爲之而已。又數月、乃正稱「領樞密院事」、自是不復改。其後蔡攸以少師居樞府、亦稱「領」、鄭太宰居中以故相居樞府、亦稱「領」。宣和閒、凡官品已高而下行職事者、皆稱「領」。如蔡行以保和殿大學士領殿中省、高俅以開府儀同三司領殿前司、王革以保和殿大學士領開封尹之類、是也。靖康閒、何丞相㮚以資政殿學士、李丞相綱以資政殿大學士、皆領開封府職事、而別置尹。初貫之不稱「知」而稱「領」者、非尊之也。蓋猶難使之正居執政之位、故創此名。然鄧樞密洵武以少保知院、而實居其下。慶曆閒、呂許公以首相兼判樞密院事、論者以爲「判」名太重、未幾、改兼樞密使。元豐官制、廢樞密使不置、則知院爲長官。今「領」居「知」上、則判院之任也。按、漢制有「領尚書」、有「平尚書」。「領尚書」則將軍・大司馬・特進爲之、「平尚書」則光祿大夫・諫大夫之徒皆得爲之、則「領」之爲重也久矣。

（88）『靖康要録』巻四・靖康元年四月十五日条「臣僚上言」
方今天下姦悪如織、蕪穢郡縣、戕賊黎元、凡才無爛羊之能、冒寵有續貂之嘆。吏部充塞、無闕以擬注、版曹空匱、不給於祿廩、若不一大鏟革、恐終不可有爲。今以軍興多故、郡縣餉運、鞭笞良民、無直而羅、上下皆敝、公私甚勞、而姦宄無用之人坐縻倉廩之蓄、此所謂繁其華者傷其實、披其枝者傷其根者也。願詔吏部稽考庶官、凡由楊戩・李彥之公田、王黼・朱勔諸道之應奉、童貫・譚稹等西北之師、孟昌齡父子河防之役。與夫夔蜀湖南之開疆・關陝河東之改弊・吳越山東茶鹽陂田之利・宮觀池苑營繕之功・後苑書藝局文字庫所與之賞、淫朋比德、各從其類。又若近習所引・獻頌所采・効用有力・應奉有勞特赴殿試之流、此皆殃民蠹國・敗俗妨賢、姦宄取位、賕賄買官、所叨恩數、不限高卑、一切褫奪、還其本秩。若非此族而橫竊名器、如橫行節度之貴仕、祕閣延殿之華資、或以童稚奴僕而濫膺、或以商賈胥役而貨取、人人論列、簡牘徒繁、願令吏部各具閥閲、諸臺諫分使看詳、上之朝廷、次第裁抑。其坐公田得罪如鮮于可非理譴逐、宜自元斷月日復其資秩恩數而升擢之、以勸忠諒。然後位著可清、賢能可進、生民可安、國用可節。昔唐斜封墨敕官、一日停數千員不以爲疑、今亦何難哉。夫糞土爲墻、匠石不能施塗墍。鄭衞調瑟、后夔難以致簫韶。『詩』曰「周雖舊邦、其命維新。」願陛下順天休命而一新之也。

『歴代名臣奏議』巻一四一には許翰の言として「翰爲御史中丞上言曰」とされるが、（許翰の文集『襄陵文集』

巻五にも「愼用人材疏」として入っているが、「按此首從名臣奏議中補入」と注記がある。）ほぼ同文が『宋会要』選挙二三―一二・靖康元年四月十三日条では監察御史胡舜陟の言となっている。

(89)『宋会要』職官七六―三七「収叙放逐官」

高宗建炎元年五月一日赦。……刑部限三日検擧。惟蔡京・童貫・王黼・朱勔・李邦彦・孟昌齡・梁師成・譚稹及其子孫、皆誤國害民之人、更不收敍。

また同書刑法四―四一・紹興元年正月一日条の徳音でも同じメンバーが「更不移放」となっている。

(90)『宋会要』方域一五―一九・宣和二年八月二十日条

詔……提領措置官・保和殿學士・銀青光祿大夫孟昌齡、興國軍節度使王仍、各轉一官。

(91)『宋史』巻四七〇・佞幸伝・王黼伝

遭父憂、閱五月、起復宣和殿學士、賜第昭德坊。故門下侍郎許將宅在左、黼父事梁師成、稱爲恩府先生、倚其聲焰、逼許氏奪之、白晝逐將家、道路憤歎。

彼が第宅を賜ったのは、『宋会要』方域四―二三では政和六年「十一月六日、詔、賜宣和學士王黼昭德坊第宅一區。」である。

(92)『宋史』巻三二八・薛向伝・附嗣昌伝

嗣昌亦以吏材奮。崇寧中、歷熙河轉運判官、梓州・陝西轉運副使、直龍圖閣・集賢殿修撰、入爲左司郎中、擢徽猷閣待制・陝西都轉運使、知渭州、改慶州。監公使庫皇賓坐獄、嗣昌奏請之、遂以監臨自盜責安化軍節度副使、安置郢州。起知相州、復待制・知太原府。論築涇原三倉勞、加顯謨閣直學士。又以撫納西羌功、進延康・宣和殿學士、拜禮部・刑部尙書。坐啓擬反覆罷、提擧崇福宮。久之、遷延康殿學士・知延安府、賜第京師。當遷官、丐回授其子祀京秩。

『宋史』巻四五六・孝義伝・申積中伝

政和六年、以奉議郎通判德順軍。翰林學士許光凝嘗守成都、得其事薦諸朝、召赴京師、擢提擧永興軍學事、道卒。光凝復與宣和殿學士薛嗣昌・中書舍人宇文黄中表其操行、詔予一子官。

『宋史』巻三五六・劉昺伝

加宣和殿學士、知河南府、積官金紫光祿大夫。與王寀交通、事敗、開封尹盛章議以死、刑部尙書范致虛爲請、乃長流瓊州。死、年五十七。

劉昺は大晟楽制定に尽力した人物である。村越貴代美『北宋末の詞と雅楽』（慶応義塾大学出版会、二〇〇四年）第二章「大晟府の人々」を参照。

（93）『会編』巻二五・宣和七年十二月二十二日条
三省・樞密院同奉聖旨。宇文虛中命除保和殿大學士・充河北河東宣諭使、其請給・人從依見宰執例施行、不得辭避、日下受告。

また、のちに宇文虚中は祈請使として二帝返還を実現すべく金に赴いたが、目的は果たせず、彼自身は留まって金に仕えた。この経緯については、前掲注（1）小栗論文、同氏「靖康の変前夜における宇文虚中」（『人文論集（静岡大学人文学部）』二七、一九七六年）、中嶋敏「南宋建炎対金使節について—宇文虚中のことなど—」（『東洋史学論集　続編』汲古書院、二〇〇二年。初出は一九九三年）参照。

（94）同じ話は後掲注（96）『会編』所引『國史後補』にも見えている。

（95）本書第一章第一節参照。

（96）『会編』巻五六・靖康中帙・靖康元年九月十五日条
『國史後補』曰、伯氏魯公之長子、又所最愛、當元符初官裁造院、上爲端邸時、每退朝出內北門。伯氏適來趨院、必下馬拱立門首、以俟上過而後退。上詢爲何人、左右曰「蔡承旨衙內也」、由是上心善之。其後常以爲言、况憑藉家世、遭逢異寵又如此。假若稍加修飭、則宰相・三公不屬他人矣、亦何必作爲諧媟、用蕩上心、依恃婦人、破壞骨肉、至違背天性、上孤恩紀。上旣睿明、在宮中反笑謂左右「蔡六詎應爲宰相耶。」是徒爲時主所窺。凡所勞心、不亦惜乎。
『鉄囲山叢談』巻二
政和初、至尊始踵唐德宗呼陸贄爲「陸九」故事、目伯氏曰「蔡六」。是後兄弟盡蒙用家人禮、而以行次呼之。至於嬪嬙宦寺、亦從天子稱之、以爲常也。目仲兄則曰「十哥」、季兄則曰「十一」、吾亦荷上聖呼之爲「十三」。而內人又皆見謂「蔡家讀書底。」嗚呼、無以報稱且奈何。

（97）『宋史』巻四七二・姦臣伝・蔡京伝・附攸伝
入辭之日、二美嬪侍上側、攸指而請曰「臣成功歸、乞以是賞。」帝笑而弗責。

「念四」「五都」については、『清波雑志校注』（中華書局、一九九四年）で劉永翔氏が考証している（八二頁）。

(98) 王稱『東都事略』巻一〇一・蔡京伝・附攸伝

欽宗必欲誅之、命御史陳述卽所在斬之、攸死。年五十。

(99) 『宋史』巻四七二・姦臣伝・蔡京伝・附攸伝

崇寧三年、自鴻臚丞賜進士出身、除祕書郎、以直祕閣・集賢殿修撰、編修國朝會要、二年間至樞密直學士。京再入相、加龍圖閣學士兼侍讀、詳定九域圖志、修六典、提擧上淸寶籙宮・祕書省兩街道錄院・禮制局。

(100) 楊万里『誠斎詩話』

蔡攸幼慧、其叔父卞、荊公壻也。卞携攸見公、一日公與客論及『字說』、攸立其膝下、回首問曰「不知相公所解之字、爲復是解蒼頡字、爲復是解李斯字。」公不能答、拊其頂曰「你無良、你無良。」見劉尙書美『中說』。

(101) 陸游『老学庵筆記』巻一〇

蔡攸初以淮康節領相印、徽宗賜曲宴、因語之曰「相公公相子。」蓋是時京爲太師、號公相、攸卽對曰「人主主人翁。」其善爲諧給如此。

(102) 『編年備要』巻二八・宣和元年九月条では妻を「朱氏」とするが、字形が似ることから、単なる字の誤りであろう。

ここにある「視執政」は、『宋史』巻一六九・職官志「叙遷之制」に行・守・試の三等を説明したのち、「宣和以後、官高而仍舊職者謂之領、官卑而職高者謂之視、故有庶官視從官、從官視執政、執政視宰相。」とあるように、北宋末のこの時期、官階が低い状態で上級の職務をこなす「視官」の制があり、「視執政」は蔡攸が官位が低い状態のまま、執政の職務をこなしていたことを指しているのであろう。視官については龔延明『宋代官制辞典』六六八頁参照。

(103) 宋代における禁中出入の厳については、岳珂が、

漢時宮禁與外間無大別異、……國朝家法最爲嚴備、群臣雖肺腑、無得進見宮禁者。（『愧郯録』巻一二「宮禁進見」）

と述べ、哲宗朝の呂大防も、

　禁中事、雖従官亦無縁知。（『宋会要』職官三六―一九・元祐八年十一月一八日条）
と言う。そもそも第一節で見たように、当時の蔡京にとっても禁中の宣和殿は未見の地であり、だからこそ曲宴の時を利用して見学を行い、それを文章として世に喧伝したのであるから、やはり一般人士は簡単には入れぬ場所であったに違いない。

(104) いま『朱子語類』は中華書局・理学叢書本（一九八六年）に従う。朝鮮抄本の徽州本『朱子語類』では、「攸妻劉」「出嫁攸」の二箇所の「攸」字が欠字となっている（中文出版社一九八二年景印本、巻一三九・作文二「本朝」）。『朱子語類』の諸版本については、岡田武彦「朱子語類の成立とその版本」（『中国思想における理想と現実』木耳社、一九八三年）参照。

(105) 二人のうち明節皇后は、本章第一節で登場した、当時最も寵愛を受けていたあの「劉安妃」である。明達皇后は劉安妃より以前に寵愛を受けていた人物で、両者に実際の血縁関係はなかったが、姓が同じだった誼により明達が明節を養女にしていたという。
『宋史』巻二四三・后妃伝
　時又有安妃劉氏者、本酒保家女。初事崇恩宮、宮罷、出居宦者何訢家。內侍楊戩譽其美、復召入。妃以同姓養爲女、遂有寵、爲才人、進至淑妃。

(106) 前掲注（20）引用史料。また、この場面は『説郛』が引く謝枋得『碧湖雜記』にも見えている。
陶宗儀『説郛』巻一九下・謝枋得『碧湖雜記』
　宣政間、禁中有保和殿。殿西南廡有玉眞軒、軒內有玉華閣、卽安妃妝閣也。妃姓劉、進位貴妃、林靈素以左道得幸、謂徽宗爲長生之帝君、妃爲九華玉眞安妃。每神降、必別置妃位、畫妃像于其中。每祀妃像、妃方寢而覚有酒容。群臣蔡元長最承恩遇、賦詩殿壁云「瓊瑤錯落密成林、檜竹交加午有陰。恩許塵凡時縱歩、不知身在五雲深。」侍宴于保和殿、令妃見京、帝先有詩曰「雅興酣添逸興、玉眞軒內見安妃。」命京賡補成篇、京卽題曰「保和新殿麗秋暉、恩許塵凡到綺闈。」云云、須臾、命京入軒、但見妃像、京又有詩云「玉眞軒內暖如春、只見丹青未見人。月裏嫦娥終有恨、鑑中姑射未應眞。」已而至閣、妃出見京勸酬至再、日暮而退。

(107) 『会編』巻六・宣和四年五月九日条所引『北征紀実』

童貫以四月十日行、而攸以五月九日降旨、十一日勅出、十三日拜命。攸辭免如常禮。批答云「朕以童貫宣撫北道、獨帥重兵、其頭領將佐及四路守臣・監司、竝其門人故舊、貫以昏耄、所施爲乖謬、故相隱匿、蔽不以聞、致邊事機會差失、爲朝廷之害、莫大於此。」

(108)『会編』巻一一・宣和四年十一月二七日条

初童貫行、上遣內侍李某、微服於貫軍中、探其去就。燕京既失、州縣復陷、人民奔竄、內侍嘗密奏之、上以手札責貫曰「今而後、不復信汝矣。」

同書巻一二・宣和四年十二月十一日条所引『北征紀実』

先是、上命小璫主郵事、不隷宣司、戒之曰「得燕山、爾自遣馳報。」而貫亦自作牌、大書曰「克平燕山路」以伺、皆謂唾手可得。及藥師・可世入燕山城、是日報至、貫匿之。中夜始約伯氏、同作奏以牌等、卽馳上捷、纔二日半至闕下、然遲小璫猶半時許。

(109)結果的にこの宣撫司時代に両者の協力関係が成立し、後述するように蔡攸が領枢密院事となって講議司を牛耳った際には、童貫を引き立てている。ただしそれをもって初めからの協力関係を想定することは正しくない。

(110)宦官を利用した地方監察はこの時に限らず、徽宗朝になって強化されていた。

徐度『却掃編』巻中

祖宗時、諸路帥司、皆有走馬承受公事二員、一使臣、一宦者、屬官也。每季得奏事京師軍旅之外、他無所預。徽宗朝、易名廉訪使者、仍俾與監司序官、凡耳目所及、皆以聞。於是與帥臣抗禮而脅制州縣無所不至、于時頗患苦之。宣和中、先公守北門、有王褒者、宦官也。來爲廉訪使者、在輩流中、每以公廉自喜、且言素仰先公之名德、極相親事。會入奏回傳、宣撫問畢、因言比具以公治行奏聞。上意甚悅、行召還矣。先公退語諸子、意甚恥之、故謝表有曰「老若李鄘、久自安於外鎭、才非蕭傅、敢雅意於本朝、長兄惇義之文、蓋具著先公之意也。〈『唐書』李鄘傳、爲淮南節度使、先是、吐突承璀爲監軍、貴寵甚、鄘以剛嚴治、相禮憚、稍厚善。承璀歸數稱薦之、召拜門下侍郎・同平章事。鄘不喜由宦倖進、及出祖樂作、泣下謂諸將曰「吾老安外鎭、宰相豈吾任乎。」至京師不肯視事、引疾固辭、改戶部尚書。〉

(111)『宋史』巻二二・徽宗本紀・宣和五年七月条

己未、童貫致仕。

(112) 前掲注（96）の『会編』で「どうして蔡六（攸）が宰相となれるものか。」という徽宗の言葉はこのときに発せられたものであろう。そこには蔡攸を非難する意味合いは窺えず、兄が弟を、先輩が後輩を揶揄するような感じを受ける。

(113) 『東都事略』巻一〇一・蔡京伝・附攸伝

　及将謀内禪、親書「傳位東宮」字以授邦彦、邦彦却立不敢承。時中輩在側、徽宗躊躇、以付攸。攸退、屬其客給事中呉敏、敏卽約李綱共爲之、議遂定。

(114) この点に関して、『長編紀事本末』は李邦彦が受け取ったものと記している。

『長編紀事本末』巻一四六・欽宗・「内禅」

　初、上皇諭内禪於宰執、白時中久執不可。上皇屢左書紙尾曰「少宰主之。」時中久乃受詔。

ここだけではなく、『長編紀事本末』は譲位の前日から一貫して李邦彦と呉敏が徽宗と打ち合わせを様々な演出を行っていたとし、他の史料と大きく異なっている。

(115) 後年朱熹はこの禅譲について、呉敏の記録が最も詳細であると言っている。

『朱子語類』巻一二七・本朝・徽宗朝

　宣和内禪、惟有呉敏有『中橋居士記錄』、說得最詳。

(116) 『建炎以來繫年要録』巻一五一・紹興一四年四月条

　丁亥、秦檜奏乞禁野史。上曰「此尤爲害事、如靖康以來私記、極不足信。上皇有帝堯之心、禪位淵聖、實出神斷、而一時私傳以爲事由蔡攸・呉敏。上皇嘗諭宰執謂『當時若非朕意、誰敢建言。』必有族滅之禍。」樓炤曰「上皇聖諭亦嘗報行、天下所共知也。」

(117) 『宋史』巻三五二・呉敏伝

　大觀二年、辟雍私試首選。蔡京喜其文、欲妻以女、敏辭。

(118) 『靖康要録』巻九・靖康元年七月十三日条「御史中丞陳過廷言」

　臣謹按少宰呉敏不才而喜爲奸、無識而好任數。又其天資險佞、籧篨戚施、面若畏人、退而害物。自童幼時爲蔡京父子養於門下、側媚狎昵、日益親附。方鄭居中作相、與京構隙、京乃峻擢敏輩、列於侍從、分布親黨、四面刺探、當時被其中傷者不可勝計。奸迹既彰、久被棄斥。前年攸及子絛覆出爲悪、首加薦引。敏知京・絛將敗、而攸及李邦彥齊驅竝進、於是又背京而從攸。夷考其行、豈宜寘諸廟堂、以汚宰輔之任。伏自上皇禪位、陛下登極之初、授受揖遜、若唐堯・虞舜、初無閒言、乃貪天之功以爲己力、每於章疏、喋喋自明、此敏之罪一也。

(119) 李綱『靖康伝信録』巻上

敏曰「監國可乎。」余曰「不可、唐肅宗靈武之事、當時不建號、不足以復邦。而建號之議、不出於明皇、後世惜之。上聰明仁慈、儻感公言、萬有一能行此、金人且將悔禍退師、宗社底寧、豈徒都城之人獲安、天下之人皆將受賜、非發勇猛廣大慈悲之心、忘身徇國者、孰能任此。」

(120) 『会編』巻一九九・炎興下帙・紹興十年正月十五日条「秀水閒居録」

李綱、字伯紀、閩人、蔡京之子攸黨也。宣和末、淵聖受禪、綱與吳敏以攸詭計取執政。

(121) 引用の前後は次の通り。

臣竊觀李綱劄子稱「上皇厭萬機之煩、欲授聖子、意未有發、臣與少宰吳敏力建大策贊成內禪。」臣伏觀、上皇以神器授陛下、蓋知天命人心有所歸屬、奮然獨斷。豈假人謀、此帝堯盛德之事也。當時蔡攸出入禁中、刺得密旨、報吳敏・李綱、欲使二人進用、爲己肘腋。吳敏時權直學士院、身在翰林院、故其議先達。綱爲太常少卿、疎外無由以進、而綱遂懷此劄子、諸路示士大夫、人無不見之、所論三事、內禪乃其一也。

(122) 莊綽『雞肋編』巻中

金人南牧、上皇遜位、乃與蔡攸一二近侍、微服乘花綱小舟東下、人皆莫知。

李綱『靖康傳信録』巻中・靖康元年二月十七日条

初道君以正月初三日夜出通津門、乘舟以行、獨蔡攸及內侍數人扈從、以舟行爲緩、則乘肩輿。又以爲緩、則於岸側得搬運磚瓦船乘載、饑甚、於舟人處得餅一枚、分食之。

(123) 『編年備要』巻三〇・靖康元年三月条

道君既渡江、敏・南仲言於上、謂「童貫・朱勔・蔡攸・絛將邀道君復辟於鎭江」、或陳唐明皇「與我劍南一路自奉」之語、朝夕撼於上前。上憂且疑之。

(124) 『建炎以來繫年要録』巻一・靖康元年正月条

江淮發運副使盧宗原以行宮之命遏漕舟與郵傳、俾不得西趣京師、又留浙兵。泗州司録事詹大和言「童貫且爲變。」
『靖康伝信録』巻中
初、恭謝行宮所、以都城圍閉、止絶東南遞角、又止東南勤王之師、又令綱運於所在卸納、泗州官吏以聞。朝廷不以爲然、道路藉藉、且言有他故。

(125) 李光『荘簡集』巻八「乞奉迎上皇劄子」
臣聞、唐明皇避寇幸蜀、肅宗卽位靈武、及二京平、李泌爲群臣通奏、具言天子思戀晨昏、請促還以就孝養。若泌者、可謂善處人父子之閒矣。恭惟陛下天性仁孝、伏自上皇東幸暴露、日夜憂思、至避殿減膳、不遑寧處、群臣士庶莫不知之。而軍興之際、朝廷多事、道路隔絶、臣恐陛下至意未能感通、而姦邪之人易成閒隙、以上貽宗廟之憂、下爲群臣之禍。治亂之原、安危之機、盡在於是。臣愚伏望陛下親降詔旨、令三省・樞密院集兩省臺諫官合議奉迎上皇典禮、使陛下大孝之美純粹光顯、過於未登大位之時、實天下幸甚。取進止。

徽宗と欽宗との微妙な父子関係については張邦煒「靖康内訌解析」(『宋代婚姻家族史論』人民出版社、二〇〇三年)参照。

(126) 『東都事略』巻一〇一・蔡京伝・附攸伝も
靖康元年、攸從徽宗南下、言者或云將遂復辟於鎭江。(呉)敏爲言、乞令陪扈還京師、以功贖過。

(127) 『十朝綱要』巻一九・靖康元年三月条
丁卯朔、遣徽猷閣待制宋喚奉表道君皇帝行宮。

(128) のちに宋喚は、この労を喜んだ徽宗から感謝の意を表した御筆を賜っている。
李綱『梁谿集』巻一六一「道君太上皇帝賜宋喚御書跋尾」

方靖康丙午春、臣備位樞廷、被旨奉迎道君於南都。時徽猷閣待制・淮南・江浙・荊湖制置發運使宋喚、適自淮甸召還入對、又奉淵聖御書如行宮、邂逅相見甚款、聽其言蓋惓惓有意於兩宮者。及紹興丙辰夏、臣承乏江西帥事、復與喚會於豫章、喚出示道君御書、所以褒獎之者甚厚、翰墨如新。伏讀相與流涕、乃知前日之言、信不誣也。

『会編』巻四三・靖康元年三月十五日条

縁此三事、奸人乗閒造言、縁飾形似、遂致朝廷之疑。毎見臺劄名敕州縣、而實及予躬、興言及此、不覺流涕。比縁嗣聖遣宋喚齎書至行宮、遂得通父子之情、話言委曲、坦然明白、由是兩宮釋然、胸中無有芥蔕。重惟宗廟再安、雖賴大臣翊贊之助、至若使父子之閒歡然略無纖毫憂疑者、喚竭力爲多也。傳言「求忠臣於孝子之門」。若張仲在周、而宣王有成功、信孝子錫類之效矣。喚周旋兩宮、庶幾古人有足稱者、因書其事、以賜宋喚。

（129）『十朝綱要』巻一九・靖康元年三月条

癸未、遣知樞密院李綱迎候道君皇帝於南京。甲申、道君至南京。

（130）これ以前、陳東が六賊を誅さんことを乞うた上書を受け、欽宗が聶山を派遣しようとしたが、これを止めたのも李綱で、童貫らの暴発を恐れたためであった。

『靖康伝信録』巻中

太學生陳東上書乞誅六賊、謂蔡京・蔡攸・童貫・朱勔・高俅・盧宗原。於是議遣聶山爲發運使密圖之。山請詔書及開封府使臣數十人以行。余因奏事福寧殿、留身白上曰「此數人者罪惡固不可恕、然聶山之行、恐朝廷不當如此措置。昔肅宗欲發李林甫墓、李泌諫謂其如明皇何。肅宗抱泌頸泣曰『思不及此。』使山之所圖果成、驚動道君、此憂在陛下。使所圖不成、爲數人所覺、萬一挾道君於東南、求劍南一道、陛下何以處之。」上感悟曰「奈何。」余對曰「不若罷山之行、顯責童貫等、乞道君去此數人者、早回鑾輿、可以不勞而事定。」上以爲然。山乃不果行、而童貫等相繼皆去。

（131）『十朝綱要』巻一九・靖康元年四月己亥条

上迎道君皇帝於迎春苑、奉道君皇帝入居龍德宮。

（132）李光『莊簡集』巻九「奏議論蔡攸欲潜入都城劄子」

臣伏見、蔡京父子當國日久、竊弄威柄、敗壞紀綱、使朝廷失信于四方、至上皇負謗于天下、軍民怨憤、士論沸騰、前後臣寮論列非一。其它元惡巨姦、悉已竄逐、獨京父子尙遲回近甸、未正典刑。訪聞攸不自引避、欲以扈衛行宮爲名、僥倖入都。竊聽民言、深可憂慮。若攸果入都城、則百姓必致生變、萬一驚犯上皇屬車之塵、則臣坐不預言之罪。伏望陛下特降睿旨、早賜黜責施行。

（133）『長編紀事本末』巻一四八・欽宗・「誅六賊」・靖康元年四月癸亥条

詔「蔡京等久稽典憲、衆議不容。京可移韶州、貫移英州、勔移循州、攸責授節度副使、永州安置、勔子孫分送湖南。」

(134)『宋史』巻二三・欽宗本紀・靖康元年九月辛未条
移蔡攸于萬安軍、尋與弟翛及朱勔皆賜死。
『会編』巻五四・靖康中帙・靖康元年九月壬申条
蔡攸移萬安軍安置。
『会編』巻五六・靖康中帙・靖康元年九月十九日壬午条
賜蔡攸自盡。

(135) 本書第四章「宋代の殿中省」。

(136) 南宋における保和殿館職も含めた殿閣学士の序列は、『宋史』巻一六八・職官志「紹興以後合班之制」や『慶元條法事類』巻四「職制令」に載る。また同書同巻に載る「官品令」では、観文殿大学士は従二品、観文殿学士・資政・保和殿大学士・翰林学士承旨・翰林学士・資政・保和・端明殿学士・龍図・天章・宝文・顕謨・徽猷・敷文・煥章・華文閣など諸閣学士・枢密直学士は正三品、諸閣直学士は従三品、保和殿待制・諸閣待制は従四品となっている。

宣和殿（保和殿）学士職に就任した人物の主な官歴（官・差遣・職は区別せず）

氏名	時　期	主　な　官　歴	出　典
①蔡攸		通直郎・鴻臚寺丞　→　賜進士出身	宋史本伝
	崇寧 3.1.19	秘書省秘書郎	選挙 9–14
	～崇寧 5	直秘閣　→　集賢殿修撰　→　編修国朝会要→枢密直学士	宋史本伝
	政和 3.8.28 政和 4.4.14 政和 4.5.9	龍図閣学士・提挙醴泉観・兼侍読・編修国朝会要・詳定九域図志・充編類御筆・礼制局詳議官	礼 34–14 職官 18–15 礼 2–36
	政和 5.4	**宣和殿学士**	萍洲可談 1
	政和 5.8.15	**宣和殿学士**・討論指画制度	礼 24–70
	政和 6.6.12	**宣和殿学士**・礼制局詳議官	礼 14–67
	政和 7.5.4	**宣和殿学士**・提挙秘書省	職官 18–19
	政和 7.6	**宣和殿学士**・朝議大夫	礼 24–77
	政和 7.6.2	**宣和殿大学士**	職官 7–10
	政和 8.9.20 政和 8. 閏 9.1	**宣和殿大学士**・中奉大夫・上清宝籙宮使・兼神霄玉清万寿宮副使・兼侍読	楽 4–1 運暦 1–18
	政和末	提挙大晟府	宋史楽志
	宣和元 3.19 宣和元 9.1	**宣和殿大学士**・淮康軍節度使	楽 4–2 崇儒 6–11
	宣和 4.1.7	淮康軍節度使・開府儀同三司　→　少保・鎮海軍節度使・開府儀同三司・**直保和殿**	礼 34–18 職官 1–3
	宣和 4.4.8	少保・鎮海軍節度使・開府儀同三司・河北河東宣撫副使・**直保和殿**	職官 41–20
	宣和 4.12.18	少傅・鎮海軍節度使・河北河東路宣撫司・判燕山府	職官 1–3
	宣和 5.5.11	少傅・鎮海軍節度使・兼侍読・**直保和殿**・河北河東路宣撫（副）使　→　少師・安遠軍節度使	
	宣和 5.6	少師・安遠軍節度使・領枢密院事	宰輔表
	宣和 6.9	落節鉞・少師	

氏名	時　期	主　な　官　歴	出　典
	宣和 7.6.19 宣和 7.7.4	少師・領枢密院事　→　太師（太保？）・領枢密院事	職官 1-3 礼 28-86
	靖康元 2.18	太中大夫・提挙亳州明道宮	職官 69-20
	靖康元 4.29	節度副使・永州安置	職官 69-24
	靖康元 10	潯州安置　→　雷州安置　→　万安軍安置　→　誅死	繋年要録 1
②蔡翛		恩沢　→　親衛郎　→　秘書丞	宋史本伝
	政和 5.8.15	顕謨閣待制・参詳明堂使	礼 24-70
	政和 7.6	龍圖閣直学士	礼 24-77
	宣和中	礼部尚書兼侍読・提挙醴泉観	北山小集 20
	宣和元 8	**宣和殿直学士**	萍洲可談 1
	宣和末	知鎮江府	宋史本伝
	靖康元 5.1	潭州安置	職官 69-24
	靖康元 7.21	責授昭信軍節度副使	職官 69-25
③蔡翛	?	**宣和殿直学士**	萍洲可談 1
	崇寧 5 ？	太常少卿	宋史・陳禾伝
	政和 5.8.15	顕謨閣待制・参詳明堂使	礼 24-70
	政和 7.6	龍図閣直学士	礼 24-77
④蔡絛	?	**宣和殿待制**	萍洲可談 1
	宣和 5.10	徽猷閣待制　→　落職勒停	能改斎漫録 12
	宣和 6.1	朝奉郎・提挙明道宮	紀事本末 131
	宣和 7.3.29	龍図閣直学士・朝奉郎・提挙上清宝籙宮・侍読　→　賜進士出身	十朝綱要 選挙 9-16
	宣和 7.4.6	毀出身勅・罷侍読・提挙亳州明道宮	職官 69-17
⑤盛章	?	**宣和殿学士**	萍洲可談 1
	大観 2.3	奉議郎　→　両浙路提点刑獄	会稽続志
	大観 2.8	兼行常平事	北山小集 19
	大観 2.10.8	兵部員外郎	会稽続志
	大観 3.9.20	吏部員外郎	職官 55-38

氏名	時　期	主　な　官　歴	出　典
	大観 3 ？～	京畿路転運副使	宋史本伝
	政和元 9.2 政和 3.2.22	集賢殿修撰・知蘇州	選挙 33-26 瑞異 1-21
	政和 3. 閏 4	知真定府	宋史本伝
	政和 3.12	知平江府　→　枢密直学士	姑蘇志
	政和 5.3	開封尹	刑法 4-87
	政和 7.6	太中大夫・開封尹　→　顕謨閣待制	礼 24-77
	政和 8.7.4 重和元 12.15	開封尹	礼 5-5 刑法 2-73
	宣和元 7.18	宣奉大夫・提挙南京鴻慶宮　→　単州団練副使・筠州安置	職官 69-3
	宣和 5 ？～	知京兆府・提挙江州太平観	宋史本伝
	靖康元 .8.28	単州団練副使・万州安置	職官 69-27
⑥王革	？	**保和殿大学士**	却掃編中・下
	崇寧 4.8.18 大観 3.10.7	度支員外郎	職官 51-9 方域 13-23
	政和 2.5.27 ～政和 4 ？	朝散郎・司農卿　→　集賢殿修撰・河東路転運使	宋史本伝
		直龍図閣	選挙 33-27
		大理卿	給事集 2
	政和 3 政和 7.2.3	戸部侍郎　→　開封尹	忠恵集 2 刑法 4-89
	政和 7.6	太中大夫・開封尹　→　遷三官	礼 24-77
	宣和元 5.15	戸部尚書・降両官	職官 69-3
	宣和元 10.3	刑部尚書	刑法 1-31
	宣和 3.4.5	起復正奉大夫・延康殿学士・知河南尹	職官 77-12
	宣和 4.2.4 宣和 4.5.30	起復光禄大夫・行開封尹	職官 63-10 礼 61-7
	宣和 5.8.29	大名尹　→　延康殿学士・提挙西京嵩山崇福宮	職官 69-13

氏名	時　期	主　な　官　歴	出　典
	紹興 4.2.25	左金紫光禄大夫・充龍図閣待制・提挙華州雲台観	儀制 13-10
⑦高佑	?	**宣和殿大学士**	却掃編中
	官歴不明		
⑧蔡行	?	**宣和殿大学士**	却掃編中
	重和元 12.13 宣和 6.4.7	領殿中省事	刑法 1-30 崇儒 4-12
	宣和 6.5.20	通議大夫・守殿中監・兼校正御殿前文籍　→　賜進士出身	選挙 9-16
	靖康元 4.8	通議大夫・提挙杭州洞霄宮　→　責授昭化軍節度副使・襄陽府安置	職官 69-23
	靖康元 5.1	洪州安置	職官 69-24
⑨孟昌齢	政和 2.10.4	朝請大夫・行都水監丞　→　中散大夫・行将作少監	方域 16-32
	政和 4.11.2	都水使者	方域 13-25
	政和 5.7 政和 5.11.17	工部侍郎	河渠志 方域 13-25
	政和 6 閏 1.26 政和 6.6.5	戸部侍郎	職官 54-29 刑法 1-29
	政和 6.6	戸部尚書・兼詳定一司勅令	崇儒 3-11
	宣和元 6.7	兵部尚書　→　依旧延康殿学士・提挙上清宝籙宮・提挙三山河橋	職官 69-3
	宣和 2.8.20	**保和殿学士**・銀青光禄大夫	方域 15-29
	?	**保和殿大学士**	却掃編中
	靖康元 2.18	落職・在外宮観	職官 69-20
⑩高伸	?	**宣和殿大学士**	却掃編中
	政和元	殿中監	宋史本伝
	政和 3	殿中監	刑法 1-27
	その他の官歴不明		

氏名	時　期	主　な　官　歴	出　典
⑪蔡靖	政和 3	礼部侍郎	仲恵集 3
	政和 4.9.15	左司員外郎	崇儒 2-24
	政和 5.2.14	中書舎人　→　太子詹事	職官 7-24
	宣和 5.9.6	知河間府　→　同知燕山府	会編 18
	宣和 7.11.28	同知燕山府・**保和殿大学士**	会編 23
⑫蔡絛	政和 8.3.16	朝散郎・**宣和殿待制**・駙馬都尉	帝系 8-57
	重和 2.1.10	中大夫	
	宣和 6.4.17	通議大夫・保和殿待制・駙馬都尉・提挙上清寶籙宮　→　**保和殿直学士**	帝系 8-58
	靖康元 2.29	深州防御使	
	靖康元 7.21	勒停	
⑬王黼		校書郎→符宝郎・左司諫→左諫議大夫→給事中	宋史本伝
	政和 3.1.17	御史中丞	職官 56-39
	政和 4.4.14	翰林学士・朝散郎・知制誥・兼侍読	儀制 10-18
	政和 4.5	翰林学士　→　戸部尚書	宋史全文 14
	政和 5.1.6	戸部尚書・侍読	選挙 1-14
	政和 5.2.2	翰林学士・侍読	選挙 4-9
		翰林学士承旨・朝請郎・知制誥	宋史本伝
		(丁父憂)	
	政和 6.10.4	起復**宣和殿学士**・提挙宝籙宮	職官 77-8
	政和 7.3.22	起復**宣和殿学士**・提挙宝籙宮・兼侍講・修国史	
	重和元 1	尚書左丞	宰輔表
	重和元 9	中書侍郎	
	宣和元 1	通議大夫・中書侍郎　→　特進・少宰兼中書侍郎・神霄玉清万寿宮使	宋史本伝
	宣和 2.11.13	少保・太宰兼門下侍郎	職官 1-3
	宣和 3.9.5	少傅・太宰兼門下侍郎	

氏名	時　期	主　な　官　歴	出　典
	宣和 4.6.19	少師・太宰兼門下侍郎・栄国公	職官 1-3
	宣和 5.5.9	少師・太宰兼門下侍郎・慶国公　→太傅・太宰兼門下侍郎・楚国公	
	宣和 6.11	太傅・楚国公致仕	宰輔表
	靖康元 1.3	責授崇信軍節度副使・永州安置	職官 69-20
⑭薛嗣昌	?	**宣和殿学士**	宋史本伝
	政和 2.10.4	朝請大夫・行都水監丞　→　中散大夫・行将作少監	方域 16-32
	政和 4.11.2	都水使者	方域 13-25
	政和 5.7 政和 5.11.17	工部侍郎	河渠志 方域 13-25
	政和 6 閏 1.26 政和 6.6.5	戸部侍郎	職官 54-29 刑法 1-29
	政和 6.6	戸部尚書・兼詳定一司勅令	崇儒 3-11
	政和 7.1.1	戸部尚書	職官 57-58
	宣和元 6.7	兵部尚書　→依旧延康殿学士・提挙上清宝籙宮・提挙三山河橋	職官 69-3
⑮劉昺（初名は炳）	元符末	進士	宋史本伝
		太学博士　→　校書郎　→　大司楽　→　起居郎　→　殿中少監	
	大觀元	中書舎人	摛文堂集 4
		給事中　→　領議礼局　→　翰林学士　→　工部尚書　→　提挙紀元暦	宋史本伝
	大觀 2.6.28	顕謨閣直学士・知陳州	職官 68-16
	政和 3.2.16	落職免官→戸部尚書	職官 27-21
	政和 5.2.14	翰林学士→太子賓客	職官 7-24
	政和 5.5.18 宣和 6.6.8	戸部尚書	食貨 56-35 食貨 43-12
		宣和殿学士　→　知河南府　→　金紫光禄大夫　→　流瓊州	宋史本伝

氏名	時　期	主　な　官　歴	出　典
⑯宇文虚中（初名は黄中）	大観3年	進士	宋史本伝
		起居舎人　→　国史編修官	
	政和6.閏1.22	同知貢挙	選挙1-14
	政和6.6.29	中書舎人	礼39-10
	政和8.8.13	提挙鳳翔府上清太平宮	職官68-41
	宣和4.3	中書舎人	紀事本末53
	宣和5	宣撫司参議官	宋史本伝
	宣和5.6.9	集英殿修撰	会編18
	宣和7.12.22	**保和殿大学士**・河北河東宣諭使	会編25
	靖康元2	**保和殿大学士**　→　資政殿大学士・簽書枢密院事	宰輔表
	靖康元3	資政殿大学士・中大夫・知青州	
	建炎元5	韶州安置・承議郎・提挙亳州明道宮	繋年要録5
	建炎2.2.8	責授安遠軍節度使・韶州安置　→　太中大夫	繋年要録13
	建炎2.5.13	資政殿大学士・提挙萬壽観・祈請使　→　以後、金に出仕	繋年要録15

※出典の「宰輔表」「河渠志」は『宋史』を指す。「運暦」「選挙」「礼」「職官」「瑞異」「刑法」「崇儒」「方域」「儀制」「帝系」「食貨」は『宋会要輯稿』の各項目を指す。

第六章　宋代の転対・輪対制度

はじめに

前章までは、主に北宋末の徽宗朝に着目し、その間における様々な政治事件や特徴的な官職を取り上げ、その背後にある事情を解明することで、徽宗・蔡京・蔡攸らの関係を考察してきた。本章では徽宗朝に限定せず、その時期も含めて行われてきた皇帝の謁見制度、就中多数の一般官僚が参加できた転対・輪対という制度について見てみたい。

宋朝において官僚が直接皇帝と対面し、自らの意見を上奏することを「対」といい、宰相・執政がその職務上「対」を行うのは当然のこととして、その他の官僚でも「対」を行う機会が存在し、様々な種類の対があった。皇帝が特に指名した官僚が行うものは「召対」、逆に官僚が請願し、許されることで行う「請対」、宿直の翰林学士が行う「（翰林）夜対」、外任に転出する官僚が行う「入辞（朝辞）」、逆に地方から都に戻ってきた官僚が行う「入見」などである[1]。

それら各種「対」の中で、都・開封に勤め、普段の職務上においては皇帝と謁見することのできなかった官僚たちに、定期的に行うことが許された「対」があった。それが「転対」「次対」「輪対」などと呼ばれるものであった。

　且つ廟堂の上、百執事の臣に至りては、大臣有りて以て善を陳べて邪を閉ざし、侍臣有りて以て可を献じて否を替う。臺官有るは愆《あやま》ちを繩《ただ》し、謬《あやま》りを糾す所以にして、闕官有るは闕を補い遺を拾う所以なり。内に在りては又た輪對の制有り、外に在りては閒ま召對の命有り。凡そ以て言うべき者は一人に非ざるなり、天下の事豈に言うべき者無からんや。

　且廟堂之上、至于百執事之臣、有大臣以陳善閉邪、有侍臣以獻可替否、有臺官所以繩愆糾謬、有闕官所以補闕拾遺、在内又有輪對之制、在外閒有召對之命、凡可以言者非一人也、天下之事豈無可言者耶。（蔡戡『定斎集』巻十一「廷対策」）

この輪対は、まれにある在外官の召対と併称されているが、在京官が順番に皇帝と面対できる制度であった。これらについては、平田茂樹氏が対と議の構造を解明されたときにとり上げられ、また近年、徐東升氏が専論を発表された[2]。平田氏は、転対・次対・輪対を同一のものとし、通例、中央高官一～二員が上殿奏事するもので、また面対とも呼ばれるという。対して徐氏は、転対は次対とも呼ばれ、これに参加できるのが文班常参官に限られていたのが、南宋になって輪対が行われると、参加者には侍従以下の官員、三衙大帥などの武官が含まれるようになった。両制度は機能的に共通するものだが、参加できる官僚の範囲が違っており、このためにそれぞれ官僚の参加する周期が違っていたとする。

また徐氏は、これらの制度は在京官員が皇帝と面会する重要なルートであり、そこには言路を開き、壅蔽を防ぎ、弊政を除き、人材を選別する作用があったが、実際には充分な機能を果たさず、その原因として皇帝自身の消極性、権臣による妨害、参加する官僚の利己的な行動が考えられるとした。同じく平田氏も転対官自体がこれを敬遠し、無益の空言や行ない難い高論を述べるなど、官僚の意見上申の手段として十分機能しがたい側面を有していたとして、両者とも転対・輪対制度は結局のところ非常に限定的な効果しかもたなかったとしている。

以上の指摘はいずれもある程度首肯できるものであるが、それでは何故このような効果の薄い制度が南宋後半まで堅持されたのであろうか。平田氏、徐氏の論は主に北宋の転対に詳しく、南宋の輪対についてそれほど詳細には述べていないが、残された史料、特に南宋時代の史料には「輪対」という語が頻繁に登場し、当時励行され続けたことが窺われる。そこにはそれなりの理由があったはずである。本章ではあらためて両制度の来し方、とくに南宋時代の輪対について概観し、ついでその制度が持っていた影響力について考えてみたい。

第一節　転対の概要

一、転対の沿革

まずは平田氏・徐氏も記しているが、転対・輪対の制度の沿革を確認しておく。

宋代で転対が開始されたのははやく太祖・建隆三年（九六二）二月であった。

五日毎《ごと》の内殿起居、百官次を以て轉對し、幷びに須らく時政の得失・朝廷の急務を指陳し、或いは刑獄の冤濫・百姓の疾苦は、咸な采訪以聞し、仍お須らく其の事を直書し、廣く牽引すること有るに在らざれ。事急切に關わる者は、非時に閤に詣りて上章するを許し、次を候ちて對するを須むるを得ず。

毎五日内殿起居、百官以次轉對、幷須指陳時政得失・朝廷急務、或刑獄冤濫・百姓疾苦、咸采訪以聞、仍須直書其事、不在廣有牽引。事關急切者、許非時詣閤上章、不得須候次對。（『長編』巻三・太祖建隆三年二月甲午条）

五日に一度、在京文武官が内殿（主に垂拱殿）に入って皇帝に挨拶を行う内殿起居のときを利用して、順番が回ってきた百官が皇帝に謁見し、それぞれの意見を上奏できるようになった。このような制度の淵源は、唐の代宗朝から始められた延英殿奏事にあったとされ、そこでは宰相の「召対」、その他の者への「特召」、官僚から願い出される「請対」とならんで、外朝の官僚が順番で定期的に行う「次対」があったという[3]。太祖が始めた転対は百官が対象だとあったが、より具体的には「在朝の文班朝臣及び翰林学士等」とされ[4]、つづく太宗・淳化二年（九九二）の次対は「常参官」としており[5]、実際には朝官以上の文官であったようである。

しかしのち真宗朝の陳彭年は、

臣準けたる詔に「在朝の文武百官に轉對を擧行し、在外の群臣に各おの上章奏事を許す」とある者、此れ陛下の昌言を納め、以て庶彙の意を安んぜんと思うの意なり。

臣準詔「在朝文武百官擧行轉對、在外群臣各許上章奏事」者、此陛下思納昌言以安庶彙之意也。（『諸臣奏議』巻一四五・陳彭年「上真宗答詔五事」）

とのべ、転対に参加できるのは在京の文武百官と認識しており、その範囲はやや広がったような印象を受ける。

これら建隆転対・淳化次対は、それぞれわずかな期間で行われなくなったようで、以降の真宗・咸平三年（一〇〇〇）、景徳三年（一〇〇六）[6]、仁宗・天聖七年（一〇二九）に繰り返し転対の詔が出されているものの[7]、あまり励行された様子がないことは、平田氏・徐氏が言うとおりである。

英宗が崩御した一〇六七年、神宗が即位すると、

治平四年、御史臺に詔し「起居の日に遇う毎に、百僚をして轉對せしむ」と。御史臺請うらくは「閤門の儀制に依り、兩省及び文班の秩高き者二員に諭して百官起居の日に轉對せしめん。若し兩省の官に學士・待制に充てられしもの有れば、則ち樞密班の起居に綴《つづ》らん。內朝の臣僚は與らざれ」と。詔して之に従う。又た詔して「轉對の日に遇わば、二員を增す」と。

治平四年、詔「御史臺每遇起居日、令百僚轉對。」御史臺請「依閤門儀制、諭兩省及文班秩高者二員於百官起居日轉對。若兩省官有充學士・待制、則綴樞密班起居。內朝臣僚不與。」詔從之。又詔「遇轉對日、增二員。」（馬端臨『文献通考』巻一〇七・王礼考・「朝儀」）

当初「百僚」としていた参加範囲が、御史台の請願により中書・門下の官員と高位の文官に限定され、一回の人数も二人を増やして合計四人ということになった。この五年ほど後の熙寧四年（一〇七一）、御史台がまもなく転対官が一巡することを言うと、残った者が対を終えれば転対をやめる、という詔が出されている[8]。ここから推察するに、もともとこの転対の制度は恒久的なものではなく、参加資格者全員が一度転対を行い終われば、二周目に入らずに終わりとなるものであった。先の仁宗朝にも、

（天聖）八年九月六日、御史臺言えらく「先に准けたる敕に『百官起居の日に轉對奏事せしむ』とあり。今已に周遍す」と。詔して權りに罷む。

八年九月六日、御史臺言「先准敕『百官起居日、令轉對奏事』、今已周遍。」詔權罷。（『宋会要』職官六〇―二・天聖八年九月六日条）

とあり[9]、基本的には一周限りのものであった。したがって「転対はあまり熱心に行われなかった」、という印象を受けるのも、もともとこの制度自体が参加範囲を限定し、各人一度限りのものだったからだろう。この神宗朝の転対についても、当時日食が近づいてきており、その畏れから始められたと考えるものもいた[10]。つまりこの制度は王朝にとって常設の制度とは考えられていなかった。思うに歴代皇帝はその即位直後、臣下の意見を求める求言の詔を出すことが多いが、この転対の制度はそれに謁見を組み合わせたものであろう。したがってこれは皇帝の思し召しにより特別に行われる制度であり、一度実施して参加者が一巡すればそれで終了するものであった。

つづく哲宗の元祐年間には、起居の日ではなく文徳殿視朝のとき、すなわち毎月朔日の月一回のみに転対が実施されたようで、実施の機会はさらに六分の一に減少した。蘇軾[11]と蘇轍[12]の兄弟は、同じ元祐三年（一〇八八）五月一日の文徳殿視朝の際に転対を行っている。また同時期に侍従官と権侍郎以上の職事官といった高位の文官は参加を免ぜられ、卿監・郎官以上だけとなって参加範囲も狭まっている[13]。紹聖年間には再び侍従官らも参加するようになったようだが、実施日が月に一日のみというのは、次の徽宗朝でも同じであった。それが明堂での視朔礼が行われるようになって以降は、転対は年に一、二度しか行われなかったという[14]。

南宋に入ると、いまだ金と和議が結ばれていない紹興七年（一一三七）、

行在の職事官に詔して、轉對一次せしむ

詔行在職事官令轉對一次。(『建炎以来繫年要録』巻一〇九・紹興七年三月甲申条)

と転対が始められたが、参加範囲はひろく行在の職事官で、「一次」とあるように、これも各人が一度行えば終了という臨時的なものだった。このときどのような機会に行われたかというと、紹興九年(一一三九)の記録に、

具位臣劉某。准けたる御史臺の牒に、五月一日の視朝に輪當轉對すべし、と。今己見の須らく知りて奏聞すべき者を具す。

具位臣劉某。准御史臺牒、五月一日視朝、論[輪]當傳[轉]對、今具己見須知奏聞者。(劉一止『苕渓集』巻一〇「転対奏状」(紹興己未))

とあって、その日付けから北宋後期と同じく月朔視朝のときになされていた可能性が高い。確認される実績においても、孝宗朝隆興年間(一一六三〜六四)の三月一日視朝のとき、(15)乾道年間の十月一日視朝のとき、(16)乾道四年(一一六八)十一月一日視朝のとき、(17)理宗朝の十二月一日視朝のとき、(18)淳祐六年(一二四六)十月一日などいずれも一日に実施されていることがわかる。(19)またその参加範囲は、光宗朝のときに、

卿監より上は轉對有ると雖も、然れども歳に或いは再見するを得ざるなり。

卿監而上雖有轉對、然歳或不得再見也。(彭亀年『止堂集』巻二・「論愛身寡欲務学三事疏」(紹熙三年))

とあるので、参加者は卿監すなわち朝官以上の文官に限られていたようである。

以上により、北宋後半から南宋にかけての転対は、ほぼ月に一回の視朝転対が行われていたと考えられる。当然、北宋前半に行われていた五日に一度の起居転対に比べ、回数が激減した視朝転対では、転対に参加できる機会は非常に少なくなった。先に見たように哲宗朝元祐年間には参加範囲をしぼっていたが、それでも、

今一歳中、視朝に數有り、臣寮の轉對する者、毎次二員、凡そ十餘人に過ぎず。

今一歳中、視朝有數、臣寮轉對者、毎次二員、凡不過十餘人。（『諸臣奏議』巻七七・聴言・范百禄「上哲宗乞審議転対之制」）

と言うように、実際に一年間で転対を行うことができた人数は非常に少なかったと考えられる。一年に十数人では、参加資格者を一周するのに何十年もかかることになってしまっていた。

二、転対の概要

このような沿革を持つ転対だが、すでに挙げた史料からも分かるように、これを取り仕切ったのは御史台であった。

詔して「……宜しく御史臺をして百官に告示し、起居の日に遇えば、舊儀に依りて轉對し、其の餘の内外文武臣僚の未だ轉對に預からざる者も、亦た章疏を具して實封し聞奏するを許す」と。

詔「……宜令御史臺告示百官、遇起居日、依舊儀轉對、其餘内外文武臣僚未預轉對者、亦許具章疏實

封聞奏。」（『宋会要』職官六〇―二・天聖七年二［四］月二十四日条）

転対の参加者は、彼らの多くがその劄子の冒頭に「臣准けたる御史台の告報に……」と書いているように、[20]某月某日に転対を行うべし、という通知が御史台から告報や牒文によって知らされ、これを受けとると指定された日にちに行う上奏の内容を文書にし、その文書＝劄子を閤門に提出する必要があった。[21]その時期は「合に前んずること一日に閤門に赴き文書を投進す」と、転対の前日に提出することになっていた。[22]例えば范祖禹は、元祐六年（一〇九二）十二月一日に転対を行っているが、そのときの「転対条上四事状」には「十一月三十日」という日付が付されている。[23]この規定は一般の請対官の場合と同じである。[24]

ただ転対の場合は本人から実施を希望することができず、かつその頻度が高くないため、中には参加資格がありながら転対の順番が回ってこないうちに、資格の無い地方官として転出が命じられるという事態が出来した。そこで神宗朝になって、

今後臣僚の外任差遣を授けられし者、如し轉對の資次未だ到らざれば、先ず引對し、對し訖りて朝辭せしむるを許す。

今後臣僚授外任差遣者、如轉對資次未到、許令先引對、對訖朝辭。（『宋会要』職官六〇―四・熙寧元年三月二十三日条）

というように、まず転対を行わせたのち、転任の挨拶を皇帝に行う朝辞を実施し、地方に出向くことが許可された。これは転対を行うのはあくまでも従来通り、すなわちこの時期だと五日ごとの内殿起居の日のみであり、そこに転任が決まっている者を優先的に転対させる、というものだったらしい。それは次の史料から

判明する。

侍御史劉琦等言えらく「臣僚差遣を受けし後、起居の日に遇う毎に、四人をして轉對せしむ。員數既に多く、遂に月日を淹延し、赴任に妨げ有るに至る」と。詔して應ゆる臣僚已に差遣を授けらるれば、竝びに例に依りて朝辭せしめ、當日に轉對の文字を實封し閤門に投進するを許す[25]。

侍御史劉琦等言「臣僚受差遣後、毎遇起居日、令四人轉對。員數既多、遂至淹延月日、有妨赴任。」詔應臣僚已授差遣、竝令依例朝辭、許於當日實封轉對文字於閤門投進。（『宋会要』職官六〇―四・熙寧元年八月三日条）

これは頻度と一回の人数が変わらなければ、転対待ちの官僚数が消化できず、結局は赴任に遅れが生じてしまう。そこで地方に出る官僚は、朝辞を規定通りに行った上で、その日のうちにさらに転対を行い、文書も当日提出でかまわないと認められた。従ってこれ以降は内殿起居の日以外にも、それぞれの朝辞の日程に合わせて一部転対が実施されていた。その実例としては、

准けたる御史臺の告報に、臣寮朝辭の日に具して轉對せよ、と。

准御史臺告報、臣寮朝辭日具轉對。（曽鞏『元豊類稿』巻二九「熙寧転対疏」）

と述べる曽鞏があり、彼は熙寧二年（一〇六九）英宗実録検討官から越州通判に転出していて[26]、一日のうちに朝辞と転対の両方を行ったのであろう。

次に通常、転対当日はどのような流れであったかというと、

侍御史張紀言う「轉對の臣僚は隨班して起居し、殿庭に留身し、行綴するに齊整に至らず。乞うらくは起居罷るを候ち、大班に隨いて齊い退きて殿門板壁の外に至り、閤門知班をして揖住せしむ。兩省官の才かに退くを候ち、再び引かれん。儀制を檢會するに『轉對官は隨班して退き、轉對官二員出班すれば、引班せる舍人近前して接引す。』」と。詔して「儀制に依れ」と。

侍御史張紀言「轉對臣僚隨班起居、於殿庭留身、行綴不至齊整。乞候起居罷、隨大班齊退至殿門板壁外、令閤門知班揖住。候兩省官才退、再引。檢會儀制、轉對官隨班退、轉對官二員出班、引班舍人近前接引。」詔依儀制。（『宋会要』職官六〇―四・熙寧元年五月十九日条）

転対官は品秩の順序通りにグループになってご挨拶した後、退かずに垂拱殿（あるいは紫宸殿。内殿起居が行われる御殿）の庭に残っていたが、その並び方が整っておらず、見栄えが悪かったという。そこで今後はきちんと儀制通りに、転対官もグループで一旦は退出し、両省官が内殿起居し終わって退くのを待ち、改めて係の舍人が迎えに来て、二人を連れて行くということになった。

舍人に従って上殿しいよいよ謁見となるが、そこでの具体的な行動を示す史料はほとんど無い。ただ「今の転対は、上前に再拝して退くのみ」と言い[27]、本来はそうではないはずだったのだろうが、皇帝の面前で二度拝礼するだけになっていたという。のちに見る輪対の場合を考えると、おそらく転対者は事前に提出したものと同じ劄子を、皇帝の前で読み上げたものと思われる。このとき劄子の内容の真偽について、皇帝自身が問いかけを行うべきだという請願がなされているので[28]、基本的にはこのとき皇帝は何も発言しなかったのだろう。

また事前に提出された転対劄子は、まとめられて宮中にとどめおかれたという[29]。

三、転対の効能

以上のようにして行われた転対については、その効能について徐東升氏が簡潔に三つにまとめている。すなわち「第一、広く意見表明の機会を開き、君主の耳をふさがせないようにする。」「第二、意見を集めて政策決定のための材料とする。」「第三、皇帝が官員らを評価する。」であり、うち第一・三点については一定程度の効果があったが、第二点についてはかなり限定的であったということも、徐氏が述べられる通りである。若干史料で補足しておくと、神宗朝においてさえ、

然れども詔書を降せしより、茲に四年、轉對する者固より多し。未だ聞かず、一言として能く聖聽を開悟せるもの有り、一事として時に推行せし者有るを。豈に言盡く採るに足らず、其の事皆な行うに足らざらんや。……今在廷の臣の言事すること四年、而して卒に採るべき者無きは、其れ朝廷の宜しく憂うべきところ爲ること遠し。

然自降詔書、四年於茲、轉對者固多矣、未聞有一言能開悟聖聽、一事有推行於時者、豈言盡不足採、其事皆不足行邪。……今在廷之臣言事四年、而卒無可採者、其爲朝廷所宜憂遠矣。（『諸臣奏議』巻七七・百官門・転対・王存「上神宗乞收百官転対封章留中採択」）

と述べられており、全く政策として活用された形跡が無かったという。

以上、北宋から南宋にかけて断続的に継承された転対の制度は、もともと数年かけて参加者を一巡させ、一巡すれば終わってしまう一過性の制度であった。これは即位後すぐに群臣に上言を求める制度を援用し、皇帝に謁見する機会を与えるという恩典の一種であった。したがってその参加範囲は、基本的に都にいて参

内できる官僚に限られ、またその資格が与えられた者には、たとえその後地方官に転出することになっても、尊顔を拝し意見を述べる機会が与えられるよう工夫がされていた。しかしその開催頻度は、神宗朝までの内殿起居転対が月六回だったのに対し、哲宗朝から南宋にかけては文徳殿視朝転対で月一回のみとなり、皇帝側が転対によって意見を聴取する機会は稀少なものであった。平田・徐両氏が言うように、政策提案という意味では採択率も低く、それほど効用のある制度ではなかった。

第二節　輪対の沿革

前節で述べた転対制度と名称も性格も非常に近く、時に同一のものとも見なされる制度に輪対制度があった。そのためこれまでは転対と区別した上での輪対について考察したものはほぼ無く、「はじめに」で述べたように、平田氏・徐氏も輪対そのものに関しての考察は少ない。そこでまずはその制度について整理をした上で、転対制度と比較検討してみたいと思う。なお両者はその字体が似ているため、史料上でも混同されている可能性が十分に考えられるが、ひとまずは現存する史料で「輪対」と明確に示されているものに基づいて考察を進める。

まずは転対と輪対を本当に区別して考えてよいのか、ということについて確認しておく。これには同一史料上で両者が区別して登場してきているものを挙げればはっきりするのだが、例えば蔡幼学の『育徳堂奏議』には「淳熙輪対箚子」「紹熙輪対箚子」と「開禧転対奏状」が並んで出てきている。(30)『育徳堂奏議』は宋本で、後世『永楽大典』から再構成されたものでないから、(31)転対と輪対は当時区別されていたと思われる。何よりも輪対劄子がそれぞれ三本あるのに対して、転対奏状は一本しかない。後述するように輪対は三劄まで認められていたから、両者は違う制度下に行われた可能性が高い[32]。

またより具体的に伝記史料中において、南宋人が転対と輪対を別に行った記録も存在する。淳熙五年（一一七八）の進士であった張午の墓誌銘には、詔を受けて入対（すなわち召対）し、ついで転対して軍政の弊を論じ、さらに輪対で三事を論じている[33]。

また徐東升氏も挙げる次の史料は、転対と輪対が別物であることを示唆している。

輪對・轉對は必ず當務の急を先にし、其の論ずる所の當否を眂《み》て陞黜を爲す。

輪對・轉對必先當務之急、眂其所論之當否而爲陞黜焉。（真徳秀『西山文集』巻一四「対越乙藁　十一月癸亥後殿奏已見劄子」）

だがこれは同時に、両者の性格が共通し、並称される存在であったことも示している。徐氏はその違いは参加範囲の違いで、転対は文班常参官で限定的、輪対は一部武官をも含む侍従以下の官員で広範囲であることに求めている。その基づく史料は、

侍従より以下、五日ごとに一員を輪して上殿し、之を「輪當面對」と謂い、則ち必ず時政或いは利便の劄子を入る。臺諫の若きは則ち之を「有本職公事」と謂い、三衙の大帥の若きは之を「執杖子奏事」と謂う。

自侍從以下、五日輪一員上殿、謂之輪當面對、則必入時政或利便劄子、若臺諫則謂之有本職公事、若三衙大帥謂之執杖子奏事。（趙升『朝野類要』巻一「輪対」）

というものである。確かにその表題が「輪対」という文章で、一息に書かれてはいるが、よく見ると、侍従以下が行うものを「輪当面対」と言い、台諫のものを「有本職公事」と言い、三衙の大帥のものを「執杖子奏事」と言う、と三者が並列されているに過ぎず、すべてが「輪対」のカテゴリーに含まれるとは言っていない。むしろこの史料は、通常の輪対には台諫・三衙の大帥を含まないものと解さねばならないだろう。この史料をもって輪対に三衙の大帥も含まれる、とした徐氏の見解は否定されるべきだと思われる。では転対と輪対の違いは何なのか、輪対の参加範囲はどうなっていたのか、これを解明すべく、以下検討を進めていく。

まず時系列に沿って、南宋の輪対について整理していくと、高宗がようやく臨安に落ち着いた紹興二年（一一三二）五月に次のような詔で輪対は開始された。

手詔すらく「建隆の故事を用い、行在の百官をして日に一人を輪して専對し、得失を極言せしむ」と。是より先、詔して省臺官は半月に限り、各おの利害を述べ、條具して以聞せしむ。而して御史中丞沈與求言えらく「臺諫は言事官に係り、職事有るに遇えば、非時に入對し、輪對及び條列の限りに在らず」と。乃ち釐務官通直郎以上に命じて、初めの詔の如くせしむ。（後の詔は此月己丑・六月辛亥に在り。）

手詔「用建隆故事、行在百官日輪一人專對、令極言得失。」先是、詔省臺官限半月、各述利害、條具以聞。而御史中丞沈與求言「臺諫係言事官、遇有職事、非時入對、不在輪對及條列之限。」乃命釐務官通直郎以上、如初詔。（後詔在此月已丑・六月辛亥。）（李心伝『建炎以来繫年要録』巻五四・紹興二年五月戊子条[34]）

「建隆故事」とは言うまでもなく太祖による転対開始を指しており、これは転対の再開を示していると考えられる。ただそれまでの北宋転対とは大きく違い、毎日一人ずつが「専ら対する」ものとなっていた。百官とはいえ、まだ亡命政権さながらであったこの時期は、中央にいる官僚はそれほどの人数ではなかったのだろう。その後、御史中丞沈与求の提言を受け、「釐務官通直郎以上」つまり正八品、朝官以上の職事官を対象とし直す詔が出された。(35) 注目すべきはこのとき沈与求が「輪対」との言葉を使用しており、これこそ南宋最初の輪対開始の詔であり、「輪対」とは手詔中の「日輪一人専対」を略したものだと考えられることである。つまり人数も複数から一人ずつとなり、頻度も月一回から毎日となって、北宋で行われていた「転対」とは大きく違った今回の対を、「輪対」と呼んで区別したことが推測される。いわば特殊な形態をとった「転対」を「輪対」と呼んだのだろう。

そしてこの南宋最初の輪対は、足かけ四ヶ月ほどで一周したようで、

詔すらく「職事官の輪對已に周し、復た轉對せしむ」と。

詔「職事官輪對已周、復令轉對。」（『繫年要録』巻五四・紹興二年八月癸丑条）

という詔が出されており、「輪対」が終わったので次は「転対」をさせる、といっている。ここでは明確に「輪対」と「転対」を使い分けており、毎日一人ずつの特殊な「日輪一人転対」略して「輪対」が一周して終わったので、通常の「転対」を始める、ということだと思われる。となればこの通常の「転対」とは、北宋後半に行われていた月一回複数人数のものであろう。ところが、その頻度であればまだ転対が行われていると思われる翌・紹興三年（一一三三）には、「輪当面対官」の病欠者について詔が出されている。(36) この「輪当面対」は、文字面から見れば「輪」の字が使われており、「輪対」と略される可能性の高いものであるが、これが前年から行われている通常の「転対」を指しているのか、もしくは史料には明示されない別の制度が

行われていたのかはっきりしない。もし前者だとするならば、「輪対」と「転対」の区別は明確にはされていないということになる。同じく紹興五年（一一三五）の殿中侍御史周葵は、

輪對の法、祖宗より肇まり、陛下首めて此の制を復す。

輪對之法、肇自祖宗、陛下首復此制。（『宋会要』職官六〇—九・紹興五年十二月二十三日条）

とし、前節三六〇～三六一頁で南宋における転対の開始とした紹興七年（一一三七）の詔も、同内容を示す『宋会要』では、

右正言李誼言えらく「昨ごろ車駕巡幸するにより、朝廷の機務やや暇あり、扈従せる臣僚多からず。准けたる三月二十二日の詔に『行在の職事官は止だ輪對一次するを許す。』とあり」と。

右正言李誼言「昨緣車駕巡幸、朝廷機務少暇、扈從臣僚不多、准三月二十二日詔『行在職事官止許輪對一次。』」（『宋会要』職官六〇—一〇・紹興七年十月二十八日条）

と「輪対」の語を使用する。以上のことから、もともと「輪対」とは、「日輪一人転対」や「輪当面対」といった特殊な「転対」のことを言ったもので、その違いの大きさに着目すれば両者は明確に区別されるが、定期的に皇帝に謁見し、上奏する、という点については、「輪対」も「転対」の特殊なバリエーションの一つであると見なすこともでき、はっきりと区別がされないものともいえた。よって南宋初期においては、「転対」と「輪対」は未分化であったと言える。それが次第に分化し、先に見たように南宋中期になると、両者は別のものとして認識されるようになっていったと思われる。

ところで輪対は時に「日輪面対」「輪当面対」「輪当陛対」などと表現され、特に「面対」とも呼ばれたが、

「面対」とは文字通り皇帝と面と向かって対（謁見）するということであり、厳密に言えば輪対よりも広い範囲を示す言葉で、召対・転対に当たるものも含まれる。たとえば孝宗朝末の淳熙十四年（一一八七）に「輪対」を行った葉適は、[37]翌年これを、

臣去冬に恩を蒙り面對し、一大事を論ず。

臣去冬蒙恩面對、論一大事。（葉適『水心先生文集』巻二「辨兵部郎官朱元晦状」）

と表現しており、このときは輪対と面対は同一であった。しかし劉克荘が淳祐六年（一二四六）に行った「面対」は、[38]彼自身の言葉では「召対」である。[39]よってこれ以降、輪対について考察する場合は、「面対」とのみ表現されるものは、その中に輪対を含む可能性があることを踏まえながらも、除外して考えることとする。

さて輪対の沿革に戻れば、紹興五年（一一三五）には呂祉の上言に従って侍従の輪対参加が免ぜられ、[40]周葵の上言によって登聞検・鼓院、勅令所删定官が参加を許された。[41]翌六年（一一三六）には陳公輔の上言により、行在審計・官告・糧料・権貨・塩倉及び茶場等の希望者にも参加を認め、さらに面対できない者には文書の提出を認めるなど、[42]様々な調整がなされつつ、輪対は継続された。ただしこの時期、高宗は平江府（蘇州）に移動しており、台諌官もたった三人にすぎず、まさしく亡命政権であったから、その参加対象者も多くはなかった。

紹興七年（一一三七）三月、改めて「転対」の詔が出され、十月末までに参加者は一巡した。そこでまた李誼が上言し、

「今百司官吏の半ばは行宮に在り、若し只だ見今の臣僚をもって輪對せしむれば、委に是れ次數頻繁なり。

望むらくは建隆・天聖の故事に准《なぞら》え、内殿起居の日に遇う毎に、一員或いは兩員を輪して面對奏事せしめられん。百官俱集するを候ち、自ずから近制に依られんことを。」詔して六參の日に遇えば輪一員とす。

「今百司官吏半在行宮、若只將見今臣僚輪對、委是次數頻繁。望准建隆・天聖故事、每遇內殿起居日、輪一員或兩員面對奏事。候百官俱集、自依近制。」詔遇六參日輪一員。（『宋会要』職官六〇―一〇・紹興七年十月二十八日条）

これにより輪対は、月六回あったかつての起居転対と同じ制度となり、しかも一度に一人ずつ対を行うこととなった。それまでひと月に三十人ほどであった輪対官は月に六人へと激減した。

その後秦檜が宰相になると、対を行うべき官僚が秦檜を憚り、病と称して上奏しない者が多かった。そのため詔が出され、病欠中の者は病が癒えたあと上殿させ、吏部がこれを監督することとなった。しかしそれでも対を行うのは大理寺の十数人に過ぎなかったという(43)。制度の不活性化が憂慮されており、せいぜい春期の禁猟を乞うたり(44)、恵民局の処方間違いを防ぐために医書の刊行を願ったりするくらいで(45)、国事に渉るような提言はなされなかった(46)。ではいったい秦檜が輪対の何を恐れたかといえば、

金、河南の地を歸す、（秦）檜方に自から以て功と爲す。（范）如圭輪對して、言う「兩京の版圖既に入れば、則ち九廟・八陵を咫尺に瞻望し、今朝修の使未だ遣さず、何を以て神靈を慰め、民志を萃めんや」と。帝泫然として曰く「卿に非ざれば此の言を聞かず」と。卽日宗室士㒟及び張燾に命じて以て行かしむ。檜先ず己に白さざるを以て、益ます怒る。

金歸河南地、檜方自以爲功。如圭輪對、言「兩京之版圖既入、則九廟・八陵瞻望咫尺、今朝修之使未遣、何以慰神靈、萃民志乎。」帝泫然曰「非卿不聞此言。」卽日命宗室士㒟及張燾以行。檜以不先白己、益怒。

（『宋史』巻三八一・范如圭伝）

というように、自分の関知し得ない輪対の場で、各官僚から皇帝が政策提言や様々な情報を得てしまうことを嫌ったのであろう。この状況はその後も変わらなかったようで、高宗は紹興二四年（一一五四）にも輪対参加を促すべく詔を申厳行下しているが、それを承っているのが秦檜であったのは皮肉である。[47]

翌年秦檜は亡くなり、その専権は終了を告げた。すると黄中なる人物が次のように上言している。

「陛下 庶政に勵精なること、神宗の用心に異なる無し、故に百僚の轉對、今に至るまで之を行い、未だ嘗て廢せざるなり。然れども二十年閒、大臣專恣にして、佞を好み直を惡む。一時習尙し、往往にして言を以て諱むと爲し、凡そ建明する所、細故を毛擧し、以て責を塞ぐに過ぎざるのみ。……臣謂えらく陛下宜しく神祖の意を追述し、特に詔書を降し、在位を申飭し、今より以往、應ゆる轉對すべきの官は開陳する所有れば、要らず誠を竭くし忠を盡くすに在り、治道に切にして、常を蹈み舊に習い、細微を攟摭し、以て故事に應ずるを得る毋かれ。然る後陛下 其の人を觀、其の言を擇び、而して之が爲に虛心に訪問し、以て其の情實を盡くすを得せしめん。日を積み月を累ね、萬一に補すること有るに庶幾ければ、則ち舊章虛設爲らず」と。上 疏を覽て曰く「中の論ずるところ極めて當なり。朕方に卿等と相度して特に指揮を降さんと欲す。大抵轉對の法、恐るらくは朝政の闕失・民閒の利病の上聞するを得ざる者有れば、皆當に論奏すべし。秦檜當國せるより、轉對の名廢せられずと雖も、而れども輪する所の者は大理寺官數人の細微を攟摭し、姑く故事に應ずるに過ぎざるのみ、初めより鯁切に時事に及ぶこと有る者無し。此くの如くんば則ち繆悠の談、何ぞ國に補あらんや。今中の言うところ頗る朕の意に合う、士大夫をして之を知らしむべし」と。[48]

「陛下勵精庶政、無異於神宗之用心、故百僚轉對、至今行之、未嘗廢也。然而二十年閒、大臣專恣、好佞惡直、一時習尙、往往以言爲諱、凡所建明、不過毛擧細故、以塞責而已。……臣謂陛下宜追述神祖之意、特降詔書、申飭在位、自今以往、應轉對之官、有所開陳、要在竭誠盡忠、切於治道、毋得蹈常襲舊、攟摭細微、以應故事。然後陛下觀其人、擇其言、而爲之虛心訪問、俾得以盡其情實。積日累月、庶幾有補於萬一、則舊章不爲虛設矣。」上覽疏曰「中所論極當。朕方欲與卿等相度特降指揮。大抵轉對之法、恐朝政闕失・民閒利病有不得上聞者、皆當論奏。自秦檜當國、轉對之名雖不廢、而所輪者不過大理寺官數人、攟摭細微、姑應故事而已、初無鯁切有及於時事者、如此則繆悠之談、何補於國。今中所言頗合朕意、可令士大夫知之。」（『繫年要録』巻一七七・紹興二十七年六月甲辰条）

まず黄中は「転対」の呼称を使用し、それが二十年来の制度であると言っている。これに対して高宗も全く違和感を感じておらず、いまだ転対と輪対は未分化であることが分かる。発言の内容は、やはり秦檜の時代には制度が有名無実となっており、責任逃れのためのおざなりな上奏が多かったというもので、その再活性化を望み、北宋の神宗を模範とすべきだとしている。興味深いのは高宗がこれに激しく同意し、はっきりと秦檜の名を出していることである(49)。

それから五年後、金の海陵王が南侵してくる中、高宗が譲位し、紹興三十二年（一一六二）六月に孝宗が即位すると、その直後に張震が輪対についてある提案を行った。高宗朝で行われてきた五日ごとの面対では、休暇もはさむため、百官を一巡するのに二年でも足りない。そこで毎日対を行えば、数ヶ月で皆意見を述べ終わることが出来、官僚の賢愚も見ることが出来る。そして一巡したのちには、再び五日ごとに輪対を行えばよい、というものだった。また機密に関わるものは禁中に留め、その他は外朝に付して検討させ、採るべきものは施行することも求められている。[50]事実しばしば孝宗は輪対者の策を採用していた。

便殿に輪對して、進止は詳雅、敷奏は明白、救荒・漕運・附試の三事を歴陳するに、孝宗嘉納せられ、悉く以て中書に付す。

輪對便殿、進止詳雅、敷奏明白、歴陳救荒漕運附試三事、孝宗嘉納、悉以付中書。（楼鑰『攻媿集』巻一〇四「朝奉大夫李公墓誌銘」）

未だ幾ばくならずして又た輪對に値たる。略ぼ嘗て其の愚忠を效し、以爲らく當今の人才衰え、肯えて事を論する者益ます少なし、と。陛下に長養收拾し、其の直言を崇奬せんことを勸む。陛下「依奏」と御批し、卽日付出せらる。

未幾又値輪對、略嘗效其愚忠、以爲當今人才衰、而肯論事者益少、勸陛下長養收拾、崇奬其直言。陛下御批依奏、卽日付出。（『歴代名臣奏議』巻二〇六・聴言「劉光祖論言事本末疏」）

いずれも具体的な政策提言ではなく、かつ墓誌銘の言葉は褒辞に過ぎない可能性もあるが、輪対で提言の採用がなされていた実例だと考えられる。

また乾道七年（一一七一）には、新設の武官である閤門舎人を文臣館職に比定し、輪対への参加を許している。[51]面白いのは、このために呂祖謙は、当初予想した自らの輪対が二ヶ月ほど遅れるだろう、と嘆いていることであり、[52]このような官僚たちの輪対に対する感覚については後述したいと思う。この閤門舎人の輪対参加は、のちの寧宗朝においても実施されている。[53]さらに乾道八年（一一七二）には成忠郎（正九品の武官）で閤門祗候、武学博士の孫顯祖が劄子を出し、武官であってもその差遣は職事官の範疇に属しているので輪対参加を認められたい、と請願して許可されているので、[54] これは武学博士として輪対参加が認められたのだろう。

南宋中期以降、光宗・寧宗はいずれも即位直後に百官輪対の詔を出し、[55]

臨御の初め、日び職事官一員をして輪對せしめ、周遍する日を俟ちて復た五日の制を用う。

臨御之初、日令職事官一員輪對、俟周遍日復用五日之制。（『宋会要』職官六〇―一一・淳熙十七［六］年二月二十七日条）

日に一員を輪して面對す。

日輪一員面對。（『両朝綱目備要』巻三・寧宗紹熙五年七月戊子条）

いずれも当初は毎日実施ということになっていた。特に光宗朝では毎日の輪対が一周したあと、五日に一回の制に戻ることになっており、高宗・孝宗朝を踏襲していることは明らかで、[56] 寧宗朝も同じであったことが推測される。その間、紹熙二年（一一九一）に六院官の参加を認めるなど、[57] 参加者の範囲は拡大していた。これは南宋中期において六院官（検・鼓・糧料・審計・官告・進奏官）が、財務・経済ポストとして浮上してきたのに伴うものであろう。[58]

南宋後期の理宗・度宗朝は史料の不足から詳細が分からず、史書・政書中に明確な詔も見つかっていないが、理宗の嘉熙二年（一二三八）[59]・淳祐四年（一二四四）[60]・度宗の咸淳七年（一二七一）[61]に輪対を行なったことが実例から判明する。理宗朝末期の景定四年（一二六三）には、

詔すらく「群臣舊制に遵依して五日ごとに一たび輪對す。如し恙《やまい》に遇えば、則ち痊える日に補して對し、

推托して求免するを許さず」と。

詔「群臣遵依舊制、五日一輪對。如遇恙、則痊日補對、不許推托求免」。（佚名『宋史全文』巻三六・景定四年十一月庚辰条）

とあり、変わらずに五日に一度の輪対が行われており、病欠は別日に補填され、回避を禁じていたことが分かる。

さて前節で述べたように、この頃複数の史料から南宋において「転対」も行われていたことが分かっており、その開催日がいずれも一日の文徳殿視朝日であること、御史台からの連絡によって参加日を知らされていることからは、いわゆる「輪対」とはやはり違った制度のように感じられる。また南宋中期以降には「輪対」と「転対」が別のものと認識されていることも先に述べたが、南宋初期にはいまだ未分化であった「輪対」と「転対」は、中期以降どうしてそのようにはっきりと区別して認識されていたのか。その理由は徐東升氏も挙げる次の史料から判明する。

卿監より上は轉對有ると雖も、然れども歳に或いは再見するを得ざるなり。百官の輪對に至りては、大率三歳に近くして始めて一周するのみ。

卿監而上雖有轉對、然歳或不得再見也、至於百官輪對、大率近三歳始一周爾。（彭亀年『止堂集』巻二「論愛身寡欲務学三事疏（紹熙三年）」）

光宗朝の紹熙三年（一一九二）の時点で、「輪対」とは別に「転対」が並行して実施されており、「転対」は卿監以上が参加し、「輪対」は百官が参加するとしている。ということは南宋初期における「輪対」は「転対」

の特殊な一形態であって、両者が同時に別に実施されていた気配はなかったのが、光宗朝頃にはそれぞれの参加範囲を分けつつ、同時に別の制度として実行されていたことが推測できる。おそらくこのことにより、当時の人々からも当然ながら両者は別のものと認識され、史料上でも区別して表現されるようになったと考えられる。

このような「輪対」と並行して行われる「転対」が、いつどのようにして始まったものか、残された史料があまりにも少なく、しかもともに「面対」と呼ばれた可能性もあって判然とはしない。ともかく南宋中期以降、即位後は毎日、その後はおおむね五日ごとに実施されるのが「輪対」であり、参加範囲も文武職事官で「百官」とも表現されるくらい広かった。これに対し月一回と頻度は低く、参加範囲も卿監以上（おそらくは侍従未満）と人数が少なかったのが「転対」であり、両者は区別されていたと思われる。

南宋人にとっては、参加者が限定され、頻度も低い「転対」より、多くの官僚を対象に、頻繁に実施されていた「輪対」の方が聞き馴染みがあり、個人の文集などにおいて頻繁に登場する制度となっていた。では次に節をかえ、それらの史料から判明する輪対制度の概要についてまとめてみる。

第三節　輪対の概要

一、開催日程

紹興三十二年（一一六二）高宗から譲位された孝宗は詔を降し、面対の日程をそれまでの「一・五日」から、「三・八日」に変更している。[62]これは太上皇帝となった高宗に挨拶に行く日取りを優先したためであった。ここから推せば、高宗朝の輪対は毎月一と五の付く日、すなわち一日・五日・十一日・十五日・二十一日・二十五日に行われ、これが五日ごとの輪対として実施されていたということが分かる。事実、周必大は高宗朝の紹興三十年（一一六〇）十月二十五日に輪対を行なっており、[63]確かに五の付く日であった。

これが孝宗朝になって「三・八日」すなわち三日・八日・十三日・十八日・二十三日・二十八日に行うこととなった。しかしその十日ほどのちの詔では、孝宗の徳寿宮（高宗太上皇帝の殿）への起居（ご機嫌伺い）が毎月八日、二十二日となっていたが、八日は輪対の日にあたっておりどうすべきか、という閤門よりの質問を受け、徳寿宮起居をそれぞれ七日、二十四日に変更したといい、[64]輪対は「三・八日」に行うことが再確認された。ただし全く同日に、まずは毎日輪対を行うこととしたため、[65]この規定は輪対が一巡した後、五日ごとの実施に戻ったときの規定であろうか。

だがここで悩ましいのは、さらに同日付けで出された次の史料である。

同日、吏部の状に「昨ごろ降されし指揮に『六・三日毎に面對官一員を輪す。合に卿監より以下律學正に至るまで、雜壓に依り轉輪當對せよ』と。」

同日、吏部狀「昨降指揮、毎於六・三日輪面對官一員。合自卿監以下至律學正、依雜壓轉輪當對。」（『宋会要』職官六〇—一四・紹興三十二年六月二十七日条）

ここでは吏部に対して、「六・三日」に輪対を行う指揮が下されていたという。「六・三日」という表現は、なぜ「三」より「六」が先になっているのか合理的な説明がつかないが、普通に考えれば「六の付く日と三の付く日」ということで、先の「三・八日」という規定と齟齬を来している。両者がどのような関係であっ

たのか、遺憾ながら詳細は不明である。ただこの「六・三日」を示す史料は他にも存在し、翌・隆興元年（一一六三）にも、

旨有り「昨ごろ已に降せる指揮『六・三日に面對官を引く。上殿の班數足り、臺諫官の文字を下到せるに遇えば、面對官を隔して六・三日に引く』と。今後面對官を引く日に遇うに、如し臺諫・侍從以上の上殿を乞う班次の數足らば、面對官をして次日及び以後の班空きたる日に引く」と。

有旨「昨已降指揮『六・三日引面對官、遇上殿班數足、臺諫官下到文字、隔面對官於六、三日引。』令今後遇引面對官日、如臺諫・侍從以上乞上殿班次數足、令面對官次日及以後班空日引。」（『宋会要』職官六〇―一四・隆興元年六月二十四日条）

とあって、やはり「六・三日」において輪対（面対）が実施されていたと思われる。[66] さらにここからは輪対についての規定が見えている。輪対班（グループ）を含めて、その日上殿できる班数には上限が決められているが、その上限数一杯で予定が組まれたあと、台諫官が急に請対の文書を出してきた場合、そちらが優先されて上殿班数に組み込まれてしまい、上限をオーバーしてしまう。そうなると予定に入っていたはずの輪対班は、次の「六・三日」まで隔下（延期）させられてしまっていた。これが改定され、やはり延期はされるものの、翌日かあるいはそれ以降の上殿班に空きのある日に入れてもらえることとなり、必ずしも次の「六・三日」まで待たなくてもよい、ということになった。このように台諫官のいわゆる「有本職公事」の方が輪対（面対）よりも優先されることは、すでに高宗朝からそうであったが、[67] 当時は一度隔下されると、五日から六日、十日ほども延期されたという。[68] それと比べれば、孝宗朝はかなり改善されたというべきだろう。

淳熙四年（一一七七）にも、今後輪対は旧来通り「六・三日」に引見する、と詔されており[69]、この日付がやはり標準的な輪対の日付であった。

その後淳熙十四年（一一八七）十月に高宗太上皇帝が崩じると、翌月から孝宗が一・五日に霊前で焼香することとなり、輪対の日程は四・九日に変更された[70]。このような規定が必要だということは、この時期は一・五日のいずれかが輪対の日程となっており、だからこそどうすべきかを知閤門事が皇帝に尋ねたのであろう。翌年には太上皇帝の埋葬が終わるまで、宰執による内殿奏事以外、輪対は仮に停止するよう求められ、認められている[71]。

これら孝宗朝における開催日程の規定に対して、諸史料に見えるこの間の輪対実施の日付は[72]、隆興元年三月十四日[73]、乾道六年（一一七〇）九月十五日、十一月十三日、十二月十三日、七年（一一七一）六月二十二日、八年（一一七二）正月九日、淳熙二年（一一七五）八月一日、十四年（一一八七）二月十三日、十五年十一月二十三日に行われており[74]、判明している規定と完全に一致するわけではない。先に見た台諫官による急な請対のように別の上殿班が割り込んできたり、他の行事や休暇日との兼ね合いなど、その時々の事情で変更がされていたのだろう。

つづく光宗は即位直後、

淳熙十六年二月十二日、禮部・太常寺言えらく「討論したるに、面對官は昨ごろ紹興三十二年六月十五日、改めて三・八日に引對すると作す。今來乞うらくは前項の體例に依りて施行せられんことを。」之に従う。

淳熙十六年二月十二日、禮部・太常寺言「討論到、面對官昨紹興三十二年六月十五日改作三・八日引對、

今來乞依前項體例施行。」從之。（『宋会要』職官六〇―一四・淳熙十六年二月十二日条）

とあって、再び三と八の日に輪対が行われたらしいが、これ以降、開催日を明記した規定は見当たらない。史料にみえる実績では、寧宗朝の嘉定三年（一二一〇）六月十五日、五年（一二一二）八月一日、六年（一二一三）二月十一日、[75]十一年（一二一八）四月二十二日、五月二十六日、[76]十五年（一二二二）六月五日、十七年（一二二四）正月二十二日に[77]輪対が行われており、この時期は一と五の日、あるいは二と六の日に行われた可能性がある。理宗朝では寶慶元年（一二二五）七月三日、淳祐五年（一二四五）六月六日、十二年（一二五二）六月二十四日、宝祐三年（一二五五）四月十七日、四年三月十一日、景定元年（一二六〇）八月十一日、[78]度宗朝では咸淳四年（一二六八）七月二十一日が確認できるが、[79]これらからは定期的な開催日は読み取りにくい。先に見たように、即位して最初の輪対は、毎日行われており、五日に一度の規則をもつのは二巡目以降ということになるし、零細な実例からだけでは規則性を特定できないのが実情である。

二、開催場所と管轄部署

北宋の転対は内殿起居のときに行われたため、垂拱殿（紫宸殿）で転対が行われており、南宋初期の輪対・転対未分化の時期には、やはり内殿起居のときに開催されていたから、基本的には垂拱殿（紫宸殿）だったと思われる。南宋の輪対では、

日び便殿に御し、百官と輪對す、而れども未だ嘗て可否せず。

日御便殿、輪對百官、而未嘗可否。（魏了翁『鶴山集』巻二一「答館職策一道」）

といい、これと対応するように淳熙年間に便殿で行われた記録がある。[80]「便殿」は天子休息のための別殿をいうから、正殿以外の前殿・後殿いずれも便殿と呼べるであろう。乾道六年（一一七〇）には垂拱殿で、[81]淳熙十四年（一一八七）二月十三日には延和殿で、[82]端平二年（一二三五）七月十一日は後殿で行われた。[83]

ただ面積の狭い南宋宮城には、皇帝出御の宮殿として垂拱・崇政の二殿しかなく、必要に応じて牌額を掛け替えていたといい、しかもその詳しい事情は詳らかでは無いので、[84]どこで輪対が行われたかを詮索することに意味は無いのかもしれない。また淳熙二年（一一七五）十月には選徳殿で輪対が行われているが、[85]選徳殿は孝宗が淳熙初めに禁垣の東に作った射殿で、「内引」と呼ばれる召対がさかんに行われた場所だったという。[86]

同じ殿でも牌額を替えていたのだとすれば、上の史料に様々な殿名が出てくることは、輪対を行うときに同じ額を掛けるわけではなかったことを意味しており、理念上決まった殿で輪対を行うべきとは考えられていなかったことが分かる。

つづいてこの輪対を統括した部署だが、第一節で見たように転対では御史台が転対の段取りを行っていた。しかし輪対をどの部署がつかさどっていたのかははっきりせず、輪対官がどこから日取りの連絡を受けていたのか、明示する史料は見つかっていない。いくつかの転対劄子にはあった、御史台からの牒文云々という定型句のような文言は、輪対の劄子には管見の限り一つも見当たらない。これも輪対と転対の大きな違いと言えようか。

その輪対の管轄部署について示唆する一つの史料は次のものである。

同日、吏部の状に「昨ごろ降されし指揮に『六・三日毎に官一員を輪して面對す。合に卿監より以下律學正に至るまで、雜壓に依り轉輪當對せよ』とあり。本部已に祕書丞鄭聞より輪して監登聞鼓院沈載に至るまで二十員に、回報し了當す。目今の卿監・郎官は除授せらるよりの後、未だ面對を經ざるの人有るにより、今欲し乞うらくは卿監以下の以て曾て未だ輪對せざるを將て、雜壓に依り上從り創めて輪對を行われんことを。其の已に闕せし二十員は、仍お將來輪し到れる日を候ち、次に依りて輪對施行せられよ」と。旨有りて「依れ」と。

同日、吏部狀「昨降指揮、毎於六・三日輪面對官一員、合自卿監以下至律學正、依雜壓轉輪當對。本部已輪祕書丞鄭聞至監登聞鼓院沈載二十員、回報了當。緣目今卿監・郎官有自除授之後未經面對之人、今欲乞將卿監以下不以曾未輪對、依雜壓從上創行輪對。其已闕二十員、仍候將來輪到日、依次輪對施行。」有旨「依。」（『宋会要』職官六〇―一四・紹興三十二年六月二十七日条）

という孝宗即位直後のものである。吏部は転対の指揮を受けると、その指示に遵って秘書丞の鄭聞から監登聞鼓院の沈載までの二十人に対して関文を回報し、雑圧（宮中儀礼の並び）の順番の上から輪対に臨むべきことを知らせていた。ところが現在の卿監・郎官で輪対を行っていない者が先に輪対することとなり、鄭聞以下の二十人は、すでに知らせてしまっているため、先に行う未経験者が輪対し終わってから輪対されるよう要請している。

この記述からは、輪対の順番は雑圧の順であり、これを関文で吏部が当人に知らせているらしいことが判明する。

三、官僚一人当たりの輪対参加頻度

前節末に述べたように、転対と比して輪対は、参加者が広く、実施も頻繁であった。しかし三七六頁で取り上げた彭亀年『止堂集』によると、光宗朝、卿監以上の上中級文官は年に一回転対することができ、それ以下の中下級文武職事官は三年近くでようやく一回輪対することができたとしており、一人一人の官僚について みれば、開催頻度の低い転対の方が、はやく回ってきていたことがわかる。だがこれは同時に転対に参加できることのできる官僚の範囲がかなり限定的であったことをも示しており、これが残された一般的な南宋人の文集上で転対ではなく、輪対が頻出することにつながっているのであろう。

陛下朝夕事を論じるは、二三の大臣に過ぎず、侍従臺諫と雖も、固より已に進見するに時有り、況んや其の下百執に於いては、儻し奇謀遠慮有らば、安んぞ能く用いられんや。二三歳を踰えて、始めて一たび輪對す。疏賤の臣を以て、咫尺の天威、方且に驚惶畏慄の暇あらず、尚お安んぞ能く從容として天下の事を言わんか。細微を指摘し、以て故事に應ずるに過ぎず。

陛下朝夕論事、不過二三大臣、雖侍従臺諫、固已進見有時、況於其下百執、儻有奇謀遠慮、安能爲用。踰二三歳、始一輪對、以疏賤之臣、咫尺天威、方且驚惶畏慄之不暇、尙安能從容言天下事哉。不過指摘細微、以應故事。（『歴代名臣奏議』巻二〇〇「袁説友乞来忠言疏」）

寧宗朝の記事では、二・三年に一度という頻度であった。同じ寧宗朝・嘉定年間には二年のうちに二度輪対を行ったことを特筆しているから(87)、年に一度回ってくればかなり珍しいことだったのだろう。

当然ながらこれは参加する総人数と開催する頻度が大きく関係する問題で、高宗朝初期のような行幸先の臨時政府において毎日行い、足かけ四ヶ月で一周したときと、一応臨安に落ち着き、武官の一部も参加し、二周目に入って五日ごとが標準となったときとでは、頻度の違いは数倍に及ぶであろう。嘉定年間は後者にあたり、南宋中期以降はだいたいそのような頻度だったと思われる。

そのため官僚にとって輪対は貴重な機会と言え、自身の順番を予想することもあった。すでに挙げたように呂祖謙は、閤門舎人の参加により輪対参加時期の予想がずれたと言っており[88]、呉泳や薛季宣も私信の中で「輪對又た今春の莫《くれ》に在り」、「輪對當に來春に在るべし[89]」などと言っているのがそうである。

四、輪対当日の流れ

輪対を行う者が当日どのような手順をふんでいたかと言えば、

乙未〔端平二年（一二三五）〕六月、余 編修官兼侍右郎官と爲りて輪對す。待班所に至れば、則ち呉叔永舎人已に先に彼に在りて侍立したり。叔永 余の奏劄を借りて一觀せんとし、余答えて「對し畢れば、當に副本を納むべし、今未だ敢えて人に示さざるなり」と。對するに及び、倫紀を論ずる處に至り、上反復して論難すること百言を累ね、余一一條析して以て對う。上色は莊然、玉音は溫厚、以て忤《さか》らうと爲さず。既に退き、叔永問いて曰く「對、何ぞ其れ久しきや。某立ちて肚饑えたり。」余示すに奏藁を以てし、叔永歎美して曰く「諸人皆な敢えて言わず、君眞に易からず」と[90]。

乙未六月、余爲編修官兼侍右郎官輪對、至待班所、則吳叔永舍人已先在彼侍立矣。叔永借余奏劄一觀、余答「對畢、當納副本、今未敢示人也。」及對、至論倫紀處、上反復論難累百言、余一一條析以對。上色莊然、玉音溫厚、不以爲忤。既退、叔永問曰「對、何其久也。某立得肚餓矣。」余示以奏藁、叔永歎美曰「諸人皆不敢言矣、君眞不易。」（劉克荘『後村先生大全集』巻一一二・「雑記」）

劉克荘はまず待班所に行って輪対の順番を待っている。そこには中書舎人であった呉泳が早くも来ていて立っていた。このとき劉克荘は箚子を持って来ており、普通はここで内容の確認が出来たのだろう。このときは呉泳が箚子を見せてほしいと言ったが、劉克荘は「対が終われば副本を納めねばならない。今は誰にも見せたくない」と断った。その後上殿して謁見したが、そこでは箚子を読み上げ、人倫人紀を論じたところにくると、理宗から苦言が出たが、これに一つ一つ反論を行った。退出したあと、おそらくまた待班所に戻ったのであろう、まだ呉泳が待っていて、「対はどうしてこんな長かったのだ。我は立っていて腹が減ったぞ」と言っている。

ここから見れば、待班所は対を行う前の待合所で、字面から見るに輪対以外でも謁見の際にはここを利用したと思われるが、呉泳は終始立ち尽くしており、椅子のようなものは無かったことが推察される。その呉泳がこのときなぜここにいたのか記されていないが、中書舎人である彼は中書班の一員として、通常の業務関係で対を行ったのだろう。

待班所から出て皇帝の面前に至る際の手順は、

凡そ上殿輪對は、初め西に面して立ち、舎人引きて北面し、躬身して「拜せよ」と賛するを聴き、聲絶えれば兩拜して起ち、躬身して「祗候せよ」と賛するを聴き、直身にて立つ。引かれて稍く兩歩を前み、再び躬身して「拜せよ」と賛するを聴き、兩拜して起ち、躬身して「祗候せよ」と賛するを聴き、西に面して立つ。三省奏事して退くを竢ち、引かれて昇殿し、東南の角に立つ、舎人前みて銜位・姓名・上殿の因依を奏し、引かれて御座の左に赴き、側身して立ち、搢笏す。殿に當たりて未だ笏を出ださずに叉手す、及び横に笏子を執るは、失儀と爲す。如し宣諭有れば、卽ち口奏して云う「臣官該《まさ》に殿上にて拜容すべからず。臣の奏事畢れば、殿を下りて謝恩せん」と。奏事畢れば、舊路に依りて殿を下り、北面して、贊を候たず、兩拜して班に隨う。

凡上殿輪對、初面西立、舍人引北面、躬身聽贊「拜」、聲絶、兩拜起、躬身聽贊「祗候」、直身立。引稍前兩歩、再躬身聽贊「拜」、兩拜起、躬身聽贊「祗候」、面西立。竢三省奏事退、引昇殿、立東南角、舍人前奏銜位・姓名・上殿因依、引赴御座左、側身立、搢笏。當殿未出笏乂【叉】手、及横執笏子、爲失儀。如有宣諭、卽口奏云「臣官不該殿上拜容。臣奏事畢、下殿謝恩。」奏事畢、依舊路下殿、北面、不候贊、兩拜隨班。（陳世崇『随隠漫録』巻一）

「舍人」は儀礼を扱った閤門の舍人であろう。はじめは西向きに立ち、舍人の引導によって北に向き、身を屈めて舍人が「拝せよ」と告げるのを聴く。舍人の声が消えれば（おそらくこれは舍人が「引声」、すなわち節をつけて長く声を引き伸ばしす発声をしていたからであろう）、両拝（すなわち「常起居」の礼で、殿下で皇帝に二度拝礼を行い、「聖躬万福」と奏上する）を行って起ち、身を屈めて舍人が「祗候せよ」と告げるのを聴いて、真っ直ぐに立つ。引導されて二歩進み、身を屈めて「拝せよ」と聴き、両拝してから起ち上がり、また身を屈めて「祗候せよ」と聴いてから西向きに立つ。三省の宰執らが奏事を終えて退廷するのを待ち、終わると舍人に引導されて昇殿し、官位・姓名・上殿の理由を舍人が奏したのち、御座の左に引導され、側身（畏れ慎んで身を縮める、あるいは斜めに向くということか）して立ち、搢笏（笏を帯に挟む）する。殿において笏を出さずに叉手（両手を胸の前で交叉させる）したり、横向きに笏子を持つことは、失儀（粗相・無礼）だとされる。もし皇帝からお言葉があれば、「臣は殿上で尊顔を拝することができません。殿から下りたあとで謝恩申し上げます」と口奏する。奏事が終われば、来た道を戻って殿を下り、北に向き、舎人の声を待たずに両拝し、もとの班に戻る。

儀礼関係の特殊な言葉が多く、細かな作法までは意味をとりにくいが、だいたいの雰囲気はこれで掴めると思う。輪対も他の対と同じく、あらかじめ作成し持参した劄子を読み上げることにかわりは無かった。[91]この読み上げの時、漢字の読み間違いを皇帝に厳しく咎められる者もおり、[92]このようなことで皇帝に与える印象が変わってくるのである。

また劉克荘がそうであったように、時おり皇帝からの下問があったようで、それに対してその場で口奏を行なうこともできた。[93]李燾などは劄子を読み終えたあと、特に皇帝からのお言葉もないまま、読み上げた劄子とは別の内容を奏上している。[94]

五、輪対劄子

はじめ高宗朝では、劄子を提出する必要はなかったようで、紹興五年（一一三五）になって胡寅が、事情により輪対が延期された場合は、述べんとした内容を密封した劄子で閤門に提出することを求め、これは「祖宗の時の百官転対の故事」に基づくという。[95]あくまでもこれは輪対が延期されて実現しなかったものに対する規定であった。このときは輪対と転対が未分化の時期だが、のち寧宗朝に、

上卽位の初め、輪對し、首ず三事を陳ぶ、曰く天命を畏れよと、曰く祖宗に法れと、曰く人心を結べと。

敷敍は詳明、故事を用いて副封を納めず。

上卽位之初、輪對、首陳三事、曰畏天命、曰法祖宗、曰結人心、敷敍詳明、用故事不納副封。（楼鑰『攻媿集』巻九八「中書舎人贈光禄大夫陳公神道碑」）

とあるように、やはりかつては副本を納めなかったことが窺える。と同時に寧宗朝頃には副本を提出するのが普通であったことは先の劉克荘の言にもある通りである。

この劄子は輪対の際に皇帝の面前で読み上げるものであるから、慎重に作成せねばならなかったことは言うまでも無い。したがって通常は数日前に書き上げており、真徳秀などは二月十一日の輪対のために劄子を書き上げたが、八日に他官に除されたために奏上できなかったという。(96)その中でも強者は陸九淵で、輪対が近づいてもなかなか劄子を作成せず、当日の朝になって一気に書き上げ、そのまま輪対に及んだという。(97)ここからすれば輪対の劄子は転対のときとは違い、事前提出ではなかったらしい。輪対が終わってから、副封を閤門に提出したのだと思われる。だが陸九淵と同時代の周必大には「輪対前一日封入奏狀一首」と題する劄子があり、実封した劄子を輪対の前日に閤門に納めていた可能性も否定できない。(98)

またこの輪対劄子は、

進呈。臣僚奏すらく「近ごろ百執事の輪對・辭見、連章累劄し、猥りに細微に及ぶ。欲すらくは今より凡そ輪對及び辭見有れば、幷びに三劄を過ぐるを許さざれ。軍國の利害、事大體重なる者の若きは、此に拘わらず」と。上曰く「輪對官の說は此れ甚だ當なり。上殿の官多く是れ事を論ずるに、大體に務めず、以て瑣屑に至る、或いは事に成憲有る者を一一奏陳し、多を以て能と爲すは事に益無し。今より只だ三劄を用いよ」と。

進呈。臣僚奏「近者百執事輪對・辭見、連章累劄、猥及細微。欲自今凡有輪對及辭見、幷不許過三劄。若軍國利害、事大體重者、不拘於此。」上曰「輪對官說此甚當。上殿官多是論事、不務大體、以至瑣屑、或事有成憲者、一一奏陳、以多爲能、無益於事。自今只用三劄。」（『宋史全文』巻二七下・淳熙十五年十一月甲辰条）

淳熙十五年（一一八八）に三本までと数が制限された。すでに法のあることや些細な事を冗長に言うものが多かったからだというが、この制限に関しておそらくその契機の一つと思われる出来事に、前年末の沈清臣の輪対が挙げられる。

是の日、軍器監丞沈清臣を引きて輪對するに、劄子凡そ八千言、一一展讀す。知閤張蘐奏すらく「辰正なれば例を引きて隔下せん」と。清臣奏讀すること初めの如し、之れ久しくして、蘐又た云わく「簡徑に奏事せよ」と。上之に目して、却《しり》ぞく勿らしむ。已にして甚だ久しく、次として當に引くべき林栗、已に來りて伺候す。上 清臣の對必ずや久しきを知り、先ず十六日に作さしむ。蘐前みて奏すらく「進膳を妨げたり」と。清臣色を正して曰く「天下の事を言いたり」と。讀み竟わりて乃ち已む。上 之を勞りて曰く「卿二十年閑廢するも、今不枉なり」と。

是日、引軍器監丞沈清臣輪對、劄子凡八千言、一一展讀。知閤張蘐奏「辰正引例隔下。」清臣奏讀如初、久之、蘐又云「簡徑奏事」上目之、令勿却。已而甚久、次當引林栗、已來伺候。上知清臣對必久、先令作十六日。蘐前奏「妨進膳」。清臣正色曰「言天下事。」讀竟乃已。上勞之曰「卿二十年閑廢、今不枉矣。」（周必大『文忠集』巻一七二「思陵録」上・淳熙十四年十二月辛巳条）

このとき彼は八千言もの長大な劄子を持参し、これを一々読み上げた。知閤門事の張嶷は、先例により辰正の刻に及べば、隔下（後回し）させる、と奏したが、清臣は気にせず読み上げを続けた。しばらくして張嶷が「簡潔に奏事すべし」と注意したが、孝宗はそれを目で制してそのまま続けさせた。すでに長時間に及び、次の輪対者の林栗がやって来てご挨拶をしていた。孝宗は清臣の輪対が長いことから、二日後の十六日（この日は辛巳の日で十四日）に林栗の輪対を延期させた。見かねた張嶷が「進膳（お食事）を妨げております」と奏上すると、清臣は厳めしく「いま天下の事を話しておる」と譲らず、すべての劄子を読み終えてようやく終了となった。(99)このような出来事があったことから、劄子の数を制限することにつながったのであろう。のち輪対の劄子の多くは三劄であった。(100)

かつて紹興五年（一一三五）には、これら劄子を翰林学士に命じて編類させたことがあったが、(101)のち寧宗朝にも同様の作業が行われたらしい。(102)

六、輪対による人物評定

この輪対制度は、中央官僚に各自の意見を表明させるとともに、皇帝からしてみればその際の所作・内容によって人物鑑定を行う機会でもあった。これは外任に出る官僚の挨拶を受ける朝辞の制とも共通するものだった。

輪対制度を考える際、これによって多くの人材を抜擢したのが孝宗であった。抜擢された一人応孟明は、

輪對し、首ず論ず……、帝嘉奨すること之久し。它日、宰相進擬し、帝片紙を掌中より出し、二人の姓

名を書き、曰く「卿何故に此れに及ばざるや」と。其の一は則ち孟明なり。乃ち大理寺丞を拜す。

輪對、首論……帝嘉奬久之。它日、宰相進擬、帝出片紙於掌中、書二人姓名、曰「卿何故不及此。」其一則孟明也。乃拜大理寺丞。（『宋史』巻四二二・応孟明伝）

とあり、輪対の有り様によって人物を見ておき、実際の人事の参考としていたことが窺える。ほかにも王尚之は即日両浙転運使に任ぜられたという。(103) その他史料中には、輪対時の上奏によって抜擢された者が多く見えている。(104) 徐氏が言われていた輪対（転対）の効用三点のうち、「第二、集思広益」と「第三、考察官員」は、孝宗朝においては十分に機能していたと言える。

同じようなことはのちの皇帝のときにもあった。理宗朝の李心伝は、輪対の議論明晰によって御筆が出され、同進士出身を賜い、上級の差遣が与えられている。(105)

しかしこれとは逆に輪対を機に皇帝の不興をかうこともあった。

徐存の劄子を進呈するに、宮觀を陳乞す。上曰く「徐存の胸中狹隘、官職に耐えず。向《さき》に輪對に因り、嘗て其の人を識る。宮観を與うべし」と。趙雄等奏して曰く「陛下 知人の明、堯・舜に過ぎ、臣下の凡そ一たび奏對を經る者、輒ち其の人と爲りを知り、一字を以て褒貶すること、曲盡せざる無し」と。上曰く「功業を立て、官職に耐うるは、才徳福厚有る者を須ちて之を能くす。荀卿曰く『形を相《うらな》うは心を論ずるには如かず、心を論ずるは術を擇ぶには如かず』と。朕毎に臣下に於いて、其の形を觀て以其の命を知り、其の言を聽き以て其の心を察す、形を相うと心を論ずと、蓋し兼ねて之を用う」と。

進呈徐存劄子、陳乞宮觀。上曰「徐存胸中狹隘、不耐官職。向因輪對、嘗識其人、可與宮觀。」趙雄等奏曰「陛下知人之明過於堯舜、臣下凡一經奏對者、輒知其爲人、以一字褒貶、無不曲盡。」上曰「立功業、耐官職、須有才德福厚者能之。荀卿曰『相形不如論心、論心不如擇術。』朕每於臣下、觀其形以知其命、聽其言以察其心、相形論心、蓋兼用之。」（『皇宋中興両朝聖政』巻五七・淳熙六年九月庚申条）

孝宗は人を見る目に相当自信を持っており、輪対においてかなり人物如何を厳しく鑑定しており、徐存については非常に辛辣な評価を下している。また理宗は、

甲科に登り、甚だ文名有り、落魄不羈なり。正字為りし日、輪對に因り、故相の擅權に及ぶ。理宗宣諭して曰く「姑く衞王の事を置け」と。邁卽ち抗聲して曰く「陛下一には則ち衞王と曰い、二には則ち衞王と曰う、何ぞ之を容保すること至れるや」と。上怒りて答えず、徑ちに御屛を轉じて、曰く「此れ狂生なり」と。邁は後鄉里に歸り、「敕賜狂生」と自稱す。

登甲科、甚有文名、落魄不羈。爲正字日、因輪對、及故相擅權。理宗宣諭曰「姑置衞王之事。」邁卽抗聲曰「陛下一則曰衞王、二則曰衞王、何容保之至耶。」上怒不答、徑轉御屛、曰「此狂生也。」邁後歸鄉里、自稱「敕賜狂生。」（周密『斉東野語』巻四「潘庭堅王実之」）

耳の痛い史弥遠の話題をしつこく上奏しつづけた王邁に対して、非常に立腹している。この場合は王邁がわざと理宗を揶揄した向きもあるが、直接皇帝と接する機会であるため、その不興を買う結果をもたらしかねないのが輪対であった。

結果として輪対を忌避する官僚が多くなる。

碌碌たる者頗る輪對を以て憂いと爲す。此れ百官陛對の制にして、天日照臨し、賢否畢《ことごと》く見わるや此くの如し。

碌碌者頗以輪對爲憂。此百官陛對之制、而天日照臨、賢否畢見也如此。（『繫年要録』巻二〇〇・紹興三十二年六月条所引呂中『大事記』）

平田茂樹・徐東升両氏は、多くの官僚が専権宰相から受ける後難を怖れ、有益な上奏をおこなわず、輪対を忌避したことを指摘したが、そればかりでなく、皇帝自身に直接奏上をするという行為そのものを忌避したのである。苦し紛れに現行法の改正を求めるような上奏が多く、すでに高宗のときから皇帝自らこれを批判している。(106)

近年臣僚奏對の札子、須らく四・五に至り、率ね皆な細微なる常事、徒らに人の精神を困しめたり。

近年臣僚奏對札子、須至四・五、率皆細微常事、徒困人精神。（周必大『文忠集』巻一五二・奉詔録「臣僚奏札御筆」）

群臣の進對する者、盡くは皇祖の訓に遵うことあたわず、或いは不急の務めを陳べ、苟《かりそめ》に一時の責めを塞ぐ、是れ誠に何の心なるや。

群臣進對者不能盡遵皇祖之訓、或陳不急之務、苟塞一時之責、是誠何心哉。（袁燮『絜斎集』巻二「輪対建隆三年詔陳時政闕失箚子」）

平々凡々な官僚は皇帝の逆鱗に触れぬよう、無難な内容を、数だけは多く箚子を作成し、提出するようになっていた。これもあって箚子数が三本に制限されることにつながったことは言うまでも無い。

ただもちろん宋代の士大夫官僚は、このような者たちだけでは無かった。先に見た沈清臣のように、あるいは逆の方向での王邁のように、この輪対の機会を利用して皇帝に物申したいとする硬骨の士がいなかったわけではなかった。理宗朝の孫夢観[107]や度宗朝の黄震[108]などがそうであるが、結果として前者は好評を得、後者は不興を買っている。極めつけは理宗朝の鄧若水の逸話である。

將に對せんとする前一日、筆吏を親しむ所の潘允恭に假る。允恭素より若水の危言を好むを知り、筆吏に諭して竊かに之を錄らしむ。允恭之を見て、幷せて禍に及ぶを懼れ、走りて丞相喬行簡に告ぐるに、亦た大いに駭く。翼日早朝、奏して若水を通判寧國府に出す。退朝し、閤門舍人を召し問いて曰く「今日輪對官有るや」と。舍人 若水を以て對う、行簡曰く「已に旨を得て外に補せば、班を格《ただ》すべし」と。若水その書を袖にし廡下に待つ、舍人諭して去らしむ、若水怏怏として退く。自から時の容れる所と爲らざるを知り、官に到ること數月、言を以て罷め、遂に復た仕えず、太湖の洞庭山に隱れる。

將對前一日、假筆吏於所親潘允恭、允恭素知若水好危言、諭筆吏使竊錄之。允恭見之、懼幷及禍、走告丞相喬行簡、亦大駭。翼日早朝、奏出若水通判寧國府。退朝、召閤門舍人問曰「今日有輪對官乎。」舍人以若水對、行簡曰「已得旨補外矣、可格班。」若水袖其書待廡下、舍人諭使去、若水怏怏而退。自知不爲時所容、到官數月、以言罷、遂不復仕、隱太湖之洞庭山。（『宋史』巻四五五・鄧若水伝）

鄧若水は輪対の前日、仲のよい潘允恭から筆吏（書写人）を借りたが、若水が危言を好むことをもともと知っていた允恭は、書写人にこっそりと写しを取ってこさせた。それを見た允恭は、禍いが自分におよぶのを恐れ、丞相の喬行簡に密告したが、果たして行簡も大変驚いた。翌日早朝に行簡は上奏して、若水を通判寧国府の地方官に転出させた。丞相らの奏事が終わると、理宗は閤門舎人を召し出して「今日は輪対する官があるのか」と尋ねた。舎人は鄧若水と答えたが、行簡は「すでに聖旨を得て、地方官に転出させたので、輪対の班を組み直すべきだ」とした。若水は箚子を袖の中に入れ、庇の下で待班していたが、閤門舎人が説明に来て、若水は怏々として退去した。そして自分が世に容れられないことを悟り、ついには官を辞め、洞庭山に隠棲することになったという。

この話からは、劄子の作成（あるいは副本の作成か）に筆吏がたずさわっていたこと、劄子の内容は丞相であっても事前に関知するところではなかったこと、輪対を丞相が止めるには人事で行うしかなかったことなどが判明する。秦檜が危険視した輪対の機密性は、変わらず保持されていたと言えるし、一人の官僚にとって輪対は人生の一大事であった。

おわりに

以上、北宋から始められた転対、南宋になって始められた輪対について、特に先行研究が手薄な後者に重きをおいて確認してきた。転対・輪対ともに一定の職事をもつ官が劄子をもって皇帝と対を行なう、という点では性格が共通していた。北宋では転対ははじめ五日に一度の内殿起居の日に行われていたが、後半には月に一回、毎月朔日の文徳殿視朝のとき、侍従官・権侍郎以上を除く卿監・郎官以上だけが一度に二～四人で参加するものであった。これが南宋に入ると、行在の職事官が毎日一人ずつ行う特殊な転対が開始され、これが輪対と称されるようになった。よって当初、輪対は転対の一形態であって、明確に区別されるものではなかった。この輪対は、基本的に皇帝が代替わりするとまず毎日実施され、対象者が一巡すれば、五日に一度に頻度をおとして継続された。それが南宋中期になると、輪対と並んで転対も並行的に実施されるようになり、こちらの転対は卿監以上の中級文官以上に限られ、毎月朔日の月一度のものであった。したがってより多くの文武職事官を対象として行われた輪対の方が、一般の官僚からは馴染み深い制度となった。
輪対は、毎日あるいは五日に一度と比較的多数行われていたが、官僚一人についてみてみると三年弱で一回参加できるものであった。これを忌避するものが多かったことも指摘したが、だからこそ逆にこの機会をとらえて硬骨の言を吐き、思いの丈を述べようとする者も存在した。自分の輪対参加の時期を予想していた南宋人の態度には、何とはなく輪対に対する期待のようなものが感じられる。

某登朝すること六載、輪對する者三、封事を上つる者一。陛對に當たる毎に、必ず自から其の心に盟い、敢えて一詞として其の上に諛悦すること有らず。
某登朝六載、輪對者三、上封事者一。毎當陛對、必自盟其心、不敢有一詞諛悦其上。(呉泳『鶴林集』巻二七「答陳和仲塤書 二」)

と私信で誇らしげに述べているのがそうである。
顧みれば南宋人の墓誌銘、列伝などには輪対への参加が多く記され、同時にその内容が抄録されている。これは一般官僚の人生において、この輪対参加が大きな意味を持っていたことを示しており、いわば輪対は彼らにとって一世一代の大舞台であった。
さらに史料を見ていると、ある人物が輪対を行なった直後に、その箚子が多数の目に触れていることに気付く。(109) 中には参知政事が箚子を見て感嘆しているものもある。(110) また理宗朝に史嵩之が起復し、誰もがこれについて口をつぐんでいたとき、徐元杰は輪対においてこれを糾弾したが、
疏出づるや、朝野傳誦す。帝も亦た其の忠亮を察し、毎に從容として天下の事を訪い、經筵益ます前議

を申《かさ》ぬ。未だ幾ばくならずして、夜に御筆を降し四不才の臺諫を黜け、起復の命遂に寝む。

疏出、朝野傳誦。帝亦察其忠亮、毎從容訪天下事、經筵益申前議。未幾、夜降御筆黜四不才臺諫、起復之命遂寢。（『宋史』巻四二四・徐元杰伝）

その上疏を朝野のものが伝え読んだといい、輪対における上奏は、皇帝に対してなされるものであるとともに、その箚子が公にされるものでもあった。このことは輪対する官も認識していたであろうし、そのような官界の目も意識して輪対に臨んだのであろう。無難な上奏を行う者が多かったなか硬骨の言を吐くことは、皇帝に対すると同時に、他の官僚たちに対するアピールの場でもあった。

一方これを受ける皇帝側からすると、輪対が持つ官界への影響力を無視していたとは考えにくい。よって基本的に輪対官の上奏は「嘉納」するものであったし、時にそれ以外の慰労の言葉をかけてもいた。

帝従容として嘉納し、且つ之を勞《ねぎら》いて曰く「卿昔安《いず》くにか在るや。朕見ざること久し。其れ著す所の書を以て朕に示せ」と。

帝從容嘉納、且勞之曰「卿昔安在。朕不見久矣。其以所著書示朕。」（『宋史』巻四三四・陳傅良伝）

また孝宗は蓋經という人物が八品官のままであることに気付き、即日特旨を下して改官させたりしている。(11)輪対は直接皇帝の恩寵を与える場としても機能していた。そしてそのことは、すぐに他の官僚にも伝わるのであった。

皇帝が官僚の意見を直接聞き、それに対して恩寵を与え、その姿勢を他の官僚たちに見せつける、という輪対の効能は、本来の政策提言を行うという機能からは離れたものだが、これは他の朝辞や召対にも共通したものであろう。しかし他のそれが特定の官僚に限られていたのに対し、輪対は普段職務では皇帝に直接面対できない中下級官僚が、複雑な条件もなく与えられていた権利であり、しかも稀少な機会であったことに特徴があった。

ここで思い出してもらいたい。北宋においては転対はあまり励行されず、仁宗に至っては、大臣ら高級官僚の意向に沿ったかたちであっさりと転対を停止し、その復活の要望をにべもなく却下していた。これに対して南宋の輪対は、太上皇崩御などの事態を除いて継続され、その中で高宗は輪対を奨励し、孝宗は長時間の輪対があっても最後まで聞きとどけ、輪対官を労ってすらいた。なぜ南宋の皇帝らはかくも一般官僚たちに気を遣い、輪対の制度を維持せねばならなかったのか。北宋皇帝との姿勢の違いは何に起因しているのだろうか。

その一つとして考えられるのは、南宋初期、輪対開始時の政治状況で、これが南宋皇帝らの態度と深く関わっているのではないだろうか。南宋で輪対が開始されたのは紹興二年(一一三二)、そのわずか三年前には、高宗が強制退位させられる明受の乱が発生し、その後兀朮率いる金軍が大挙南侵して高宗は各地を逃げまわり、ようやく一月に杭州に戻ったところであった。輪対はその四ヶ月後に始まっている。明受の乱を起こした主体は、不満を持った苗傅・劉正彦ら扈従する親衛軍であった。

皇帝の権威が限りなく失墜したのち、改めて王朝を立て直そうとするときに輪対は始まったのであり、二度と朝廷内から謀反人を出現させぬためにも、自分を支える官僚らの不満を解消させ、思いを発散させる機会が必要であり、皇帝が直接それを聞き入れ、恩寵を与える姿を晒すことによって求心力を維持しなければならなかったのだろう。そこから再出発をした南宋時代においては、この構図を当然と考える政治文化が成立し、輪対制度の継続を促したのではなかろうか。

注

（1）平田茂樹「宋代の政策決定システム―対と議」『宋代政治構造研究』汲古書院、二〇一二年。初出は一九九四年。
（2）徐東升「従転対、次対到輪対―宋代官員輪流奏対制度析論」『厦門大学学報（哲学社会科学版）』二〇〇九―五。
（3）松本保宣『唐王朝の宮城と御前会議―唐代聴政制度の展開』晃洋書房、二〇〇六年。
（4）『宋会要』職官六〇―一・建隆三年二月二十二日条
　內出御禮［札］曰「朕膺運開基、推誠待物、顧干戈之漸偃、欲華夏之永安、渴聽讜言、庶臻治道。今後每遇內殿起居、應在朝文班朝臣及翰林學士等以次轉對、卽須指陳時政闕失、明擧朝廷急務。或有刑獄冤濫、百姓疾苦、竝聽採訪以聞。凡關利病、得以極言、朕當擇善而行、無以逆鱗爲懼。如有事干要切、卽許非時上章、不必須候輪次、亦不得將閑慢事應副詔旨。仍許直書其事、不在廣有援引。卿等或累朝舊德、或閒代英才、當思陳力事君、豈得緘言食祿。竚裨闕政、用副旁求。」
（5）『宋会要』職官六〇―一、淳化二年十一月一日条
　詔復百官次對。唐制、百官入閤、有待制次對官、各擧論本司公事。德宗興元中、詔延英座日、常令朝官三兩人面奏時政得失。至後唐天成中、詔百官每五日內殿起居、拜舞訖便退、因此遂廢侍［待］制次對之官。每遇起居日、令百官轉對言事。至長興初、詔今後五日內殿起居、宜停轉百官如有輪［論］奏、許非時上言。晉天福中、詔依舊五日內殿起居、以兩人轉對、各具實封以聞。漢乾祐初、陶穀奏停詣閤門拜章。至是始復舊制、每起居日、常參官兩人次對、閤門受其章焉。
（6）『宋史』巻一一八・礼志「百官転対」
　大中祥符末、罷不復行。景德三年、復詔「群臣轉對、其在外京官內殿崇班以上、候得替、先具民閒利害實封、於閤門上進、方得朝見。」
（7）『長編』巻一〇七・天聖七年三月癸未条

詔百官轉對、極言時政闕失如舊儀、在外者實封以聞。既而上謂輔臣曰「所下詔、宜增朋黨之戒。」（景德三年四月、詔群臣轉對、不知何時罷、今又復之。王稱『東都事略』「詔曰「國家設制策之科、將博詢于鯁議、有能規朕躬之過失、陳宰相之闕遺、糾中外之姦回、斥左右之朋比、述未明之機事、貢無隱之密謀、以至臺省之官、阿私而罔上、郡國之吏、專恣以濫刑。或通受貨財、潛行請託。或恃憑權勢、敢事貪殘。竝許極言、朕當親覽。其令百官遇起居日轉對、在外臣僚、亦許具實封以聞。」」）

（8）『宋会要』職官六〇―五・熙寧四年八月十九日条

御史臺言「檢會儀制、兩省及文班官候轉對將遍、先申中書門下。今來員數不多、乞預賜指揮。」詔候未經轉對人周遍、即罷。

（9）ただし李燾は、これは大臣らが転対において政権批判が多すぎることを悦ばなかったためだとする。

『長編』巻一〇九・天聖八年九月丙辰条

罷百官轉對。自復轉對、言事者頗衆、大臣不悅也、故復罷之。

（10）『諸臣奏議』巻七七・江公望「上徽宗乞因日食命百官転対」

臣伏見神宗皇帝即位三月、即詔內外文武群臣直言時政。至十一月、再下詔書、每遇起居日、輪百寮轉對。當是時日食來年正旦、故神宗寅畏天威、諮詢闕失、以圖消伏、以廣聰明、甚盛德之擧也。

（11）蘇軾『東坡全集』巻五五「転対条上三事状」

元祐三年五月一日、侍讀蘇軾狀奏「准御史臺牒、五月一日文德殿視朝、臣次當轉對。」

（12）蘇轍『欒城集』巻四一「転対状」（元祐三年五月）

准御史臺牒、五月一日文德殿視朝、臣次當轉對。

（13）『宋史』巻一一八・礼志「百官転対」

紹聖初、臣僚言「文德殿視朝輪官轉對、蓋襲唐制、故祖宗以來、每遇轉對、侍從之臣亦皆與焉。元祐閒因言者免侍從官轉對、續詔職事官權侍郎以上竝免、自此轉對止於卿監・郎官而已。請自今視朝轉對依元豐以前條制。」

（14）『宋史』巻一一八・礼志「百官転対」重和元年条

臣僚言「祖宗舊制、有五日一轉對者、今惟月朔行之、有許朝官轉對者、今惟待制以上預焉。自明堂行視朔禮、歳不過一再、則是畢歳而論思者無幾。請遇不視朔、卽令具章投進、以備覽觀。」

(15)『歴代名臣奏議』巻四九・治道「隆興間起居郎胡銓上疏」
況臣於今月二十三日准御史臺牒、契勘今年三月一日視朝月分、依條於文班內從上輪二人充至日轉對。依檢准續降指揮節文、今後視朝轉對官、如當日不作視朝、亦合前一日赴閤門投進文書。

(16)『歴代名臣奏議』巻二四六・荒政「胡銓上疏」
銓又上疏曰「臣准御史臺牒、契勘今年十月一日視朝月分、依條轉對、檢准續降指揮、合前一日赴閤門投進文書。」

(17)『歴代名臣奏議』巻三四九・四裔
乾道四年、敷文閣待制汪應辰「轉對論自治劄子」曰「右、臣准御史臺牒、十一月一日視朝、當臣轉對者。」

(18)『歴代名臣奏議』巻三三九・御辺「呉昌裔上疏」
准御史臺牒、輪當十二月一日視朝轉對。有已見下項事、須至奏聞者。

(19)劉克荘『後村先生大全集』巻一一二「雑記」
丙午〔淳祐六年〕十月一日、余爲少蓬、當轉對論國本大略。

(20)例えば、『諸臣奏議』巻一一六・財賦門・王存「上神宗乞崇用忠実仁厚之吏」
臣准御史臺告報、當臣轉對者。

(21)『宋会要』職官六〇―一、淳化二年十一月一日条
至是始復舊制、每起居日、常參官兩人次對、閤門受其章焉。

(22)前掲注(16)。

(23)范祖禹『范太史集』巻二二・奏議・「転対条上四事状」(十一月三十日)
准御史臺牒、十二月一日文德殿視朝、輪當轉對奏事。

(24)前掲注(1)平田論文参照。

(25)強至『祠部集』巻一三「代転対劄子」
伏覩朝堂曉示近降中書劄子、奉聖旨、臣僚已授差遣、幷令依例朝辭、許當日實封轉對文字、於閤門投進者。

(26)姚范『援鶉堂筆記』巻四五「南豊年譜」。

（27）『諸臣奏議』巻七七・百官門・転対・楊絵「上神宗乞因転対召訪以事閲其能否」
今之轉對者、前一日入奏于上閤、至其日再拜於上前而退、則所奏之事有可採者、或假手於人、若因而進用之、則僞濫者何由而旌別乎。欲乞先觀其言、設有可採、即於轉對之時、召而訪以事、閲其能否眞僞之狀。

（28）前注の楊絵上奏。

（29）『長編』巻四七・咸平三年十二月壬子条
詔有司別錄轉對章疏一本留中。

（30）蔡幼学『育徳堂奏議』巻一「淳熙輪対劄子（十四年十二月）」一～三、「紹熙輪対劄子（三年十一月）」一～三、巻二「開禧転対奏状（三年五月）」。

（31）宋人の文集など現在見られる漢籍には、そのものとしてはすでに散佚してしまって、それを類書であった『永楽大典』などから清代になって蒐集再生したものがある。そのような場合、意を以て清人が見出しを付け加えた可能性も否定できない。いま挙げた『育徳堂奏議』は宋代に出版された版本であるから、その見出しも宋代につけられたものであろう。

（32）同様に転対劄子と輪対劄子を載せる南宋人の文集には、以下のようなものがある。
劉克荘『後村先生大全集』巻五一「輪対劄子（端平二年七月十一日）」一～二、巻五二「転対劄子（十月一日）」。

杜範『清献集』巻五「軍器監丞輪対第一劄」「第二劄」、巻七「太常寺卿転対劄子」。

胡寅『斐然集』巻一〇「輪対劄子」一～十三、「転対劄子」。

楊万里『誠斎集』巻六九「壬辰輪対第一劄子」「壬辰輪対第二劄子」「癸巳輪対第一劄子」「癸巳輪対第二劄子」「乙巳輪対第一劄子」「輪対第二劄子」「輪対第三劄子」、「転対劄子」。

（33）魏了翁『鶴山集』巻七三「朝請大夫太府少卿直宝謨閣致仕張君午墓誌銘」
詔任滿、赴行在奏事。君入對、首言君德三事、曰仁、曰明、曰武。次論蜀禍已極。願早擇帥臣。尋因轉對又極論軍政之弊。輪對、言「……。」

（34）同内容を伝える『中興両朝聖政』『宋史全文』は、「日輪一人專對」を「日輪一人轉對」に作っている。

（35）『宋史』巻二七・高宗本紀・紹興二年六月条

辛亥、免臺諫官輪對。

(36)『宋会要』職官六〇―九・紹興三年三月二十七日条
詔「今後輪當面對官、如有爲患請假、上殿未得、并不許趨赴朝參、依在將理假條法。痊安日、待制已上依議［儀］制入見。餘官門見訖、次日攙補上殿。」

(37)『宋史』巻四三四・儒林伝・葉適伝
遷博士、因輪對、奏曰……讀未竟、帝蹙額曰「朕比苦目疾、此志已泯、誰克任此、惟與卿言之耳。」及再讀、帝慘然久之。
葉適『水心先生文集』巻一「上孝宗皇帝劄子」。

(38)林希逸『竹渓鬳斎十一藁続集』巻二三「宋龍図閣学士贈銀青光禄大夫侍読尚書後村劉公状」
丙申［午］(淳祐六年（一二四六）)八月望、入脩門、二十三日面對三劄。

(39)劉克荘『後村先生大全集』巻五二「召対劄子(淳祐六年八月二十三日)」。

(40)『宋会要』職官六〇―九・紹興五年十二月十一日条
給事中呂祉言「近詔行在職事官竝輪日面對、切詳侍從官以論思獻納爲職、豈可令與庶官輪對。願詔侍從官免輪對、如有己見、即許請對、不拘時限之數。」從之。

(41)『宋会要』職官六〇―九・紹興五年十二月二十三日条
殿中侍御史周葵言「輪對之法、肇自祖宗、陛下首復此制、然尚有可言者。今監尚書六部門、非若監登聞檢・鼓院之隸諫省也、而輪對之際、檢・鼓院弗與焉。樞密院編修官與敕令所刪定官、均爲書局也、而輪對之際、刪定官弗與焉。望詔有司、俾監登聞檢・鼓院官依監六部門、刪定官依編修官、同預面對之列。」從之。

(42)『宋会要』職官六〇―一〇・紹興六年十月十九日条
左司諫陳公輔言「仰惟陛下求言之切、令行在職事官輪對、所以廣覽兼聽、日聞天下之事、非小補也。比緣巡幸、駐蹕平江、而隨駕臣僚不多、已降指揮面對一次。今聞所輪之人相次已周、目今臺諫官止有三員、逐日上殿班次亦少、欲令見在行在審計・官告・糧料・榷貨・鹽倉及茶場等元不係面對、緣係文臣、皆朝廷選差之人、今若有己見願面對者、許輪對一次。庶使臣下得盡其所言、而艱難之際、亦可少裨聖政。」從之。
『宋会要』職官六〇―一〇・紹興六年十一月四日条

詔應輪對官如有疾病・事故、許實封投進文字、更不引對。

(43)『建炎以来朝野雜記』甲集巻八・故事「百官転対」
其後秦相當國久、悪聞人言、於是百官當對者多托疾不上。十七年八月、詔「自今當對而在告者、竢疾愈日上殿、命吏部約束之。然所對者不過大理寺官十餘人、姑應故事而已。

(44)『繋年要録』巻一六一・紹興二十年二月庚戌条
軍器監丞齊旦面對乞「春月禁民採捕。」秦檜曰「正爲孳育之時。」上曰「此係利害。」乃下之刑部、既而本部言「春月在法不許採捕。若止科違令之罪、恐難禁止。今欲犯者杖八十。」從之。

(45)『繋年要録』巻一六二・紹興二十一年二月癸未条
戸部員外郎李濤面對論「近置諸州惠民局、慮四遠藥方差誤、望以監本方書印給。」從之。

(46)『繋年要録』巻一六二・紹興二十一年二月癸未条
論［輪］官面對、正欲聞朝廷之利害・天下之休戚。今以權姦在位、不言其當春禁樵採、則言惠民局藥方差誤、所言僅及此、而稍涉時政、則禁不敢發口、是則果何取於論［輪］對哉。言路不通國事、從可知矣。

(47)『繋年要録』巻一六七・紹興二十四年八月壬辰条
上諭秦檜曰「近輪對者、多謁告避免。百官輪對、正欲聞所未聞。可令檢擧已降指揮約束施行。」於是申嚴行下。
『宋史』巻四七三・姦臣伝・秦檜伝
帝嘗諭檜曰「近輪對者、多謁告避免。百官輪對、正欲聞所未聞、可令檢擧約束。」檜擅政以來、屏塞人言、蔽上耳目、凡一時獻言者、非誦檜功德、則訐人語言以中傷善類。欲有言者恐觸忌諱、畏言國事、僅論銷金鋪翠、乞禁鹿胎冠子之類、以塞責而已。故帝及之、蓋亦防檜之壅蔽也。

(48)次の史料も同内容。
『宋会要』職官六〇―六・紹興二十七年六月十一日条
宰執進呈著作佐郎黄中言「百僚轉對、今行之二十年、而大臣專恣、好佞悪直。一時習尙、往往以言爲諱、凡所建明、不過務爲塞責而已。望申飭在位、自今已往、應轉對之官有所聞［開］陳、要在竭誠盡忠、切於治道、毋得蹈常習舊、摭細微、以應故事。然後陛下觀其人、擇其言、而爲之虚心訪問、俾得以盡其情實。

積日累月、庶幾有補於萬一、則舊章不爲虛設矣。」上曰「所論極是。朕方欲與卿等相度指揮、大抵轉對之法、恐朝政有闕失、民間利病有不得上聞者、皆當論奏。自秦檜當國、轉對之名雖不廢、而所論者但應故事、初無鯁切有及於時事者、如此則謬悠之談、何補於國。今黃中所言頗合朕意。」詔可。

(49) 紹興二九年になっても、輪対の上奏内容には、相変わらず空論が多かったようである。

『宋会要』職官六〇―八・紹興二十九年三月十七日条

守侍御史朱倬言「凡侍從・常參下逮百執事、每五日一次奏對、而獻言之臣視爲彝儀、多取無益之空言、或建難行之高論、以應故事。間有言之而不可行、行之而不可久、甚失陛下所以求言（問）［開］納之意。望戒飭有司、今後臣僚面對箚子、若委於舊法有弊合改、即乞下所屬討論參計、然後頒行。庶幾獻言者不爲虛文、而奉行者可爲永式。」從之。

(50)『宋会要』職官六〇―一三・紹興三十二年六月二十七日条

詔百官日輪面對、候既周復舊。殿中侍御史張震奏「伏見紹興二年五月三十日詔書、其略曰『昔我太祖皇帝常令百官輪次對日、竝須指陳時政得失、擧朝廷急務、凡關利害、得以極言、可自今後行在百官日輪一員面對。朕當虛佇以聽其言、且觀其行、將有非次之選、用覬多士之寧。』蓋方是時、太上皇帝躬履艱難、思欲明目達聰以防壅蔽、考察能否以知下情、故於聽納不倦如此。恭惟陛下初承聖緒、即詔中外士庶咸貢直言、廣覽兼聽、不遺疏遠、甚盛德也。今侍從・言事官非時得以己見奏聞、惟是卿・監・郎官以次曁百執事、皆願亟望清光、披露心腹、而既限以五日、又間以休假、非閱再歲、莫能周徧、未稱陛下急欲求古之意、且無以輪在朝惓惓之忠。欲望擧行舊典、許令百官以序進、陛下反復咨詢、使竭盡、陳時政之得失、條邊防之利害、凡係於國體、關於民事、皆得盡言。如其所論或干機密、則乞留中省覽、餘皆付外類聚詳閱、擇其可采者而施行之。則數日之間、議論畢陳、而賢愚可以槪見。俟其既周、即復依舊五日輪對、亦不爲煩、此於初政誠非小補。」故詔從之。

(51)『宋史』巻三四・孝宗本紀・乾道七年十二月庚申条

詔閤門舍人依文臣館閣以次輪對。

(52) 呂祖謙『東萊別集』巻八・尺牘「与朱侍講元晦」

某輪對初謂在三四月間、近乃知所謂閤門舍人亦輪對、班序在下、如此則須迤邐至五六月也。

(53)劉克荘『後村先生大全集』巻八二「玉牒初草」嘉定十一年四月条
癸亥、閤門舍人熊武輪對。
(54)『宋会要』職官六〇―一一・乾道八年六月八日条
成忠郎・閤門祇候・武學博士孫顯祖劄子「伏覩指揮、百官輪對奏事。顯祖雖武弁小官、而所任差遣忝在職事官之列、合行輪對、欲望指揮。」有旨依。
(55)『宋史』巻三六・光宗本紀・淳熙十六年二月丁亥条
詔百官輪對。
『宋史』巻三七・寧宗本紀・紹熙五年七月戊子条
詔百官輪對。
(56)『宋史全文』巻二七下・淳熙一六年二月壬戌条
詔職事官日輪面對、用紹興二年・三十二年之制。
(57)『宋史』巻三六・光宗本紀・紹熙二年五月条
辛亥、詔六院官許輪對、仍入雜壓。
(58)『建炎以来朝野雑記』甲集巻一〇「六院官」
六院官、檢・鼓・糧料・審計・官告・進奏也、例以京官知縣有政績者爲之、亦有自郡守除者、則繼卽除郎、如鹿伯可是也、故恩數略視職事官、而不入雜壓。紹興十一年、胡汝明以料院除監察御史、遂遷副端。乾道後、相繼入臺者有宋敦書・蕭之敏・陳升卿・傅淇等數人、而六院彌重、號爲察官之儲矣。淳熙初、龔實之秉政、其內弟林宓幹辦審計司、遇郊恩而林尙京秩、乃白上以六院官班寺監丞之上、林用是得封贈父母。龔後爲謝廓然所論南竄、此其一事也。紹熙二年夏、六院官始復入雜壓、在九寺簿之下焉。(五月庚戌降旨)
(59)徐元杰『楳野集』巻三「嘉熙戊戌輪対劄子」。
(60)徐元杰『楳野集』巻三「甲辰冬輪対劄子」。
(61)佚名『宋季三朝政要』巻四・度宗咸淳七年条
王唐珪爲司農簿、以輪對言天下守令不得人、忤似道罷。
(62)『宋会要』職官六〇―一三・紹興三十二年六月十五日条

詔面對班改用三・八日。先是、面對班用一・五日、以其日分車駕詣德壽宮、故有是命。

(63) 周必大『文忠集』巻一三四・正字輪対箚子二首「論荊襄両淮利害」（紹興三十年十月二十五日）。

(64) 『宋会要』職官六〇―一三・紹興三十二年六月二十七日条

同日、閤門狀「昨降指揮、車駕詣德壽宮起居用一・五日、其面對班改用三・八日。今續准指揮、車駕詣德壽宮起居用初八日、二十二日、所有日後面對官、未審合與不合於三・八日引對。」詔「初八日改用初七日、二十二日改用二十四日。」

ただ八日を変更するのはよいとして、「三・八日」ではない二十二日を二十四日に改める必要性はなく、なぜかかる規定になったものか、『宋会要』が「二十三日」を誤写した可能性のほかは、現状では不明とせざるを得ない。

(65) 前掲注（50）引用史料。

(66) ただこの間にあたる隆興元年三月には、乙巳の日（十四日）に輪対が行われており、「六・三日」とも合致しない。

『宋史全文』巻二四上・隆興元年三月乙巳条

臣僚輪對、奏言「…」。

(67) 『繫年要録』巻一二二・紹興八年十月条

甲子、詔自今従官上殿、令次臺諫、在面對官之上。

(68) 胡寅『斐然集』巻一〇「輪対箚子」三

臣恭覩陛下虛心求言、日昃不倦。凡職事官以上悉許面對。資衆謀、屈群策、以收恢復之功、德意甚美。而比來待對之人、隔下班次有五六日、至于旬時者。卑官冗吏、職有常守、旣爾徘徊、不無妨廢。其閒嘉言讜論、稽于上達、又無以稱陛下見賢若渴之心。臣愚欲望特降指揮、凡當面對臣僚、若遇其日引對未及、卽令退具所欲論奏之言、依祖宗時百官轉對故事、實封于閤門進入。則陛下有達聰之美、臣子無底滞之嘆、兩得之矣。取進止。

(69) 『宋会要』職官六〇―一一・淳熙四年四月二十四日条

詔自今面對官依舊六・三日引。

(70) 周必大『文忠集』巻一七二「思陵録」上・淳熙十四年十一月己未条
知閤龍雱先呈…又奏「今後遇一・五日、詣梓宮前焼香。所有輪對班如何。」上令改作四・九日。
(71) 周必大『文忠集』巻一七三「思陵録」下・淳熙十五年三月己未条
權禮部郎中官倪思奏「太上掩攢以前、除宰執內殿奏事外、輪對引見班竝乞權停。」有旨依。
(72) これ以降、輪対の実績を調べる際には、基本的には年月日すべてが判明するものに限った。
(73) 前掲注(66)史料。
(74) 周必大『文忠集』巻一三五「垂拱殿輪対箚子一首」・「論聴言責実」(乾道六年九月十五日)。
『宋史全文』巻二五上・乾道六年十一月己丑条
國子錄姚崇之輪對、論「大將而下有偏裨・準備將之屬、豈無人才可膺王佐之任。乞驟加拔擢、如古人拔卒爲將。」上曰「苟得其人、不拘等級。」
『宋史全文』巻二五上・乾道六年十二月戊午条
太學錄袁樞輪對、因論「今日圖恢復、當審察至計、以圖萬全之擧。」上曰「卿言極是、當如此。」
『宋史全文』巻二五下・乾道七年六月乙丑条
宗正寺丞戴幾先輪對、因論「人才當以覈實爲先。」上曰「堯舜用人、敷納以言、明試以功、此責實之政。」
『宋史全文』巻二五下・乾道八年正月戊寅条
太常博士楊萬里輪對、論及人材。上曰「人材要辨實僞、要分邪正。」又曰「最不可以言取人。孔子大聖、猶曰『始吾於人也、聽其言而信其行。今吾於人也、聽其言而觀其行。』故以言取人、失之宰予。」
周必大『文忠集』巻一三七「論任官理財訓兵三事」(淳熙二年八月一日)。
喩良能『香山集』巻一六「丁未二月十三日廷和輪対」。
魏了翁『鶴山集』巻一六「十一月二十三日輪対箚子」。
(75) 劉爚『雲荘集』巻一七「庚午六月十五日輪対奏箚」。
真徳秀『西山文集』巻二「庚午六月十五日輪対奏箚一」、「八月一日輪対奏箚」、巻三・対越甲藁「輪対箚子」。
(76) 劉克荘『後村先生大全集』巻八二・玉牒初草・嘉定十一年四月癸亥条、五月丙申条。
(77) 胡知柔『象台首末』巻二「嘉定壬午六月五日輪対第一箚」、「嘉定甲申正月二十二日輪対第一箚」。

(78)『宋史全文』巻三一・寶慶元年七月壬戌条
　將作監張忠恕輪對、奏求言事。上曰「詔巳下兩月、應者絶少、縱有之、亦未盡忠讜也。」恕奏曰「臣聞巳上之疏多有鯁論、而聖諭如此、足見陛下好直惡佞之切。」
『宋史全文』巻三四・淳祐十二年六月丙子条
　大理正尹桂輪對、乞置闕於禁嚴、非特父子之情浹洽、亦所以爲事制曲防之慮。
高斯得『恥堂存稿』巻一「輪対奏箚（原注六月六日、時爲著作佐郎）」
姚勉『雪坡集』巻四「庚申輪対（八月十一日上殿）」。
『宋史全文』巻三五・宝祐三年四月癸未条
　考功郎官洪勲輪對、奏至杜衍封還事、上曰「朕毎諭丞相、事有不可行者、但繳奏來。」
『宋史全文』巻三五・宝祐四年三月壬寅条
　著作佐郎兼資善堂直講鄭雄飛輪對、奏畢、上問皇子讀書如何、雄飛奏「皇子天姿聰明、嘗輯錄聖訓、一日以示臣。陛下貽訓正大明切、皇子又能謹藏習誦之。」上曰「能如此。」
(79)黄震『黄氏日抄』巻六九「戊辰輪対箚子一（咸淳四年七月二十一日）」。
(80)楼鑰『攻媿集』巻一〇四「朝奉大夫李公墓志銘」
　特改承奉郎、輪對便殿、進止詳雅、敷奏明白、歴陳救荒・漕運・附試三事、孝宗嘉納、悉以付中書。
(81)周必大『文忠集』巻一三五「垂拱殿輪対箚子一首　論聴言責実」。
(82)喩良能『香山集』巻一六「丁未二月十三日廷和輪対」。
(83)劉克荘『後村先生大全集』巻五一「錄聖語申時政記所狀」
　閏月十一日、赴後殿奏事例二件。
(84)梅原郁「南宋の臨安」（『中国近世の都市と文化』京都大学人文科学研究所、一九八四年）。
(85)衛涇『後楽集』巻一七「蓋経行状」
　淳熙二年十月輪對、賜見選德殿。
(86)王化雨「南宋宮廷的建築布局与君臣奏対―以選徳殿為中心」『史林』二〇一二―四。
(87)陳耆卿『篔窗集』巻八「朝散郎秘書丞銭公撫墓誌銘」

對便殿言……、再歳兩輪對首言……。

(88) 前掲注(52)。

(89) 呉泳『鶴林集』巻二九「与李悦斎書」、薛季宣『浪語集』巻二三「答陳同父亮書」。

(90) 実際の論対は七月十一日に行われた。劉克荘『後村先生大全集』巻五一「輪対劄子(端平二年七月十一日)」一～二、「録聖語申時政記所状」。

(91)『宋史』巻四三四・葉適伝

因輪對、奏曰「……。」讀未竟、帝蹙額曰「朕比苦目疾、此志已泯、誰克任此、惟與卿言之耳。」及再讀、帝慘然久之。」

『宋史全文』巻二五上・乾道四年十月辛卯条

前四川制置使汪應辰面對、讀劄子至「畏天愛民」、上曰「人心易怠、鮮克有終、當以爲戒。」上又曰「朕日讀『尙書』、於畏天之心尤切。」應辰奏「堯・舜・禹・湯・文・武皆聖人、然一部『尙書』中、君臣更相警戒、言語雖多、要皆不出此道。聖訓及此、實天下之福。」

(92) 周密『癸辛雜識』後集「蕞爾」

木待問輪對、誤讀蕞爾之國作撮音、壽皇厲聲曰「合作在最反讀爲是。」

(93) 袁燮『絜斎集』巻一「輪対陳人君宜勤于好問劄子」

臣不佞、四月六日、猥以庸陋、獲對清光、敷陳治道、勸陛下以延訪英髦。讀畢、臣復口奏、申述延訪之意、謂陛下欲周知是非得失之實、要在勤于好問。陛下首肯再三、聖語云「問則明。」

劉克荘『後村先生大全集』巻八三・玉牒初草・嘉定十二年三月丁卯朔条

太學博士樓昉面對、讀劄至「事力不敵、猶當掩擊攻劫」、口奏云「虜欲求和、皆非實意。若不能自立崖岸、彼豈肯退聽。」上曰「當立此崖岸。」又讀至「變官軍怯懦之習。」口奏云「若朝廷能駕馭將帥、能激昂官軍、人人敢戰、山東一邊自然不會頭重。」上曰「然。」

(94) 周必大『文忠集』巻六六・平園続稿「敷文閣学士李文簡公燾神道碑」

公輪對言「唐虞三代專倚以輔弼、漢唐或謀卿士。今捨二塗、近習必進。此治亂之機、惟聖慮過防。」蓋有所指也。又奏「省闈取士本不立額、乞參皇祐四百之限、稍加裁定。舊時奏名雖賜出身、罕授職任。近兩榜至八百五十餘人放選注官、而賢良方正一科則寂無應詔當責擧者。」讀畢、遂言「天下有變、經營北方未見可付之人。」上曰「朕當自將。」公曰「聖論及此、與眞宗濟澶淵合矣。」上曰「此朕家法、太祖平澤潞、取維揚、太宗平太原、皆是也。」公請先自治以待時。上聳聽不倦、近侍皆跛倚。明日諭三省議省額・特恩二事、有沮之者乃已。

(95) 胡寅『斐然集』巻一〇「輪対箚子三」
臣愚欲望特降指揮、凡當面對臣寮、若遇其日引對未及、卽令退具所欲論奏之言、依祖宗時百官轉對故事、實封於閤門進入、則陛下有逹聰之美・臣子無底滯之嘆、兩得之矣。

(96) 真徳秀『西山文集』巻三・対越甲藁「輪対箚子（二月十一日当対、已草就、初八日改除右史、不曽上。）」。

(97) 楊簡『慈湖遺書』巻五「象山先生行状」
（淳熙）十一年、當輪對、期迫甚、猶未入思慮、所親屢累請、久乃下筆。繕寫甫就、厥明卽對。上屢兪所奏。

(98)『文忠集』巻一三七「輪対前一日封入奏状一首　論任官理財訓兵三事」。

(99) この対の様子は『癸辛雑識』にも載せられている。
周密『癸辛雜識』前集「孝宗行三年喪」

會勅令所删定官沈清臣論喪服六事、凡八千言、展讀甚久、極合上意。知閤張嶷奏已展正引例隔下、清臣奏讀如初、久之、嶷又云「簡徑奏事。」上目之、令勿却。已而甚久、嶷前奏恐妨進膳、清臣正色曰「言天下事。」讀竟乃已。上勞之曰「卿二十年閒廢、今不枉矣。」於是上意益堅。

沈清臣は敕令所删定官であったとし、いくつかの文字の異同が見られるが、清臣の箚子八千言とは、箚子六本で太上皇崩御後の喪服に関する内容であり、これが孝宗の意見に合致していたという。このとき孝宗と群臣は服喪のやり方でやや対立しており、孝宗が知閤門事張嶷（『癸辛雑識』では「張嶷」）を制して、自分と同意見であった沈清臣の対を優先させたのも、そのような裏事情から出てきたものかもしれない。ただし「思陵録」によれば、沈清臣の箚子の一つは賀正旦使との謁見に関する意見であったので、六箚すべてが喪服の制に関することでは無かった。

『文忠集』巻一七二「思陵録」上・淳熙十四年十二月辛巳条
清臣箚子中一項、論賀正人使乞不見如前日、本無可疑、恐有奸臣獻起釁之說、切勿聽之。前日不見、何嘗起釁。上甚以爲然、且云「初意本欲止見之而不受其禮、謂禮官必有公議、姑付之使定其論、不謂禮官乃爾定來、甚無義理。今念彼再來、不見非人情、止當見之、決不受其禮爲是。」沈極稱贊云「陛下只恐見義理不的、若已見得義理明、自不用惑紛紛之說。」上深以爲是。

(100) 劉宰『漫塘文集』巻二十八「故兵部呉郎中墓誌銘」

(嘉定元年) 其年七月面對陳三劄。

『歴代名臣奏議』巻一四八「楊簡上奏」

嘉定元年冬十有二月、臣獲輪對、三劄奏陳。

衛涇『後楽集』巻一〇「辛亥歳春雷雪応詔上封事」

臣一介疏遠、去歳十月、嘗因輪對望清光、三劄所陳。

(101) 王應麟『玉海』巻六一「建隆転対　淳化次対」

(紹興) 五年二月庚子、命孫近・胡交修編類章疏、進入。

(102) 劉克荘『後村先生大全集』巻八二「玉牒初草」嘉定十一月辛巳条

上曰「所進故事與輪對劄子一同、若有益於治道者、當付出行之。」

(103) 張端義『貴耳集』巻下

壽皇大喜、卽日除浙漕。却不及作侍從、曾作太府卿。

(104) たとえば次のようなものが見られる。

『宋史』巻三八五・葛邲伝

輪對、論州縣受納及鬻爵之弊、孝宗奬諭曰「觀所奏、知卿材。」除著作郎兼學士院權直。

『宋史』巻三八六・王藺伝

遷樞密院編修官、輪對、奏五事、讀未竟、上喜見顏色。明日、諭輔臣曰「王藺敢言、宜加奬擢。」除宗正丞、尋出守舒州。

周必大『文忠集』巻三二・省斎文稿・「朝散大夫直顕謨閣黄公石墓誌銘」

乾道元年九月、輪對論二事、其一曰……、其二曰……。時荘文太子留意於詩、公故及之。上大喜曰「朕固嘗以此諭太子、卿言正與朕合。」退朝、以章送東宮、旦［且］批付中書「黄某與陞擢差遣、今晩便可擬來。」

遂除校書郎、入館不試、蓋異恩也。
(105) 佚名『南宋館閣続録』巻六「故実・秘閣校勘」
四年正月、御筆「李心傳已經輪對、議論詳明、盡言無隱、所當褒表。可特賜同進士出身、與陞擢差遣。」
(106) 『繫年要録』巻一七四・紹興二十六年八月壬申条
宰執進呈大理寺主簿郭俶轉對論差役事。上曰「自有成法、不須更改。今祖宗法令、無不具備、但當遵守。比來輪對及之官得替上殿官、多是無可奏陳、致有率意欲輕變成法。有司看詳、尤宜詳審。朕觀『漢史』、曹參遵蕭何畫一之法而漢大治。蓋何所定律令既已大備、若徒爲紛更、豈所謂治道貴淸靜耶。」
(107) 『宋史』巻四二四・孫夢観伝
遷司農少卿兼資善堂贊讀。輪對、謂「今內外之臣、恃陛下以各遂其私、而陛下獨一無可恃、可爲寒心。」次論「郡國當爲斯民計、朝廷當爲郡國計。乞命大臣應自前主計之臣奪州縣之利而歸版曹者、復歸所屬、庶幾郡國蒙一分之寬、則斯民亦受一分之賜。」帝善其言。遷太府卿・宗正少卿、兼給事中・起居舍人・起居郎。
(108) 『宋史』巻四三八・黄震伝
擢史館檢閲、與修寧宗・理宗兩朝國史・實錄。輪對、言當時之大弊、曰民窮、曰兵弱、曰財匱、曰士大夫無恥。乞罷給度僧人道士牒、使其徒老死卽消弭之、收其田入、可以富軍國、紓民力。時宮中建內道場、故首及此。帝怒、批降三秩、卽出國門。用諫官言、得寢。
(109) 方大琮『鐵庵集』巻一七「与鄭金部逢辰書」七
猶憶在班行時、得兄囊封與面對副本、讀之皆鯁切靡隱。又侍立時、見兄秉笏立庭下、衘袖有疏、料其言必有驚倒竈下婢者、惜不果上。
徐経孫『矩山存稿』巻一「劾厲文翁疏」
臣今月二十一日得厲文翁輪對副本、讀之見其心術險微、辭淫言僞、是何其敢于丑正罔上也。
姚勉『雪坡集』巻三二「答許司門書」
八月十一日輪對之疏、讀之者已怒生癭矣。
(110) 『宋史』巻四一一・包恢伝
嘗因輪對曰「此臣心惻隱所以深切爲陛下告者、陛下惻隱之心如天地日月、其閉而食之者曰近習、曰外戚耳。」

參知政事董槐見而歎曰「吾等有慚色矣。」

（111）『後楽集』巻十七「蓋経行状」

及召對、問公家世、喜曰「朕固知卿磊落。」閲所進疏、見公階八品、曰「卿未改官耶。」即日特旨改宣教郎、蓋異恩也。

第七章　「武臣の清要」
――南宋孝宗朝の政治状況と閤門舎人

はじめに

前章では北宋から南宋の転対と、それと並行して南宋から登場した輪対に関して考察し、それが出現した所以として、北宋に比して南宋皇帝は中下級臣僚に対して謁見の恩寵を与え、官界へのアピールの場を提供することで、自らへの求心力を高める効果に期待していたことを述べた。その中で輪対を有効利用し、官僚の資質をよく把握していた皇帝として、南宋第二代の孝宗に言及した。孝宗の時代には、前代の高宗朝においてはあまり頻繁でなかった御筆の行下が活発化し、同時に輪対など謁見の儀式にたずさわっていた閤門司にも改革が施された。そこにはどのような政治的背景が存在していたのだろうか。

孝宗は南宋一の名君とされ、その時代は南宋の最盛期であったと言われている。その評価は対金戦線がひとまず安定し平和を招来したこと、外藩より皇統を引き継いだのち養父高宗に行った厚い孝養によるものが大きい。この時代についてはかつての王徳毅氏などのほか、近年その内政面を対象にした論考が登場し[1]、青木敦氏は孝宗朝が様々な点で改革の行われた時期であったと指摘し[2]、さらに安倍直之氏はその政治体制の特質を述べた[3]。

特に安倍氏の論考は大変示唆に富むもので、この時期孝宗が「宰執や台諫といった官僚機構の中枢部による政治運営」ではなく、「皇帝の主体的政治運営」を目指し、側近政治を行っていたことを指摘した。筆者はほぼその論に同意するものであるが、氏の考察は主題の性格上、その側近体制の構築のみに限定されており、孝宗が何故そのような体制を目指したものかという理由については、先代における秦檜のような専権宰相の出現を防ぐため、という点を挙げるのみである。たしかにそれは大きな理由の一つであろうが、この時代の政治状況を探っていけば、それだけではなく別の理由が可能性として見えてくる。

本章では氏の論から今一歩踏み込んだ形で、孝宗朝の政治状況がいかなるものであったか、その背景に孝宗のどのような考えがあったのかについて考察する。そしてその「親政」体制の中で大きな役割を担ったと考えられる閤門舎人に注目する。このポストは他ならぬ孝宗朝に新たに設けられたものだが、従来大きな関心が払われてこなかった。それはひとえにその史料の乏しさによるものと思われるが、この時期の政治体制を象徴する存在であり、続く光宗・寧宗時期にまで大きく影響を与えたものと考えられる。

なお本章で用いる「武臣」とは、ともすればその名称から主に軍事的能力によって朝廷に仕えた者たちを指すかのように思われがちだが、宋代におけるそれは、決してそのようなものではなかった。梅原郁氏による武臣の定義では[4]、要は文階を所持せず、武階を所有する官僚のカテゴリーの一つにすぎない。であるからそこには恩蔭によって任官したものや宦官なども含まれる。本章においてもそのような意味で使用することをあらかじめ断っておく。

第一節　孝宗の武臣重用と反士大夫感情

まず次の興味深い史料を見てもらいたい。

臣聞くならく祖宗朝最も武臣の親民資序を重んじ、必ず親民を歴て始めて擢用するを得、文臣の親民に改官せるの事體と略ぼ等し。況んや今聖神臨御され、外は則ち用いて提刑・郡守と爲し、內は則ち増して閤門舍人を置き、觀閣に同じくす。小は則ち知縣・縣尉に通注し、民事を歴せしむ。則ち武臣關陞の法も亦た宜しく稍や文臣と同じくして、以て陛下の文武竝用の意を明らかにすべきなり。

臣聞祖宗朝最重武臣親民資序、必歴親民、始得擢用、與文臣改官親民事體略等。況今聖神臨御、外則用爲提刑・郡守、內則增置閤門舍人、同于觀閣。小則通注知縣・縣尉、俾歴民事。則武臣關陞之法、亦宜稍同文臣、以明陛下文武竝用之意也。（韓元吉『南澗甲乙稿』巻一〇「措置武臣関陞箚子」）

これは淳熙年間、韓元吉が武臣の昇進について述べた箚子である。ここでは地方における武臣の提点刑獄・知州任用と中央における閤門舎人の設置を取り上げ、これらがともに孝宗の文武両用の意図からなされたものだという認識を示している。(5) すなわち、この時期における政治体制は、一部の側近官だけを用いたものではなく、「文武並用」を掲げてそれまでに比して武臣に対する重用がなされたことが窺えるのである。

これに限らず、南宋孝宗朝には特に武臣の地位向上に関する政策が行われた時期が存在する。それは乾道六年（一一七〇）からの数年間で、以下主に『宋史』孝宗本紀から列挙してみると、

乾道六年（一一七〇）閏五月癸巳　武臣環衛官の俸給増額
　　　　　　　　　　同月戊申　武臣提刑復活
　　　　　　　　　　六月壬申　武学生の定員増加
　　　　　　　　　　八月庚戌　閤門舎人の新設
乾道七年（一一七一）一二月庚申　閤門舎人に輪対を許可
乾道八年（一一七二）三月　武挙合格者の授官に黄牒を用いる(6)
淳熙四年（一一七七）二月癸巳　武臣授環衛官法を立てる
　　　　　　　　　　一〇月丁丑　監司・守臣に歳ごとに知県候補の武臣二人を推挙させる
淳熙五年（一一七八）五月庚子　武学国子員を設置

という具合である。これらはいずれも武臣にとって有利となるような政策であったといえる。同時期の孝宗の言葉には、少し気になる発言が目立っている。

大抵、治體は偏る所有るべからず。正に四時の如く、春生秋殺、乃ち以て歳功を成すべし。若し肅殺に一なれば、則ち物に其の害を受くる者有り。亦た猶お天下を治むる者、文武竝用せば、則ち長久の術爲り、一に專らにすべからざるがごときなり。

大抵治體不可有所偏。正如四時、春生秋殺、乃可以成歳功。若一於肅殺、則物有受其害者。亦猶治天下者、文武竝用、則爲長久之術、不可專於一也。（『両朝聖政』巻五四・淳熙三年十月己卯条）

「屬意種蠡臣」の句の如きは、卿等切に文武を分別して、便ち晉室の風有ること勿れ。當に之を視ること一の如くし、才行兼備せる者を擇びて之を用いるべし。

如「屬意種蠡臣」之句、卿等切勿分別文武、便有晉室之風、當視之如一、擇才行兼備者用之。（『両朝聖政』巻六一・淳熙十一年十一月丙戌朔条）

など、文武一律の方針を示す言葉が頻出している。

言うまでもなく宋代は五代の弊に鑑みて文臣士大夫を支配の基盤とし、武臣に比してその優位を当然のこととしてきた。そのような宋朝の皇帝自身の口から、建て前の上で「文武平等」を唱え、低すぎる武臣の待遇を少しく引き上げるという程度ではなく、文臣と武臣を同じように扱え、という言葉が出るのにはやや驚きを覚える。

さらにこれらの発言は単なる言葉上のものではなく、その武臣優遇政策は当時の人々にも認識されていたようである。例えば乾道七年（一一七一）張説の簽書枢密院事就任に反対した張栻は次のように言う。

栻復た奏して曰く「文武は誠に偏るべからず、然して今武を右《とうと》びて以て二柄を均しうせんと欲す。而れども用いる所は乃ち此くの如きの人を得るのみ。惟だに以て文吏の心を服せしむるに足らざるに非ず、正に恐るらくは反って武臣の怒りを激せしめん」と。

栻復奏曰「文武誠不可偏、然今欲右武以均二柄。而所用乃得如此之人。非惟不足以服文吏之心、正恐反激武臣之怒。」（『両朝聖政』巻五〇・乾道七年二月条）

当時武臣を文臣と対置せんとし、武臣を優遇する政策がとられていたことを認めつつ、張説の登用に反対している。同じく、宋孝宗の時、王師愈上奏して曰く「臣忝くも惟うに皇帝陛下知人の明は天縦に得、文武の臣は固より已に竝用せられて偏り無し」と。

宋孝宗時、王師愈上奏曰「臣忝惟皇帝陛下知人之明、得於天縱、文武之臣固已竝用而無偏。」（『歴代名臣奏議』巻一七〇「選挙」）

隆興中、議者多く謂えらく文武は一等にして、而して輒ち分別を爲せば、力めて之を平らかにせんと欲す。

隆興中、議者多謂文武一等、而輒爲分別、力欲平之。（『老学庵筆記』巻二）

と孝宗の文武併用の政策は当時の人々によく知られていたことが窺える。

ところでこの間、淳熙元年（一一七四）には、文臣寄禄官・選人の左右字を削去することが決められているが、(7)これは直接武臣に関わるものではなく文臣内のカテゴリーに関係するものである。ここでいう左右字とは、元豊官制改革以後分かりにくくなった科挙合格者の「有出身」とそうでない「無出身」との区別をはっきり表すために、同じ寄禄官名の前に有出身ならば「左」を、それ以外なら「右」を付けるもので、つまりは科挙出身かどうかをわかりやすくしたものである。だがこれも南宋の史家である李心伝の見解では、当時の武臣政策と関わりがあるという。

淳熙改元、趙善俊建言し、以爲らく范純仁の偏蔽の論に本づき、請うらくは復た省去せられんと。之に従う。（元年三月戊子降旨。）蓋し時に武を右ぶに方たり、（趙）善俊迎合して言えば、公論に非ざるなり。

淳熙改元、趙善俊建言、以爲本范純仁偏蔽之論、請復省去。從之。（元年三月戊子降旨。）蓋時方右武、善俊迎合而言、非公論也。（李心伝『建炎以来朝野雑記』乙集巻一四「趙善俊乞文階去左右字」）

淳熙初年に趙善俊がこの左右字の削去を求めたのは、当時の武臣優遇政策に迎合したものであるという認識である。今一歩踏み込んで考えれば、孝宗の武臣優遇政策の裏側には、文臣、それも科挙出身者に対して、彼らを特別視しないという考えが透けて見える。

確かに孝宗朝では武臣重視の政策のみがとられていたのではなかった。近年チェフィー氏がその著によって述べられたように、孝宗朝においては宗室官僚の中央政府への積極的採用も行われていた。(8) さらに先に述べたような文臣左右字の削去など、いずれも科挙出身官僚以外の者の重用につながるものである。

事実、孝宗はしばしば士大夫らへの強い不信感を示している。特にそのことが端的に表れているのが御製「科挙論」である。(9) これは時の宰相趙雄（字は温叔）が科挙の上位合格者である郭明復・劉光祖らを「大好士人」と言って館職に推薦したことに反発した孝宗が、

壽皇宣諭して云わく「朝廷の用人は才を以てす、安くんぞ科第を論ぜんや。科第は入仕の一途に過ぎざるのみ」と。温叔唯唯として退く。

壽皇宣諭云「朝廷用人以才、安論科第。科第不過入仕一途耳。」温叔唯唯而退。（『癸辛雑識』前集「科挙論」）

と言い、わざわざ劉光祖が「科場取士之道」を論じた答案の後ろに、御製で批答を加えたものである。

夫れ近世士を取ること科場に若くは莫きも、人を用いるに至るに及びては、豈に此れに拘わるべけんや。詩賦經義、學者皆能く之を爲る、又た何ぞ以て重輕を分くるに足らんや。夫れ科場の弊は、文格の高下

を考うるに精ならず、但だ分數を以て之を取り、直だ幸と不幸となるのみ。廷試に至りては、未だ嘗て黜落する者有らず、盡く官資を以て之に命ず。才（者）と不才者と混じる、是れ科場取士の本已に弊れるなり。夫れ用人の弊は、人君の患は知人の哲に乏しく、學に寡なくして而して道に昧きに在り。況んや又た相を擇ぶに審らかならず、奸私を懐き、紀綱を壞し、法度を亂すに至り、敗るるに及びて而して之を逐う、不治の事已に勝げて言うべからず。宰相は人を擇ぶあたわず、一官を差わす毎に、則ち曰く「此の人高第に中たる、眞に好《よ》き士人なり」と。終に其の才行何如を考せず。孔聖の門も猶お四科に分かつ、人才兼全たる者古より難きと爲す。今は則ち然らず、高科虛名の士を以て、之を處くに宜しからざる者無しと謂い、何ぞ嘗て才の長短を問わんや。夫れ監司・郡守は民の休戚に係る、今は資格を以て之に付す、宰相其の一二を擇ぶと雖も、又未だ皆は其の人を得ず。陛對に至るに及び、既に過人の善無く、粗ぼ凡猥の容無ければ、則ち又た未だ能く其の選を極精せず。

夫近世取士莫若科場、及至用人、豈可拘此。詩賦經義、學者皆能爲之、又何足以分重輕乎。夫科場之弊、不精考文格之高下、但以分數取之、直幸與不幸爾。至於廷試、未嘗有黜落者、盡以官資命之。才與不才者混矣、是科場取士之本已弊也。夫用人之弊、人君患在乏知人之哲、寡於學而昧於道。況又擇相不審、至於懐奸私、壞紀綱、亂法度、及敗而逐之、不治之事已不可勝言矣。宰相不能擇人、每差一官、則曰「此人中高第、眞好士人也。」終不考其才行何如。孔聖之門、猶分四科、人才兼全者自古爲難。今則不然、以高科虛名之士、謂處之無不宜者、何嘗問才之長短乎。夫監司・郡守係民之休戚、今以資格付之、宰相雖擇其一二、又未皆得其人。及至陛對、既無過人之善、粗無凡猥之容、則又未能極精其選。（史浩『鄮峰真隠漫録』巻一〇「回奏宣示御製策士聖訓」）

人材登用手段としての科挙の有用性を認める一方、そのときの成績が後の昇進やポスト任命など後々にまで影響を与えることを強く批判している。更には、

國朝以來、忠厚に過ぎ、宰相にして而して國を誤る者、大將にして而して軍師を敗る者、皆な未だ嘗て之を誅戮せず。三代天下を得るに仁を以てすると雖も、而れども啓は六卿に誓いて曰く「命を用いざれば、社に戮さん」と。義和廢職し、猶お且つ之を征して曰く「以て先王の誅を干す」と。況んや邦邑軍師の大事を掌るをや。要は人君必ず相を審擇し、相は必ず官の爲に人を擇び、其の長ずる所を失わしめざるに在り。懋賞を前に立て、嚴誅を後に設けて、人才出でざるを吾信ぜざるなり。今朕の延登せる二三の柄臣、皆な精白一心、忠を盡くすに隱れ無し、宜しく此を免るべし。更に夙夜勤め、益ます庶績を凝し、豈に休からざらんや。

國朝以來、過於忠厚、宰相而誤國者、大將而敗軍師者、皆未嘗誅戮之。雖三代得天下以仁、而啓誓六卿曰「不用命、戮於社。」義和廢職、猶且征之曰「以干先王之誅。」況掌邦邑軍師之大事乎。要在人君必審擇相、相必爲官擇人、不失其所長。懋賞立乎前、嚴誅設乎後、人才不出、吾不信也。今朕延登二三柄臣、皆精白一心、盡忠無隱、宜免乎此。更勤夙夜、益凝庶績、豈不休哉。（史浩『鄮峰真隱漫録』巻一〇「回奏宣示御製策士聖訓」）

とまで言っている。宋代において宰相や将軍が失策を犯しても処罰されてこなかったこれまでの姿勢を厳しく批判し、「誅戮」という言葉まで持ち出している。これには皆大いに驚き、きっとこれは孝宗の文章ではなく、曽覿の所為であろうという者もいたほどであった。もっともこの後半部に関しては、史浩の強い諫めを容れて撤回したようではあるが[10]。

すでに北宋以来、文官士大夫にとって科挙は官僚となるための手段であるとともに、その合格自体が一種のステイタスであり、自らが知識人たることを保証するものであった。そこでの成績は、その後の官途を決定する大きな要因であり、上位合格ということ自体が自らの優秀さを示す指標であった。にもかかわらず孝宗は科挙は官僚登用の一手段に過ぎず、「進士及第」「出身」「同出身」などの成績をもって盲目的に差遣や職を与えるべきではないという。言い換えれば科挙士大夫を特別視せず、人物鑑定による才能本位を実現しようとの表明であり、その考えはこれまで宋王朝がとってきた基本理念と大きく違ったものであった。

ここに強烈に見られるのと同様、孝宗は士大夫への反発ともとれる発言を繰り返している。

近時の儒者は高談多く、實用無し。

近時儒者多高談、無實用。（『宋史全文』巻二四・乾道二年四月甲戌条）

上　芮煇に諭して曰く「卿當に先ず士大夫の風俗を正すべし」と。

上諭芮煇曰「卿當先正士大夫風俗。」（『兩朝聖政』巻四八・乾道六年十月癸酉）

上曰く「今の士大夫、文を能くする者多く、道を知る者少なし」と。

上曰「今士大夫能文者多、知道者少。」（『兩朝聖政』巻五四・淳熙二年九月己亥条）

上又た曰く「近世の士大夫多く農事を言うを恥づ。農事は乃ち國の根本、士大夫好んで高論を爲すも、而れども實に務めず、却って之を言うを恥づ」と。

上又曰「近世士大夫多恥言農事。農事乃國之根本、士大夫好爲高論、而不務實、却恥言之。」（『兩朝聖政』巻五五・淳熙四年五月甲子条）

当時の孝宗は士大夫らに対して非常に強い不満を覚えており、そこから士大夫以外の武臣や宗室などに対する積極的な政策を実施していったものと思われる。

ではどうして孝宗がこのような考えを持つに至ったのであろうか。一つにはすでに幾人かが指摘するように、先代高宗朝の政治を牛耳った権臣秦檜の存在が大きかったであろう。[11] 秦檜時代においてはあらゆる場に彼の勢力が扶植されて、皇帝高宗は全く無力であった。[12] 孝宗は強大化した宰相らの権力を抑制し、秦檜のようないわゆる権臣宰相の出現を防ごうとしたものと思われる。

もう一つの理由としては、宰執群の政治運営機能がうまくいっていなかったことも挙げられよう。孝宗朝にはその初期に対金政策をめぐって和戦両派の争いがあり、隆興和議が成立したあとでも、

陳應求嘗て孝宗に告げて曰く「近時宰相罷去せば、則ち用いし所の人、賢否を問わず、一切屛棄す。此れ鉤黨の漸にして、國家の福に非ざるなり」と。趙温叔の相と爲るや、多く蜀士を引き、相を罷めるに及び、飛語を爲して以て蜀士を撼かす者有り。王季海言えらく「一宰相去れば、用いし所の者皆な去る、此れ唐季の黨禍の胎なり。豈に聖世の宜しく有るべき所ならんや」と。

陳應求嘗告孝宗曰「近時宰相罷去、則所用之人、不問賢否、一切屛棄。此鉤黨之漸、非國家之福。」趙温叔爲相、多引蜀士、及罷相、有爲飛語以撼蜀士者。王季海言「一宰相去、所用者皆去、此唐季黨禍之胎也。豈聖世所宜有哉。」（『鶴林玉露』甲編巻六）

というようにいわゆる朋党政治の気配が濃厚になってしまっていた。士大夫の朋党化に対しては孝宗も大きな注意を向けており、特に執政・大臣らに対しては、自宅での他官との接触を制限するほどであったが、[13] それは単なる杞憂ではなかったのである。

さらにもっと大きな理由として、士大夫らに清談の風が流行しており、実務を嫌う傾向にあったことが挙げられる。文臣に「須入」の規定を強化して実地での政治経験を課すことにするなど、[14] 孝宗は実務能力を重視していた。そして、

上璽書を賜いて曰く「近世の書生は但だ清談に務め、經綸の實才は蓋し未だ之を見ず、朕是を以て毎に東晉の憂有り」と。

上賜璽書曰「近世書生但務清談、經綸實才蓋未之見、朕以是毎有東晉之憂。」(『宋史』巻三八六・劉珙伝)

上曰く「今の士大夫微や西晉の風有り」と。

上曰「今士大夫微有西晉之風。」(『朝野雑記』乙集巻三「孝宗論士大夫微有西晋風」)

上曰く「『何を以て人を聚む、財と曰う。』周は冢宰を以て國用を制し、『周禮』の一書は理財其の半ばに居る。後世の儒者は清談を尙び、理財を以て俗務と爲す、本を知らずと謂う可し」と。

上曰「『何以聚人、曰財。』周以冢宰制國用、『周禮』一書、理財居其半。後世儒者尙清談、以理財爲俗務、可謂不知本矣。」(『両朝聖政』巻六〇・淳熙十年八月是月条)

という士大夫らを非難する孝宗の言葉からは、当時の士大夫らが実務を軽視し、その有り様はかつて晋代清談にかまけていた者たちと同じであると孝宗が感じていたことを窺わせる。[15]

同じような士大夫観を表明する者は他にもいた。

士爲る者 文章行義を言うを恥じ、而して曰く「心を盡くし性を知る」と。官に居る者 政事書判を言う

を恥じ、而して曰く「道を學び人を愛す」と。

爲士者恥言文章行義、而曰「盡心知性。」居官者恥言政事書判、而曰「學道愛人。」（陳亮『龍川集』巻一五「送呉允成運幹序」）

秀才好んで虚を立て事を論じ、朝廷纔かに一事を做せば、鬨鬨地として鬨ぎ過ごし、事了れば、又た只だ休むのみ。

秀才好立虚論事、朝廷纔做一事、鬨鬨地鬨過、了事又只休。（『朱子語類』巻一二七・本朝）

陳亮・朱熹などが言っていることから、その雰囲気は多くのものが感じていたようである(16)。

また先の史料にも見えるように、当時の士大夫には財政関係の官職に就きたがらない傾向があり、それは孝宗がその人事に苦慮するほどであった(17)。

禮部員外郎莫濟を司農少卿と爲す。魏杞奏して曰く「濟は嘗て詞科に中たり、且つ南宮の牋奏を掌る、但だ恐るらくは議者以爲えらく蹊徑未だ是《よ》からず」と。上曰く「中都官初めより清濁を分かたず」と。

禮部員外郎莫濟爲司農少卿。魏杞奏曰「濟嘗中詞科、且掌南宮牋奏、但恐議者以爲蹊徑未是。」上曰「中都官初不分清濁。」（『両朝聖政』巻二九〔四五〕・乾道二年九月条）

このようなやりとりからは、当時の士大夫層では差遣を清流・濁流に分け、財政関係官を濁流に配し、それらの別を踏まえて人事を行うべしとする風潮があったことが窺える。このように官に清濁の思想を持ち出し実務を嫌うのは、まさに中世貴族の風であり、この時代の科挙士大夫たちの思考の中に、政権を担うという自負よりも、かつての貴族と同じ特権階級のような高慢な意識が充満していたことを示している。結果「大臣事に任えず」と言われるように職務遂行に重大な支障を来すようになっていた。[18] 孝宗はそのような士大夫の姿勢に強い不満を抱いていたと思われる。[19]

以上、孝宗が武臣・宗室などの科挙士大夫以外の官僚を積極的に活用した背景には、士大夫への強い不信感があったものと思われる。それは士大夫らの中から第二の秦檜が現れることを警戒したのはもちろんだが、それ以上にすでにこの時代、士大夫官僚らが党派を組んでの争いに終始し、その一方で実際の政治運営上不可欠である経済政策などから目をそむけるその政治態度に孝宗が強い不満を抱いたからでもあった。そこで孝宗は従来の士大夫中心の政治体制からの脱却をめざし、皇帝を中心とした「親政」体制をとろうとし、武臣・無出身文臣・宗室ら士大夫以外の官僚を積極的に重用したものと思われる。

國子博士錢聞詩の劄子に論ずらく「今日登用せる武臣は、武臣の中より文采を有つ者を選用するに過ぎず。此を以て武勇を激厲せんと欲すれば、恐るらくは反って其の習いを怠り、將に將帥の子弟必ず文墨を事とし、琴書を弄び、時の好尚に趨き、以て進用を倖せんとする者有るを見ん」と。上曰く「若し此くの如き時、朕安くんぞ人使を得ん」と。

國子博士錢聞詩劄子論「今日登用武臣、不過於武臣中選用有文采者。欲以此激厲武勇、恐反怠其習、將見將帥子弟必有事文墨・弄琴書、趨時好尚、以倖進用者。」上曰「若如此時、朕安得人使。」（『兩朝聖政』巻五六・淳熙五年八月戊子条）

ここでは孝宗朝が登用している武臣らが、基本的に文章能力を持った者たちであったことが示され、[20] 錢聞詩は知ってか知らずか、これでは武勇を期待することができず、結局文弱に流れ、僥倖を求める者が多く出てしまうことを懸念している。もちろん孝宗は戦闘員として武臣を重用しているのではなく、文才ある者を求めているのであるが、おそらく銭聞詩はあえてそれに気づかぬふりをし、重用される武臣らに対する反発からこのような発言をしたのだと思われる。

孝宗も即位当初、龍大淵・曽覿らを権要につけようとしたとき、[21]いわば既得権益を奪われた文臣士大夫が反発することは初めから予想の範疇にあったであろう。だからこそこの件に関しての反対意見はことごとく無視され、反対者全員の左遷まで行ったのである。もちろんだからといって全く士大夫を無視した政策が行われたのではない。南宋政権にとって、北宋の士大夫政治を理想的な時代であったと規定し、それを継承していくことを内外に示すことは、王朝存続にとって必要不可欠な処置であったろう。南宋の駢文が題材を多く北宋に取っていることもその状況を表している。[22]後世士大夫から南宋一の名君として高い評価が与えられていることからも、孝宗はうまく各官を使いこなしたものと言える。

第二節　孝宗朝における宰執の権限と御筆政治の展開

前節で見たように、孝宗は実務に疎い士大夫らを無条件に重用する体制から脱却しようとしていたが、それでは実際の政治システムとしての新たな皇帝「親政」体制の構築は具体的にどのようになされたものであろうか。

乾道七年（一一七一）四月、周必大は四事を上言した。

一に曰く、侍従を重んじ以て将相に儲えん。臣復た遠く祖宗の故事を引かず、且く紹興初めを以て之を言わん。當時の近臣往往にして天下の選を極め、故に議論設施は皆な觀るべきもの有り、中興の功助け無しと爲さず。只だ秦檜專政し、以て闒茸庸俗の士を收集して充員備位するより、人才の衰弱、職として此の由なり。陛下憂勤して十年、作成甚だ切なり。凡そ左右に侍るは、親擢に非ざる無し、其の能否・賢不肖、豈に睿鑑より逃れんや。臣願わくば陛下更に留神を賜わり、一人を進む毎に、徒だに一時の長を取るのみならず、須く他日の用に備うべくんば、則ち人才見われん。

一曰重侍從以儲將相、臣不復遠引祖宗故事、且以紹興初言之。當時近臣往往極天下之選、故議論設施皆有可觀、中興之功不爲無助。只自秦檜專政、以收集闒茸庸俗之士充員備位、人才衰弱、職此之由。陛下憂勤十年、作成甚切。凡侍左右、無非親擢、其能否賢不肖豈逃睿鑑。臣願陛下更賜留神、每進一人、不徒取一時之長、須可備他日之用、則人才見矣。(『周文忠公奏議』巻二「論四事劄子(乾道七年四月六日)」)

その第一事では侍従の更なる充実を主張しており、即位後十年ほどたった当時、さらなる侍従の信任が求められている。そして第二事には、

二に曰わく、臺諫を增やして以て耳目を廣うせん。臣聞くならく人主は九重に深居し、頼りて以て中外の利害を周知し、臣下の邪正を別白する所の者は臺諫なり。然れども名を好む者は徼訐に失し、古に泥む者は迂闊に失う、之を聽くも未だ其の益を見ず、之に違うも寧ぞ非に歸するを免れん。必ず人を得んと欲すれど、固より亦た難し。臣願わくば陛下其の難を以て遂に其の官を虛しくすること勿れ、或いは博問詳試して而して之を用い、或いは忠信の臣に命じて而して之を擧げしむれば、必ず端士を得、聰明を增廣し、誠に治を助くるの大端なり。

二曰、增臺諫以廣耳目。臣聞人主深居九重、所賴以周知中外之利害、別白臣下之邪正者臺諫也。然好

名者失於徼訐、泥古者失於迂闊、聽之未見其益、違之寧免歸非。必欲得人、固亦難矣。臣願陛下勿以其難遂虛其官、或博問詳試而用之、或命忠信之臣而擧之、必得端士、增廣聰明、誠助治之大端也。(『周文忠公奏議』巻二「論四事箚子（乾道七年四月六日）」)

台諫を増員すべきだと主張している。本来宰執の失政があればそれを弾劾すべき存在である台諫は、すでに秦檜時代以来、その抑圧下にあって宰執の「党羽」となってしまっていた。[23] そこで孝宗は、役に立たなくなっていた台諫らをさらに抑え込んでしまう。御史台の長官である御史中丞は、孝宗朝二十七年間にたった二名しか任命されず、特に乾道五年（一一六九）から淳熙一〇年（一一八三）までの十五年間は空位のままであった。

すなわちこの箚子は、御史中丞空位の三年目に出されており、北宋以来政策運営の当事者であった侍従・台諫らが、この時期機能を果たしていなかったことを示している。これは孝宗朝の政治状況を極めてよく表したものであろう。

さて孝宗が自らの「親政」体制を確立するためにおこなったのは、何よりも命令系統の確保であったと思われる。そのためにまず枢密院の命令系統を直轄下におくこととした。つまりは枢密院の事務長である枢密都承旨のポストに近習武臣を任命し、そこでの命令文書を中書・門下を経由させないようにした。[24]

しかしそれだけではなく、孝宗が積極的に御筆手詔のシステムを使用していたことにも注目すべきであろう。

今朝廷に一政事有りて而して多く御批より出で、一委任有りて而して多く特旨より出ず。政事をして而して皆な善からしめ、委任をして而して皆な當たらしむるは、固より以て陛下の聖德を彰らかにするに足れども、而して猶お好詳の名を免れず。萬一然らずして、而して徒らに宰輔の事を避くる者をして用いて以て藉口するを得さしむるは、此れ臣の君を愛するの心、以て自ら已むあたわざる所なり。臣願わくば陛下 其の要を上に操り、而して其の詳を下に分けられんことを。凡そ一政事、一委任は、必ず三省をして審議し旨を取らしめ、御批を降さず、特旨を出ださず、一切祖宗の上下相い維ぐの法を用いられよ。権をして固より我に在らしめ、曩日專權の患を蹈まず、而して怨みに歸する所有れば、大臣に代わりて受怨の失無し。此れ臣の陛下の爲に之を願う所以なり。

今朝廷有一政事而多出於御批、有一委任而多出於特旨。使政事而皆善、委任而皆當、固足以彰陛下之聖德、而猶不免好詳之名。萬一不然、而徒使宰輔之避事者得用以藉口、此臣愛君之心所不能以自已也。臣願陛下操其要於上、而分其詳於下。凡一政事、一委任、必使三省審議取旨、不降御批、不出特旨、一切用祖宗上下相維之法。使權固在我、不蹈曩日專權之患、而怨有所歸、無代大臣受怨之失。此臣所以爲陛下願之也。（陳亮『龍川集』巻二「論執要之道」）

陳亮は、孝宗が細事に至るまで御批・特旨と呼ばれる御筆手詔を下していることを非難し、祖宗朝のようにうまく三省を総攬すべきであると述べている。事実当時の史料には、孝宗が降した御筆が頻繁に登場しており、当時孝宗がこれらの御筆処分によって政治を「親政」していたことを窺わせる。すでに乾道四年（一一六八）七月、

是より先、禁中の密旨は諸軍に直下し、宰相多く預り聞かず。

先是、禁中密旨直下諸軍、宰相多不預聞。（『宋史』巻三八三・陳俊卿伝）

と言われ、陳俊卿が宰相となって孝宗に強諫を行うことで、(25)ようやく「政事復た中書に帰す」と史料に表現される状態であった。(26)

これだけでなくさらに俊卿は百官に対して、孝宗より直接下された命令は宰執に報告して審査を受けるように通達している。(27)つまりそれまでは各機関から宰執への報告もなかったということであり、この時期宰執が関知し得ない命令文書が、禁中から降されていたのである。北宋神宗朝の規定においては内降の命令が下ってきたら三省に報告することになっていたが、(28)そのタガが外れていたこの時期の御筆は、まさに最高権威を持つ命令文書となっていた。

皇帝から直接実施機関に命令が下される状態は、はやく孝宗即位二年目の隆興元年（一一六三）から存在していた。

省中忽ち（邵）宏淵出兵の狀を得、始めて三省に由らず、徑ちに諸將に檄するを知る。（史）浩 陳康伯に語りて曰く「吾が屬倶に右府を兼ぬ、而れども出兵は與聞せず、焉んぞ用て相たらんか。去らざれば尚お何をか待たんや」と。

省中忽得宏淵出兵狀、始知不由三省、徑檄諸將。浩語陳康伯曰「吾屬倶兼右府、而出兵不與聞、焉用相哉。不去尚何待乎。」（『宋史』巻三九六・史浩伝）

当時対金強硬策に反対であった宰相史浩に対し、あくまでも旧領恢復を企図する孝宗は強硬派張浚の意見を納れ、中書門下を経由せずに直接前線の将軍に命令を下し、結果史浩は憤慨して宰相を辞任している。(29)もと藩邸の旧臣で信任厚い史浩においてこの状況である。他の宰相の場合は論ずるまでもなかろう。

さらにこの御筆制度を前提とすると、前章で検証した輪対制度はこの「親政」体制において、やはり大きな比重を占めていたとも言える。臣僚の意見を聞き、すぐさまそれを御筆によって命令化し、その間に宰執の介入を認めないということも理論上は可能になったのである。

（蔡必勝）既に對するを得、六事を陳ぶること晷を移す。上詰難すること反覆なるも、公辨奏して従容たり、手筆もて外に付し施行せらるる者多し。

既得對陳六事移晷。上詰難反覆、公辨奏從容、手筆付外多施行者。（葉適『水心文集』巻一七「蔡知閤墓誌銘」）

という史料は、墓誌銘ということから褒詞である可能性もあるが、輪対によって臣僚の意見を聞き入れ、すぐさま御筆によって施行機関に命令を下す姿を表している。

またこの時期、宰相がいかにぞんざいに扱われていたかを端的に表すのが、その空位時期の長さである。次にその期間を示してみる。

乾道元年（一一六五）二月戊申　陳康伯罷免　～同年十二月戊寅　洪适就任　（二六九日間）
乾道二年（一一六六）三月辛未　洪适罷免　～同年十二月甲申　葉顒就任　（二五二日間）
乾道三年（一一六七）十一月癸酉　葉顒・魏杞罷免　～四年二月己亥　蔣芾就任　（七二日間）
乾道四年（一一六八）六月戊午　蔣芾罷免　～同年十月庚子　蔣芾再任　（一〇一日間）
淳熙二年（一一七五）九月己未　葉衡罷免　～五年三月壬子　史浩就任　（九一九日間）[30]

この間、もちろん参知政事ら執政が機能していたわけだが、やはり宰相二名の不在がかほど長いのは異常事態である。士大夫政治の黄金時代といわれる北宋仁宗朝においては、宰相が不在となるような事態は全く起こっていない。さらに南北両宋を通じて宰相不在という状態は合計で約六年半（七七ヶ月半）しかなく[31]、そのうち約四年半（五三ヶ月半）が孝宗朝のものである。特に淳熙五年（一一七八）約二年七ヶ月ぶりに宰相（丞相）として史浩が任命された際、

又た特に洪夫人の誕日に於いて、公を拝して相と爲し、尋いで又た御札有り、徑ちに之に賜りて曰く「丞相今日正謝す、今酒果を賜いて太夫人の慶と爲せば、丞相と同に此の意を領すべし」と。

又特於洪夫人誕日、拜公爲相、尋又有御札、徑賜之曰「丞相今日正謝、今賜酒果爲太夫人之慶、可與丞相同領此意。」（張淏『雲谷雜記』巻四「史浩眷遇」）

とあり、わざわざ史浩の母洪氏の誕生日に合わせて任命をしている。史浩に対する孝宗の心遣いが感じられるエピソードであるが、丞相職の必要に迫られた任命であるとは思えない。

そもそもこのような政治姿勢が可能となったのは、先代高宗朝の秦檜専政体制において給事中・中書舎人らが任命されず、その死後に至ってようやく三省の機能は復活したとされ[32]、すでにその基盤が脆弱になっていたことが下地にあったものと思われる[33]。

このようにして孝宗は、宰執らに関知させぬうちに政治の実権を保持し、自らを中心とする皇帝「親政」体制を築いたものと思われる。

孝宗臨御して久しく、事皆な上が決し、執政は惟だ旨を奉じて行うのみ、群下多く恐懼顧望す。

孝宗臨御久、事皆上決、執政惟奉旨而行、群下多恐懼顧望。（『宋史』巻三九七・徐誼伝）

乾道より淳熙に至るまで、萬幾獨運し、而して大臣は位に充てらるのみ。

乾道至淳熙、萬幾獨運、而大臣充位。（『困学紀聞』巻一五「考史」）

この時期の宰執群は政策立案の場面では極めて形式上の存在に過ぎなくなり、その実権は皇帝側に握られていたというのが当時の政治状況であった。

第三節　閤門舎人について

一、閤門舎人の特徴

前節で見たように、孝宗の「親政」体制は御筆・輪対という宰相らの関知し得ないシステムを利用することで構築された。そして第一節の冒頭に掲げた韓元吉の言葉にあるように、内においては閤門舎人が、外においては武臣提刑・知州がその象徴的な存在であった。

そのうち閤門舎人が設置されたのは孝宗乾道六年（一一七〇）のことであるが、これより先、北宋時代から武臣の中に閤職なるカテゴリーが設けられていた。(34) 北宋においては閤門通事舎人・閤門祇候の二つの閤職があり、通事舎人はのち政和年間（一一一一～一七）に閤門宣賛舎人と改称された。もともと閤職は宮廷内の儀礼の取り締まりを司ったが、その実職を持つ者よりも多くは武臣の名誉称号であり、その点で文臣の館職と同じ性質のものであった。しかし、監察御史胡舜陟奏すらく「閤門の職は祖宗の重んずる所、宣贊は三五人に過ぎず、熙寧の間、通事舍人は十三員、祗候は六人、當時議者猶お以て多しと爲す。今舍人は一百八員、祗候は七十六員、看班は四員、內職を免ぜられし者は二百三員なり」と。

監察御史胡舜陟奏「閤門之職祖宗所重、宣贊不過三五人、熙寧間、通事舍人十三員、祗候六人、當時議者猶以爲多。今舍人一百八員、祗候七十六員、看班四員、內免職者二百三員。」（『宋史』巻一六六・職官志・東西上閤門条）

とある如く、北宋末において濫発されたため、その地位が低下していた。そこに新たに設置されたのが閤門舍人である。

乾道六年、上閤門の選を清くせんと欲し、宣贊舍人・閤門祗候の舊に仍りて贊引の職を通掌せるを除くの外、閤門舍人十員を置き、以て武擧の入官する者を待つ。

乾道六年、上欲清閤門之選、除宣贊舍人・閤門祗候仍舊通掌贊引之職外、置閤門舍人十員、以待武擧之入官者。（『宋史』巻一六六・職官志）

閤門、右列の清選なり。……乾道の閒、孝宗始めて儒臣館閣の制に倣い、增して閤門舍人を置き、以て武擧の入官する者を待ち、先ず召試して而して後に命ず。又た轉對を許すこと職事官の如くし、供職して二年に滿ちれば邊郡を與え、遂に戎帥・部刺史の選と爲すと云う。近歲の熊提刑飛・譙知閤熙載・姜節使特立の進むは、皆な此の階よりし、故に武臣舍人を以て清要と爲す。(35)

閤門、右列清選也。……乾道閒、孝宗始倣儒臣館閣之制、增置閤門舍人、以待武擧之入官者、先召試而後命。又許轉對如職事官、供職滿二年與邊郡、遂爲戎帥・部刺史之選云。近歳熊提刑飛・譙知閤熙載・姜節使特立之進、皆自此階、故武臣以舍人爲清要。(『朝野雜記』甲集巻一〇「閤門」)

これらから分かることは、閤門舎人は定員十人で、基本的に武挙合格者を対象とし、さらに(i)召試を受ける必要があること、(ii)閤門舎人は輪対に参加することができること、(iii)閤門舎人を二年供職すれば辺域の知州に任用されること、以上の三点が判明する。以下これらについて考察を加えよう。

まず(i)召試についてであるが、これは当初から閤職としての既定事項であったらしく、『宋会要』には乾道六年(一一七〇)八月に閤門舎人設置を伝えたあとで、

竝びに先ず召して中書省に赴かしめ、時務策一道を試し、八百字以上に限る。幷びに歩射七斗、弓四箭を試し、學に就きて引試す。如し格に應ずれば、則ち旨を取り除授す。

竝先召赴中書省、試時務策一道、限八百字以上。幷試歩射七斗・弓四箭、就學引試。如應格、則收[取]旨除授。(『宋会要』職官三四―八・乾道六年八月六日条)

と述べ、最初に策問の筆記試験を、さらに弓術の実技試験を課せられたという。実際に孝宗朝の閤門舎人趙介も、[36]寧宗朝の厲仲方も、[37]理宗朝の王霆も召試を受けて舎人になっている。[38]その策問の実例は周必大の文集に残されており、規定では「時務策」とあったものの、実際には時事問題だけではなく故事解釈の問題も出題されていたようである。[39]また周必大は乾道八年(一一七二)正月に礼部侍郎兼権中書舎人に任じられており、当時中書舎人は中書後省の長官であったから、[40]召試の問題作成は中書後省で中書舎人が行っていたのであろう。このことは閤門舎人趙介の墓誌銘に、

初め孝宗此の官を置き、文臣の館職に視べ、舎人院に對策して、而して後に除す。

初孝宗置此官、視文臣館職、對策舎人院、而後除。（『周益文忠公集』巻七二「高州趙史君（介）墓誌銘（慶元五年）」）


とあり、中書舎人院で召試がおこなわれたとする記録と符合する。中書舎人の職掌の一つに、人を召試するに及び聚議して選題し、試畢り考試定まれば、三省に繳申す。

及召試人聚議選題、試畢考試定、繳申三省。（『宋会要』職官一—七八「宋続会要」）


とあるが、この「召試」には文臣館職と武臣閤職の両方が含まれるということであろう。

臣竊かに惟うに武臣の閤門舎人を召試するは、文臣の館職を召試すると異なる無し。

臣竊惟武臣之召試閤門舎人、與文臣召試館職無異。（楼鑰『攻媿集』巻二九「繳李謙召試閤門舎人」）


この状況が変化するのは光宗朝に入ってすぐだった。

是に至り、（蔣）介に召試の命有り、丞相葛邲言わく「介は武學第一人なれば、乞うらくは試を免ぜられんことを」と。上之に從う。

至是、介有召試之命、丞相葛邲言「介武擧第一人、乞免試。」上從之。（『宋史全文』巻二八・紹熙二年九月丁卯条）

紹熙二年（一一九一）以降、武挙状元は召試を免除され、さらに嘉泰元年（一二〇一）には、詔すらく今後閤門舎人を召試するに、必ず右科前名の士を擇ぶ。

詔今後召試閤門舎人、必擇右科前名之士。（『宋会要』職官三四―一〇・嘉泰元年十二月二十六日条）

という詔が出されて武挙上位合格者の全面的な優位が示されることになる。元代の方回は、

閤門舎人の如きは則ち孝廟初めて置き、以て武擧狀元を處らしめ、試せずして而して除す。餘の武擧名士は策一道を召試して而して除す。以て文臣館職に比《なら》う。

如閤門舎人則孝廟初置、以處武擧狀元、不試而除。餘武擧名士召試策一道而除、以比文臣館職。（方回『續古今攷』巻五）

武挙狀元は無条件で閤門舎人になれたとしている。

次に（ⅱ）輪対参加について。閤門舎人の輪対参加が許可されたのは乾道七年（一一七一）、つまり舎人設置の翌年である。

詔すらく閤門舎人は自今文臣の館閣に依り、次を以て輪對せよ。

詔閤門舎人自今依文臣館閣、以次輪對。（『宋会要』職官三四―八・乾道七年十二月二十日条）

前節で見たように、この時点で輪対は孝宗「親政」体制を支える制度の一つであり、時に輪対での意見が御筆によって政策に直接反映されることもあった。朱熹が経界法を論じた際に

往時閤門舎人林宗臣なる者有り、亦た丞相の邑子なり、嘗て奏對に因り論じて此の事に及ぶに、其の言憤激痛切、蓋し指す所有り。今の泉の貧民願士、人人能く之を誦道し、公議良心、泯沒すべからず。

往時有閤門舍人林宗臣者、亦丞相之邑子、嘗因奏對、論及此事、其言憤激痛切、蓋有所指。今泉之貧民願士、人人能誦道之、公議良心、不可泯沒。（朱熹『晦庵先生朱文公文集』巻二八「與留丞相書 六（辛亥四月二十四日）」）

と言っており、ここでいう「奏對」は輪対である可能性が高い。

つづいて(iii)知州転任について。先に見た『朝野雜記』の記述によれば、閤門舍人は供職二年で辺郡差遣が与えられたとしたが、同様に記す史料は多い。

進呈「昨得旨、閤門舍人黄夷行可與郡。臣退而考之、則資歷尙淺、在外止數月、到閤門纔二年。陛下用人雖不當問資歷、然近方立『閤門舍人格目』。」上曰「若不用資歷、則他人皆有詞、須得用資歷也。閤門舍人幾年當得郡。」趙雄奏「近降指揮、須關陞後更歷二年、補外者與郡、則有出身人六年、無出身人八年方可。今夷行纔歷二年半。」上曰「夷行又是閤門祗候、非舍人、自難爲行、不若且待。」（『兩朝聖政』巻五五・淳熙四年七月丙午条）

進呈に「昨ごろ得たる旨に『閤門舍人黄夷行に郡を與う可し』とあり。臣退きて之を考うるに、則ち資歷尙お淺く、外に在ること止だ數月、閤門に到りて纔かに二年なるのみ。陛下の用人は當に資歷を問うべからずと雖も、然れども近く方めて『閤門舍人格目』を立てり」と。上曰く「若し資歷を用いざれば、則ち他人皆な詞有り、須らく資歷を用い得べきなり。閤門舍人は幾年にて當に郡を得べきや」と。趙雄奏すらく「近ごろ降せる指揮、關陞せる後、更に二年を歷るを須ち、外に補す者に郡を與えれば、則ち有出身人は六年、無出身人は八年もて方めて可なり。今夷行は纔かに二年半を歷るのみ」と。上曰く「夷行又た是れ閤門祗候、舍人に非ず、自ずから行われ難し、且らく待つに若かず」と。

これによると当時「閤門舎人格目」が定められ、閤門舎人着任から二年で郡守差遣が与えられることが明記されていた。通常では「有出身」すなわち武挙合格者は六年、それ以外の入途「無出身」であれば八年が必要、という規定だったという。孝宗朝のこの時期、武挙によらず閤門舎人となった者について、すでにきちんとした規定があったことは興味深い。さてこのとき、黄夷行は二年半の資歴しか無いため、郡守差遣を与えるのは不可ということになり、孝宗もそもそも黄夷行が閤門祇候で閤門舎人の規定は適用できないとして、しばらく資歴を積むのを待つということになった。黄夷行が閤門祇候であることを知っていた孝宗が、なぜ先に降した旨に「閤門舎人黄夷行」としていたのか、その経緯についてはよく分からない。

とにかくここからは、閤門舎人を二年以上勤めただけで知州資序を得るわけではなく、おそらく出身以来の合計資歴も一定の年数を超えていなければならなかったことが分かる。

已降の指揮に照らし、履歴・考任の格に應じて、方めて郡を與うるを許す。是より先淳熙四年三月の詔に「閤門舎人は祕書丞の例に依り、親民資序を理めて後、供職して實に二年を歴、外に補せらるるを乞わば知州差遣を與う」とあり。

照已降指揮、履歴・考任應格、方許與郡。先是淳熙四年三月詔、閤門舎人依祕書丞例、理親民資序後、供職實歴二年、乞補外與知州差遣。（『宋会要』職官三四―一〇・嘉泰元年十二月二十六日条）

と、まず親民資序をおさめたのち、閤門舎人を二年つとめ、外任を希望すれば知州差遣が与えられたという。したがって先の格目の規定は、この舎人以前の親民資序が、武挙出身なれば四年、そうでなければ六年以上でなければならない、ということであろう。南宋中期において武臣が親民資序に昇格するのに必要とされたのは、武挙・軍班・武芸特奏名出身者で両任四年（二任四年）、その他の出身で両任六年（二任六年）だったとされ、[41]それぞれに閤門舎人としての二年間を足しただけで六年・八年となってしまう。これはあくまでも基本規定であるから、おそらくそれ以上に優遇され、いきなり親民資序を授けられた者であっても、閤門舎人二年を加えて通計六年から八年の勤務経験が求められたということであろう。[42]

このように閤門舎人のあと知州差遣が授けられたことは、蔡必勝や厲仲方がそれぞれ知澧州・知安豊軍となったことと符合するのだが、[43]このように外任に転出する際、彼らは閤門舎人の閤職を帯びたままであったのだろうか。

中書門下省言わく「閤門舎人若し差遣を除授されれば、合に銜内に帯行すべきや、すべからざるや」と。吏部検承したるに、乾道八年七月二十七日の詔旨に「環衛官は行在の職任に係れば、既に在外差遣を除授されれば、合に銜内に帯行すべからず」とあり。吏部に詔し申明行下せしむ。

中書門下省言「閤門舎人若除授差遣、合與不合於銜内帯行。」吏部検承乾道八年七月二十七日詔旨、環衛官係行在職任、既除授在外差遣、不合於銜内帯行。詔吏部申明行下。（『宋会要』職官三四―一〇・淳熙四年正月二十三日条）

ここでは閤門舎人も外任すれば、職を帯びることはできなかったようである。これはその職務内容と関係しており、

十九日、閤門言わく「近く置きたる閤門舎人十員、閤門をして分くる所の職務を具さしむ。諸殿にて失儀を覺察し、兼ねて侍立し、駕出で幷びに行幸せる去處も亦た之の如し、兼ねて六參・常朝・後殿に親王の起居を引く」と。之に従う。

閤門言「近置閤門舎人十員、令閤門具所分職務。諸殿覺察失儀、兼侍立、駕出幷行幸去處亦如之、兼六參・常朝・後殿引親王起居。」從之。（『宋会要』職官三四—八・乾道六年八月十九日条[44]）

として、少なくとも当初は対の場において、これまでの閤職と同様諸臣の失儀を監察し、親王起居の先導も行うという実務を担っていた。

しかしいずれも後世の史料であるが、

林嘌、三山の人、右科の首選。慶元中、閤門舎人を以て潮州に守たり。

林嘌、三山人、右科首選。慶元中、以閤門舎人守潮州。（『宋詩紀事』巻五九）

陳琰、閤門舎人を以て出でて知辰州たり。

陳琰、以閤門舎人、出知辰州。（『経義考』巻一八九「春秋」所引『金華府志』）

とあり、恰も彼らは閤門舎人を帯びたまま知州となっていたかのようである。また蔡必勝・厲仲方のように中央において閤門舎人をつとめたのち知州に転じ、再び中央に戻ったときに「復た閤門に還る」と表現される者もいた[45]。ただ現存する宋代の史料においては、地方官で閤門舎人を帯職する者は見当たらないというのが実情である。

このように武挙を突破して皇帝の近くの内廷で活動していた閤門舎人のうち、希望者に地方官を授けていたことは、当時文臣においても「須入」が励行された時期にあって、孝宗が特に地方政治の経験を重要視したからだと考えられる[46]。

二、側近性について

前節で述べたような特徴を持つ閤門舎人について、淳熙五年（一一七八）九月の秘書省行幸の際、

（史浩）乃ち奏すらく「閤門舎人は方に以て館職に比すれば、亦た當に西廡に列ぶべし、崇儒矯弊、皆な深意有り」と。孝宗 公に謂わく「文武を視ること一の如きは、大體を得ると爲す」と。

乃奏「閤門舎人方以比館職、亦當列于西廡、崇儒矯弊、皆有深意。」孝宗謂公「視文武如一、爲得大體。」（『攻媿集』巻九三「純誠厚徳元老之碑」（史浩神道碑））

という孝宗と史浩のやりとりが見られる。このときの次第については『南宋館閣続録』に詳しいが、(47)このとき閤門舎人は文臣の台諫・在京官の館職保持者と並んで一班を形成しており、このような優遇から見ても、孝宗の肝煎りで創置されたその重要性は、何と言ってもその側近性にあった。

そのことがはっきりとわかるのは、当時最重要の命令文書であった御筆を伝達する役割を閤門舎人が担っていたことである。前節で見たように孝宗の「親政」体制の大きな柱は、命令系統の完全なる掌握であり、信頼をおける者にしかその文書を扱わせなかったと思われるが、その文書伝達に携わっていた者こそ、閤門舎人たちであった。淳熙五年（一一七八）九月、陳俊卿は白箚子の使用をやめるよう上言した際、

是の時、御前多く白箚子を行い、率ね左右の私人を用いて賚送せしむ。

是時、御前多行白箚子、率用左右私人賚送。（朱熹『晦庵先生朱文公文集』巻九六「少師観文殿大学士致仕魏国公贈大師謚正献陳公行状」）

としてその白箚子を運んでいたのが「左右の私人」であるとしている。寧宗朝のことだが、

慶元二年丙辰、余丞相 左相を拜し、權直院傅舍人伯壽 草麻し、首聯に云えらく「天乙の興るや、中□實に左相爲り」と。中□は乃ち仲虺なり。閤門舍人讀麻するに、既に讀むに破句し、又た□の字を識らず。當日察院文字を入れ、讀麻せる舍人を罷めしむ。得たる旨に「今後宣麻せる人、學士と同に鎖宿し、點句して之に與え、以て宣讀に便ならしめよ」と。

慶元二年丙辰、余丞相拜左相、權直院傅舍人伯壽草麻、首聯云「天乙之興、中□實爲左相。」中□乃仲虺也。閤門舍人讀麻、既讀破句、又不識□字。當日察院入文字、罷讀麻舍人。得旨、今後宣麻人、與學士同鎖宿、點句與之、以便宣讀。（謝采伯『密齋筆記』巻三）

（開禧）七年春、（安）丙 崇信軍節度使・開府儀同三司・萬壽觀使を授けらる。閤門舍人聞人璵を遣して錫命せしめ、旌節・金印・衣帶・鞍馬を賜う。

七年春、丙授崇信軍節度使・開府儀同三司・萬壽觀使。遣閤門舍人聞人璵錫命、賜旌節・金印・衣帶・鞍馬。（『宋史』巻四〇二・安丙伝）

前者は閤門舍人の知識不足を揶揄する記事だが、これらからは寧宗朝、閤門舍人が丞相任命の宣麻を担当し、また節度使任命書の伝達を担っていたことが判明する。閤門舍人は皇帝「左右の私人」として、重要な命令文書の伝達に従事していた。

つづいて史料中に見られる閤門舍人の昇進過程を調べると、詳細な経歴が不明であったり、あるいは金への使者となるときに仮に肩書きが加えられたにすぎないパターンを除き、大きく三つの系統に分類すること

が出来る。一つは外任に出たあと再び内廷に戻って昇進していくタイプ。二つ目はそのまま地方行政官を遷転していくタイプ、三つ目は地方武臣を遷転するタイプである。先のような閤門舎人の側近性を確認した上で、特に注目すべきは一つめの内廷昇進タイプである。その代表的な人物としては、すでに度々名を挙げた蔡必勝がいる。(48)

蔡必勝は乾道二年（一一六六）の武挙で状元となり、その後閤門舎人が新設されるとすぐに召試に応じてその職に就任した。その後、知澧州に転出し、母の憂に服した後、知邵州となる。注目されるのは地方から戻ったときに再び閤門舎人となり、その後帯御器械、続いて知閤門事となっていることである。両者はともに皇帝側近官の最たるものであり、孝宗即位直後に起こった枢密院ポスト任官問題の主役、龍大淵・曽覿の両者が就いていた官である。この昇進パターンは蔡必勝以降も多々見られ、それらの人物はやがて宮中において大きな影響力を持つに至っている。姜特立・譙熙載・周虎・呉衡・朱熠らがそれである。蔡必勝の場合、知閤門事になったあと、

趙忠定 西府に在りて密かに内禪を謀り、意を壽聖に達すべき者莫きを念う。韓侂冑、壽聖の甥なり、乃ち閤門蔡必勝をして潛かに之に告げしむ。侂冑遂に知省の闕禮に因りて壽聖に白す。……嘉王却避すること再三、侂冑・必勝 扶抱して御榻に登らせ、流涕被面す。

趙忠定在西府、密謀内禪、念莫可達意於壽聖者。韓侂冑、壽聖甥也、乃令閤門蔡必勝潛告之。侂冑遂因知省闕禮白壽聖。……嘉王却避再三、侂冑・必勝扶抱登御榻、流涕被面。（『鶴林玉露』甲編巻四）

嘉王＝寧宗擁立に大きな役割を果たすに至っている。(49)

またその蔡必勝とともに寧宗擁立に活躍し、その後趙汝愚を追い出して平章軍国事となり、専権を振るっ

た韓侂冑も、孝宗朝において閤門舎人であった。『止斎先生文集』巻一一には「秉義郎韓侂冑特授閤門舎人」の外制が残されている。彼もまた閤門舎人の階梯を経て知閤門事に昇進した一人であった。[50]

このように閤門舎人から知閤門事に昇ったあと、大きな力を持つに至る者が当時少なからず存在していた。孝宗が即位直後に龍大淵・曽覿を知閤門事に任じたことからも分かるように、知閤門事ら上級の武臣側近官に自らの政治体制における重要な役割を期待していたものと思われる。しかし知閤門事らは従来「勲貴・外戚」の任じられた閤職であり、[51] その任命は士大夫らからみて極めて公平性の乏しいものであった。これが内廷で内向きの役目のみを果たしていた時には問題とならないが、一旦これに政治的な立ち回りをさせるとなると、龍・曽のもたらした混乱に見られるように、特に士大夫らの反発は必至である。このときは強引に意見を押し通した孝宗であったが、予想以上の大きな反発にその対策を急がねばならなかったであろう。そのような事態を踏まえて新たに設けられたのが閤門舎人であった。

そう考えたとき、先に見た閤門舎人選抜の召試の存在が重要になってこよう。すなわち孝宗は、自分の重用する側近武臣が単なる佞臣・倖臣と見られないために、あえて召試の実施を中書舎人ら士大夫に委ねたのである。新設された閤門舎人には過去にマイナスイメージが無く、更に文臣士大夫たち自身に彼らの教養を保証させることで、武臣中の「清要」と称される存在となっていた。さらにこれは武挙出身者を優遇する面も備えており、そうなれば武挙・召試の二段階で士大夫を試験官とする選抜試験をくぐり抜け、その「清要」性はますます保証されていることになる。つまり閤門舎人の昇進過程は、孝宗の「親政」体制に必要な側近集団に、公平性のある優秀な人材を供給するシステムとなっていたのだ。

孝皇 萬機を獨運し、頗る近習を以て大臣を察す。

孝皇獨運萬機、頗以近習察大臣。(『困学紀聞』巻一五「考史」)

と端的に王応麟が言うように、孝宗は皇帝「親政」を実現し、士大夫を抑えるために側近武臣らを手足として使った。そしてその側近武臣に対する士大夫らの批判をかわすために設けたのが閤門舎人という閤職であった。

おわりに

本章「はじめに」で述べたように、安倍氏は主に皇帝側近官であった龍大淵・曽覿・張説・王抃らの分析を通じて、孝宗が側近政治を行ったことを指摘されたが、本章での考察の結果、彼ら一部の者たちだけではなく、孝宗は武臣など科挙士大夫層以外の者たちを積極的に登用していこうとしていたことが判明した。その原因としては、この時期の士大夫に議論倒れの風潮や朋党による党派争いといった悪弊のみが目立つようになっており、科挙という選抜試験が持つあまりにも大きな影響力を見直そうとしたからだと考えられる。

孝宗は宰執らを短期間で次々と交替させ、宰相(丞相)を長期間任命しないなど、北宋以来の「君主独裁制」が前提としていた士大夫ら科挙官僚による政治運営を否定するかのような行動をとっていた。そして御筆を以て政策を主体的に決定し、近習・閤職と枢密院実務官僚層を側近として活用していた。内殿の屏風に地方官の姓名を記したカードを貼り付け、という有名なエピソードからは、孝宗が特に地方官人事を完全に掌握していたことを窺わせる。(52) 一方で前節でも見たように孝宗は輪対や内引などを積極的に利用して多くの文臣官僚と接触し、有能さを認めた者はやはりどんどん抜擢を行った。これらのことからみても孝宗が目指したのは、過剰な科挙制度への依存を排除し、自らへの求心力を高めて、皇帝が政治的主体性を発揮できる政治体制、皇帝「親政」体制の構築であった。もちろんこの政治体制は皇帝の個人的能力が求められるものだが、孝宗はこれに十分に耐えうる人物であり、だからこそ南宋第一の名君と称されたのである[53]。

孝宗が築いた「親政」体制は、皇帝に政治権力を集めることには成功したものの、次代においては大きな政治的混乱の原因となっていく。というのも続く光宗の廃位・寧宗の擁立に関わったのは、孝宗の宗室重用策によって初の宗室執政となった趙汝愚と、外戚で閤門舎人出身の韓侂冑であった。そして皇帝「親政」体制は皇帝の主体的な政策決定を必要とするものであったため、皇帝の資質がそのまま政治面に反映されてしまい、ひとたび皇帝が主体的立場を取らなくなると、本来それを手助けするはずだった側近集団の独断を許しかねないからだった。のちに趙汝愚を倒して専権を振るった韓侂冑は、主体的に政策運営に携わらなかった寧宗に代わり、側近の一人として御筆を掌握し[54]、専権宰相となっていった[55]。彼は決して皇帝権を掣肘して権力を握ったわけではなく、孝宗朝で高まった皇帝権を壟断することで権力を握ったのである。

注

（1）王徳毅「宋孝宗及其時代」『宋史研究集』一〇、一九七八年。初出は一九七三年。
柳立言「南宋政治初探—高宗陰影下的孝宗」『歴史語言研究所集刊』五七—三、一九八六年。

王徳忠「宋孝宗加強専制集権浅論」『東北師大学報（哲学社会科学版）』一九八九—一。

何忠礼『南宋政治史』人民出版社、二〇〇八年、第四章「孝宗朝的外交和内政」。

（2）青木敦「淳熙臧否とその失敗―宋の地方官監察制度に見られる二つの型（1）」（『東洋文化研究所紀要』一三二、一九九七年）。この中において、経済分野における開墾と水利の改修、会子制度の維持、官僚制度上における吏部機能の回復・人事権の分散、礼制・法制における諸改革を孝宗朝の特徴として挙げている。

（3）安倍直之「南宋孝宗期の皇帝側近官」『集刊東洋学』八八、二〇〇二年。

（4）梅原郁『宋代官僚制度研究』同朋舎、一九八五年。
　「宋代の形勢と官戸」『東方学報』六〇、一九八八年。

（5）武臣提刑については、曽我部静雄『宋代政経史の研究』（吉川弘文館、一九七四年）第二章「宋代の巡検・県尉と招安政策」参照。

（6）『増入名儒講義皇宋中興両朝聖政』（以降『両朝聖政』と略称）巻五一・乾道八年三月是月条。

（7）『宋史』巻三四・孝宗本紀・三月戊子朔条
　詔寄祿官及選人竝去左右字。

（8）John W. Chaffee, *Branches of Heaven: A History of the Imperial Clan of Sung China*. Harvard University Asia Center, 1999, pp. 181–189.

（9）『朝野雑記』乙集巻三「孝宗論用人択相（史文恵論忠厚豈有過）」
　己亥之冬、趙衞公爲相、薦劉後溪召試館職。劉公答策、論科場取士之道。及進入、上親批其後數百言、略曰「用人之弊、人君患在乏知人之哲、寡於學而昧於道、況又擇相不審、至於懷姦私、壞紀綱、亂法度、及敗而逐之。不治之事、已不可勝言矣。宰相不能擇人、每差一官、則曰此人中高第、眞好士人也。終不考其才行何如。國朝以來、過於忠厚、宰相而誤國者、大將而敗軍師者、皆未嘗誅戮之。要在人君必審擇相、相必爲官擇人、懋賞立乎前、嚴誅設乎後、人才不出、吾不信也。」御筆既出、中外大聳。議者皆謂曾覿實與視草。蓋劉公甲科及第、故覿有宰相不能擇人之說也。

（10）『朝野雑記』乙集巻三「孝宗論用人択相（史文恵論忠厚豈有過）」
　一日、上遣覿持示史魏公。史公奏曰「……我太祖皇帝深以行一不義・殺一不辜爲戒、而得天下、制治以仁、待臣下以禮。列聖傳心、至仁宗而德化隆洽。至於朝廷之上、恥言人過、故本朝之治、獨與三代同風、此則祖宗之家法也。而聖訓則曰過於忠厚。夫爲國而底於忠厚、豈易得哉。而豈有過者哉。臣恐議者以陛下自欲行刻薄之政、而歸過祖宗、此不可不審思也。若必欲宣示於外、乞改曰一於忠厚、尙庶幾焉。」史公爲人重厚、進説上前、務存大體、多所裨益、此其尤粹也。會丞相亦爲上言、宰相如司馬光、政恐非懋賞嚴誅所能勉脅。上悔、乃改削其辭、召從官宣示都堂、仍付史館。（元本今藏趙氏。）

(11) 前掲注（1）王徳毅論文・前掲注（3）安倍論文。

(12) 寺地遵『南宋初期政治史研究』（渓水社、一九八八年）三〇九頁参照。

(13) 『宋史全文』巻二四下・乾道二年十一月乙卯条
　詔「執政私第接見賓客、除侍從稟議職事外、其餘呼召取覆官、止許各接見一次。」
『両朝聖政』巻五四・淳熙二年十一月甲戌条
　詔「大臣日見賓客、有妨治事。累有指揮、如侍從・兩省官・三省・樞密院屬官有職事、於聚堂取稟。私第、除侍從外、其餘呼召取覆等官、毎日各止許接見一次、出榜私第。可常切遵守施行。」

(14) 「須入」とは、選人から京朝官に改官する際、必ず知県となり、地方行政の実務にたずさわらなければならない規則。前掲注（4）梅原書三一、二〇八〜二〇九頁参照。

(15) 先に挙げた『両朝聖政』巻六一・淳熙一一年丙戌朔条にも「晉室之風」が登場している。

(16) この時期に限らず、宋代士大夫の風俗が決して淳良なものでなかったことは、宮崎市定氏が「宋代の士風」（『宮崎市定全集』巻十一「宋元」、岩波書店、一九九二年。初出は一九五三年）で述べられている。

(17) 『両朝聖政』巻二九［四六］・乾道三年正月癸丑条
　何逢原除金部郎官。上曰「恐儒者不肯留意金穀事。如呂揞、問簿籍、都不知。卿等可面諭何逢原、令留意職事。」

(18) 『両朝聖政』巻二九［四五］・乾道二年五月丁巳条
　上宣諭宰執曰「近日臣僚劄子、多言大臣不任事。」

(19) 南宋孝宗朝の前半は、程学が道学として朱熹によって大成される直前の時期にあって、幾度か「偽学」として讒言を受けているが、王夫之はその背景に蘇軾の学があったと推測している（『宋論』巻一三「寧宗」）。たしかにこの時期、蘇軾の書画ブームが起こっており、他ならぬ孝宗自身が蘇軾の文章を好んだと言われる。その蘇軾は陶淵明にあこがれる隠退思想を持ち、禅や浄土に関する理解を示していた。内面的な思索に耽るのではなく、実践をともなうことを主張した朱熹が、蘇軾的な雰囲気を嫌ったということからも、当時の士大夫が実際政治から目をそらしがちであったことが窺えよう（合山究「朱熹の蘇学批判—序説—」『中国文学論集』三、一九七二年）。

(20) 同時期の武臣提刑についても、曽我部氏はその選考基準が「公廉にして法令に暁習せる人」とあったことにより「行刑の管理の強化」、つまり内政的な理由によって出現したものだという見解を示す。（前掲注（5）一四五頁～一四九頁）

(21) 龍・曽については『朝野雑記』乙集巻六「台諫給舎論龍曽事始末」にまとめられている。また前掲注（3）安倍論文に詳しい。

(22) 趙翼『廿二史劄記』巻二六「宋四六多用本朝事」。

(23) 刁忠民『宋代台諫制度研究』（巴蜀書社、一九九九年）第一章七三頁。

(24) 前掲注（3）安倍論文。

(25) 陳俊卿は紹興八年の進士で、紹興末から一貫して対金強硬派であり、張浚とともに孝宗初年の北方作戦に従事した。のち淳熙九年（一一八二）には史浩とともに明堂に陪祀することを認められているほど孝宗の信頼厚い者であった。

(26) 『両朝聖政』巻四七・乾道四年七月条

於是上嘉俊卿之言、多所聽從、大抵政事復歸中書矣。

(27) 『宋史』巻三八三・陳俊卿伝

俊卿奏「自今百司承受御筆處分事、須奏審方行。」從之。

(28) 『宋会要』刑法二—一三三・熙寧元年一二月四日条

詔、今後、內批降指揮、俟次日覆奏訖、卽於當日行下文字。守爲永式。

(29) 『宋史全文』巻二四・隆興元年五月是月条

右僕射史浩罷知紹興府、尋奉祠。浩以不與出師之議、力丐免、侍御史王十朋亦有言也。侍御史王十朋論太府丞史正志之罪、詔罷之。時張浚欲命李顯忠・邵宏淵引兵進取、而史浩數從中止之、因城瓜洲、白遣正志以太府丞視之。正志合兩淮帥守・監司、備諭以廟堂指意。正志有口辯、既見浚、亦云云、而浚之意不回。浩亦數因書爲言兵少而不精、二將未可恃、浚不聽。時上意方嚮浚、故浩拜右僕射、而浚亦有樞使都督之除。會上將之進取、命從中出、三省・樞院不預、浩遂丐去、而正志亦罷斥云。

(30) 淳熙二年には閏七月がある。『朝野雑記』乙集巻七「史文恵以直諌去位」参照。

(31) 空位十日以上のものを抽出。前任者の罷免日・新任者の就任日は含まず、純粋な空位日を数えた。ちなみに孝宗朝以外の宋代宰相不在時期は以下の通り。

太祖開宝六年（九七三）八月癸酉　～九月己巳　（二四日間）
真宗景徳元年（一〇〇四）七月丙戌　～八月己未　（三二日間）
天禧四年（一〇二〇）六月丙申　～七月丙寅　（二九日間）
神宗熙寧三年（一〇七〇）十月戊寅　～十二月丁卯　（十九日間）
徽宗崇寧元年（一一〇二）閏六月壬戌　～七月戊子　（二五日間）
高宗紹興元年（一一三一）七月癸亥　～八月丁亥　（二三日間）
紹興二五年（一一五五）十月丙申　～二六年五月壬寅　（一八五日間）（秦檜没後）
寧宗慶元元年（一一九五）二月戊寅　～四月己未　（四〇日間）
嘉泰三年（一二〇三）正月庚辰　～五月戊寅　（一一七日間）
開禧三年（一二〇七）十一月甲戌　～十二月辛酉　（四六日間）（韓侂胄伏誅後）
嘉定元年（一二〇八）十二月丙寅　～五月丙申　（一四九日間）（史弥遠丁憂期間）
理宗宝祐四年（一二五六）六月癸未　～七月乙卯　（三一日間）

(32) 前掲注（12）寺地書三〇九頁。

(33) 清水浩一郎「南宋高宗朝の給事中と中書舎人―呂中『皇朝中興大事記』「再除給舎」をてがかりに」（『歴史（東北史学会）』一〇六、二〇〇六年）は、給事中・中書舎人が不在でも、政務遂行には支障が無かったとする。

(34) 閤職に関しては前掲注（4）梅原書第二章「宋代の武階」第三節「閤職―武臣の館職」一三三～一四二頁参照。

(35) 『文献通考』巻五八「職官考」、『宋史』巻一六六「職官志」もほぼ同文。

（36）『周益文忠公集』巻七二「高州趙史君〔介〕墓誌銘」
召試闓《ママ》門舎人、淳熙二年也。

（37）『水心文集』巻二二「厲領衛墓誌銘」
其入閤門、試而後命。

（38）『宋史』巻四〇八・王霆伝
大帥薦之、召試爲閤門舎人。

（39）『周益文忠公集』巻一〇〇「中書後省召試閤門舎人策問一首（正月二十六日燕炳）」
問、在昔漢氏開基於高祖、而中興於孝宣、其事業蓋可攷矣。懷王諸老將曰「沛公素寛大長者。」高起・王陵曰「陛下使人攻城略地、所降者因以與之、與天下同利也。」及考本紀則不然。項伯可罪而爵之、丁公可貸而戮之、封所愛而誅仇怨、微張良之言亦殆矣。其攻陳豨在十年九月、而從入蜀漢伐楚之賞未遍行也。所謂寛大長者、能與天下同利、固如是乎。孝宣之治在於信賞必罰、總核名寔。然膠東流民自占者八萬餘口、此豈難見、王成乃冒其賞。顧代京兆者數萬人、其政可知、（趙）廣漢乃竟戮焉。越職踰法以取名譽、則有元康之詔。務爲欺謾以避其課、又在二十五年之後。當是之時、賞罰名實亦少戻矣。豈抑揚遲速固自有意歟。將設施次第或不可盡紀歟。不然、何史氏之牴牾也。共惟聖主方以堯舜三代爲法、固無取於漢事、然日奉軒陛、當思備淸問之及、試爲言之。

（40）『宋会要』職官一―七八「宋続会要」
自中興建炎間……中書後省、以中書舎人爲長官。六員爲額、常除二員、一以領吏房左選及兵・工房、一以領吏房右選及礼・刑上・下房、掌行誥命、隨所領房命詞定詞、僉押前省諸房文書、及召試人聚議選題、試畢考試定、繳申三省。

（41）資序については前掲（4）梅原書・第三章「差遣―職事官の諸問題」の「序の二―資序」参照。特に武臣親民資序については一九六～一九九頁。

（42）この辺郡の知州軍差遣を与える条件が供職二年だという規定は、本文で見た通り複数の史料で確認できるのだが、『宋会要』には供職十年でこれを授けるという詔が載せられている。
『宋会要』職官三四―八・乾道六年八月六日条

同日、詔「閤門舍人如供職及十年、願補外任者、竝宜優異與郡守差遣。」

これは閤門舍人設置と同日に発せられたものだが、十年と二年とでは開きが大きい。これをどう考えるべきか。当初は十年と規定していたのが二年に短縮されたのか。あるいは二年では「辺郡」つまり金との沿辺地域の知州となるのが、十年だと「優異な郡守差遣」ということで、与えられる州のランクが違ってくるのか、今は史料が少なく、はっきりとは分からない。

(43) 葉適『水心文集』巻一七「蔡知閤墓誌銘」・巻二二「厲領衛墓誌銘」。

(44) 『宋会要』儀制八—三六・乾道六年八月十九日条も同内容。ただし字句に異同がある。

詔置閤門舍人十員、專掌覺察諸殿失儀兼侍立、駕出覺察失儀、竝行幸去處覺察、兼侍立、六參・常朝・後殿引親王起居。

(45) 葉適『水心文集』巻二二「厲領衛墓誌銘」

君中紹熙元年武擧、任侍衛歩軍司計議官、武學諭、閤門舍人、副賀生辰者使於虜。出知安豐軍、復還閤門、出知和州。

(46) このとき文臣館職にも親民官を与え、経験を積ませてから中央に戻すようになっていた。

『宋史全文』巻二四・乾道元年春正月庚午条

詔、館職朕所以招延天下之英俊、以待顯擢。苟不親吏事・知民情、則將來何以備公卿之任、可今後更迭補外、歴試而出、以稱朕樂育眞才之意。

(47) 『南宋館閣續録』巻六・故実「淳熙臨幸」

又詔令文臣臺諫幷在京及臨安府官見任直祕閣・祕閣修撰・右文殿修撰及曾任前件職・見寄職人幷曾任館職人、武臣閤門舍人、竝令立班迎駕起居。……將至祕書省、提擧國史院官幷提擧國史日曆所官・祕書省國史院官・臺官・右文殿修撰等・閤門舍人竝迎駕常起居訖。皇帝入祕書省門。至右文殿、上降輦、鳴鞭歸幄。俟右文殿入内官喝排立、行門・禁衛等排立定。閤門報引知閤門官幷簿書官・宣贊舍人以下幷修注・樞密院逐房副承旨・諸司祗應官・御帶・環衛官幷幹辦皇城司官一班、鬬班面殿立定。閤門引祕書省國史院官・臺官・右文殿修撰等・閤門舍人殿下相向立。次報引宰執・使相・侍從・正任幷管軍殿下相向立定。次閤門提點報引皇太子赴殿下東壁面西立定。閤門奏「班齊」、皇帝服靴袍出、鳴鞭、行門・禁衛等幷入内省執骨朶使臣竝迎駕、自奏「聖躬萬福。」皇帝坐、舎人揖知閤門官已下宣名奏「萬福」訖、知閤門官・修注升殿侍立。知閤門官殿上當頭躬奏宣到皇太子已下、舍人・提點分引皇太子已下面殿闕班立定、宣名奏「萬福」訖、直身立。知閤門官殿上當頭躬承旨訖、臨階東壁面西、宣曰「升殿」、再揖躬身兩拜訖、直身立。舍人・提點分引升殿、相向侍立。次引祕書省國史院官・臺官・右文殿修撰等・閤門舍人一班、宣名奏「萬福」訖、班退。

(48) 葉適『水心文集』巻一七「蔡知閤墓誌銘」。

(49) 四庫全書本『鶴林玉露』では蔡必勝の名が削られている。彼はのち韓侂冑により失脚している。

(50) 韓侂冑の権力掌握過程については、小林晃「南宋中期における韓侂冑専権の確立過程—寧宗即位(1194年)直後の政治抗争を中心として」(『史学雑誌』一一五—八、二〇〇六年)を参照。

(51) 『宋史』巻一六六「職官志」

舊制有東・西上閤門、多以處外戚勳貴。

(52) 『宋史全文』巻二四所引『大事記』

故洪适於晩對、而見御屏列監國郡守姓名。

『朱子語類』巻一二七

問「或言、孝宗於内殿置御屏、書天下監司・帥臣・郡守姓名、作揭貼于其上。果否。」曰「有之。」

(53) この孝宗「親政」体制には、皇帝以外の権威体として太上皇帝の存在があったことも忘れてはならない。高宗太上皇と孝宗皇帝との関係については、小林晃「南宋孝宗朝における太上皇帝の影響力と皇帝側近政治」(『東洋史研究』七一—一、二〇一二年)参照。

(54) 寺地遵「南宋中期政治史の試み(講演録)」(『日本歴史学協会年報』一八、二〇〇三年)。

(55) 『桯史』巻五「大小寒」

韓平原在慶元初、其弟仰冑爲知閤門事、頗與密議、時人謂之大小韓。求捷徑者爭趨之。

これによると、韓侂冑の弟仰冑が知閤門事となり、侂冑と協力して政局に当たっており、人々から「大小韓」と呼ばれていたという。皇帝側近官の掌握が必要不可欠となっていたことを示している。

また前掲注(50)小林論文を参照。

【附表】 閤門舎人一覧表

※	姓　名	履　　歴	出　　典
D	林尭臣	(隆興 1) 武挙進士→閤門舎人	『淳熙三山志』29
A	蔡必勝	武学→(乾道 2) 武状元→江東将領→東南十一将→閤門舎人→知澧州→母喪→知邵州→知光州→閤門舎人→帯御器械→父卒→帯御器械員外供職→(光宗) 知閤門事→(寧宗) 知池州→知楚州 (慶元 3～5) →知廬州 (慶元 5～嘉泰 1) →吉州刺史、提挙崇道観→知揚州→(嘉泰 3) 卒	『水心先生文集』17
B	熊　飛	(乾道 2) 武挙進士→成忠郎・水軍統制 (～乾道 7～) →忠翊郎・閤門舎人 (～乾道 9～) →忠訓郎・閤門舎人 (～淳熙 1～) →武節大夫・鎮江府駐劄御前諸軍副都統制→持服→(淳熙 13) 起復→知揚州 (淳熙 14～15) →沢州刺史・知襄陽府 (淳熙 15) →知楚州 (紹熙 5～慶元 2) →(慶元 2) 降一官→武徳大夫・沢州刺史→(慶元 2) 追両官・罷宮観	『宋会要』職官 34-10,72-49, 食貨 8-41, 兵 13-29, 方域 11-25, 『宋史』河渠志, 『(嘉慶) 広西通志』223「熊飛題名」
B	林宗臣	(乾道 8) 武状元→襄陽府帥府権宜官→閤門舎人→知欽州	『宋会要』選挙 18-5, 『(嘉靖) 龍渓県志』7
A	応　材	(乾道 1.3.16) 監行在贍軍激賞新酒庫→従義郎・閤門舎人→(淳熙 3.8.1) 兼同主管左右春坊→(淳熙 7) 卒	『宋会要』職官 7-31, 食貨 21-5, 『聖政』55, 『宋詩紀事補遺』44
C	陳　雷	閤門舎人→(淳熙 2) 金国申議副使	『宋会要』職官 51-26
C	張時珍	閤門舎人→(淳熙 15) 金使節	『聖政』64
C B	蒋　介	(淳熙 2) 武状元→(紹熙 4) 閤門舎人・明州観察使→賀金万寿副使→知利州→知夔州 (開禧 1～3)	『止斎先生集』14, 『宋詩紀事補遺』54
D	王　斌	厳州知分水県 (～淳熙 4～) →閤門舎人→武節郎・主管侍衛歩軍司公事→(嘉定 11) 武翼大夫・帯行遥郡刺史・在京宮観	『宋会要』職官 48-20,62-16, 『浦陽人物志』下・方鳳伝
B	林　嶸	(淳熙 11) 武状元→(慶元中) 閤門舎人・知潮州 (慶元 4～5) →知滁州 (嘉泰 3～開禧 1)	『宋詩紀事』59
D	江伯夔	(淳熙 14) 武挙第二名→閤門舎人→東南第十将	『淳熙三山志』30

※	姓　名	履　　歴	出　　典
C B	林伯成	(淳熙 14) 武挙進士→閤門舎人 (～慶元 3～嘉泰 4～) →(開禧中) 賀金正旦副使→閤門舎人→知高郵軍→知真州	『宋会要』 選擧 21-7, 刑法 2-133,『淳熙三山志』30,『尊白堂集』5
D	熊　武	(淳熙 14) 武挙進士→閤門舎人 (～嘉定 2～11～)	『宋会要』 選挙 21-11,『玉牒初草』 嘉定 11.4. 癸亥
B	王石孫	(淳熙中) 武挙省元→黔陽県尉→興州機宜文字→閤門舎人→(開禧中) 知高郵軍	『淳熙三山志』30
D	厲仲方	(紹熙 1) 武状元→侍衛歩軍司計議官、武学諭、閤門舎人→賀金生辰副使→知安豊軍→閤門舎人→知和州→権廬州→左領衛中郎将→建康防守→左領衛中郎将→主仙都観→邵州→(嘉定5) 卒	『水心先生文集』22「厲領衛墓誌銘」
A	姜特立	恩蔭→承信郎→(淳熙中) 福建路兵馬副都監→擒賊→閤門舎人→太子宮左右春坊・兼皇孫平陽王伴読→(光宗) 知閤門事→浙東馬歩軍副総管→(寧宗) 和州防御使→外祠→慶遠軍節度使	『宋史』470
A	譙熙載	太子宮左右春坊・平陽王伴読→忠州防御使・知閤門事	『宋史』470
A	韓侂冑	「秉義郎韓侂冑特授閤門舎人」	『止斎先生文集』11
A	周　虎	(慶元 2) 武状元→秉義郎・殿前司護聖歩軍第一将同正将→武学諭・閤門舎人→金国賀生辰副使→知光州→知楚州→開禧北伐で抗金→武功大夫→(嘉定 1) 正任文州刺史→(同年) 主管侍衛馬軍行司公事→(2 年) 成州団練使→(4 年) 侍衛馬軍都虞候→(5 年) 帯御器械・兼幹弁皇城司→提挙佑神観→貶知徽州→(8 年) 自便→(10 年) 復元官→母丁憂→(理宗) 和州防御使→(紹定 2) 卒	『漫塘集』32「故馬帥周防御壙誌」, 正徳『姑蘇志』51
C	朱亀年	武節郎・閤門舎人→(慶元 3) 金國告哀副使	『宋会要』 礼 34-25,『宋史全文』29 上・慶元 3.11. 丁未
C	林可大	(慶元 6) 金主告哀副使	『宋史全文』29 上

※	姓 名	履 歴	出 典
C	陳良彪	(慶元 5) 武状元→閤門舎人→賀生辰副使→ (嘉定 4) 知邕州	『宋史全文』29 下，『後楽集』1
D	戴 炬	閤門舎人 (～嘉泰 1～)	『宋会要』職官 34-10
D	林 管	閤門舎人・武学博士 (～嘉泰 1～)	『宋会要』選挙 21-9,『尊白堂集』5
C	周師鋭	(嘉定 1) 武状元・秉義郎→閤門舎人→ (嘉定 6) 賀金主登位副使	『宋会要』選挙 8-22、『宋史全文』30
D	林汝浹	(嘉定 4) 武状元→閤門舎人	『宋会要』選挙 21-17,『淳熙三山志』31
B	王 霆	(嘉定 4) 武挙絶倫異等→承節郎→従軍都銭糧官→ (理宗) 浙西副都監→鎮江計議官→知応州・兼沿辺都巡検使→閤門舎人・武功大夫→知濠州→横班→知光州・兼沿辺都巡検使→吉州刺史→閤門舎人→達州刺史・右屯衛大将軍・兼知蘄州→淮西馬歩郡副総管・兼淮西游撃軍副都統制→提挙崇禧観→知高郵軍→提挙雲台観→左領軍衛大将軍→沿江制置副使司計議官→知寿昌軍→知蘄州	『宋史』408
D	陳孝厳	(嘉定 7) 武挙特科進士→閤門舎人	『淳熙三山志』31
C B	呉 衡	閤門舎人→知閤門事・兼客省四方館事 (嘉定 1.1) 金国通謝副使→ (嘉定 2.5) 在外宮観→知池州 (嘉定 4.12)・宮観	『宋會要』職官 51-44,74-41,『宋史全文』30
C	周 登	閤門舎人→ (嘉定 1) 賀金国登位副使→ (嘉定 2.9.20) 放罷	『宋史全文』30,『宋会要』職官 73-43
C	陳万春	閤門舎人→ (嘉定 8) 賀金主正旦副使	『宋史全文』30
B	陳 琰	(嘉定 16) 武挙進士→閤門舎人・知辰州	『経義考』189・「春秋」所引『金華府志』
B	焦煥炎	(紹定 2) 武挙状元→閤門舎人・淮西制司計議→知池州・兼沿江制置→武功大夫・知鎮江府	『(嘉靖) 寧国府志』8

※	姓　名	履　　　歴	出　　　典
A	朱　熠	（端平 2）武状元→閤門舎人→知沅州→知横州→閤門舎人・知雷州→帯御器械・兼幹弁皇城司→知興国軍→度支郎官→監察御史・兼崇政殿説書→右正言→殿中侍御史・兼侍講→侍御史→（宝祐 6）左諫議大夫→端明殿学士・簽書枢密院事→同知枢密院事→（開慶 1）参知政事・兼知枢密院事→（景定 1）知枢密院事・兼参知政事→兼太子賓客→（以旧職）知慶元府・沿海制置使→奉祠→（被弾劾）処州居住→（咸淳 4）自便→（5 年）卒	『宋史』420
D	黄南叔	（嘉熙 2）武挙進士→閤門舎人	『淳熙三山志』32
D	潘　樫	用父賞授右職→閤門舎人・福建兵鈐	『直斎書録解題』20, 『宋会要』職官 34-10
D	朱子美	『尊白堂集』5「朱子美閤門舎人制」	

※閤門舎人の昇進過程を以下の 4 種に分類した。

A：知閤門事など皇帝側近官

B：地方官を遷転

C：金への使節となる際に仮授

D：その他（不詳、普通の武官の遷転など）

注：「閤門舎人」と「閤門宣賛舎人」はその名称が近いことから混同して使用される可能性がある。今回は、基本的に乾道六年の閤門舎人設置以降は史料上においても両者は区別されるものと考え、「閤門舎人」と冠された人物を捜し出した。しかし中には乾道年間の張延年のように、『玉海』巻 34「隆興御書詩」においては「閤門舎人」とされるが、『宋会要』崇儒 6-22 では「宣賛舎人」とされる人物も存在する。同様の例として傅昌朝も、『斉東野語』巻 3「紹煕内禅」では「閤門舎人」とされるが、『宋史』巻 392・434 では「宣賛舎人」とされる。よって出来うる限り複数以上の史料を探し出しては見たが、単一史料しかない陳雷・林可大・陳万春などはグレーゾーンに入るかもしれない。

終章

まずは本書各章の要旨を述べておく。

序章ではこれまでの宋代「君主独裁制」に関する研究を回顧し、そこに見える問題点を指摘した。これまで言われてきた「君主独裁制」とは、結局皇帝が政治的主体性を放棄し、これを士大夫ら科挙官僚に委ね、基本的には彼らの意向に従って政治を行うシステムを意味していた。つまりこれは「士大夫政治」と表裏一体の制度であり、皇帝は政策の最終決裁を行う存在ではあるが、ほぼ士大夫官僚らの輿論に従うのみの受動的君主であった。この体制を構築したのは、科挙を拡充して当時の新興勢力を士大夫として政権に取り込んだ北宋第二代太宗だと思われるが、では太宗自身が受動的君主であったかといえば、決してそのような存在ではなく、むしろ政治的主体性を持った能動的君主であった。彼の作り上げた「君主独裁制」は次代の皇帝らを束縛し、これが「祖宗の法」と呼ばれたものだが、主体性を発揮しようとしない君主にとっては、政権運営を士大夫に委ね、そのことにより安定した君主の地位でいられる体制であった。第三代真宗がそうであるし、第四代仁宗のときには士大夫政治が成熟し、その全盛期とされてきた。

しかし建国後百年が経った頃から、政治的・社会的な矛盾が弥縫できぬほど顕在化してくると、第六代神宗は「祖宗の法」に対する見直しを断行した。それはまず王安石を起用しての新法政策として、政治体制・

経済政策などの面で行われたが、これは「祖宗の法」の墨守を求める「旧法党」との激烈な党争をもたらした。さらに王安石の失脚後、神宗はみずから政治的主体性を発揮し、前面に出て新法政策を継続した。これは「君主独裁制」ではありえないはずの皇帝「親政」体制であった。ここにおいて神宗は、皇帝が前面に出て政策を主導する皇帝「親政」体制を構築した。彼は元豊官制改革にともなう三省制導入により士大夫らを分割統治し、自らの意思を具現化する内降手詔を下すことができていた。

その背景には、当時の士大夫らの国家観に大きな変化が起こってきたことがあった。宋初以来、士大夫官僚が主体的に政治を行うときには、皇帝は士大夫の輿論に当然従うべき存在だと見なされ、まるで「皇帝機関説」とも呼びうる受動的君主が理想とされた。これに対して社会の諸矛盾が表面化してくるころから、十大夫の中にも皇帝の存在を絶対視する考え方が出現し、主体性を持つ能動的君主を許容するようになってきていた。

ではこのような政治体制の変化、神宗による「親政」体制の出現は、宋初に成立した「君主独裁制」にとってどのように位置づけられるだろうか。その完全なる否定を意味するものであろうか。おそらくそうではあるまい。従来言われてきた「君主独裁制」を構成する諸要素は、この場合基本的には変化していないからである。それは諸侯・貴族などが存在しない、同時代において唯一の権威体である皇帝という存在と、その輔弼者として儒教的教養を身につけ、科挙という試験によってそのことが証明された士大夫官僚という要素が不変であったことを意味している。ただその政治的地位が変化したのだった。

したがって神宗がもたらした皇帝「親政」体制の出現は、いわば「君主独裁制」の変異体であり、そのことによってまた後世に新たな政治体制の可能性をひらいたものといえる。これはつまり「祖宗の法」の更改が行われたのであり、「君主独裁制」は宋初のそれから、新たな段階に突入したのだと考えられる。北宋末における新法・旧法の党争には、経済政策面での問題にとどまらず、神宗以降の君主が、宋初太宗に始まる「祖宗の法」を受け継ぐのか、神宗の「親政」体制を受け継ぎ（「紹述」）、祖宗の法の更改を認めるのか、どちらを選択するのかという争いでもあった。

その中で登場したのが、徽宗という皇帝であった。徽宗はやがて新法政策を「紹述」することを目指し、それは結局、皇帝「親政」体制への移行を探るということを意味していた。そのための大きな手段が「御筆手詔」であり、徽宗朝は「御筆手詔」が定式化していく時期であった。このような歴史的文脈の中で、徽宗はどのようにして自らの主体性を発揮し、専権宰相・蔡京とわたり合ってきたのか。これを詳細に考察しようというのが、本書の意図するところであった。

第一章から第三章までは、徽宗朝の前半、元符三年から政和六年までの政治状況につき、それぞれの時期を象徴する事件に焦点をあてながら、そこに至る政治状況を考察した。

第一章は徽宗朝開始直後における蔡京の政治的位置について確認し、その第一次当国が終了した原因につき、これを皇帝個人の性質にのみ帰する論調を見直し、当時の政治的背景について考察した。

崇寧五年（一一〇六）正月、彗星出現という天変が発生すると、突然蔡京が失脚した。これまでは、星変におびえた徽宗が、確かな根拠もなく蔡京を罷免し、それまでの政策を否定したものとされてきた。しかしその背景には、前年からつづく宋と遼との外交交渉が存在していた。宋の攻勢に圧迫された西夏は遼に助けを求め、遼は使者を送ってきて、両者が和を結び、宋が獲得した土地を西夏に返還するよう要求してきた。遼が出てきた以上、この要求を受け入れようという宥和策をとる徽宗に対し、蔡京は強硬論を唱え、無理矢理交渉を決裂させようとした。このために遼の態度は硬化し、宋との間で緊張状態に陥った。言うまでもなく宋という国家にとって、遼との関係は最重要事項の一つであり、まかり間違えば大変な事態をもたらしかねなかった。その外交方針をめぐって皇帝と宰相の意見が対立していたのだった。そのときに発生したのが崇寧五年正月の政変で、これにより蔡京は罷免され、次の宰相に選ばれたのは、宥和策を表明していた趙挺之であった。

この年、再び遼の使節がやってきたが、彼らは強硬な姿勢で交渉に臨み、同時に軍を国境沿いに展開していた。これに対して、徽宗と趙挺之は辛抱強く応対し、譲歩を行って交渉は妥結した。政府内の蔡京派は戦争も辞さないとして騒ぎ立てていたが、徽宗と趙挺之がこれらを抑えて交渉を妥結に導いたのだった。

この崇寧五年正月の政変の原因を、もっぱら徽宗の性格に求める従来の見方は、彼には何の政治的能力も主体性も具わっていない、という偏見からきたものだった。しかし当時は対遼交渉のさなかで、その方針をめぐって徽宗と蔡京との間に意見の対立が存在しており、政変の背景には、高度に政治的な駆け引きが存在していたのだった。

第二章は大観元年において発生した詔獄を取り上げ、そこから窺える蔡京第二次当国期の政治姿勢について論じた。

大観元年（一一〇七）に蔡京の第二次当国が開始されてまもなく、謀反を企んだとして張懐素の獄が発生した。張懐素は妖しげな術と弁舌によって、呂恵卿・蔡卞など著名な士大夫と通交しており、共謀して捕われた呉儲らも、王安石の外孫という名家出身であった。彼らは各地に流された旧法党系士人ともつながりがあって、蔡京政権に対する不満分子を糾合しようとしたものとも考えられる。

この獄が発覚する契機となったのは、范寥という者の告発であったが、彼自身ももと神宗朝の宰相を出した名門出身だった。家を飛び出し、各地を流浪したが、その中で広西に流されていた黄庭堅と会う。一部の史料では彼の最期を看取ったとされているが、筆者の検証では非常に疑わしい。実は范寥は張懐素の一味に加わっており、張懐素による指示を受けて黄庭堅を勧誘していた。勧誘に失敗した范寥は張懐素の譴責を恐れてか、路銀を調達して都に赴き、張懐素・呉儲らに謀叛の疑いありと告発したのだった。

告発は蔡京をも標的としていたといわれ、蔡京は自らが連坐する危険もあったが、裁判を担当したのが彼の党羽であったため、難を逃れることができた。そればかりでなく、彼はその獄を政敵の追い落としに利用するなど際立った政治力を発揮した。

この獄は江南地方を舞台としたものだったが、これと同じとき、同じ地域では蔡京の手になる蘇州銭法の獄も発生していた。張懐素の獄と構図がよく似ており、やはり地元の名門出身者が主謀者とされ、中央の高官が連坐していて、その余燼は数年以上くすぶり続けた。張懐素の獄では王安石の孫にあたる者が凌遅処斬という酷刑に処されたことも相まって、ふたつの詔獄は江南地方に対する蔡京体制の締め付けとなり、有名な花石綱による江南への収奪を激化させる素地になったと考えられる。

第三章は政和六年の封禅計画の中止を取り上げ、これがどういう政治的背景を持ったものか、大観から政和年間における政治状況を考察した。

泰山などで実施される封禅の儀式は、太平を招来した皇帝のみが行える国家最上級の儀式として有名であるが、これを中国史上最後に行ったのは北宋の真宗であった。だが実際には北宋末の徽宗朝にも計画がされており、多くの準備品が調ったあとの政和六年（一一一六）になって、突然中止された。この背景には当時の政権内部において、国家の儀礼とはどうあるべきかという礼制をめぐる考えの違いが存在しており、その対立は徽宗と蔡京の間に発生したものだった。

前提は大観年間から存在していた。この時期、徽宗は自らの治世にふさわしい新たな儀礼書の編纂を目指し、のちにこれは『政和五礼新儀』として結実した。その作成を担当したのは議礼局と呼ばれる組織で、編纂を指揮したのは鄭居中であった。鄭居中は徽宗の意向を確かめながら新礼制を作っていき、その中で両者にはあるべき礼制に関して認識が共有された。これに対して蔡京はこの議礼局には関与しておらず、彼が礼制方面に主導権を発揮したのは、『五礼新儀』完成以後の礼制局においてであった。結果として徽宗との間には考え方の違いが生じていった。

また政治方面でも徽宗と蔡京との溝は深まっていった。徽宗は蔡京の影響力を制限すべく、その党派から離れつつあった人材を引き抜き、逆に蔡京を牽制させることにした。そうして選ばれたのが張商英や張康国、鄭居中・劉正夫らであった。その結果蔡京は失脚し、都からも逐われたが、次に宰相となった張商英はほどなく失脚し、蔡京は都に返り咲いて三公の地位につけられた。ただその影響力には陰りが見えていた。

これを挽回すべく、蔡京は頓挫していた封禅計画を礼制局を中心に再度進め、人民を利用した大規模な封禅請願運動を展開させて、その準備を整えていった。しかし経書に基づく新礼制を展開する徽宗にとっては、封禅はすでにあまり価値を持たない儀礼であり、あくまでもそれを遂行しようとする蔡京とは、目指すべき政権像が明らかに異なっていた。ここに至って徽宗は、蔡京への政権委付の可能性を放棄し、彼を名目のみの「総三省事」の役職に祭り上げる一方、正規の宰相には、自分と価値観を等しくし、反蔡京の立場に立つ鄭居中・劉正夫を任命した。政和六年の封禅計画の中止は、徽宗即位以来、断続的に続いてきた蔡京当国との訣別を象徴する出来事であった。

第四・五章は徽宗朝に出現した特徴的な官署・宮殿に注目し、それがいかなる政治的思惑から発生したものかを考察した。

まず第四章では殿中省をとりあげた。その出発点は「蔡行勅」という美術作品で、これが蔡京一族・殿中省と関係していることから考察した。

遼寧省博物館が所蔵する「蔡行勅」は、領殿中省事蔡行の辞任願いを徽宗が宸筆（御筆手詔）で慰留した一次史料である。この殿中省は唐代に存在した官署で、皇帝の私生活に奉仕する役目を果たしていたが、北宋前半には置かれず、北宋末徽宗朝になって初めて設置されたものであった。しかもそれは徽宗朝の終焉とともに再び解体され、靖康の変を経た南宋においても二度と置かれることはなかった非常に特徴的な官署だった。そしてその長官となり、「蔡行勅」の受信者だった蔡行は、蔡京の直系の孫であった。

北宋末における殿中省という官署自体、やはり蔡京の強い影響下に置かれていた。その設置はかつて神宗のときに計画されたが、用地の不足によって頓挫していた。それが、蔡京の宰相就任直後の崇寧二年（一一〇三）にようやく実現したのだが、その場所は転々としており、依然、用地確保の困難という情況が変わらぬまま、設置が断行されていたことが分かる。

その内部構成を見ると、省本体とそれに附属する六尚局の実務機関が画然と分かれており、実務面においては宋初以来、複数の機関に分かれていたものを一つの看板で括ったのみで、実際の職務が宦官によって担われることに変化はなかった。よって省設置によって実際に意味を持つのは、六尚局を管轄する立場が作られ、そこに士人が任命されたことである。これは従来士人には手出し不能であった禁中の宦官勢力を、他ならぬ禁中において士人が上から押さえることを可能としたものだった。

そのような立場にある殿中監に任命されたのが、蔡京の勢力下にある者達、特にその親類縁者らであった。

蔡京は皇帝徽宗の気持ちをつなぎ止めることで権勢を築き、そのために皇帝の私生活部分にも意を用いねばならなかったが、これまでそれは宦官と結ぶことで可能としたと言われていた。しかし実際は殿中監に親類等を任じることで、禁中と直結するルートを確保するとともに、宦官の動向を押さえていたのであった。

つづく第五章では徽宗朝後半に政治的に最も重要な場所として機能したであろう宣和殿という宮殿に注目し、そこに侍る官職としての宣和殿学士に注目し、また御筆文書作成の場所となっていた事実を究明した。宣和殿は徽宗の宝物殿として有名である。徽宗朝に建設されたこの建物は、のち保和殿に改名されたとして、両者は同一の建物だと考えられてきた。しかし改めて史料を検討してみると、宣和殿と呼ばれる建物には四種、宣和殿・保和殿・宣和後殿・保和新殿があり、そのうち宣和後殿と保和新殿が同じであるほかはそれぞれ別の建物であった。それらの総称としての宣和殿が保和殿に切り替えられただけで、以降も宣和殿と保和殿はともに存在し続けた。また宣和殿は宝物殿であるだけなく、宮中に造られた三つ目の図書館でもあり、さらにその一角には当時最も寵愛された劉皇后の部屋も存在していた。皇帝である徽宗にとって、最も快適な空間であり、事実日中のほとんどをここで過ごしていたと言われる。

このように皇帝が常にいる場所として、宣和殿は政治的にも重要な場所であった。徽宗朝の政治状況を代表する御筆手詔の作成も宣和殿の東廊で行われており、宣和年間これに従事していたのが睿思殿文字外庫の職名を持つ宦官や下級武臣であった。そのうち宦官には直宣和殿、あるいは直保和殿という貼職カテゴリーが作られ、主要な宦官らが帯びるようになっていた。

文官の官職で宣和殿に関するものとしては宣和殿学士がある。宣和殿学士は徽宗朝になって設置され、蔡京の息子・蔡攸が最初に任命された。宣和殿学士には決まった職責は無いものの、自由に禁中の宣和殿に出入りでき、この点において当時の宰相・執政よりも皇帝との距離は近かった。その後十六人の就任が確認できるが、終始宣和殿に関わり続けたのは蔡攸一人であり、宣和殿学士自体が、蔡攸のために作られたものと考えられる。

蔡攸が徽宗の知遇を得たのは、徽宗が即位する前のことであり、その後一貫して寵愛を受けている。これまで蔡攸は蔡京の子としてのみ認識されていたが、実際には蔡京体制の成立・存続は、徽宗と蔡攸との信頼関係に負うところが多かった。禁中でなされる御筆の作成に宰相は関与できないが、禁中に出入りできる宣和殿学士の蔡攸にはその制御が可能であった。徽宗朝後半の政治史を考える上で、宣和殿という場所と蔡攸という人物は非常に重要な要素だったと考えられる。

第六章は徽宗朝の考察から離れ、北宋から南宋にかけて継続的に実施された皇帝と臣僚との謁見の仕組みを解明し、その制度が担った政治的役割とその変質について論じた。

北宋から南宋にかけておこなわれた「転対」は、北宋前半では五日に一度実施されていたが、後半以降は毎月一日の月一度のみとなり、それもあまり励行された形跡がないものだった。これが南宋高宗朝になると、毎日あるいは五日に一度の頻度で実施されるようになり、「輪当面対」略して「輪対」と呼ぶようになった。当初は「転対」の特殊形態が「輪対」であったため、両者ははじめ未分化であった。ところが南宋中期になると毎月一日の転対が復活したようで、輪対と転対は区別して捉えられるようになった。

それ以来、南宋人がもっぱら意識する制度は転対ではなく輪対となり、文集その他の史料には、輪対に参加したことなどが特筆大書されるようになる。これは輪対の劄子が官界に公開されることから、単に皇帝に意見を奏上するだけではなく、当時の官界全体に対して官僚がそれぞれの意見を表明する機会にもなっており、政治的パフォーマンスをくり広げる舞台ともなっていたことによる。

このような北宋における転対と南宋における輪対の官界に占めるウェイトの違いは、両時期の皇帝がおかれた状況の違いに起因するものと思われる。南宋輪対が始まったのは、高宗皇帝が逃亡劇の末ようやく臨安に腰を落ち着けた直後であり、その三年前には明受の乱によって退位させられる事態ともなっていた。禁軍という軍事力を持たず、血統のみで皇位にあった高宗にとって、直接官僚と接する機会を増やし、胸中を吐露させることで彼らを慰撫し、皇帝としての恩寵を示す場が必要であった。そのような状況の要請から実施され、定着したのが南宋輪対であった。

第七章は南宋第二代孝宗に見られる「親政」への志向と、そこに絡んだ武臣の館職「閤門舎人」について考察し、やはり御筆が広汎に利用されていることを確認した。

南宋の最盛期とされる孝宗の治世、特にその政治姿勢を仔細に見てみると、武臣に対する優遇政策が推進されていたことが窺える。しばしば孝宗は「文武を等しくすべし」という発言を行い、武臣に対する肩入れは並々ならぬものがあった。従来これは、北方の金との緊張関係の中で、当時重武政策がとられていたものと単純化して考えられてきたが、実際は士大夫政治に対する反発に起因したものであり、近年の研究で明らかになった宗室の重用も同一線上のものとして考える必要がある。さらにこの反士大夫の態度は、そのまま士大夫の士大夫たる所以ともなっていた科挙制度に対する反発につながっていた。

こうした反士大夫の態度が表出した原因としては、先代高宗朝の秦檜のような権臣宰相の再出現を防ぐということはもちろんだが、当時の士大夫が実職ある地位に就きたがらず、空論ばかりを繰り返す風潮のあったことが、実務を重視する孝宗の気に入らなかったことも挙げられる。結果、孝宗は士大夫である宰相らを飛び越えて皇帝「親政」体制をとり、すべての政策を孝宗が処理していた。この体制は皇帝の真筆による命令で、宰相を経ずに現場に下される「御筆」と、これも宰相が関知し得ない「輪対」のシステムによって成立していた。

この孝宗による「親政」体制が成立すると同時に設置されたのが閤門舎人という武臣である。これは武挙進士を優遇しつつも、中書舎人の出題による召試を突破せねばならず、文臣の館職と同じく輪対に参加できることになっていた。それだけではなく孝宗の強い信任のもと、最重要の命令文書・御筆を伝達する重要な役割をも担っていた。そして彼らの内から上級側近官である知閤門事に昇進するパターンが成立していたが、それは士大夫が彼らの才能を試験で保証することにより、皇帝側近集団に「公」性を持たせ、士大夫らの反発を抑えるための新たな武臣昇進過程であった。これにより閤門舎人は史書に「武臣の清要」と表現されるに至ったことが判明した。

本書序章において述べた目的のうち、まず徽宗朝の政治史を追う作業は第一章から第三章までであり、そこでは徽宗の即位当初から政和六年（一一一六）までの動向を追いかけた。これはたいだい徽宗朝の前半部分に当たっているが、一面ではこの間、徽宗が蔡京を信任し、確乎として新法政策を堅持・推進した時期であった。だがその一方で両者の間には別の対立軸が存在しており、これが顕在化したとき、蔡京はしばしば失脚するのであった。その対立軸とは、君主の政治的主体性を認めるか否か、「祖宗の法」に基づく「君主独裁制」から脱却し、神宗の示した皇帝「親政」の可能性を引き継ぐか否かのものであり、本書が専ら注目したのはこの部分であった。ここでは両者は相剋関係を形成し、最終的に政和六年に徽宗に軍配が上がり、それまでの蔡京政権から訣別したものとみられることを述べた。

ただ本書は主に君主の側から、上記の政治体制を巡る対立について見てきたため、その淵源を神宗による「親政」に求め、彼が一度はその可能性を示したことで、やがては皇帝「親政」へと移行するのが必然の流れであるとしてきたのだが、一方の蔡京の登場にも、同じく神宗「親政」からの制度的背景があったとする見方が存在する。すなわち士大夫官僚の側面から見れば、神宗による元豊官制（特に宰執間の相互牽制体制）を一部否定する形で発展させることで、宰相（特に首相）による長期的な権力掌握が可能となる制度的基盤が存在していた、という考えである。(1)そうなると北宋末期の党争の底流には、神宗の制度をそのまま継承することで皇帝「親政」が必然であるとする考えと、否定的に発展させることで宰相専制が必然であるとする考えの二筋の流れが存在していたことになり、その最前線にあったのが徽宗と蔡京の争いだったといえよう。

この意味では、やはり蔡京は宋代士大夫の一員であったのだと思われる。科挙を突破し、その後の苛烈な政争を生き抜いた彼は、やはり士大夫として、時代の為政者たらんとする気概を持っていたのではないだろうか。これと対照的な姿を見せたのが、彼の息子・蔡攸であったことは非常に興味深い。

本書第四章・五章で見たのは、徽宗朝において皇帝の側に侍り、殿中省・宣和殿といった禁中に関わる重要な組織に関与した蔡攸一家（決して蔡京一家ではない）の姿であった。もちろん彼らがそのように行動したことには、少なからぬ蔡京の作為もあったであろうが、むしろ蔡攸は蔡攸個人として徽宗に見込まれたところがあり、この君臣の間にかなり強い結びつきが独自に形成されていたことはすでに見た通りである。おそらくこのような行為は、従来の士大夫ではとり得なかったものではないかと思われるが、その背景には小林義廣氏が指摘するように、北宋後半から士大夫の思考が変化し、皇帝を絶対視する考えが生まれてきていたことがあった。(2)ともかく当初父・蔡京の側に立っていた蔡攸は、最終的に徽宗の側に付き、皇帝「親政」を支える側近官（かつてネガティブに「倖臣」と呼ばれた者）であることを選択したのだと考えられる。きたる宣和年間には蔡京・蔡攸父子の対立（さらに蔡絛との兄弟対立）がみられるのだが、これは両者の政治的立場の違いから来るものだろう。

蔡攸一家に注目して分かったことは、皇帝の私的空間が次第に政治空間としての性格を有していく様子であり、その一端を殿中省・宣和殿に垣間見たのであった。政治空間の問題についてはすでに平田氏が繰り返しその重要性について指摘している[3]。唐代後半以降、皇帝と宰相らとの接触の比重が正殿から内殿に移行してきており[4]、宋代では当然のように内殿たる崇政殿あるいは承明殿（のち延和殿）で後殿視朝が行われるようになってきていた。だがこれらはあくまでも皇帝の私的空間が公的空間に開放されていく過程、逆にいえば公的空間が私的空間に侵蝕してくる過程であった。ところが徽宗朝後半になると、宰相らが立ち入れない禁中の最も奥深くにある宣和殿で御筆作成などが行われるようになり、そこに宰相でもない蔡攸らが与っていたのだった。そのような「場」はまだ制度によって保障された公的空間ではない、いわば制度外の「場」であり、私的空間のまま政治空間化したものであった。これはそれまでの宋代政治制度ではありえない政治空間であり、その背景には「祖宗の法」的「君主独裁制」とは違った政治体制への移行があった。すなわち皇帝「親政」の方向へ向かう途上で出現したものではないかと考える。

その「場」に関わってかろうじて制度化しつつあったのが、「直宣和殿」や「睿思殿文字外庫使臣」らであった。彼らはあくまで「親政」者徽宗を輔弼する者たちであり、皇帝「親政」にとって最重要であった政治的手段「御筆」の作成に関与した。これらは皇帝「親政」の体制化・制度化の萌芽といえよう。問題はそれを担った者らが宦官や側近官であったことで、彼らが政治権力の一翼を担うことは、史料の記録者たる士大夫にとっては皇帝の「恣意性」「政治腐敗」を示すものに他ならず、当然批判の対象である。したがって残された記録から見れば、徽宗朝末期は乱脈政治が横行し、宦官らが跋扈した時代として負のイメージで捉えられる。そこには皇帝が彼らを制御できていないという前提があったが、果たして事実はどうであろうか。

このような体制は、士大夫以外をも多く含む側近者らで形成されつつあった皇帝「親政」体制であり、禁中深くにおけるそれは、いわゆる「中朝」ないしは「内朝」と呼ばれるものだったと考えられる。安易な比較はつつしむべきであろうが、外朝の宰相らがルーティンワークをこなす一方、重要な政務裁決は皇帝と一握りの側近が担当した漢代の「中朝」を想起させる。皇帝「親政」が行き着く先は、皇帝が身近な一部の近臣と政治を主導する「中朝（内朝）」だったと考えられる。(5)

だが一方で士大夫側の立場からいえばこの時期、先に述べたように首相（首席宰相）専権の可能性が制度的に保障されており、その先には公相制が想定されていた。本書第三章においては、当時の蔡京のおかれた政治状況などから、公相としてのその影響力を限定的に捉えたのだが、静態的な制度のみで見れば、確かにこれは元祐以来の官僚制度の中から出てきたものといえた。したがって徽宗朝後半期の政治状況としては、皇帝「親政」体制として形成される「中朝」が、士大夫の公相制とどう折り合いをつけたのか、二人目の公相であった王黼は徽宗の「中朝」とどう関わったのかを考察せねばなるまい。さらに来たるべき北宋滅亡に向かう対遼・対金政策は、誰がどのように主導したのか。これらの解明が、徽宗朝後半の政治状況を考察する上で、今後に残された課題である。

その前段階たる徽宗朝の前半、「君主独裁制」の時代は、そこから次の段階へと移ろうとする胎動の時期であり、士大夫政治を代表する蔡京とさまざまな衝突を繰り返しながら、徽宗が政治的主体性を獲得する過程であった。

結果的に徽宗朝における皇帝「親政」体制の構築は、徽宗個人の力量の問題や北宋滅亡という事態によって頓挫し、その制度としての確立は成らなかったと思われる。課題は南宋に持ち越された。本書第七章は南宋第二代孝宗の「親政」を見たものだが、これは概ねうまくいっていたようにみえる。彼は（北宋前半までの為政者たるそれとは質を異にしているとおぼしき）士大夫への失望感を抱えつつも、それらへの気配りを怠らず、その「親政」は十分に機能していた。彼が機会を見つけては多くの官僚と接触し、その意見をよく聴いていたことが近年指摘されており[6]、本書第六章でも転対の機会を十分に利用していた彼の姿を見てきた。その上で政治決断を自ら行い、御筆を多用した彼の政治姿勢は[7]、北宋末から目指されてきた皇帝「親政」の一つの到達点だともいえ、「南宋一の名君」とされるのも頷ける。

本書で言及できなかったのが、徽宗・孝宗両朝をつなぐ南宋初代の高宗皇帝の時期であった。北宋の滅亡を受けて成立し、「天下半壁」と言われながらも百五十年続く南宋王朝の基礎を創ったこの時代は、政治・経済・文化、あらゆる方面に様々な研究課題が存在しているが、皇帝「親政」を目指す努力はどのようになされたのであろうか。本書の最後に先行研究に依りながら、この時期の状況について瞥見しておく。

皇帝「親政」を最もよく象徴する「御筆」に関して言えば、高宗朝にはその行下は極端に少なかった。正確に言えば、常時戦時体制であった建炎年間には多数の御筆が確認されるが、情勢が安定した紹興年間、特に秦檜専権といわれる二十年間ほどは、御筆がほとんど見られない。史料の不足を踏まえても、この時期は御筆が極端に制限された時代であった。

上〔高宗〕輔臣に諭して曰く「今日凡そ批降せる御筆處分は、朕が意に出ずると雖も、必ず三省・密院を經由すること、已前と同じからず。若し或いは未だ當ならざれば、卿等の奏稟し、給・舍の繳駁し、有司の申審するを許す」と。朱勝非曰く「鳳閣鸞臺に由らざれば、蓋し之を詔令と謂わず」と。

上諭輔臣曰「今旦凡批降御筆處分、雖出朕意、必經由三省・密院、與已前不同。若或未當、許卿等奏稟、給・舍繳［駁、有］司申審。」朱勝非曰「不由鳳閣鸞臺、蓋不謂之詔令。」（『宋会要』職官一―七九・紹興二年九月十九日条）

すでに紹興初年、当時の宰執朱勝非・呂頤浩らによって御筆制度は大きな制限を加えられていた。つづく秦檜時代には御筆への言及自体がほとんどない。

いまその理由として考えられるのは、まずは高宗朝当初における皇帝権の弱体化が挙げられる。これは第六章でも述べたところであるが、皇位継承の正統性も乏しい亡命政権にあって、しかも一度は反乱によって皇帝が退位させられる明受の乱まで発生していた。

加えて高宗の主体的意志の欠如、消極性があった。寺地氏によれば彼が明瞭に意思を提示したのは、ようやく紹興七年（一一三七）父・徽宗の梓宮返還を目指し、金と外交折衝すべきだとした決断であった[8]。これはそのことにより幾分か即位の正統性を保障しうるという目論見があったからであろうが、その結果秦檜が登用されて、翌年の第一次宋金和議がもたらされたのだった。

しかし皇帝の意思発露に対しては、当時の士大夫からやはり多くの反発があった。彼らの中には、天下は祖宗の天下であり、皇帝の地位は私物ではなく伝統的公器だと考える「皇帝機関説的発想」が見出せるという[9]。まさにこれは北宋前半における「君主独裁制」と合致した考え方であり、この時期士大夫の思考がそこまで戻っていたのである。主戦か主和かという国家の方針を巡るなかで、「家産国家および皇帝専制主義への道」か「皇帝機関説・皇帝官僚制国家への傾斜」か、南宋朝の基本的性格の選択と決定に関わる対立・争論が存在していたといわれるが[10]、これは北宋滅亡という事態によって、神宗朝以降あった皇帝「親政」の可能性が断絶した結果であったろう。高宗には自らの意思の発露を可能にし、皇帝「親政」に向かうだけの政治的要件を整える必要があった。しかし軍事力の皇帝一元化や対金和議という国是の決定・断行は、ほぼ秦檜の主導によってなされ、皇帝が主体性を発揮することはなかった。

その結果、以降の政治的主導権は秦檜に握られた。すでに南宋の宰執体制（三省制）にも北宋元祐以来と同じく、独員宰相の長期在任が許容される制度基盤が整備されており、これを秦檜が利用していた。[11] さらにその上で秦檜は宦官・侍医・皇后と結んで皇帝周辺を占拠し、皇帝の意思を統御したという。[12] 制度的基盤を持って長期政権を持続した秦檜に対して、即位の正統性に乏しく、周辺勢力をも抑えられた高宗では、政治的主導権を彼と争うことは非常に困難であった。

さらに高宗が秦檜との対立を避けねばならなかった最大の理由は、秦檜という人物が持つ特異性にあるだろう。周知の通り、彼はその履歴から常に女真・金とのつながりが噂されていた。その真偽のほどは定かではない。しかしだからこそ高宗は秦檜を無視し得ない。女真には自らの正統性を否定しうる兄・欽宗が囚われているからであった。北宋末には存在しなかった状況がここにあった。当時皇帝は唯一の権威体ではなかったのである。「祖宗の法」である「君主独裁制」も、ましてや皇帝「親政」においても、その前提となる条件は、中世とは違って皇帝が同時代において唯一の権威体であることだった。その前提が崩れたのであれば、その先にある政治形態を目指すことは不可能に近かったのである。

以上、非常に雑駁な観は免れないが、高宗朝においては叙上のような政治状況にあったのだと思われる。特に権威云々という話になれば、これは南宋第二代の孝宗朝における高宗太上皇帝の存在とも関わる問題であり、それを踏まえた上での孝宗朝の「親政」体制に対する考察がさらに必要となるであろう。

本書は宋代「君主独裁制」再検討の第一歩である。これまで、政治的主体性を保持しない君主を戴く「君主独裁制」は、それが確乎とした制度と見なされすぎたため、宋初の支配体制の整備で完成したものとされてきた。そのため、時折出現する能動的君主を「専制君主」として例外視してしまい、その影響を考慮してこなかった。しかし彼らの個性は後世の制度にフィードバックしていき、段階的に「君主独裁制」を更新・発展させていくものと考えられる。彼らの志向した君主への権力集中は制度の中でも促進され、それが後世へと受け継がれる。むろんその後継者たちが主体性をもたなければ、再び「君主独裁制」へと回帰するのであるが、そのときの「君主独裁制」は能動的君主登場以前のそれと比べれば、一段と強化されたものへと進化を遂げていよう。基本的にこのような構図が繰り返され、明・清へと段階的に発展していったのではないだろうか。「君主独裁制」は硬質・不変のシステムではなく、可能性の提示によって振り幅の広い、非常に弾力性に富んだシステムであった。

注

（1）本書序章注（31）（44）における熊本崇氏の諸論文。
（2）本書序章注（37）小林書。
（3）本書序章注（21）平田書一六、四七一～五一一頁。
（4）松本保宣『唐王朝の宮城と御前会議―唐代聴政制度の展開』晃洋書房、二〇〇六年。
（5）張邦煒「両宋無内朝論」（『宋代婚姻家族史論』人民出版社、二〇〇三年）は徽宗朝の宦官内朝に触れつつも、その権勢は外朝宰相の上には出ていないと認識する。
（6）王化雨「南宋宮廷的建築布局与君臣奏対―以選徳殿為中心」『史林』二〇一二―四。

（7）平田茂樹「周必大『思陵録』・『奉詔録』から見た南宋初期の政治構造」（本書序章注（22）平田書）は、このときの御筆は専ら皇帝から宰相への意思疎通に利用されたとし、その用途を限定的に捉えている。

（8）本書序章注（20）寺地書一四五～一六〇頁。

（9）本書序章注（20）寺地書一七二頁。

（10）本書序章注（20）寺地書一七三頁。

（11）清水浩一郎「南宋高宗朝の給事中と中書舎人―呂中『皇朝中興大事記』「再除給舎」をてがかりに」『歴史』一〇六、二〇〇六年。
「南宋告身の文書形式について」『歴史』一〇九、二〇〇七年。

加えて清水氏は、秦檜の擅権にとって皇帝に制約を加える必要はなく、依って来る官僚制度に則ればごく自然に可能であったのだという。

（12）本書序章注（20）寺地書三一〇、三一六～三一九頁。また寺地氏は中書舎人の不在状況を作ることで皇帝の「制勅権」が骨ぬきにされていたことも指摘するが、現在これは否定され、むしろ南宋初期においては尚書省の劄子が命令文書としての効力を持ち、中書舎人が関わるような外制は形式化していたことが示されている。（前注清水論文「南宋高宗朝の給事中と中書舎人」七四～七五頁）

論文初出

序章　書き下ろし

第一章　「崇寧五年正月の政変―対遼交渉をめぐる徽宗と蔡京の対立」（史学研究会『史林』九二―六、二〇〇九年）

第二章　「妖人・張懐素の獄」（東洋文庫『東洋学報』九三―四、二〇一二年）

第三章　「北宋末、封禅計画の中止―大観・政和の徽宗と蔡京」（奈良大学史学会『奈良史学』三一、二〇一四年）

第四章第一節　「宋徽宗「蔡行勅」考」（書論研究会『書論』三六、二〇〇八年）

第四章第二節　「宋代の殿中省」（東方学会『東方学』一一四、二〇〇七年）

第五章　「北宋末の宣和殿 ―― 皇帝徽宗と学士蔡攸」（京都大学人文科学研究所『東方学報』八一、二〇〇七年）

第六章　「宋代の転対・輪対制度」（第六一回東北中国学会大会（仙台・東北大学）口頭発表、二〇一二年）

「宋代輪対制度」（「宋都開封与十至十三世紀中国史」国際学術研討会暨中国宋史研究会第十五届年会（中国開封・河南大学）口頭発表、二〇一二年）

第七章　「武臣の清要―南宋孝宗朝の政治状況と閤門舎人」（東洋史研究会『東洋史研究』六三―一、二〇〇四年）

終章　書き下ろし

あとがき

本書は二〇〇九年に京都大学に提出した学位請求論文をもとに、その後発表した論考を加え、少なからぬ加筆・訂正を加えたものである。本書の刊行には、京都大学の平成二十五年度総長裁量経費（若手研究者に係る出版助成事業）の助成を受けることができた。ここに記して感謝の意を表する。また編集でお世話になった京都大学出版会の國方栄二氏、巻末の中文提要をお願いした浙江大学の王海燕氏にもあわせて御礼申し上げる。

私にとって本書の出版は思いもかけぬものであった。近年、課程博士の存在が当然のようになると、それに比例して若手研究者の著書を目にする機会が増加していた。だが、そのような出版は自分とは無関係だと思っていた。それはこれまで発表してきた私の論考が、はじめから確乎とした一つの目的の下に作成してきたものではなく、その時々に関心を持ったテーマに取り組んだ成果であったため、一つの書としてまとめることはできないと思っていたからだ。研究者の端くれとして論文を発表しだしたその最初から、一つの大きなテーマの下に論を展開できる者は実はそう多くないと思うし、少なくとも私は論文を書くたびに、少しずつ自らの考えを新たにしてきたからである。だから近年著書を出されている諸先輩方や同年代の研究者たちに対しては、たとえ対象とする分野・時代は違っても、著書としてまとめられているだけで、本当に尊敬の念を抱いていた。だから今回自分が著書をまとめるとなると、到底無理だろうとも思ったし、出版すること自体についてかなり逡巡した。果たして自分の論文が一冊の書にまとめられるのだろうか。もしまとめられたとしても、世に問うほどの価値を有するであろうか。

そうしたときに思い出したのが、卒業論文の中間発表での出来事だった。学部四年の夏に一度だけ行われる卒業論文の構想発表の場で、私は「唐・五代・宋の枢密使」というテーマを選び、これを報告した。（報告とは研究発表ではなく、ただこうしたテーマでこんなことを考えてます、という本当にただの「報告」であった。）きっかけは『水滸伝』を読んだときに、童貫が宦官でありながら枢密使の地位にあり、軍を率いていたことに興味を持ったからだった。もちろんそれは小説であり、実際には宋代の枢密使が軍を率いることはなかったのだが、その沿革に興味を持った私は先行研究を頼りに、少しの原典史料を加えて、卒業論文「五代の枢密使」をのちに書いて提出したのだった。そのための中間報告の場で杉山正明先生に注意されたのは、「権力」という言葉を安易に使いすぎているということだった。たしかにその場で私は「権力」という言葉を多用していた。唐の後半から五代の枢密使は「権力」を持っており、北宋前半にかけても「権力」の中枢に存在していた、と説明をしていた。今から見て当時の自分が言わんとしていたことはわかるし、それはそれで完全に間違っているわけではないとも思うが、確かに「権力」という概念に対するアプローチが非常に安直、幼稚なものだった。きっと「権力」というものが何らかの姿をもって具体的に存在していると思い込んでいたのだ。だから改めて先生から「では権力とは何か」と問われたとき、何も答えられなかったのである。

思えばそれ以来、ずっと自分はこの「権力」というものを中国史の中で追いかけてきたように思える。実際に存在はするのだが、目に見えるものではない「権力」という概念の実相は、歴史の中ではどのような形で現れてきたのか。今私が専攻領域としている中国宋代史でいえば、「権力」にまつわる概念として「君主独裁制」が言われてきた。それに自分はどのように関わってきたのだろう。これまで論文を出すたびに少しずつ変わってきた関心も、すべてはこの「君主独裁制」と関わる宋代皇帝の「権力」にまつわるものだったのではないだろうか。こうして今回、これまでの論文を本書のようなかたちでまとめることに行き着いたのだった。もともと理論的な論述は苦手であり、うまく表現し切れない面、言い過ぎな面が多々あるだろうが、本書の内容はこれまで自分が研究してきた結果であり、遺憾ながらこれが私のいまの実力である。今回このように自分の足跡を振り返り、自分の現状を再確認する機会を与えられたことに感謝したい。

そもそも今回の出版に躊躇し、尻込みする私の背中を強く押して下さったのは、博士論文の主査をして頂いた中砂明徳先生だった。出版に関する学部の審査に対しても推薦文を書いて下さり、本書の内容について懇切な御意見を頂戴した。おかげで多くの誤りを訂正し、表現を修正することができた。本書の文章が何とか読めるものとなったのは、先生の力が大きい。もちろん内容の行き届かないのは、私の責任である。思えば中砂先生には学部時代からお世話になってきた。私がはじめて白文を読んだのは、恥ずかしながら遅く大学四年のとき、先生の授業によってであった。大学院に進んでもまだ漢文の読解に戸惑っていたとき、同期生とともにその特訓をお願いし、授業以外に時間を割いていただいたのも先生であった。ここに改めて御礼を申し上げたい。

また当然のことながら、学部・大学院時代を通じて京都大学でお世話になった礪波護先生・夫馬進先生・杉山正明先生・吉本道雅先生・高島航先生、それから現在、日本学術振興会の特別研究員として受け入れて頂いている岩井茂樹先生には、講義や研究班その他様々な機会にご教示を受け、学問的な啓発を受けてきた。諸先生方のお力により、何とか研究者の端くれでいられている。その学恩に対して感謝申し上げる。

そしてもうひと方、冨谷至先生には、授業を通じて漢学の基礎を多く教えていただいたほか、学問以外の面でも大変お世話になった。長く難病を患っていた私の父について折に触れては病状を尋ねて下さり、葬儀の際には弔電も頂戴した。その前後に私は結婚し、単身で中国に留学し、帰国後に子供が誕生するのだが、その間の生活面・経済面についても気にかけて下さった。数年前、私が経済的な面から研究者の道を辞めようと決め、別の資格試験の勉強を始めたときにも、むやみにそれを引き留めるわけでなく、色々と相談にのって下さった。もう辞めるつもりだったため、当初申請する気が無かった特別研究員の募集についても、可能性があるうちは出すべきだとアドバイスを頂いたのも先生だった。おかげで研究者の道に戻ってくることができている。先生には深甚の謝意を表したい。

その他お名前は挙げないが、研究室や学会活動などを通じてお世話になったすべての方々に御礼を申し上げる。

最後に、何といっても私の研究活動を最も身近で支えてくれているのは家族である。私を育てあげ、常に私の希望を最優先に考え、自由に人生の選択をさせてくれたのは亡父・康彦と母・晴美であった。心から感謝申し上げる。またいまだ不安定な生活を続ける私を温かく見守ってくれる髙橋家の義父母にも御礼申し上げる。元気に幼稚園に通い、家では時に私の研究を妨げ、いろんな遊びに誘ってくれる長男・昂《あきら》からは、日々成長するその姿にいつも幸せを貰っている。また先天的な病を持ち、低出生体重児として生まれ、いまだ一度も病院を出たことのない次男・翼には、父として本当に申し訳なく思うと同時に、よく生まれてきてくれたと嬉しく思っている。そして私の状況を理解し、すべてを受け入れて、ともに人生を歩んでくれる妻・香づみに最大の謝意を表し、本書を捧げたい。

二〇一三年十一月

藤本　猛

索　引

【さ】

【な】

中文提要

風流天子與“君主獨裁制”
—— 北宋末・徽宗朝政治史的研究

藤本　猛

本書以北宋末的徽宗朝爲中心，摒棄以往的先入爲主之見和偏見，在探討徽宗其所處的政治背景的基礎上，探究徽宗的政治姿態。北宋在政治上被認爲是“君主獨裁制”的時代，君主的地位較之前代也有提昇，是安定的時代。

一直以來所講的“君主獨裁制”，是皇帝最終放棄了其政治的主體性，將政治委於士大夫等科擧官僚，基本上順從官僚意志的政治體繫。該政治體繫是與“士大夫政治”表裏一致的制度。雖然皇帝是政策的最終決裁者，但只是順從士大夫官僚們意見的被動的君主。一般認爲，構築“君主獨裁制”的人是北宋第二代皇帝太宗，他擴大科擧制度，將當時的新興勢力作爲士大夫納入政權。然而，太宗決不是被動的君主，而是掌握政治主體性的主動的君主。他建立的“君主獨裁制”被稱爲“祖宗之法”，雖然束縛著後世的皇帝們，但對於不想發揮主體性的君主來說，把政權運作交給士大夫，則是穩定君主地位的體制。第三代真宗即是如此。第四代仁宗之時，士大夫政治成熟，被認爲是全盛期。

但是，建國一百年後，政治的、社會的矛盾無法彌合，日益顯見。於是，第六代神宗斷然對“祖宗之法”實行改革。首先起用王安石，在政治體制、經濟政策等方面實施變法政策，但是卻導致與墨守“祖宗之法”的舊黨之間的激烈的黨派之爭。王安石下臺後，神宗自己發揮政治的主體性，繼續推行變法政策。這不是“君主獨裁制”，而是“皇帝親政”體制。在此，神宗構築了皇帝全面主導政策的“皇帝親政”體制。元豐官制改革導入的三省制，使得神宗能夠將士大夫們分而治之，下達具體表達自己意志的內降手詔。

“皇帝親政”體制出現的政治背景中，還有當時的士大夫們的國家觀發生了巨大的變化。宋初以來，在士大夫官僚主動地實施政治時，皇帝被看作

是理所當然地必須遵從士大夫的意見，亦即理想的皇帝是稱爲“皇帝機關說”的被動的君主。與之相對，由於社會的諸矛盾日漸表面化，在士大夫之中，也出現了絕對重視皇帝存在的觀點，容許掌握主體性的主動的君主。

那麼，如此的政治體制變化，即神宗“親政”體制的出現，對於宋初成立的“君主獨裁制”來說，意味著什麼呢？是不是“君主獨裁制”被完全的否定了呢？恐怕竝不是這樣的。這是因爲構成以往的“君主獨裁制”的諸要素，在神宗“親政”體繫中基本上沒有發生變化。即，諸侯、氏族等的不存在，同時代唯一權威體的皇帝的存在，以及作爲皇帝的輔弼者，經過科擧考試證明其儒教教養的士大夫官僚等要素是不變的，只是政治運作的主體的地位有了變化。

因此，神宗所建構的皇帝“親政”體制，可以說是“君主獨裁制”的變異體。由此存在著留給後世新政治體制的可能性。這是對“祖宗之法”作了更改的體制，是“君主獨裁制”從宋初階段進入至新的階段。其後的哲宗朝的新舊兩黨之爭，不僅是經濟政策方面的問題，而且還是神宗之後的君主，在繼承宋初太宗開始的“祖宗之法”，抑或承襲神宗的“親政”體制（“紹述”），認同更改祖宗之法二者之間，選擇哪一條體制時的爭持。

在這種政治狀況中，徽宗皇帝登場。徽宗很快便以“紹述”新法政策爲目標，這也就意味著探求向皇帝“親政”體制的轉變，其重要手段是“御筆手詔”。徽宗朝是“御筆手詔”趨嚮定式化的時期。在這一歷史的文脈中，被稱爲“風流天子”的徽宗，是如何發揮自己的主體性，與專權宰相蔡京相互較量的呢？詳細考察這一問題是本書的目的。

第一章至第三章，以徽宗朝前半期，元符三年至政和六年期間的政治事件爲焦點，考察徽宗朝前半期的政治狀況及其變化。

第一章《崇寧五年正月政變—對遼交涉問題上徽宗與蔡京的對立》，確認徽宗朝開始後不久的蔡京的政治地位。關於蔡京的第一次執政期結束的原因，對以往只歸結於皇帝個人性質的論調作了脩正，考察了當時的政治背景。

崇寧五年（1106）正月，發生了彗星出現的天變，隨之蔡京的執政突然崩潰。一直以來都認爲，懼怕星變的徽宗毫無理由地罷免了蔡京，否定了以

前的政策。但是，在此事件的政治背景中，存在著自前年開始的宋與遼之間的外交交涉。被宋的攻勢所迫的西夏嚮遼求助，於是遼派出了使者，欲結宋與西夏之和，要求宋將獲得的土地返還給西夏。由於遼的出面，徽宗決定採取宥和策，接受要求。但是蔡京卻主張强硬論，硬是使交涉破裂。爲此，遼的態度强硬化，遼與宋之間的關繫陷入緊張。毋庸多言，對於宋來說，其與遼的關繫是最重要事項之一，一旦稍有閃失就會帶來嚴重事態。圍繞著外交方針，皇帝與宰相的意見對立。其時，發生了崇寧五年正月政變，蔡京遭到罷免，繼任的宰相是與徽宗持相同宥和方針的趙挺之。

這年，遼的使節再次來宋，但是他們以强硬姿態進行交涉，同時大軍壓境。對此，徽宗與趙挺之堅忍應對，做出讓步，妥協達成協議。由於遼的要求表面上幾乎都被宋接受，因此朝廷內的蔡京黨羽嚣喊要不辭戰爭，但徽宗和趙挺之壓制蔡京黨羽，堅持交涉。

一般認爲，崇寧五年正月政變的發生是由於徽宗對彗星出現的懼怕，竝無重大意義。但這種觀點是從徽宗不具有任何政治能力和主體性的偏見出發而得出的結論。當時正逢對遼交涉之中，圍繞著外交方針，徽宗和蔡京之間出現了意見對立。因此在政變的背後，卻是高超的政治手腕的實施。

第二章≪妖人張懷素之獄≫，從大觀元年發生的詔獄入手，探討蔡京第二次執政期的政治姿態。

大觀元年（1107），蔡京開始了第二次執政。不久，就發生了企圖謀反的張懷素之獄。張懷素通過妖術和辯纔，與呂惠卿、蔡卞等著名的士大夫交往，作爲共謀而被捕的吳儲等人也是王安石親戚，名門出身。他們與被流放到各地的舊法黨士人也有聯繫，欲糾合對蔡京執政不滿分子。

張懷素之獄之所以被發覺，是因爲范寥的告發。范寥本也是出身於神宗朝的宰相名門。但離家出走，流浪各地，曾與被流放到廣西的黄庭堅相會。一部分資料認爲，黄庭堅臨終前是由范寥看護的。然而根據筆者的攷證，這一點是非常值得懷疑的。實際上，范寥是張懷素的同夥，遵照張懷素的指示去勸說黄庭堅。勸誘失敗後，范寥害怕張懷素的譴責，籌路銀前往京城，告發張懷素、吳儲等人有謀反之疑。

告發也被認爲是以蔡京爲標靶的。故而蔡京也有自己被連坐的危險，但由於擔當審判的官人是蔡京黨羽，因此蔡京能逃過此劫。不僅如此，蔡京還在利用此獄趕走政敵方面，發揮了其突出的政治能力。

張懷素之獄是以江南地區爲舞臺的。與之同時期、同地域還發生了蘇州錢法之獄。此獄的構圖與張懷素之獄很相似，也是當地出身名門者被視爲主謀，中央高官被連坐。此獄的餘燼數年以上未息。另外，在張懷素之獄中，王安石的孫子被處以凌遲處斬酷刑。因此，兩箇詔獄變成蔡京政權對江南地區的加劇控制，是有名的花石綱對江南掠奪激烈化的基礎。

第三章《政和封禪計劃的中止》，關注政和六年（1116）的封禪計劃的中止及其意義，考察大觀至政和年間的政治狀況。

在泰山等地舉行的封禪儀式，作爲只有治世太平的皇帝纔能舉行的國家最高儀式而著稱。中國歷史上最後一位舉行封禪儀式的皇帝是北宋真宗。但實際上，北宋末的徽宗朝也曾計劃舉行封禪儀式，竝爲此做了諸多的準備，然而在政和六年，該計劃突然被中止。究其背景，是當時的政權內部，圍繞著國家禮儀應有的禮制，存在不同的觀點，爲此徽宗與蔡京之間發生對立。

對立的萌芽始自大觀年間。這一時期，徽宗注重與自己治世相符的新禮儀書編纂事業，其後的《政和五禮新儀》就是這一編纂事業的成果。擔當禮書編纂的機構是議禮局，指揮編纂的官人是鄭居中。鄭居中一邊確認徽宗的意向，一邊編纂新禮制，最終關於應有的禮制，兩者有了共同的認識。與之相對，蔡京竝不干涉議禮局，其對禮制方面發揮主導權的是在《五禮新儀》完成以後的禮制局。結果，在蔡京與徽宗之間，出現了意見的不同。

另外，在政治方面，徽宗與蔡京之間的鴻溝也是日漸加深。徽宗決定抑制蔡京影響力，拉攏那些想脫離蔡京黨派的人纔，使之反過來牽制蔡京。被徽宗選中的人有張商英、張康國、鄭居中、劉正夫等。於是，蔡京下臺，被逐出京城。但是不久張商英失勢，蔡京又東山再起，重返京城，位至三公。然而，蔡京的影響力開始出現陰影。

爲了輓迴自己的影響力，蔡京以禮制局爲中心再度推行停頓了的封禪計劃，開展利用人民的大規模封禪請願運動，進行封禪準備。但是，對於通過

經書推行新禮制的徽宗來說，封禪已是沒有任何價值的禮儀。說到底，徽宗與要實現封禪計劃的蔡京，在欲建立的政權構圖方面，二者之間存在著明顯的不同。至此，徽宗放棄委於蔡京運行政權的可能性，將蔡京尊爲只有名義的“總三省事”之職，另一方面任命與徽宗價值觀相同，站在反蔡京立場的鄭居中、劉正夫爲正式的宰相。政和六年的封禪計劃的中止，象徵著徽宗訣別其即位以來斷續持續的蔡京的執政。

第四、五章關註具有徽宗朝特色的官署、宮殿，考察這些官署、宮殿出現背後的政治意圖。

首先，第四章《徽宗朝的殿中省—兼「宋徽宗蔡行敕」考》考察殿中省，切入點是與蔡京一族、殿中省有著關聯的美術作品“蔡行敕”。

遼寧省博物館所藏的“蔡行敕”，是徽宗親筆（御筆手詔）對領殿中省事蔡行的辭任請願加以輓留的第一手史料。殿中省是設於唐代的官署，負責侍奉皇帝的私生活。北宋前半期竝沒有設置該官署，直至北宋末的徽宗朝，纔初次設置。而且當徽宗朝終焉時，該機構也隨之被取消，此後在經過靖康之變的南宋也沒有再被設置。又，如題“蔡行敕”，本文書的接收者是蔡行，他是權臣蔡京之孫。

北宋末的殿中省，是在蔡京的强力影響下而設置的。神宗之時，也曾計劃要設置殿中省，但由於用地不足，計劃中斷。蔡京就任宰相後的崇寧二年（1103），纔終於實現殿中省的設置。不過，從殿中省的官署所在地幾經輾轉來看，可知該官署是在用地確保依然睏難的情況下强行設置的。

在內部組成上，殿中省本身與附屬於其下的六尚局實務機構完全分開。實務機構方面，只是將宋初以來被分成複數的機構統合在一箇牌子之下，竝沒有改變由宦官負責的情況。殿中省的設置，其實際意義是具有了管轄六尚局的立場，同時任命士人來掌管。由此，對於一向士人不能插手的禁中宦官勢力，士人可以淩於其上加以控制。

具有如此立場的殿中監，其歷任都是蔡京勢力下的人物，特別是蔡京的親戚朋友。蔡京以維繫皇帝徽宗的感情，構築權勢，爲此對皇帝的私生活部分也必須用心。關於這一點，一般認爲蔡京是通過與宦官結合來實現的。但

實際上，蔡京是通過任命親戚朋友出任殿中監，確保其與禁中的直接通道，同時掌控宦官的動向。

其次，第五章≪北宋末的宣和殿—皇帝徽宗與學士蔡攸≫，關注的是在徽宗朝後半期政治上發揮作用的最爲重要的場所宣和殿，究明侍奉在宣和殿的人們，以及宣和殿成爲御筆文書作成場所的事實。

宣和殿作爲北宋末皇帝徽宗的寶物殿而著稱。徽宗朝建造的該殿，被認爲就是其後改名爲保和殿的建築。但是，重新分析史料後，發現史料上被稱爲宣和殿的建築有四種，即宣和殿、保和殿、宣和後殿、保和新殿，其中除了宣和後殿與保和新殿是同一建築以外，宣和殿、保和殿、宣和後殿（保和新殿）是不同的建築物。這些建築被總稱爲宣和殿。只是在總稱上，宣和殿被改稱爲保和殿，改名後，宣和殿與保和殿依然同時存在。另外，宣和殿不僅是寶物殿，也是宮中的第三箇圖書館，在殿的一角還有當時最受寵愛的劉后的房間。顯然，對於皇帝徽宗來說，宣和殿是最舒適的空間。事實上，徽宗的晝日幾乎都是在宣和殿度過的。

作爲皇帝常居的空間，宣和殿在政治上也是重要的場所。象徵徽宗朝政治狀況的御筆手詔，就是在宣和殿東廊作成的。宣和年間，從事御筆手詔作成的人員，是職名爲睿思殿文字外庫的宦官或下級武臣。其中，對宦官設置了直宣和殿或直保和殿的貼職，由此可以判明，這一時期的宣和殿依然是重要的場所。

與宣和殿有關的文官的官職是宣和殿學士。宣和殿學士始設於徽宗朝，最早被任命爲宣和殿學士的是權臣蔡京之子蔡攸。宣和殿學士沒有被規定職責，但卻可以自由出入禁中宣和殿。在這一點上，與當時的宰相、執政相比，宣和殿學士與皇帝的距離更近。可以確認在蔡攸之後，有十六人曾任宣和殿學士，但只有蔡攸一人始終與宣和殿相關，宣和殿學士本身就是爲蔡攸而設置的官職。

在徽宗即位之前，蔡攸就得到徽宗的賞識，其後也一直受到寵愛。對於蔡攸的認識，一般只是停留在其是蔡京兒子的層面上，但實際上，蔡京執政的成立和延續，在諸多地方是賴以徽宗與蔡攸之間的信賴關繫的。御筆的作

成，宰相不能插手，但對於能夠出入禁中的宣和殿學士蔡攸卻是可以介入的。在研究徽宗朝後半期的政治史時，宣和殿這一空間與蔡攸這一人物都是非常重要的因素。

第六章≪宋代轉對・輪對制度≫，意在解明北宋至南宋一直延續實施的皇帝與臣僚間的謁見，討論該制度所具有的政治作用及其性質變化。

北宋至南宋都擧行的“轉對”，在北宋前半期是每五天擧行一次，但是至北宋後半期，變成每月一次，在每月一日擧行，然而即使次數變少，朝廷似乎也不太勵行。到了南宋高宗朝，則是每天或每五天擧行一次，竝稱之爲“輪當面對”略稱“輪對”。此時，“輪對”是“轉對”的特殊形態，二者尚未分化。可是，至南宋中期，每月一日的轉對復活，輪對與轉對被區別意識。

此後，南宋人意識的制度，主要已不是轉對而是輪對了，在文集及其他史料中，參加輪對之事被大書特書。由於輪對箚子的公開，因此輪對不單是向皇帝上奏意見，而是官僚各自向當時的官界全體表明自己意見的機會，也是進行政治性表績的舞臺。

如此，北宋的轉對與南宋的輪對，之所以在各時代的官界的重要性有所不同，起因於各箇時期的皇帝所處的政治狀況的不同。南宋輪對的開始是在高宗皇帝的逃亡劇之尾聲，即終於在臨安安定下來之後不久。另外，三年前因明受之變，高宗被迫退位的事態也是政治背景之一。對於只靠血統登上皇位而沒有掌握禁軍軍事力的高宗來說，增加直接與官僚接觸的機會，讓官僚吐露心聲，安撫官僚，顯示皇帝恩寵的空間是非常必要的。

第七章≪“武臣清要”—南宋孝宗朝的政治狀況與閤門舍人≫，考察南宋第二代孝宗的“新政”志向，以及與之密切相關的武臣館職“閤門舍人”，確認御筆被廣汎利用的狀況。

仔細地分析被視爲南宋最興盛時期的孝宗治世，尤其是其政治姿態時，可以看到孝宗對武臣實行優遇政策。孝宗屢屢有“文武同等”的發言，對武臣的支持非同尋常。究其原因，一般單純化地認爲是由於與北方的金之間的緊張關繫，當時採取了重武政策。但實際上，是起因於孝宗對士大夫政治的

反感。近年研究中究明的重用宗室，也有必要攷慮是同一條線上的結果。另外，這一反士大夫的態度，也就是對保證士大夫知識分子的科擧制度的强烈否定。

孝宗的反士大夫態度的出現，毌庸說與防止像前代高宗朝秦檜那樣的權臣宰相再出現有關，但也是因爲當時存在著士大夫不願意出任實職，只是反復空論的風潮，而重視實務的孝宗對此不滿。最終，孝宗越過士大夫宰相等，採取皇帝“親政”體制，所有的政策都由孝宗獨裁。這一體制，由不經過宰相直接下達到現場的皇帝的親筆命令“御筆”，以及宰相無法干預的“輪對”制度構成。

孝宗的“親政”體制成立的同時，還設置了稱爲閤門舍人的武臣。閤門捨人，即使是優遇武擧進士，也必須通過由中書舍人出題的召試，與文人的館職同樣可以參加輪對。不僅如此，閤門捨人還得到孝宗的强烈信任，擔任傳達最重要命令文書、御筆的重要職責。儘管由閤門舍人昇任上級側近官知閤門事的模式成立，但這是新的武臣晉昇過程，即通過士大夫以考試確保閤門舍人纔能的方式，使得皇帝側近集團具有公平性，從而抑制士大夫們的不滿。由此判明，閤門舍人被史書稱爲“武臣清要”的緣由。

著者紹介

藤本　猛（ふじもと　たけし）

1977 年　大阪府生まれ
2007 年　京都大学大学院文学研究科博士後期課程指導認定退学
2009 年　京都大学博士（文学）
現在　日本学術振興会特別研究員 PD
奈良大学非常勤講師
関西学院大学非常勤講師

主な論文
「「武臣の清要」── 南宋孝宗朝の政治状況と閤門舎人」（『東洋史研究』63-1, 2004），「宋代の殿中省」（『東方学』114, 2007），「北宋末の宣和殿 ── 皇帝徽宗と学士蔡攸」（『東方学報』81, 2007），「崇寧五年正月の政変 ── 対遼交渉をめぐる徽宗と蔡京の対立」（『史林』92-6, 2009），「妖人・張懐素の獄」（『東洋学報』93-4, 2012）

（プリミエ・コレクション　50）
風流天子と「君主独裁制」
── 北宋徽宗朝政治史の研究

2014 年 3 月 31 日　初版第一刷発行

著　者　藤　本　　猛
発行人　檜　山　爲　次　郎
発行所　京都大学学術出版会
京都市左京区吉田近衛町69番地
京都大学吉田南構内（〒606-8315）
電　話（075）761-6182
FAX（075）761-6190
URL　http://www.kyoto-up.or.jp
振　替　01000-8-64677

ISBN978-4-87698-474-9
Printed in Japan
印刷・製本　㈱クイックス
定価はカバーに表示してあります